民法典
简明知识
例解系列

将深奥难懂的法律问题
化为简洁明晰的必备知识

民法总则
简明知识例解

栾兆安◎著

MINFAZONGZE
JIANMING
ZHISHI LIJIE

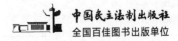

中国民主法制出版社
全国百佳图书出版单位

图书在版编目(CIP)数据

民法总则简明知识例解/栾兆安著.—北京:中国民主法制出版社,2017.10

ISBN 978-7-5162-1656-9

Ⅰ.①民… Ⅱ.①栾… Ⅲ.①民法—总则—基本知识—中国 Ⅳ.①D923.1

中国版本图书馆 CIP 数据核字(2017)第 244253 号

图书出品人:刘海涛
出版统筹:乔先彪
责任编辑:逯卫光

书名/民法总则简明知识例解
MINFAZONGZEJIANMINGZHISHILIJIE
作者/栾兆安 著

出版·发行/中国民主法制出版社
地址/北京市丰台区右安门外玉林里 7 号(100069)
电话/(010)63055259(总编室) 63057714(发行部)
传真/(010)63056975 63056983
http://www.npcpub.com
E-mail:mzfz@npcpub.com
经销/新华书店
开本/16 开 787 毫米×960 毫米
印张/21.25 **字数/**321 千字
版本/2018 年 1 月第 1 版 2018 年 1 月第 1 次印刷
印刷/北京中兴印刷有限公司

书号/ISBN 978-7-5162-1656-9
定价/48.00 元
出版声明/版权所有,侵权必究

目前正在编纂中的民法典将由总则编和包括物权编、合同编、侵权责任编、婚姻家庭编和继承编等各分编组成。《中华人民共和国民法总则》(简称《民法总则》)是民法典的开篇之作,在民法典中起统领性作用。《民法总则》采取提取公因式的做法,将民法典其他各分编中具有原则性和普遍性的一般性规则纳入《民法总则》之中,各分编将在总则的统领和指引下对各项民事法律制度作出具体规定。《民法总则》制定和颁布施行之前,《中华人民共和国民法通则》(简称《民法通则》)一直发挥着《民法总则》和小民法典的作用。《民法总则》总结和概括了我国市场经济条件下的民法理论研究和司法实践的最新成果,吸收、补充、完善和发展了《民法通则》的民事基本制度和一般性规则,将民事法律制度中具有普遍适用性和引领性的内容,如民法基本原则、民事主体、民事权利、民事法律行为、民事责任和诉讼时效等基本原则和基本民事法律制度作出系统安排,构建了我国民事法律制度的基本框架,为各分编的规定提供依据。《民法总则》的颁布实施,为制定一部既具有鲜明的时代特点,又包含丰富的中国内容,从而能够充分体现中国特色的民法典奠定了坚实基础。

作为民法典的开篇之作,《民法总则》的最突出特点就是对各类民事主体开展各类民事活动进行赋权,拓展自然人、法人和非法人组织等各类民事主体从事财富创造的活动空间,维护各类民事主体的合法权益。在这种意义上可以毫不夸张地说,《民法总则》是赋予民事主体享有各种民事权利的宣言书。同时,《民法总则》又设定了各类民事主体从事民事活动和行使民事权利的法律边界。虽然《民法总则》具有深厚的法理性和高度的抽象性与概括性特点,但是,它与人们的日常生活、工作就业和投资经营息息相关。

为了帮助读者真正了解和切实掌握《民法总则》的基本知识,快速提升民法理论水平和民法知识的综合运用能力,作者在长达 30 多年潜心学习与研究民商事法律理论及从事民商事法律实务操作的基础上精心创作了本书。

本书具有以下显著特点:

条分缕析、详细阐释。本书根据《民法总则》的逻辑结构和相关法条之间的内在联系,将《民法总则》涉及的全部内容,条分缕析,设问解答,进行详细和独到的法理阐释,能够给读者提供完整系统的法律知识,从而克服了《民法总则》逐条释义讲解所带来的法律知识碎片化的不足,有利于读者对相关法律知识的系统和整体掌握。

示例说明、深化理解。本书对涉及的法律问题,在全面讲解、系统阐释的基础上,精心编写和提供了大量实例对相关内容进行说明分析,以案释法。其中,部分为各级人民法院公布的具有极强针对性、其判决理由与法律适用即使在《民法总则》生效后仍然没有过时并仍具有指导性的典型性案例。通过示例说明分析,可以帮助读者加深对有关法律知识的理解与提升法律知识的掌握和运用能力。

深入浅出、简明易懂。《民法总则》的基本原则和法律制度及其相关内容,涉及大量高度抽象的法律术语,博大精深。但也因此往往使人不知所云,望而却步。为了使法律回归生活,本书深入浅出,将高深抽象的法律知识用清晰易懂、生动活泼与凝练的语言进行简洁、明了的阐述,并辅以示例说明,可以帮助读者在轻松愉快的阅读中将深奥难懂的法律问题化为简洁易懂的法律知识加以快速掌握。

本书不仅是基层法律服务工作者、律师、法官、法律院校学生等法律专业人员了解和掌握《民法总则》的速成读本,也是一般读者和企业管理人员学习和领会《民法总则》的基本知识,用法律武装自己,做到理性生活、愉快工作、成功创业和依法经营管理与自觉维护自己合法民事权益的必备法律指南。

栾兆安

2017 年 9 月 16 日

目录

067 第三章

法人

174 第六章
民事法律行为

296 第十章
期间计算

301 第十一章
附则

304 附录
中华人民共和国民法总则

第一章

基 本 规 定

1. 什么是《民法总则》？民法的调整对象与调整范围是什么？

《中华人民共和国民法总则》（简称《民法总则》）是民法典的开篇之作，在民法典中起统领作用。《民法总则》采取提取公因式的做法，将民法典其他各分编中具有原则性和普遍性的一般性规则纳入《民法总则》之中，并使之统领民法典各分编，各分编将在总则的基础上对各项民事制度作出具体规定。《民法总则》制定、颁布施行之前，《中华人民共和国民法通则》（简称《民法通则》）一直发挥着《民法总则》和小民法典的作用。《民法总则》吸收、补充、完善和发展了《民法通则》的民事基本制度和一般性规则，将民事法律制度中具有普遍适用性和引领性的内容，如民法基本原则、民事主体、民事权利、民事法律行为、民事责任和诉讼时效等基本民事法律制度作出系统安排，构建了我国民事法律制度的基本框架，为各分编的规定提供依据。

根据《民法总则》第1条规定，《民法总则》的宗旨包括以下方面：保护民事主体的合法权益，调整民事关系，维护社会和经济秩序，适应中国特色社会主义发展要求，弘扬社会主义核心价值观。

《民法总则》第2条规定，民法调整平等主体的自然人、法人和非法人组织之间的人身关系和财产关系。可见，民法调整的对象与范围是平等民事主体之间的人身关系与财产关系。

（1）民法调整的对象。民法调整的对象是作为平等主体的自然人、法人和非法人组织。民事主体是指享有民事权利并相应承担民事义务的自然人、法人和非法人组织。民事主体具有平等性，即它们之间互不隶属，没有上下级关系，它们的法律地位一律平等。

自然人是指依自然规律产生，具有生命的人类个体。自然人自出生之时起就具有民事权利能力，依法享有民事权利和承担民事义务。它与法人是一组相对概念。法人不是依据自然规律产生的,而是依据法律规定设立的、享有民事权利和承担相应民事义务并能够独立承担民事责任的社会组织。在我国目前阶段,最典型和最常见的营利性法人是有限责任公司和股份有限公司。非法人组织,也是依法设立的、享有民事权利、承担相应的民事义务的社会组织,但与法人相比,它没有独立的财产,也不能独立承担民事责任,非法人组织的投资人或出资人对非法人组织的债务一般承担无限责任。在我国目前阶段,最典型和最常见的非法人组织是个人独资企业和合伙企业。

(2)民法调整的范围。民法调整的范围包括两个方面:一是平等民事主体之间的人身关系;二是平等主体之间的财产关系。

平等主体之间的人身关系是指平等主体之间与人身不可分离而无直接财产内容的社会关系,包括人格关系和身份关系。《民法总则》第109—132条对平等主体之间的人身关系和财产关系作了原则性规定。目前在我国民法典尚未问世的情况下,平等主体之间的人身关系主要是由《中华人民共和国婚姻法》(简称《婚姻法》)、《中华人民共和国收养法》(简称《收养法》)等法律具体调整的。

平等主体之间的财产关系是指民事主体之间基于物和其他财产的所有、占有、处分和利用等而相互发生的社会关系。最主要的财产关系为物权关系和债权关系。目前在我国民法典尚未问世的情况下,平等主体之间的财产关系主要是由《中华人民共和国物权法》(简称《物权法》)、《中华人民共和国合同法》(简称《合同法》)等法律具体调整的。

除了上述民事法律外,还有《中华人民共和国继承法》(简称《继承法》)、《中华人民共和国著作权法》(简称《著作权法》)、《中华人民共和国专利法》(简称《专利法》)、《中华人民共和国商标法》(简称《商标法》)、《中华人民共和国消费者权益保护法》(简称《消费者权益保护法》)、《中华人民共和国侵权责任法》(简称《侵权责任法》)等调整平等主体之间既具有人身关系同时又具有财产关系的民事关系。

✿ 示例说明

刘某在某乡政府门前经营一家餐馆,这个餐馆就成了该乡政府招待有关人员的用餐点。乡政府每次招待客人后都是留欠条而不付现金,几年累积起来共欠刘某20余万元。刘某多次向乡政府催款,但乡政府都以财政困难、无力还款或其他理由拒绝还款。刘某的餐馆面临经营不下去的困难，刘某打算起诉乡政府还款。本案中，乡政府虽然是行政机关，其在法律上负有行政管理职能，但在其与刘某之间因赊欠所形成的债权债务关系中是以平等的民事主体出现的，也就是说，乡政府是以消费者的身份出现的，而不是以行政管理者的身份出现的，乡政府与刘某之间的纠纷并不是因乡政府在行使管理职权中侵害刘某的合法权益或者刘某不服从其管理形成的。因此，乡政府因赊欠用餐费与刘某所形成的债权债务关系，属于民事法律关系，受民事法律调整，刘某在催讨欠款无果的情况下，可以依法提起民事诉讼。人民法院应当依法受理。

上述示例中，若乡政府人员有次在刘某餐馆用餐后身体出现不适，经县卫生防疫部门对刘某餐馆提供的饭菜检疫，发现上述人员身体不适是因为饭菜中的大肠杆菌严重超标所致，该卫生检疫部门对刘某遂作出 1 万元罚款的决定。刘某对该处罚决定不服。因该决定是县卫生检疫部门履行行政管理职能时作出的，县卫生检疫部门与刘某双方之间属于管理和被管理的关系，因此二者不是平等的民事主体，该纠纷不属于民法调整。刘某不服上述决定如向人民法院提起民事诉讼，法院将不予受理。因属于行政纠纷，刘某可以通过依法申请行政复议或者提起行政诉讼解决。

---

2. 什么是民事主体的合法权益受法律保护原则？

民事主体的合法权益受法律保护原则是《民法总则》第 3 条规定的一条基本原则，是指民事主体的人身权利、财产权利以及其他合法权益受法律保护，任何组织或者个人不得侵犯。民事主体享有广泛的民事权利和合法利益，这是法律赋予并依法受到保护的不可非法剥夺的神圣权利，任何组织或者个人不得侵犯，否则应当承担相应的法律责任。

（1）民事主体享有广泛的人身权。《民法总则》第 109 条规定，自然人的人身自由、人格尊严受法律保护。第 110 条、第 111 条规定，自然人享有生命权、身体权、健康权、姓名权、肖像权、名誉权、荣誉权、隐私权、个人信息安全权、婚姻自主权等权利。法人、非法人组织享有名称权、名誉权、荣誉权等权利。第 112 条规定，自然人因婚姻、家庭关系等产生的人身权利受法律保护。

（2）民事主体享有广泛的财产权。《民法总则》第 113 条规定，民事主体的财产权利受法律平等保护。第 114 条规定，民事主体依法享有物权。物权是权利人依法对特定的物享有直接支配和排他的权利,包括所有权、用益物权和担保物权。第 117 条规定,为了公共利益的需要,依照法律规定的权限和程序征收、征用不动产或者动产的,应当给予公平、合理的补偿。第 118条规定,民事主体依法享有债权。债权是因合同、侵权行为、无因管理、不当得利以及法律的其他规定,权利人请求特定义务人为或者不为一定行为的权利。第 119 条规定,依法成立的合同,对当事人具有法律约束力。

(3)民事主体享有广泛的兼具人身权和财产权特点的其他合法权利。根据《民法总则》第 123 条规定,民事主体依法享有知识产权。知识产权是权利人依法就下列客体享有的专有的权利:作品;发明、实用新型、外观设计;商标;地理标志;商业秘密;集成电路布图设计;植物新品种;法律规定的其他客体。第 124 条规定,自然人依法享有继承权。自然人合法的私有财产,可以依法继承。第 125 条规定,民事主体依法享有股权和其他投资性权利。

(4)民事主体还享有法律规定的其他民事权利和利益。对此,《民法总则》第 126 条明确规定,民事主体享有法律规定的其他民事权利和利益。第 127 条规定,法律对数据、网络虚拟财产的保护有规定的,依照其规定。第 128 条规定,法律对未成年人、老年人、残疾人、妇女、消费者等的民事权利保护有特别规定的,依照其规定。

此外,《民法总则》及相关民事法律也构筑了民事主体的合法权益的法律保障和纠纷解决机制。保护民事主体的合法权益是民法的核心内容,保障民事主体的合法权益不受侵犯是民事法律的聚焦点。《民法总则》和其他民事法律不仅赋予民事主体享有广泛的权利,而且构筑了以请求权为基础的民事责任承担和民事合法权益保障机制。民事主体的合法权益受到侵害的,依法享有侵权责任、违约责任、缔约过失责任、损害赔偿责任等请求权。其他相关民事法律如《婚姻法》《继承法》《合同法》等还赋予民事主体有权依法行使撤销权、解除权以及合同履行抗辩权等。民事主体的合法权益受到损害的,通过协商和调解不能解决纠纷的,法律民事主体可以通过仲裁或依法提起诉讼以维护自己的合法权益。

✧ **示例说明**

1997 年 8 月,某县委、县政府下发文件,决定进行乡镇企业产权制度改革。在这种背景下,该县某镇砂轮厂(以下简称砂轮厂)作为首个改制企业试点,在经县产权制度改革小组批准后转让,经招标投标,砂轮厂转让给周某某。该砂轮厂全部资产约为 1034 万元,其中固定资产约 439 万元;无形资产约为 33 万元,其余为流动资产约为 562 万元。该厂总负债 996 万元。1997 年 11 月 30 日,周某某交纳 220 万元,买断了砂轮厂的产权,于当日签署了《买断协议书(草签)》。1998 年 2 月 11 日,双方正式签订了《某某砂轮厂产权整体出售合同书》。合同中约定,镇政府应将评估报告确认的资产转让给周某某,同时由周某某承担原厂的全部负债。后经镇政府与某审计师事务所确认,总资产约 1034 万元,总负债 996 万元。之后,周某某以砂轮厂转让交接时,镇政府没有将流动资产中的 247 万余元交付构成严重违约,给企业生产造成困难为由,请求法院判令被告赔偿损失共 393 万余元及利息。

2001 年 11 月,某市中院判定,周某某已支付 220 万元的企业价款,镇政府没有完全履行合同义务,应向周某某赔偿所造成的损失 393 万余元及利息。随后,镇政府上诉至省高院,省高院发回重审,某市中院再审,改判镇政府胜诉,周某某上诉至省高院。最后,省高院作出终审判决:由于砂轮厂在资产评估及出售时,部分债权已不存在,某某镇政府履行合同过程中将已经不存在部分债权作为有效债权加以评估,镇政府作为出售方应赔偿给周某某造成的损失 393 万余元及利息。本案终审判决体现了民事主体的合法权益受法律保护原则。

3. 什么是民法的平等原则?

平等原则,是《民法总则》第 4 条规定的一条基本原则,是指民事主体在民事活动中法律地位一律平等,享有平等权。民事主体所享有的平等权主要是指法律地位和人格尊严的平等;法律提倡自然人、法人、非法人组织参与民事活动和进行市场竞争的机会均等;其合法民事权益平等地受法律保护,即保护方式和保护程度相同。享有平等对待权是平等原则的根本要求,作为自然人的民事主体不因民族、性别、年龄、文化背景、宗教信仰、财产状况等不同而受歧视;作为民事主体的法人和非法人组织在民商事活动中也不得差别对待。

民事主体的法律地位平等并不要求民事活动结果的平等,但是结果的严重不平等也会导致对平等原则的破坏。基于一定的历史传统、生理特点或者某些民事主体的行为能力处于弱势,造成了法律地位在事实上的不平等。因此,为了克服事实上的不平等,法律对妇女、未成年人、残疾人、老年人以及消费者的权益施以特殊保护。对特殊人群权益施加特殊保护与平等原则并不矛盾,而正是民事主体法律地位一律平等原则对民事活动中现实不平等的矫正。

◈ **示例说明**

某镇某自然村住有张姓、王姓和李姓600多户2800多名居民,张姓居民占五分之四以上,其他两姓居民不足五分之一。因本村一片公共用地被依法征用获得补偿款3600多万元。村民委员会召开村民会议,由本村18周岁以上村民的过半数参加,经到会人员的过半数通过了一项决定:上述征地补偿款全部分给张姓居民,待以后的土地征用补偿款拨付后再分给其他王姓和李姓居民。这一决定的作出虽然符合法律规定的法定程序并达到法定人数,但它侵害了本村王姓和李姓居民作为村民组成成员的平等成员权。在协商或调解不能解决争议的情况下,王姓和李姓居民有权提起诉讼,请求人民法院依法撤销上述决定。

4. 什么是自愿原则?

自愿原则,又称意思自治原则,是《民法总则》第5条规定的一条基本原则,是指民事主体从事民事活动,应当遵循自愿原则,按照自己的意思设立、变更、终止民事法律关系。自愿原则所体现的是民事主体有权根据自己的理性判断和利弊权衡,自主决定自己的事务,有权按照自己的意思设立、变更、终止民事法律关系,并自主承担由此带来的法律后果。自愿原则体现了"责权利"的高度统一。民事主体从事民事活动都应当遵循自愿原则,否定自愿原则和民事主体的意思自治,就等于否定民事主体和市场经济本身,也就等于否定了民事法律关系的存在。

自愿原则要求:

(1)民事主体有权自主决定是否进行民事活动,有权自主选择进行何种民事活动,有权选择参与民事活动的具体领域、具体内容和方式。民事主体在从事民事活动时有权要求他人尊重自己的意愿和自己的行为自由,但同时也应当自觉尊重他人的意思自治和行为自由,不得干涉他人按照自身的意愿行事。除了民事主体本身可以依法决定自己的事务和从事各种民事活动外,他人无权要求和强迫民事主体按照其意愿从事民事活动。民事主体基于他人的胁迫、欺诈、乘人之危等非自愿以及自身的重大误解所作出的意思表示不真实的法律行为,有权依法撤销,非过错人因此所带来的损失有权要求赔偿。

（2）民事主体从事民事活动是在对自己的各种能力包括抵御风险的能力、自己行为可能带来的各种后果进行独立判断和利弊权衡的基础上进行的,其从事民事活动的风险及其后果应当由其自身承担。

💠 **示例说明**

陈某某的公司与谭某某的公司竞买某县县城一块建设用地。为了竞买成功,谭某某授意其员工朱某某雇人在竞买当天制造交通事故,将陈某某带走,让其不能参加竞买。在上述建设用地拍卖当天,朱某某持谭某某提供的陈某某的照片和车牌号在拍卖现场附近等待陈某某的到来,当发现陈某某的汽车时开车碰撞陈某某的汽车,后以自己的车被陈某某剐蹭要修车为由将陈某某带走,使陈某某失去了竞买上述建设用地的机会,并由谭某某竞买成功。谭某某以雇佣和指使朱某某制造交通事故,阻止陈某某参加竞买建设用地的行为构成共同犯罪——强迫交易罪,分别被判处有期徒刑 2 年。谭某某的行为不仅违背了民事主体从事民事活动应当遵循的自愿原则,而且触犯了刑律,因此受到了法律的应有制裁。

5. 什么是公平原则？

公平原则是《民法总则》第 6 条规定的一条基本原则,是指民事主体从事民事活动,应当遵循公平原则,合理确定各方的权利和义务。公平体现着社会正义,而正义则是法律的永恒追求。民事主体在从事各种民事活动中如果违背公平原则、毫不顾忌他人利益,使自己的私欲任加膨胀,不仅会引发道德风险,而且可能会危及社会公共利益。

公平原则要求：

（1）民事主体从事民事活动应当合理地确定各方的权利和义务,也就是说,各方享有的权利应当与其承担的义务相适应,一方享有的权利越大,其所尽的义务也应当越多。不允许一方只享有权利而另一方只承担义务。在民事活动中对于违反公平原则,权利义务严重失衡的,受害方有权依法请求人民法院或者仲裁机构撤销。

（2）在采用格式合同或者格式条款签订合同时,提供格式条款的一方应当遵循公平原则确定当事人之间的权利和义务,并采取合理的方式提请对方注意免除或者限制格式合同提供者责任的条款。提供格式条款一方免除自身责任、加重对方责任、排除对方主要权利的,该条款无效。对涉及当事人权利义务和责任的条款中容易引起误解的内容,提供格式条款一方应当加以说明。否则,对格式条款有两种以上解释的,应当作出不利于提供格式条款一方的解释。格式条款和非格式条款不一致的,应当采用非格式条款。

（3）民事主体从事民事活动时应当合理分配风险和合理确定各方应承担的民事责任。民事主体在民事活动中涉及大量的不确定因素,并存在着一系列风险。在从事民事法律行为时,当事人对于自己行为的后果及其风险有明确的预见或者应当预见的,根据公平原则,应承担其行为带来的这种后果及其风险。

此外,公平原则也是民事立法应当坚持的必备原则。如《民法总则》规定的正当防卫规则,《合同法》中的合同漏洞填补规则、买卖与承揽等合同中的标的物风险转移规则,以及《侵权责任法》中的过错责任原则、过错推定原则等也都体现了公平原则。

❖ 示例说明

李某某受雇于范某某在某某建设工地从事油漆工作。该工程为范某某自兴旺工程公司分包。2015 年 6 月 12 日,李某某在工作中从梯子上坠落摔伤,后被送往医院治疗。医院诊断书载明:创伤性失血性休克、胸 8 椎体爆裂骨折伴截瘫（完全性）、胸 5—7 椎体压缩性骨折、胸部多发肋骨骨折、右肩胛骨骨折、右耳郭、耳后裂伤、软组织挫伤等。李某某在骨科医院治疗 69 天,范某某为其支付医疗费 16 万余元,后转入另一医院康复性治疗 162 天。经司法鉴定,李某某的伤残等级为二级。2016 年 1 月 26 日,范某某（甲方）与李某某（乙方）达成和解协议书,协议书载明:乙方违反安全操作规程,未按要求系安全带导致负伤,现双方就解除劳动合同和补偿达成如下协议:一、双方之间的劳动合同自本协议签订时解除;二、甲方同意一次性支付乙方各项补偿金 25 万元，该补偿包括但不限于人身损害赔偿金、误工费、护理费、交通费、营养费、被扶养人生活费、后续治疗费等全部款项；三、乙方收到上述补偿金后，双方的全部争议解决完毕，双方不再存在任何法律纠纷，就上述纠纷乙方不得以任何理由、任何方式向甲方主张任何权利。协议签订后，范某某向李某某支付赔偿金 25 万元。李某某为治疗和康复身体需花费 150 多万元，自己无力承担，遂以范某某和兴旺公司为被告起诉，要求两被告依法承担人身损害赔偿责任。

　　法院经审理认为，民事法律行为显失公平的可以依法撤销。李某某的伤残等级为二级且需要护理，范某某与李某某协议约定的 25 万元的赔偿金，远远不能补偿李某某的伤残损失。和解协议的约定明显违背公平原则，法院对李某某撤销该协议的主张予以支持。雇员在雇佣活动中所造成的人身伤害应当由雇主承担。根据现有证据认可李某某由范某某雇佣，李某某要求范某某承担赔偿责任，法院予以支持。发包人或者分包人明知接受发包或者分包的单位或个人不具备安全生产条件或者相应资质的，发包人或者分包人应当与接受发包或者分包的雇主承担连带责任。兴旺公司将其承包的建设工程分包给没有安全生产资质的范某某个人施工，且其在李某某施工中未尽到必要的安全防范义务，因此，其与范某某应对李某某的人身伤害损失承担连带赔偿责任。李某某作为成年人，未在工作中尽到应有的注意义务，对此李某某自身应当承担相应责任。根据案情，酌定李某某承担 30% 的责任。法院遂依法判决撤销范某某与李某某之间的和解协议；范某某向李某某赔偿残疾赔偿金、残疾辅助器具费、被扶养人生活费，以及因康复护理、继续治疗实际发生的必要的康复费、护理费、后续治疗费总计 771780 元，兴旺公司承担连带赔偿责任。考虑到李某某在调解协议书中自认"违反安全操作规程，未按要求系安全带导致负伤"的过错程度，法院酌定李某某承担 30% 的责任。法院对本案纠纷的解决，充分体现了公平原则。

---

6. 什么是诚实信用原则？

　　诚实信用原则，简称诚信原则，是《民法总则》第 7 条规定的基本原则，是指民事主体从事民事活动应当遵循诚信原则，秉持诚实，恪守承诺。诚实守信，顾名思义，就是讲诚实、守信誉。也就是言必信、信必行、行必果，不能言而无信、出尔反尔。诚信原则一般是针对具有交易性质的民事活动所确定的最高行为规则,被称为"帝王原则",它将作为诚实信用的市场伦理纳入民法原则中来约束市场参与者恪守承诺。

首先,诚实守信是民事主体决定是否参与民事活动、订立合同的前提。无论购物消费还是投资理财,一方要参与这些活动势必要向商品或者服务的提供者了解有关商品、产品或者服务的有关真实情况,民事主体也只有在了解真实情况的基础上才能作出准确的判断,从而决定自己是否购买或者参加相关民事活动。如果一方通过编造事实、隐瞒事实真相诱使对方参与,势必使对方违背其自己的真实意思,这种通过实施欺诈诱骗对方当事人从事民事法律行为的做法是不受法律保护的,受害方当事人可以依法请求人民法院或者仲裁机构撤销。

其次,诚实守信是民事主体行使权利和履行义务的必然要求。民事主体从事民事法律活动,实施民事法律行为,应当按照双方意思表示达成的一致来履行,即按照双方约定的标准、期限、数量、价款等来履行,否则,构成违约,非违约方当事人有权提起诉讼维护自己的权利,要求对方承担相应的违约金或者损害赔偿等法律责任。

最后,诚实守信是当事人相关重要利益的评价标准。诚信,要求民事主体当事人应合理顾及或平衡相互之间的利益,维护彼此之间的信用,使当事人正当期待的合法利益得以实现,不得利用合同漏洞制造合同陷阱给对方制造麻烦,使一方承担与其权利失衡的过高风险。

此外,诚信要求与交易习惯之间存在着相互影响,当事人在交易内容因没有约定或者约定不明确出现分歧和发生争议的情况下,对合同有关内容不能达成补充协议或者按照合同有关条款不能确定分歧和争议内容的情况下,应当按照有关交易习惯确定。当然,这种交易习惯只有符合诚信原则的要求,才可以作为补充合同漏洞和确定有关分歧内容的依据,否则,这种交易习惯也不得考虑。

◈ 示例说明

原告义利食品加工公司与被告蓝天建筑公司签订了一份钢材买卖合同,由原告供货。当原告从外省某钢铁厂联系货源并根据合同约定将钢材通过铁路运至被告附近的火车站时,因钢材的市场价格与合同约定的价格相比已大幅下落,在原告通知被告提货付款时,被告以原告出卖钢材超越了经营范围为由,认为双方签订的合同无效、被告无履行的义务。在多次催促被告提货和支付货款无果的情况下,原告起诉要求被告接受钢材、支付货款并支付违约金和逾期提货的保管费。本案中,蓝天建筑公司在订立合同时,明知对方超越经营范围仍然与其订立合同,事后又因为合同履行对其不利,为逃避承担违约责任而主张合同无效,这种行为显然有违诚实信用原则,被告蓝天建筑公司的主张因此不会得到法院的支持。

7. 什么是守法与公序良俗原则?

　　守法与公序良俗原则,是《民法总则》第 8 条规定的一条基本原则,是指民事主体从事民事活动,不得违反法律,不得违背公序良俗。法律与公序良俗体现了社会生活中的公共利益及秩序价值。民事主体从事民事活动,如果肆意违反法律和违背公共秩序与善良风俗,社会就会陷于无序状态,民事主体就无法进行正常的社会生活,更不用说进行民事活动。

　　守法与公序良俗原则的要求如下:

　　(1)民事主体从事民事活动不得违反法律。法律是国家权力机关依法制定和实施的行为规范,有的属于命令性规范,有的属于禁止性规范,有的属于引导性规范。民事主体从事民事活动,对这些法律规范都应当遵守,不得违反。特别是对于命令性规范和禁止性规范来讲更是如此,否则,民事主体所从事的法律行为无效或者可以依法予以撤销。法律为民事活动既划定了一定的界限,也预留了依法活动的广阔空间,民事主体只有依法行使权利、依法履行义务才具有法律保障,其民事活动才有可能达到预期的目的。否则,其民事法律行为就可能因无效而不受法律保护。

　　(2)民事主体从事民事活动不得违背公序良俗。公共秩序与善良风俗,简称公序良俗。公共秩序与善良风俗,不仅是社会成员遵法守法的结果,在某种程度上更是法律形成的渊源。我国在一系列民事法律和其他法律中也充分体现了善良风俗原则,如民法提倡的见义勇为、拾金不昧、尊重他人以及家庭成员间相互扶助、尊老爱幼等。民事主体从事民事活动不违背公序良俗原则,也是对意思自治、等价交换、自由竞争等市场法则的有益矫正。违背公序良俗的民事活动不受法律保护,否则,就会影响和阻碍市民社会的健康有序发展。

⚙ 示例说明

  蔡某某参加某小区内的一场赌博,输掉了随身携带的几万元现金后,在赌场专门发放赌资的钱某某向其出借赌资 10 万元,由蔡某某向钱某某书写借条载明:"蔡某某向钱某某借款 10 万元,1 万元每天利息为 500 元。3 天之内还清。"在上述约定的期限内蔡某某无力偿还借款,钱某某起诉要求蔡某某偿还借款本金及利息 11.5 万元。法庭审理中蔡某某承认借款事实,但主张其借款为赌资不受法律保护,请求法院驳回钱某某的诉讼请求。法院经审理认为,钱某某明知蔡某某的借款用于赌博仍然放贷,属于出借人事先知道或者应当知道借款人借款用于违法犯罪活动仍然提供借款的行为,违反法律和违背公序良俗。因此,钱某某起诉要求蔡某某偿还借款本金及利息 11.5 万元的诉讼请求不受法律保护。法院遂依法驳回钱某某的诉讼请求。

8. 什么是绿色原则?

  绿色原则,是《民法总则》第 9 条规定的一条基本原则,是指民事主体从事民事活动,应当有利于节约资源、保护生态环境。绿色原则是在我国面对工业化带来的高耗能、高污染并持续造成资源浪费、雾霾严重、水资源短缺以及环境恶化,并因此给人们的生存和发展带来严重威胁的形势下,在《民法总则》中制定的一条既应对当前又面向未来的民法基本原则。

  绿色原则要求:民事主体从事民事活动,应当秉持和贯彻创新、协调、绿色、开放、共享的发展理念,注意节约资源,自觉选择耗能低、污染轻的生活与生产方式;注意保护珍稀动植物,自觉维护生态和物种多样性,做到人与自然的和谐相处;经济发展不得以掠夺自然资源、破坏环境和危及人们的生命健康和财产安全为代价,应当走可持续发展道路和促进人的全面发展目标的实现;不得以享有私法自治权和对物的所有权,就任意毁弃和浪费资源、破坏环境。

◈ 示例说明

  原告李某贤承包了本村集体经济组织所有的鱼塘一个,面积 9 亩,承包期限为两年,承包金共 8200 元。原告在塘内养殖了四大家鱼。某日凌晨两点,原告发现鱼塘的鱼大批死亡,即刻到有关部门报告及报警。当日 10 时,某派出所的警员刘某某、镇政府农办的主任陈某某、环保办的工作人员游某某三人到现场检查,并制作了《现场检查笔录》一份,由原告李某贤及被告李某锋的父亲李某坤签字确认。检查发现:原告李某贤承包鱼塘里的鱼出现大面积死亡,其养鱼鱼种主要有鲩鱼 1700 尾、鳙鱼 300 尾、鲢鱼 600 尾、鲫鱼 500 尾、鲤鱼 1000 尾,所养的鱼种全部死亡;经农办技术人员现场检查鉴定,初步认为死鱼的原因不明,需采鱼塘水样及死鱼进行鉴定;该鱼塘东面有一间小型汽修厂,负责人为李某锋,该汽修厂的污水通过排水渠排入李某贤鱼塘,鱼塘水面有油污渍。同日,原告将鱼塘水样送到农业部某某流域渔业生态环境监测中心进行水质分析。同年 8 月 18 日,该中心出具的《检验报告》结果显示,送检水样中石油类超标十多倍。原告为此而支付了水质分析费用 900 元。因双方进行调解无果,为此,原告提起诉讼。另查明:当地每亩鱼塘年平均纯收入为 1600—1700 元。

法院审理认为:李某锋经营的汽修厂的污水通过排水渠排入李某贤承包的鱼塘,经农业部某某流域渔业生态环境监测中心进行水质分析,显示鱼塘水样中石油类指标严重超标,可见鱼塘水质受到污染,李某锋是环境污染的加害人。考虑本案的实际情况,结合当地每亩鱼塘年平均纯收入,法院采信原告在报警时所报鱼的价值,核定原告的损失包括死亡鱼的价值 20000元、鱼塘承包金 2733 元(4100 元/年 × 8/12 年)、水质分析费 900 元,合共23633 元。依法判决如下:(1)被告李某锋应于本判决生效之日起 10 日内赔偿损失共 23633 元予原告李某贤;(2)驳回原告的其他诉讼请求。本案受理费 1558 元,由原告负担 643 元,被告负担 915 元。本案判决体现了民法保护生态环境的绿色原则。

---

9. 处理民事纠纷,在什么情况下可以适用习惯?

《民法总则》第 10 条规定,处理民事纠纷,应当依照法律;法律没有规定的,可以适用习惯,但是不得违背公序良俗。处理民事纠纷所适用的法律主要是指全国人民代表大会及其常委会依法制定和颁布实施的民事法律,依据法律授权由国务院制定和发布实施相关法规以及最高人民法院发布实施的相关司法解释也是处理民事纠纷"应当依照的法律"。民法上的习惯,通常是指一定地域范围、行业领域或者发生民事法律关系的当事人之间长期形成、一致认可并共同遵守的行为规范。法律和习惯都是民法的主要渊源。《民法总则》第10条对处理民事纠纷时在什么情况下可以适用习惯作出了明文规定。

（1）处理民事纠纷，应当依照法律；法律没有规定的，可以适用习惯。法律在一个国家内具有普遍的适用性和约束力，因此，无论是调解组织、仲裁机构还是人民法院处理民事纠纷，首先应当适用民事法律，依照相关法律规定来断定和划分相关当事人之间的权利义务关系及应承担的法律责任。习惯是相关民事主体一贯遵守的行为规范，一般也涉及民事主体之间的权利义务关系和责任承担划分等内容，对于这些习惯因为一定地域、特定行业或者特定民事主体相互之间的共同认可和遵守，可以说已经成为了他们"行动中的法律"，如果不遵守这种"行动中的法律"可能要承担一定的不利后果。因此，在没有法律规定的情况下，习惯可以成为处理相关民事主体之间纠纷的依据。针对民事主体之间的争议如何处理缺乏相关法律规定的情况下，可以适用习惯。

（2）适用习惯解决民事纠纷，不得违背公序良俗。习惯作为在法律没有规定情况下处理民事纠纷的补充性法律渊源，虽然不是法律，但是其应当体现自愿性、合法性、公平性等民法的原则性要求。习惯有时可能是陋习、恶习，不仅不能体现民法的原则和精神，甚至会违背公序良俗。违背公序良俗的陋习、恶习，不仅不能满足人们追求公平正义的理性诉求，而且会破坏文明和谐的人际关系，因此不能成为处理民事纠纷的依据。如个别地方流行的闹婚者亲吻新娘、扒掉新娘或新郎的衣服等闹婚习俗就是陋习，这种陋习不仅违背了公序良俗，而且有辱人格并违背了保护人格尊严不受侵犯的法律规定，其不仅不能作为解决民事纠纷的依据，而且被法律所禁止。

◈ **示例说明**

马某某与陈某某经人介绍相识，经过一段时间的交往，彼此互有好感。在双方父母的张罗下，马某某与陈某某同意举办订婚仪式。订婚仪式除了马某某、陈某某和双方父母外，主要约请了双方亲朋好友参加和前来祝贺。在订婚宴席举行中，马某某按照当地风俗送给陈某某价值5万元的订婚礼，举办酒席花费近2万元。订婚半年后，马某某多次催促陈某某登记结婚，但陈某某以马某某没有楼房和不具备结婚条件为由不同意结婚。之后，因马某某无力购买楼房作为婚房居住，陈某某提出解除双方的婚约。对此，马某某深感痛苦,不仅因为自己喜欢陈某某,而且因双方已通过举办订婚仪式向亲朋好友公开宣示双方作为结婚对象,马某某认为陈某某提出解除婚约是一件很耻辱的事情。鉴于陈某某此意已决,马某某提出陈某某只要归还收取的5万元的订婚礼和平时交往中收到的2万多元的礼物,并赔偿举办订婚宴花去的近2万元,双方就可以解除婚约。陈某某认为马某某的说法没有道理,自己收到的马某某送的7万元的礼物是马某某对自己的无偿赠与,按照生活习惯,礼物送出被他人接受后就没有再要回的道理,至于赔偿订婚宴花费损失更是闻所未闻。陈某某拒绝了马某某的要求,马某某遂向人民法院起诉请求判决陈某某退还收到的7万元彩礼并赔偿2万元的婚宴花费损失。

　　订婚是我国目前广大地区特别是农村地区普遍流行的风俗习惯。虽然订婚仪式因人而异,但订婚一般伴随着互送彩礼或者女方收取男方彩礼。订婚,一般是已经确定恋爱关系的男女双方通过举办一定的仪式向社会和他人宣示互为自己的结婚对象。如果不出意外,已经订婚的男女双方下一步步入婚姻的殿堂和结婚成家是顺理成章的事。但是出于各种原因,订婚后一方毁约的事也时有发生。《婚姻法》对订婚婚约及解除订婚婚约及其后果都没有作出规定,这可以说是我国《婚姻法》的一个漏洞。为了填补这一漏洞,《最高人民法院关于适用〈中华人民共和国婚姻法〉若干问题的解释(二)》第10条对当事人请求返还按照习俗给付的彩礼的法律适用作出了明确规定。根据该条第1款规定,当事人请求返还按照习俗给付的彩礼的,如果查明属于下列情形,人民法院应当予以支持:(1)双方未办理结婚登记手续的;(2)双方办理结婚登记手续但未共同生活的;(3)婚前给付导致给付人生活困难的。本案中,对于马某某要求退还7万元彩礼的请求应当按照上述规定处理。而对于马某某提出的陈某某赔偿订婚宴席的花费损失是否应当得到赔偿,《婚姻法》及其司法解释都没有规定。假如本案例发生在《民法总则》施行后,那么,就应当遵循《民法总则》第10条规定所确立的原则来处理,即本案经查明当地存在婚约解除方赔偿另一方订婚损失的习惯,且该习惯不违背公序良俗,那么就可以适用该习惯,陈某某对马某某订婚宴的花费损失应负赔偿责任。

----

10. 什么是特别法优于一般法的民法适用原则?

　　《民法总则》作为民法典的开篇之作,是对民法典及其他民事法律的原则性和普遍性规定,其与《合同法》、《物权法》、《婚姻法》、《继承法》及《著作权法》、《商标法》与《专利法》等知识产权法、《消费者权益保护法》、《侵权责任法》等其他民事法律比较而言,属于一般法。根据《中华人民共和国立法法》(简称《立法法》)的规定,同一机关制定的法律、行政法规、地方性法规、自治条例和单行条例、规章,特别规定与一般规定不一致的,适用特别规定;新的规定与旧的规定不一致的,适用新的规定。法律、行政法规、地方性法规、自治条例和单行条例、规章不溯及既往,但为了更好地保护公民、法人和其他组织的权利和利益而作的特别规定除外。从以上规定可以看出,《民法总则》作为规定民事关系及其法律适用的一般性法律,其与作为特别法的《合同法》、《物权法》、《婚姻法》、《继承法》及《著作权法》、《商标法》与《专利法》等知识产权法、《消费者权益保护法》、《侵权责任法》等的规定不一致或者有冲突的,应当适用特别法的规定。这就是特别法优于一般法的法律适用原则。对此,《民法总则》第11条也明确规定,其他法律对民事关系有特别规定的,依照其规定。

✿ 示例说明

原告 A 国甲贸易公司与中国乙机床公司订立机床买卖合同,在乙公司交付机床 3 年零 4 个月时,A 国甲公司以中国乙公司交付机床不符合双方约定的技术标准为由向中国某某市中级人民法院提起诉讼。假如本案是在《民法总则》生效后发生的,乙公司也不得以甲公司超过诉讼时效为由进行抗辩,请求法院驳回其诉讼请求。虽然《民法总则》第 188 条规定向人民法院请求保护民事权利的诉讼时效期间为 3 年,但是因为该法相对于《合同法》而言是一般法,而《合同法》是特别法,《合同法》有不同规定的,应当适用《合同法》。根据《合同法》第 129 条规定,因国际货物买卖合同和技术进出口合同争议提起诉讼或者申请仲裁的期限为 4 年,自当事人知道或者应当知道其权利受到侵害之日起计算。因其他合同争议提起诉讼或者申请仲裁的期限,依照有关法律的规定。据此,本案中 A 国甲贸易公司自接收机床之时即知道或者应当知道其权利受到侵害之日起的 3 年零 4 个月提起诉讼,并未超过《合同法》规定的 4 年期限的诉讼时效,对其诉讼某某市中级人民法院应当受理。

----

11. 我国民法适用于哪些范围内的民事活动?

《民法总则》第12条规定,中华人民共和国领域内的民事活动,适用中华人民共和国法律。法律另有规定的,依照其规定。该条对我国民事法律的适用范围作了原则性规定,即中华人民共和国领域内的民事活动,适用中华人民共和国法律。但是,民事法律之外的其他法律,如我国缔结或参加的国际条约或者按照国际惯例应当适用外国法律的,特别是我国的其他法律对涉外民事关系法律适用有不同规定的,应当依照其规定执行。涉外民事关系一般是指具有下列情形之一的民事关系:当事人一方或双方是外国公民、外国法人或者其他组织、无国籍人;当事人一方或双方的经常居所地在中华人民共和国领域外;标的物在中华人民共和国领域外;产生、变更或者消灭民事关系的法律事实发生在中华人民共和国领域外,可以认定为涉外民事关系的其他情形。在此应当说明的是,《中华人民共和国涉外民事关系法律适用法》(简称《涉外民事关系法律适用法》)对涉外民事关系法律适用的具体原则以及涉外民事法律关系中的民事主体、婚姻家庭、继承、物权、债权、知识产权等法律适用作了全面规定,在涉及这些涉外民事法律关系时应当根据该法的规定适用法律。

⌘ 示例说明

第三人广州市某某工程有限公司(简称广州某某公司),在1992年12月申请设立为集体所有制企业,注册资金29万元,其中钟某甲出资13万元,钟某乙出资8万元,梁某某出资3万元,黄某某出资5万元。2000年3月,第三人进行企业改制,由集体企业变更为有限公司。当时黄某某已出国加拿大,并已取得加拿大国籍。钟某甲、钟某乙、梁某某在黄某某不在国内期间,利用企业改制过程中私自侵吞了黄某某在第三人享有17.2414%的股份。在改制后的公司股东中,由原来4个股东变为3个股东(钟某甲、钟某乙、梁某某),侵吞黄某某应享有的股份。在2011年、2012年钟某甲、钟某乙、梁某某因股份转让事宜诉至法院,黄某某申请工商查档后才发现钟某甲、钟某乙、梁某某,无视黄某某在第三人享有的股份权益,将黄某某排除在股东之外,而通过虚构的股东决议及验资,将黄某某在第三人处所享有的股份予以侵吞,给黄某某造成了巨大的经济损失。2012年黄某某以确认股东身份为诉讼请求依法向法院提起诉讼,请求依法判令:钟某甲、钟某乙、梁某某赔偿黄某某股份损失 580499 元;第三人承担连带赔偿责任,钟某甲、钟某乙、梁某某承担本案诉讼费。

　　本案中,黄某某是加拿大国籍,因本案属于涉外纠纷,故应作为涉外商事案件处理。本案是侵权赔偿纠纷,各方当事人对处理争议所适用的法律未作选择,根据我国《涉外民事关系法律适用法》第 2 条第 2 款的规定,"本法和其他法律对涉外民事关系法律适用没有规定的,适用与该涉外民事关系有最密切联系的法律。"本案侵权行为地以及侵权结果发生地均在我国境内,依照最密切联系原则,因此,适用侵权行为地法律即中华人民共和国法律处理本案争议。

| 第二章 |

自　然　人

第一节　民事权利能力和民事行为能力

12. 什么是自然人？自然人具有什么法律特征？

作为民事主体的自然人，是指与法人相对的依自然规律产生的具有生命的人类个体，包括试管婴儿、利用精子库精子或者卵子等人工授精产生的具有生命的人类个体。

根据《民法总则》的规定，自然人具有以下法律特征：

（1）自然人是从出生时起到死亡时止具有民事权利能力的民事主体。自然人的民事权利能力是指自然人作为民事主体的资格，即依法享有民事权利，承担民事义务的资格。自然人的民事权利能力即其依法享有民事权利，承担民事义务的资格是与生俱来的，且随着死亡而自然终止和丧失。自然人具有民事权利能力是法律赋予的自然人作为民事主体的根本特征。自然人依法享有民事权利的同时，也依法承担民事义务，体现了自然人作为民事主体的权利和义务的统一。不存在只享有民事权利而不承担民事义务的自然人，也不存在只承担民事义务而不享有民事权利的自然人。

（2）自然人的民事权利能力一律平等。作为民事主体自然人的法律地位一律平等，不论其民族、性别、年龄、家庭背景、所受教育和文化程度、宗教信仰、财产等状况如何，都具有民事权利能力即作为民事主体的资格。也就是说，法律赋予自然人同样的权利并负有同样的义务，并对其民事主体资格不得施以差别对待和歧视，任何人都不具有超越法律的特权。

◈ 示例说明

高某经十月怀胎到某某医院通过剖官产下一男婴赵甲,赵甲健康体硕,满面粉红,甚是可爱。护士小王在护理该男婴赵甲期间用手机拍了几张照片发到微信群里与好友分享。3个月后,高某在一家月嫂公司的网站上发现赵甲的照片,就告诉该月嫂公司未经父母同意就将自己孩子的照片登载在网站上,这样是不对的,侵害了自己孩子的肖像权和隐私权,要求该公司将赵甲的照片从网站上撤下。该月嫂公司的经理刘某某一听就极为恼火,大声回应高某说:"一个刚出生的婴儿,有什么肖像权和隐私权?我们免费给你们登出来是在无偿给你的孩子进行宣传,扩大你孩子的知名度,好多人还求之不得呢,你真是不知好歹!"在高某一再询问月嫂公司是怎样得到自己孩子照片的情况下,刘某某告知是从微信好友群里下载的,并告诉上传人是高某分娩时所住医院护士小王。之后,高某与小王取得联系,希望采取必要的措施催促月嫂公司等将上传网上和手机微信群里的赵甲照片撤下,并采取措施防止自己孩子的照片在微信群里和网上进一步扩散,否则,将采取法律手段。自然人作为自出生起就具有民事权利能力的民事主体,依法享有生命权、身体权、健康权、姓名权、肖像权、名誉权、荣誉权、隐私权、个人信息安全权等人身权利,护士小王和月嫂公司未经婴儿赵甲的监护人即其父母高某及其丈夫同意,擅自将赵甲的照片向群友发送和登载网上,侵犯婴儿赵甲的肖像权和隐私权,高某及其丈夫有权要求小王和月嫂公司采取必要的措施将自己孩子照片从网上和群里撤下,并采取措施以防止自己孩子的照片在微信群里和网上进一步扩散和造成进一步的侵害。

13. 如何确定自然人的出生时间和死亡时间?

自然人的出生时间与死亡时间是自然人作为民事主体具有民事权利能力的起止时间,也就是自然人作为民事主体依法享有民事权利和承担民事义务的起止时间。因此,确定自然人的出生时间和死亡时间具有重要的法律意义,这在继承法上表现得尤为突出。《继承法》第 2 条规定,继承从被继承人死亡时开始。《最高人民法院关于贯彻执行〈中华人民共和国继承法〉

若干问题的意见》(以下简称《继承法司法解释》)第 2 条规定,相互有继承关系的几个人在同一事件中死亡,如不能确定死亡先后时间的,推定没有继承人的人先死亡。死亡人各自都有继承人的,如几个死亡人辈分不同,推定长辈先死亡;几个死亡人辈分相同,推定同时死亡,彼此不发生继承,由他们各自的继承人分别继承。此外,在因人身损害导致的死亡损害赔偿案件中,死亡时间也是权利人知道或者应当知道权利受到损害计算起始时间,这直接关系着能否断定当事人的诉讼请求是否超过诉讼时效期间。超过诉讼时效期间的,债务人享有履行抗辩权。

根据《民法总则》第 15 条规定,自然人的出生时间和死亡时间按照以下方式确定:(1)自然人的出生时间和死亡时间,以出生证明、死亡证明记载的时间为准。(2)没有出生证明、死亡证明的,以户籍登记或者其他有效身份登记记载的时间为准。(3)有其他证据足以推翻以上记载时间的,以该证据证明的时间为准。

⊕ **示例说明**

2014 年 5 月 6 日,赵某、李某到某某妇幼保健医院实施剖官产手术。当日早晨 8 时 50 分李某产下一男婴,于 9 时 10 分死亡。经某某司法鉴定中心鉴定,该妇幼保健医院的医疗行为存在过错,医院过错与赵某、李某之子死亡后果之间存在因果关系。赵某、李某据此向法院提起诉讼,请求判令被告依法给付死亡赔偿金、丧葬费、医疗费,并支付 5000 元的精神抚慰金。被告辩称,医疗行为并不存在过错,自身疾病是造成胎儿死亡的原因。胎儿能够独立自主呼吸的时间是胎儿出生的时间,本案中的胎儿没有产生过自主呼吸,胎儿不属于自然人,不具备民事权利能力,因此,原告无权就胎儿的死亡要求人身损害赔偿。

法院经审理认为,自然人从出生时起到死亡时止,具有民事权利能力,依法享有民事权利,承担民事义务。因原告之子没有出生证明、户籍证明及死亡证明,因此其出生时间和死亡时间根据司法鉴定意见载明的时间确定,原告之子于 2014 年 5 月 6 日 8 时 50 分出生,于 9 时 10 分死亡。该新生儿自出生到死亡具有民事权利能力,依法享有民事权利。根据司法鉴定中心鉴定书,该妇幼保健医院的医疗行为存在过错,医院过错与赵某、李某之子死亡后果之间存在因果关系。法院在查明有关事实的基础上,遂依法判决:

根据《最高人民法院关于审理人身损害赔偿案件适用法律若干问题的解释》第 20 条的规定,死亡赔偿金按照受诉法院所在地上一年度城镇居民人均可支配收入或者农村居民人均纯收入标准,按 20 年计算。本案中的二位原告一直生活在城镇,因此,死亡赔偿金应当按照城镇标准计算,为受诉法院所在地上一年度城镇居民人均可支配收入为 22274.60 元 × 20 = 445492 元。丧葬费为 21423 元,医疗费损失为 370.96 元,精神抚慰金酌情赔偿 3000 元。

本案原告能够获得赔偿,除了证明被告实施的医疗行为具有过错,且该过错与赵某、李某之子死亡后果之间存在因果关系外,最关键的一点就是涉案新生儿出生时间和死亡时间的确定。如果赵某、李某之子一出生就像被告主张的那样没有产生过自主呼吸,即一出生就是死胎,那么赵某、李某之子不属于自然人,也就不能像自然人一样获得人身损害赔偿。

14. 涉及胎儿哪些利益保护的,胎儿视为具有民事权利能力?

根据《民法总则》的规定,自然人从出生时起到死亡时止具有民事权利能力,胎儿无疑不属于自然人,其也就没有享有民事权利和承担民事义务的资格。因此,胎儿的利益也就无从保护。胎儿是在母体内孕育和成长中的不具有独立性的生命体,按照自然孕育和成长规律,经过母亲的十月怀胎将自然出生和脱离母体,并具有法律上的民事主体资格,即依法享有民事权利和承担民事义务。但是,如果对孕育成长中的胎儿的有关权益不予适当保护,就会对其出生后的成长造成不利影响,甚至会对其生命权和健康权等人身权以及财产权造成损害。因此,《民法总则》第 16 条对涉及胎儿的利益保护作出了明确规定。

《民法总则》第 16 条规定,涉及遗产继承、接受赠与等胎儿利益保护的,胎儿视为具有民事权利能力。但是胎儿娩出时为死体的,其民事权利能力自始不存在。具体来讲,涉及胎儿的利益保护主要有以下几个方面。

(1)胎儿依法享有继承权。胎儿像自然人一样在法定继承发生后,享有按照法定继承顺序和财产继承分配原则继承遗产的权利。

(2)接受赠与的权利。胎儿像自然人一样依法享有接受赠与的权利,胎儿出生后这些受赠与财产应当归其所有,他人无权剥夺。

除了上述第 16 条列举的涉及以上两种胎儿的利益保护外,涉及其他胎儿利益保护的,如胎儿人身损害赔偿请求权等,胎儿同样视为具有民事权利能力。

　　但是,以上对胎儿的利益保护仅限于胎儿出生时具有生命体征为前提,胎儿自母体娩出时为死体的,其民事权利能力自始不存在。也就是说,胎儿自母体娩出时为死体的,遗产分割时胎儿依法分得的遗产应由被继承人的继承人依法继承,胎儿的继承视同自始没有发生。受赠与财产由其父母或者其他监护人代为受领的,赠与人有权要求返还。

⬆ 示例说明

　　2008 年于某与申某某相识,2010 年 7 月双方举行婚礼,但未进行结婚登记。2010 年 10 月申某某因突发心脏病死亡。此时,于某怀孕已 8 个多月,1 个多月后生下申甲。申某某留有价值 182 万元的房屋一套,现存价值 3 万元的汽车一部,银行存款 8 万元。因购房借贷尚欠银行 15 万元债务。申某某死后,其遗产由其 3 位法定继承人于某、申某某的母亲王某和其与前妻所生之子申乙平分,未给胎儿申甲分配和预留遗产。本案中,在分割遗产时,被继承人申某某的 3 位法定继承人没有给胎儿保留继承份额,侵害了申甲的继承权。申甲出生后,其母亲作为法定继承人有权就偿还申某某所欠贷款后的所有遗产,由于某、王某、申甲和申乙 4 人依法重新分配,使申甲得到相应的遗产份额。

---

15. 划分成年人和未成年人的年龄界限是多少岁？什么是完全民事行为能力人？

　　根据《民法总则》第 17 条规定,我国划分成年人和未成年人的年龄界限是 18 周岁。18 周岁以上的自然人为成年人,不满 18 周岁的自然人为未成年人。民法划分成年人和未成年人的年龄界限,主要是根据社会成员达到一定年龄所具有的一般认知标准、心理成熟程度、智力发展状况和自我控制能力等因素来决定的,也就是根据社会成员达到一定年龄所具有的生理和主观状况的平均水平决定一个成年人所具有的普适性的标准。至于作为自然人的个体其生理状况和智力发展状况如何,其精神状态是否能够理解或者辨认自己行为后果,在所不问,只要达到年满 18 周岁就是成年人,不满 18 周岁即为未成年人。

　　自然人是成年人或者是未成年人的判断标准只有通过年龄因素划分。在划分成年人和未成年人的基础上,又根据一定的年龄标准将未成年人划分为限制民事行为能力人和无民事行为能力人。但是,对于不能辨认或者完全不能辨认自己行为后果的精神病人来讲,即使达到了年满 18 周岁即已经是成年人,也不能理解或者不能完全理解自己的行为,以及不能辨别或者不能完全辨别自己的行为后果。据此,又将成年人划分为完全民事行为能力人、限制民事行为能力人和无民事行为能力人。

　　《民法总则》第 18 条规定,成年人为完全民事行为能力人,可以独立实施民事法律行为。16 周岁以上的未成年人,以自己的劳动收入为主要生活来源的,视为完全民事行为能力人。第 17 条规定,18 周岁以上的自然人为成年人,不满 18 周岁的自然人为未成年人。可见,完全民事行为能力人分为以下两类:18 周岁以上的成年人为完全民事行为能力人;16 周岁以上未满 18 周岁的未成年人,以自己的劳动收入为主要生活来源的,视为完全民事行为能力人。

　　完全民事行为能力人具有以下法律特征:

　　(1)完全民事行为能力人可以独立实施民事法律行为。因为完全能够理解自己的行为和能够完全辨别自己行为后果,故其可以独立实施民事法律行为。完全民事行为能力人能够通过自己的意思表示,独自实施民事法律行为,如独立订立合同、订立遗嘱、处分自己的财产,提起诉讼以维护自己的合法权益等。而不必像无行为能力人那样需要法定代理人代理,也不必像限制行为能力人那样需要法定代理人的事前允许或者事后同意。在此意义上可以说,完全民事行为能力人就是可以独立实施民事法律行为的人。

　　(2)完全民事行为能力人独自承担其所实施的民事法律行为的后果。民事行为能力就是实施民事法律行为和承担民事法律后果的能力。完全民事行为能力人其民事行为能力是完全的,即不受限制的。也就是说,其是否实施民事法律行为、实施哪些民事法律行为、如何实施民事法律行为都由完全民事行为能力人自己决定,自己独立实施,并对其法律后果独自承担,除其之外的任何人都对其不负任何法律责任。在此意义上可以说,完全民事行为能力人就是独立承担其民事法律行为后果的人。

✿ **示例说明**

　　贾某 2012 年 7 月初中毕业,刚满 16 周岁,经应聘被当地一家钢铁公司录用,双方签订了为期5年的劳动合同,月工资1800元。根据当地一般生活水平,其以自己的劳动收入能够维持自己的生活,而不需要依靠父母和他人资助。2017年3月,他将自己价值2500元的一辆电动车以1000元的价格卖给了其同事何某某。贾某的父亲贾某某当听说自己儿子贾某将电动车贱卖时,遂找到何某某,提出退款并要求何某某返还电动车,遭到何某某的拒绝。

本案中,贾某尽管不满18周岁,但因其有固定月收入,且能够维持当地一般生活水平,因此其应视为完全民事行为能力人。其有权独立实施出卖电动车这种民事法律行为,对其买卖电动车的后果他也应当独自承担。只要其出卖电动车的行为是其真实意思表示,且何某某不存在对贾某欺诈、胁迫、乘人之危等导致贾某违背自己真实意思表示的情形,双方之间订立的买卖合同不可撤销。因此,其父无权代理其撤销或解除其与何某某之间订立的电动车买卖合同。

---

16. 什么是限制民事行为能力人? 其可以独立实施哪些民事法律行为?

根据《民法总则》第19条和第22条的规定,8周岁以上的未成年人(即年满8周岁未满18周岁的未成年人)和不能完全辨认自己行为的成年人为限制民事行为能力人。上述规定的未成年人限制民事行为能力人的年龄下限由原来《民法通则》规定的10周岁,降至8周岁。这样,可以更加有利于未成年人限制民事行为能力人实施民事法律行为和对其合法权益的保护。可见,限制民事行为能力人包括年龄和精神状况完全不同的两类人即未成年人限制民事行为能力人和成年人限制民事行为能力人。

作为限制民事行为能力人,上述两类限制民事行为能力人具有以下基本相同的法律特征:

(1)限制民事行为能力人不可以独立实施民事法律行为,实施民事法律行为由其法定代理人代理或者经其法定代理人同意、追认。未成年人的父母或者依法确定的其他监护人是未成年限制民事行为能力人的法定代理人。限制民事行为能力的成年人的配偶或者依法确定的其他监护人是其法定代理人。限制民事行为能力人实施民事法律行为由其法定代理人依法实施,法定代理人在代理权限内以被代理人名义实施的民事法律行为,对被代理人发生效力;或者限制民事行为能力人实施民事法律行为经其法定代理人事先同意或者事后予以追认的,限制民事法律行为能力人实施的民事法律行为有效。

(2)限制民事行为能力人可以独立实施纯获利益的民事法律行为或者与其年龄、智力或者与其智力、精神状况相适应的民事法律行为。8周岁以上的未成年人为限制民事行为能力人,其进行的民事活动是否与其年龄、智力状况相适应,可以从行为与本人生活相关联的程度、本人的智力能否理解其行为,并预见相应的行为后果,以及行为标的数额等方面认定。不能完全辨认自己行为的成年人为限制民事行为能力人,其进行的民事活动,是否与其智力、精神健康状态相适应,可以从行为与本人生活相关联的程度、本人的精神状态能否理解其行为,并预见相应的行为后果,以及行为标的数额等方面认定。一个12周岁的初中生购买笔记本、价值不大的钢笔、零食等与其学习生活密切相关的用品,其能够独立实施,无需其法定代理人代理。限制民事行为能力人可以独立实施的纯获利益的民事法律行为,主要是指纯获利益而不承担相应的给付义务。限制民事行为能力人接受奖励、不附条件的赠与、报酬一般属于纯获利益的民事法律行为,他人不得以行为人为限制民事行为能力人为由,主张以上行为无效。对于那些能够获得利益,但是限制民事行为能力人不能预见其后果、不能控制其风险的民事法律行为其也不能独立实施。

⌂ 示例说明

李明是某中学初三学生。一天中午在放学回家的路上,他看到某商店正在进行有奖销售,奖券为每10元一张,最高奖为某某牌电脑一台,时价4600元。他便买了一支10元钱的钢笔,领到一张奖券。抽奖结果公布,李明所持的奖券中了最高奖。李明领取奖品时遭到商场拒绝,理由为李明是13周岁的初中生,为限制民事行为能力人,其购买钢笔的行为无效,因此,其无权领取奖品。

本案例中,李明年仅13周岁,为限制民事行为能力人,其花10元钱购买钢笔的行为与本人学习密切相关联、其能理解其行为的性质并预见行为后果,且标的数额很小。可见其购买钢笔的行为是与其年龄、智力相适应的民事法律行为,属于其可以独立实施的民事法律行为,商场主张其购买钢笔的行为无效不能成立。李明凭领到的购物奖券获得最高奖,属于纯获利益的民事法律行为,其可以独立实施,因此,商场负有向李明交付该笔奖金的义务。

17. 什么是无民事行为能力人？其具有什么法律特征？

《民法总则》第 20 条规定,不满 8 周岁的未成年人为无民事行为能力人,由其法定代理人代理实施民事法律行为。第 21 条规定,不能辨认自己行为的成年人为无民事行为能力人,由其法定代理人代理实施民事法律行为。8 周岁以上的未成年人不能辨认自己行为的,适用前款规定。可见,无民事行为能力人是指不满 8 周岁的未成年人、不能辨认自己行为的成年人和不能辨认自己行为的 8 周岁以上的未成年人。

无行为能力人具有以下法律特征:

(1)无行为能力人不得实施民事法律行为。无民事行为能力是指不具有以自己独立的意思表示实施民事法律行为的资格。因为完全不能理解自己的行为和完全不能辨别自己行为的后果,故无民事行为能力人不能够通过自己的意思表示,实施民事法律行为,如订立合同、订立遗嘱、处分自己的财产、提起诉讼等等,无行为能力人由其法定代理人(即父母或依法确定的其他监护人)代理实施民事法律行为。

(2)无民事行为能力人所实施的民事法律行为无效。无民事行为能力人无权决定其是否实施民事法律行为、实施哪些民事法律行为、如何实施民事法律行为。无民事行为能力人由其法定代理人代理实施民事法律行为,其实施的民事法律行为无效。正是无民事行为能力人的这一法律特征,导致了对未成年人和成年人无民事行为能力人从事民事活动的限制。《民法总则》将《民法通则》规定的未成年无民事行为能力人的年龄上限由原来的不满 10 周岁降到了不满 8 周岁,这样可以使未成年人提前 2 年由无民事行为能力人进入限制民事行为能力人阶段,有利于提升其活动空间和自主能力及其民事权利的保护。

◇ **示例说明**

王某某为一小学老师,他任美术课的某校二年级 3 个班的绘画成绩在全市名列前茅。某出版社向其约稿出版了一本《艺苑新枝》,他将 5 年来他所教过的学生的获奖和优秀作品,经其修改和加工出版。他认为这些作品都是学生在他的指导下创作的,现在又进行了加工、修改,也可以说是自己的劳动成果,况且这些学生年龄都在 6—7 岁,属于无民事行为能力人,他们没有资格出版作品和获得稿酬。因此,其出版的《艺苑新枝》一书,既未给被收录作品的学生署名,也未给他们支付稿酬。

著作权是一种既包含著作人身权又包含著作财产权的知识产权,它不因作者是无民事行为能力人就不予保护。《中华人民共和国未成年人保护法》(简称《未成年人保护法》)第 46 条规定,国家依法保护未成年人的智力成果和荣誉权不受侵犯。据此,无民事行为能力的未成年人对自己创作的文学、艺术作品等享有著作人身权和财产权,即享有署名权、修改权、保护作品完整权及获得报酬权、转让权等;对自己的发明创造,享有专利申请权及专利权。本案中,王某某作为美术老师无权擅自出版自己学生创作的美术作品,在其出版的《艺苑新枝》一书中既未给学生署名,出版后又未向作品被收录的学生的法定代理人支付报酬,侵犯了作品被收录出版的学生的著作人身权和财产权。

---

18. 什么是民事行为能力认定?认定程序是怎样的?

民事行为能力认定,是指不能辨认或者不能完全辨认自己行为的成年人,由其利害关系人或者有关组织,通过向有管辖权的人民法院申请认定该成年人为无民事行为能力人或者限制民事行为能力人。民事行为能力认定具有重要的法律意义:不能辨认或者不能完全辨认自己行为的成年人被依法认定为无民事行为能力人或者限制民事行为能力人后,该成年人就不能独立实施民事法律行为,其民事法律行为只能通过其监护人即法定代理人来实施或者只能实施与共智力、精神状态相适应的民事法律行为。作为其法定代理人的监护人通过对其财产进行有效管理,不仅对被认定为无民事行为能力或者限制民事行为能力的被监护人起到保护作用,而且通过监护人对其财产进行有效管理,也能对被监护人的债权人的债权间接起到保护作用。特别是通过法定代理人即其监护人履行债务,可以保障被监护人的债权人的债权得以实现。

《民法总则》第 24 条第 1 款规定,不能辨认或者不能完全辨认自己行为的成年人,其利害关系人或者有关组织,可以向人民法院申请认定该成年人为无民事行为能力人或者限制民事行为能力人。这里的"利害关系人",包括被申请宣告为无民事行为能力人或者限制民事行为能力人的配偶、父母、子女、兄弟姐妹以及其他与被申请人有民事权利义务关系的人。根据《民法总则》第24条第3款规定,本条规定的有关组织包括:居民委员会、村民委员会、学校、医疗机构、妇女联合会、残疾人联合会、依法设立的老年人组织、民政部门等。

根据《中华人民共和国民事诉讼法》(简称《民事诉讼法》)第187—189条规定,申请认定公民无民事行为能力或者限制民事行为能力,由其近亲属或者其他利害关系人向该公民住所地基层人民法院提出。申请书应当写明该公民无民事行为能力或者限制民事行为能力的事实和根据。人民法院受理申请后,必要时应当对被请求认定为无民事行为能力或者限制民事行为能力的公民进行鉴定。申请人已提供鉴定意见的,应当对鉴定意见进行审查。人民法院审理认定公民无民事行为能力或者限制民事行为能力的案件,应当由该公民的近亲属为代理人,但申请人除外。近亲属互相推诿的,由人民法院指定其中一人为代理人。该公民健康情况许可的,还应当询问本人的意见。人民法院经审理认定申请有事实根据的,判决该公民为无民事行为能力或者限制民事行为能力人;认定申请没有事实根据的,应当判决予以驳回。

✧ 示例说明

白某某因2016年1月7日在韩国整形医院进行手术过程中出现医疗事故,导致其重度昏迷,由于其不能辨认和控制自己的行为,沙某某(白某某的母亲)向某某市某某区人民法院申请宣告被申请人白某某为无民事行为能力人,并为其指定监护人。案件审理过程中,依申请人申请,该院依法委托某某市某某司法鉴定中心对被申请人白某某进行了民事行为能力鉴定,某某市某某司法鉴定中心于2016年4月7日出具了《司法鉴定意见书》,鉴定意见为:白某某无民事行为能力,应当认定被申请人白某某为无民事行为能力人。经依法审理,2016年4月12日,某某市某某区人民法院作出了宣告无民事行为能力民事判决:(1)宣告白某某为无民事行为能力人;(2)指定沙某某为白某某的监护人。

---

19. 什么是恢复民事行为能力认定？认定程序是怎样的？

恢复民事行为能力认定,是指对被人民法院认定为无民事行为能力人或者限制民事行为能力人的成年人,经本人、利害关系人或者有关组织申请,人民法院根据其智力、精神健康恢复的状况,认定该成年人恢复为限制民事行为能力人或者完全民事行为能力人。恢复民事行为能力认定具有重要法律意义:使被依法认定为无民事行为能力的人恢复为限制民事行为能力人或者完全民事行为能力人,或者使被依法认定为限制民事行为能力的人恢复为完全民事行为能力人,从而使被恢复为限制民事行为能力的人可以独立进行与其智力和精神状况相适应的民事活动,使被恢复为完全民事行为能力的人可以完全独立从事民事活动。

《民法总则》第 24 条第 2 款规定,被人民法院认定为无民事行为能力人或者限制民事行为能力人的,经本人、利害关系人或者有关组织申请,人民法院可以根据其智力、精神健康恢复的状况,认定该成年人恢复为限制民事行为能力人或者完全民事行为能力人。在这里所谓的利害关系人,包括被申请宣告为无民事行为能力人或者限制民事行为能力人的配偶、父母、子女、兄弟姐妹以及其他与被申请人有民事权利义务关系的人。根据《民法总则》第 24 条第 3 款规定,本条规定的有关组织包括:居民委员会、村民委员会、学校、医疗机构、妇女联合会、残疾人联合会、依法设立的老年人组织、民政部门等。

《民事诉讼法》第 190 条规定,人民法院根据被认定为无民事行为能力人、限制民事行为能力人或者他的监护人的申请,证实该公民无民事行为能力或者限制民事行为能力的原因已经消除的,应当作出新判决,撤销原判决。

◇ 示例说明

白某某因 2016 年 1 月 7 日在韩国整形医院进行手术过程中出现医疗事故,导致其重度昏迷,由于其不能辨认和控制自己的行为,沙某某(白某某的母亲)向某某市某某区人民法院申请宣告被申请人白某某为无民事行为能力人,并为其指定监护人。案件审理过程中,依申请人申请,该院依法委托某某市某某司法鉴定中心对被申请人白某某进行了民事行为能力鉴定,某某市某某司法鉴定中心于 2016 年 4 月 7 日出具了 × × ×(2016)精神病鉴字第 115 号《司法鉴定意见书》,鉴定意见为:白某某无民事行为能力,应当认定被申请人白某某为无民事行为能力人。经依法审理,2016 年 4 月 12 日,××市××区人民法院作出(2016)××民特 21 号宣告无民事行为能力民事判决:(1)宣告白某某为无民事行为能力人;(2)指定沙某某为白某某的监护人。之后,经过 1 年多的精心治疗,白某某经某某市某某医院诊断,恢复完全民事行为能力,白某某遂向人民法院申请撤销××市××区人民法院作出的宣告无民事行为能力的民事判决,恢复其为完全民事行为能力人。

20. 什么是自然人的住所? 住所有什么法律意义?

自然人的住所,是自然人生活居住的地点,是其从事民事活动包括行使民事权利和履行民事义务及承担民事责任的重要依托。《民法总则》第 25 条规定,自然人以户籍登记或者其他有效身份登记记载的居所为住所;经常居所与住所不一致的,经常居所视为住所。目前,我国自然人的住所主要与人口行政管理中的户籍登记制度相联系,以户籍登记地点作为确定自然人住所的主要地点,经常居所与住所不一致的,以经常居所视为住所的住所确定补充制度。自然人因就业、升学、参军等自户籍登记地迁出而导致没有固定住所,或者是在企业、学校或者军营生活居住的,一般以其他有效身份登记记载的居所为住所。

民法中关于自然人住所的规定具有重要的法律意义:

(1)住所是自然人享有有关民事权利、社会权利和履行民事义务的重要依托。根据《合同法》第 62 条规定,当事人就有关合同内容约定不明确,依照本法第 61 条的规定仍不能确定的,适用下列规定:履行地点不明确,给付货币的,在接受货币一方所在地履行;交付不动产的,在不动产所在地履行;其他标的,在履行义务一方所在地履行。此外,也是确定子女入学学区,居民享受灵活就业安排和其他社会保险的管理归属地的依据等。

(2)住所是确定进行有关民事法律行为登记和请求某些社会救助的管理归属地的依据。根据《婚姻登记条例》规定,内地居民结婚或者离婚,男女双方应当共同到一方当事人常住户口所在地的婚姻登记机关办理结婚或离婚登记手续。根据《中华人民共和国居民身份证法》的规定,公民应当自年满 16 周岁之日起 3 个月内,向常住户口所在地的公安机关申请领取居民身份证。根据《中华人民共和国反家庭暴力法》(简称《反家庭暴力法》)的有关规定,家庭暴力受害人及其法定代理人、近亲属可以向加害人或者受害人所在居民委员会、村民委员会、妇女联合会等单位投诉、反映或者求助。

(3)住所也是确定民事诉讼管辖地的重要依据。根据《民事诉讼法》的规定,对公民提起的民事诉讼,由被告住所地人民法院管辖;被告住所地与经常居住地不一致的,由经常居住地人民法院管辖。同一诉讼的几个被告住所地、经常居住地在两个以上人民法院辖区的,各人民法院都有管辖权。下列民事诉讼,由原告住所地人民法院管辖;原告住所地与经常居住地不一致的,由原告经常居住地人民法院管辖:对不在中华人民共和国领域内居住的人提起的有关身份关系的诉讼;对下落不明或者宣告失踪的人提起的有关身份关系的诉讼;对被采取强制性教育措施的人提起的诉讼;对被监禁的人提起的诉讼。因合同纠纷提起的诉讼,由被告住所地或者合同履行地人民法院管辖。因侵权行为提起的诉讼,由侵权行为地或者被告住所地人民法院管辖。

✿ 示例说明

2016年8月13日,山东省甲市万某某(供方)与河南省乙市刘某某(需方)签订了一份《产品购销合同》,合同就产品种类、数量、质量、金额及付款方式均作了约定,合同签订后,万某某按需方要求将货物送到刘某某指定在河南省乙市的某施工地点,按约履行了合同义务,但刘某某未按约定向万某某支付货款。万某某在多次催款未果的情况下,2017年3月8日遂向山东省甲市中级人民法院提起诉讼。被告刘某某收到起诉状副本后,对本案提出了管辖权异议。被告认为山东省甲市无管辖权:根据《民事诉讼法》第23条规定,因合同纠纷提起的诉讼,由被告住所地或者合同履行地人民法院管辖。

本案中,被告住所地在河南省乙市。本案中,双方之间的《产品购销合同》签订后,原告万某某按需方要求将货物已送到河南省乙市的某施工地点,可见合同履行地也是河南省乙市。因此,作为被告所在地和合同履行地的河南省乙市中级人民法院对本案具有管辖权。被告有权请求山东省甲市中级人民法院依法裁定将此案移送至被告住所地与合同履行地河南省乙市中级人民法院审理。

第二节　监　　护

21. 父母和子女相互之间负有哪些监护义务?

监护,是指为无民事行为能力和限制民事行为能力的人包括未成年人和成年人设立保护人的制度。依法设立的保护人是监护人,受保护人保护的人是被监护人。根据《民法总则》第26条规定,父母和子女之间相互所负有的监护义务是指父母对未成年子女负有抚养、教育和保护的义务;成年子女对丧失或部分丧失民事行为能力的父母负有赡养、扶助和保护的义务。

(1)父母对未成年的子女具有以下监护义务:父母对子女有抚养教育的义务,父母不履行抚养义务时,未成年的或不能独立生活的子女,有要求父母付给抚养费的权利;父母有保护和教育未成年子女的义务,不直接抚养非婚生子女的生父或生母,应当负担子女的生活费和教育费,直至子女能独立生活为止;父母应当禁止对未成年人实施家庭暴力,禁止虐待、遗弃未成年人,禁止溺婴和其他残害婴儿的行为,不得歧视女性未成年人或者有残疾的未成年人;父母应当关注未成年人的生理、心理状况和行为习惯,以健康的思想、良好的品行和适当的方法教育和影响未成年人,引导未成年人进行有益身心健康的活动,预防和制止未成年人吸烟、酗酒、流浪、沉迷网络以及赌博、吸毒、卖淫等行为;父母应当尊重未成年人受教育的权利,必须使适龄未成年人依法入学接受并完成义务教育,不得使接受义务教育的未成年人辍学。

(2)成年子女对父母具有以下监护义务:老年人养老主要依靠家庭,家庭成员应当关心和照料老年人。成年子女应当履行对老年人经济上供养、生活上照料和精神上慰藉的义务,照顾老年人的特殊需要;成年子女对患病的老年人应当提供医疗费用和护理。成年子女不履行赡养义务时,无劳动能力的或生活困难的父母,有要求子女付给赡养费的权利。子女应当妥善安排老年人的住房,不得强迫老年人迁居条件低劣的房屋。老年人自有的或者承租的住房,子女或者其他亲属不得侵占,不得擅自改变产权关系或者租赁关系。老年人自有的住房,赡养人有维修的义务。子女有义务耕种老年人承包的田地,照管老年人的林木和牲畜等,收益归老年人所有。成年子女不得以放弃继承权或者其他理由,拒绝履行赡养义务。子女不履行赡养义务时,无劳动能力的或生活困难的父母,有要求子女付给赡养费的权利。子女不得要求老年人承担力不能及的劳动。

⊙ **示例说明**

　　原告温某某诉称,1998 年 4 月 13 日,原告与被告魏甲生有魏乙,双方感情不合于 2007 年 8 月 30 日离婚,离婚时未解决女儿魏乙抚养问题。由于被告已离家出走,至今没有给付女儿抚养费,原告认为女儿魏乙的抚养应由原告监护,故现原告诉请法院要求判令原告为魏乙的监护人,魏乙随原告生活;请求判决被告承担魏乙每月生活费 300 元,教育费、医疗费凭票据各承担一半,承担到魏乙成年为止。法院经审理认为,抚养子女是父母对未成年人或不能独立生活的子女进行抚育和教育的行为,抚养是父母子女间一种基本的权利义务关系,这种关系的基础是血缘。抚养对于父母来说是一种不可推卸的责任和义务。这种义务不以父母的夫妻关系的存在为前提,父母离异后,抚养义务依然存在。依照《婚姻法》第 36 条"父母与子女间的关系,不因父母离婚而消除。离婚后,子女无论由父或母直接抚养,仍是父母双方的子女。离婚后,父母对于子女仍有抚养和教育的权利和义务"之规定,判决如下:(1)原告温某某与被告魏甲的婚生女魏乙随原告温某某生活;(2)被告魏甲每月支付婚生女魏乙的生活费 300 元,教育费、医疗费原、被告各承担一半,直至魏乙 18 周岁时止。

----

22. 除父母外,哪些人可以担任未成年人的监护人?

　　根据《民法总则》和其他民事法律规定,除了被视为完全民事行为能力人的未成年人外,不满 18 周岁的未成年人因为属于无民事行为能力人或者限制民事行为能力人,因此都属于被监护人。因父母与子女血缘上的天然纽带和血亲关系,父母是未成年人的天生监护人。只有未成年人的父母已经死亡或者没有监护能力的,才可以由其他血亲如祖父母、外祖父母或者兄、姐担任监护人。上述血亲之外的人或者组织愿意担任监护人的,必须经未成年人住所地的居民委员会、村民委员会或者民政部门同意。对此,《民法总则》第 27 条规定,父母是未成年子女的监护人。未成年人的父母已经死亡或者没有监护能力的,由下列有监护能力的人按顺序担任监护人:

（1）祖父母、外祖父母；（2）兄、姐；（3）其他愿意担任监护人的个人或者组织，但是须经未成年人住所地的居民委员会、村民委员会或者民政部门同意。

　　根据上述规定，父母之外的人或者组织担任监护人应当具有监护能力和具备必要的监护条件（如拥有可支配的监护时间、拥有与被监护人共同生活的居住条件和其他生活条件、具有民事行为能力、能够承担监护职责等）。此外，为了防止具有监护资格的未成年人的血亲之间相互推诿或者争夺监护权，《民法总则》也规定了担任监护人的顺序，即未成年人的父母已经死亡或者没有监护能力的，首先由第一顺序中具有监护能力的人担任监护人；没有第一顺序的监护人或者第一顺序的人没有监护能力的，由第二顺序中具有监护能力的人担任监护人；没有第二顺序的监护人或者第二顺序的人没有监护能力的，可以由第三顺序即其他愿意担任监护人的个人或者组织担任监护人，但是须经未成年人住所地的居民委员会、村民委员会或者民政部门同意。未经未成年人住所地的居民委员会、村民委员会或者民政部门同意的，不得担任未成年人的监护人。

☖ 示例说明

　　肖某某与毕某某恋爱同居期间生下肖甲。一天肖某某与毕某某外出发生交通事故，肖某某当场死亡，毕某某受伤并鉴定为10级伤残。毕某某住院治疗期间，其子肖甲由祖父肖乙、祖母程某某和伯父肖丙看管、抚养。毕某某身体康复后，要求肖乙、程某某和肖丙将肖甲交给自己抚养，由毕某某行使监护权。但肖乙、程某某和肖丙认为，肖甲是毕某某与肖某某恋爱期间所生，并非《婚姻法》意义上的婚生子女，以毕某某没有监护权为由拒绝其监护要求。

　　本案中，肖乙、程某某和肖丙认为毕某某没有监护权是错误的，在毕某某身体康复且未丧失监护能力的情况下，毕某某作为肖甲的生母是肖甲的当然监护人，除父母之外的其他人无权承担监护人和行使监护权。

23. 哪些人可以担任无民事行为能力或者限制民事行为能力的成年人的监护人？

无民事行为能力或者限制民事行为能力的成年人，是指完全不能辨认或者不能完全辨认自己行为的成年精神病人和智障患者。民法通过设立监护人制度来保护他们的人身安全和财产利益，并由监护人作为他们的法定代理人代为从事民事活动。《民法总则》第 28 条规定，无民事行为能力或者限制民事行为能力的成年人，由下列有监护能力的人按顺序担任监护人：（1）配偶；（2）父母、子女；（3）其他近亲属；（4）其他愿意担任监护人的个人或者组织，但是须经被监护人住所地的居民委员会、村民委员会或者民政部门同意。

根据上述规定，在有监护能力的人中，无民事行为能力人、限制民事行为能力人有配偶的，其配偶是第一顺序的监护人；没有配偶，或者其配偶不具有监护能力的，应当由有监护能力的第二顺序的父母、子女承担监护人；没有第一顺序、第二顺序的监护人，或者第一顺序、第二顺序的监护人都没有监护能力的，应当由第三顺序的有监护能力的其他近亲属如兄弟姐妹、祖父母、外祖父母、叔父、伯父等监护。没有上述监护人的，由其他愿意担任监护人的个人或者组织监护，但是须经被监护人住所地的居民委员会、村民委员会或者民政部门同意。司法实践中，认定监护人监护能力，应当根据监护人的身体健康状况、经济条件，以及与被监护人在生活上的联系状况等因素确定。

⇨ **示例说明**

屈某某与康某系夫妻，为某某省某某市城市居民。于 1996 年 3 月 2 日大女儿屈甲出生，2010 年 11 月 9 日生小女儿屈乙，屈乙 3 个月大时其母康某离家出走，至今未归。屈乙由其祖母赵某某和其父屈某某抚养。2016 年 2 月，屈某某因发生交通事故死亡。屈某某和康某都是独生子女，没有兄弟姐妹。康某的父母几年前相继去世。屈甲现在某大学读本科。鉴于屈家发生的这一系列变故，邻居李某某和马某某夫妇愿意担任屈乙的监护人。

本案例中，屈乙作为无民事行为能力人，在其父亲死亡、母亲离家出走的情况下，可以由有监护能力的其他亲属如祖父母、外祖父母、兄弟姐妹承担监护人。因屈甲为一在校大学生,没有收入来源且无监护条件,因此,应当由其外祖父母担任监护人。若邻居李某某和马某某夫妇愿意担任监护人的话,须经被监护人屈乙住所地的居民委员会或者民政部门同意。

-----

24. 被监护人的父母担任监护人的,能否通过遗嘱指定监护人?

遗嘱指定监护人,是指无民事行为能力人或限制民事行为能力人的父母担任其监护人时,生前通过遗嘱为被监护人指定未来监护人的行为。遗嘱指定监护人的,立遗嘱人只能是作为监护人的父亲或者母亲中的在世的一方,被监护人的父母双方都在世的,无须通过遗嘱指定监护人,一方去世后由另一方继续担任监护人。遗嘱指定监护人,遗嘱是在立遗嘱人死亡时生效,立遗嘱人生前虽立有指定监护人,但遗嘱并不生效。立遗嘱人通过遗嘱为被监护人指定监护人,应当从父母之外的具有担任监护人资格的其他近亲属中指定,对不具有担任监护人资格或者须经被监护人住所地的居民委员会、村民委员会或者民政部门同意的其他愿意担任监护人的个人或者组织,则不能通过遗嘱指定。

◈ 示例说明

钟四兄弟4人,其排行老四,参军服役期间因精神分裂症(间歇性精神病)退役,经医学检查被评定为4级残疾军人,其享有退役津贴。退役后由父母照顾其生活,父亲钟某某去世后由母亲路某某一人照顾。母亲路某某去世前为了防止其他兄弟3人争夺监护权或者推诿监护职责,立有遗嘱:其死后钟四由其三哥钟三承担监护人,照顾其饮食起居;路某某与丈夫钟某某盖的8间瓦房中的4间作为其父亲的遗产由兄弟4人继承,其余4间作为自己的遗产留给钟三继承。但钟三必须履行好对钟四的监护职责,并保证钟四有房住。钟三对该遗嘱表示同意,而钟一和钟二认为该遗嘱剥夺了自己对弟弟钟四的监护权和对母亲路某某的平等继承权,该遗嘱指定监护无效,请求法院依法撤销。

本案例中,路某某作为限制民事行为能力人钟四的母亲和监护人,在其丈夫钟某某去世,而钟四既没有妻子和子女的情况下,有权从具有监护人资格的其他近亲属即钟一、钟二和钟三中通过遗嘱指定监护人。此外,路某某作为完全民事行为能力人有权自主和自由处理自己的遗产,因此,钟一和钟二认为该遗嘱剥夺了对弟弟钟四的监护权和对母亲路某某遗产的平等继承权,主张该遗嘱指定监护无效的理由不能成立。

25. 依法具有监护资格的人能否协议确定监护人?

《民法总则》第 30 条规定,依法具有监护资格的人之间可以协议确定监护人。协议确定监护人应当尊重被监护人的真实意愿。可见,协议确定监护人,是指依法具有监护资格的人之间通过订立协议确定监护人的行为。有权订立协议确定监护人的人应当是依法具有监护资格的人。订立监护人协议一般是具有监护资格的同一监护顺序或者不同监护顺序的人对监护人的确定所达成的一致,这一协议的达成可以明确监护人和其履行的监护职责,同样可以起到防止相互推诿或者争夺承担监护人的事情发生。

协议确定监护人应当尊重被监护人的真实意愿。作为限制民事行为能力人的被监护人,具有一定的理解和辨认能力,协议确定监护人应当征求其本人的意愿,不得无视和违背其真实意愿协议确定监护人。作为无民事行为能力人的被监护人,虽不具有理解和辨认能力,但应当从有利于其利益的实现和最大维护其合法权益的角度协议确定监护人。这种从有利于其利益的实现和最大维护其合法权益的角度协议确定监护人,应当推定为尊重被监护人的真实意愿。

◌ 示例说明

高某某与张某某系夫妻,两人婚后育有一女高甲,当结婚 7 年该女 5 岁时,双方协议离婚,高甲随高某某共同生活。离婚半年后,高某某与李某某登记结婚,高甲由高某某和李某某共同抚养。高某某再婚 1 年半后死亡。次日,在征得高甲的意愿后,高甲的继母李某某、高甲的祖父母、高甲的母亲张某某、高甲的外祖父母和高甲的伯父高乙就高甲的监护签订协议,约定由高甲的伯父高乙作为监护人,履行监护人职责,高甲随高乙一家共同生活。因该协议不违背法律的强制性规定,且不违背高甲的愿望,该协议生效后各方应当自觉履行,高甲的母亲张某某不得以该协议剥夺其监护权为由,请求法院撤销确定监护人协议,另行指定其作为高甲的监护人。

------

26. 对监护人的确定有争议的,如何指定监护人? 指定监护人应当遵循什么原则?

对监护人的确定争议,主要是指具有法律规定的监护人资格的人之间因确定监护人引起的争议,主要包括应当确定何人担任监护人、有意担任监护人的人是否有监护能力以及能否履行监护职责等监护人确定中引发的争议。《民法总则》第 31 条第 1 款规定,对监护人的确定有争议的,由被监护人住所地的居民委员会、村民委员会或者民政部门指定监护人,有关当事人对指定不服的,可以向人民法院申请指定监护人;有关当事人也可以直接向人民法院申请指定监护人。据此,确定监护人争议解决方式主要有两种:一是由有关组织或部门指定监护人,即对监护人的确定有争议的,由被监护人住所地的居民委员会、村民委员会或者民政部门指定监护人。二是人民法院依申请指定监护人,即有关当事人对被监护人住所地的居民委员会、村民委员会或者民政部门的指定不服的,可以向人民法院申请指定监护人。有关当事人对确定监护人的争议也可以不经被监护人住所地的居民委员会、村民委员会或者民政部门指定监护人,直接向人民法院申请指定监护人。

居民委员会、村民委员会、民政部门或者人民法院履行指定监护人职责时应当遵循法律要求和指定原则。对此,《民法总则》第 31 条第 2 款规定,居民委员会、村民委员会、民政部门或者人民法院应当尊重被监护人的真实意愿,按照最有利于被监护人的原则在依法具有监护资格的人中指定监护人。这就要求在指定监护人时应当征求被监护人的意见,尊重其应指定有资格担任监护人中的何人或者什么样的人担任监护人的真实意愿;对于不能表达自己真实意愿的被监护人应当按照最有利于被监护人的生活监护、权益维护和利益实现等要求在依法具有监护资格的人中指定监护人。

基于最有利于被监护人的原则,《民法总则》第 31 条第 3 款规定,在指定监护人前,被监护人的人身权利、财产权利以及其他合法权益处于无人保护状态的,由被监护人住所地的居民委员会、村民委员会、法律规定的有关组织或者民政部门担任临时监护人。

《民法总则》第 31 条第 4 款规定,监护人被指定后,不得擅自变更;擅自变更的,不免除被指定的监护人的责任。据此,在不能或者无力履行监护职责的情况下,监护人或者利害关系人可以向人民法院申请撤销原指定监护人并变更监护人。

◈ **示例说明**

张某某与姚某系夫妻,于 2010 年 11 月 9 日生女儿张乙,张乙 3 个月大时其母姚某离家出走,至今未归。张乙由其祖母赵某某和其父张某某抚养。2016 年 2 月,张某某因发生交通事故死亡,2016 年 3 月 20 日,张乙所在居民委员会指定张甲(系张乙的姐姐,1994 年 8 月 4 日出生)为监护人,但张乙一直与其祖母赵某某一起生活并由赵某某一人抚养。张甲对该监护指定不服。张甲认为自己是一刚刚毕业的青年学生,缺乏生活和自立经验,工资收入微薄,工作繁忙,经常加班加点,难以履行保护张乙身体健康、照顾张乙生活和对其进行管理与教育的监护职责。对此,张甲可以直接向被监护人张乙住所地所在的基层人民法院即某某市某某区人民法院提出异议,请求撤销居民委员会的监护指定,另行指定监护人。

---

27. 在什么情况下,监护人由民政部门或相关居委会、村委会担任?

民法设立监护制度,是为了弥补限制民事行为能力人和无民事行为能力人其民事行为能力的不足,保证其民事权利能力的实现。具有监护资格的人的,应当依据《民法总则》第 27—31 条的规定确立监护人。没有依法具有监护资格的人的,根据《民法总则》第 32 条规定,监护人由民政部门担任,也可以由具备履行监护职责条件的被监护人住所地的居民委员会、村民委员会担任。可见,限制民事行为能力人或无民事行为能力人,没有依法具有监护能力和监护资格的人的,民政部门即被监护人住所地县级人民政府民政部门及其派出机构是其法定监护人,应当依法履行监护职责。除了民政部门外,也可以由具备履行监护职责条件的被监护人住所地的居民委员会、村民委员会担任监护人,不具备履行监护职责条件的被监护人住所地的居民委员会、村民委员会不可以担任监护人。

◈ **示例说明**

　　杜某某为某某市某某区某某社区居民委员会的居民,其与何某某原是夫妻关系,两年前离婚,何某某改嫁他人。杜某某精神受到严重刺激,其母亲胡某某向某某市某某区人民法院申请宣告杜某某为无民事行为能力人,法院经审理宣告杜某某为无民事行为能力人。杜某某由其母亲胡某某担任监护人。在一次交通事故中,胡某某被撞身亡。据查,母亲胡某某死亡后,杜某某再没有其他依法可以担任其监护人资格的人,此时其监护人应当由民政部门担任,也可以由具备履行监护职责条件的被监护人住所地的居民委员会即某某市某某区某某社区居民委员会担任。

28. 什么是意定监护人？其订立形式和适用条件是什么？

　　意定监护人,是指具有完全民事行为能力的成年人与愿意担任其监护人的个人或者组织通过订立监护协议确定自己的监护人,当该成年人丧失或者部分丧失民事行为能力时,由意定监护人履行监护职责。对此,《民法总则》第33条规定,有完全民事行为能力的成年人,可以与其近亲属、其他愿意担任监护人的个人或者组织事先协商,以书面形式确定自己的监护人。协商确定的监护人在该成年人丧失或者部分丧失民事行为能力时,履行监护职责。

　　意定监护关系是通过当事人之间订立书面监护协议在自愿、协商一致的基础上设立的,应当采取书面形式。将自己丧失或者部分丧失民事行为能力时的监护职责交付他人的一方是委托人,接受委托、履行监护职责的一方包括个人或组织是受托人即意定监护人。意定监护人可以是具有法定监护资格的人,也可以是具有法定监护职责之外的愿意担任监护人的其他个人或组织。但是,通过意定监护协议确定监护人的,其他依法具有监护资格和依法负有监护职责的人不再负监护义务。

　　意定监护人是具有完全民事行为能力的成年人在其智力和精神状况良好时就其以后丧失或者部分丧失民事行为能力时的监护人作出的事先安排。意定监护协议自双方当事人就将来的监护事宜达成一致并在书面协议书上签名、盖章时生效。但意定监护人协议的履行属于附条件的履行,即只有当监护事项委托人在将来丧失或者部分丧失民事行为能力时起,受托人才负有监护职责和监护义务。当履行条件成就时,监护受托人拒绝履行监护义务或者履行监护义务不符合约定的,法律规定的依法具有监护职责的人有权向人民法院申请撤销意定监护人的监护资格和解除意定监护协议。

◈ **示例说明**

刘某某与马某某是一对老年夫妻,育有一女。该女出嫁外村,因病去世,其与丈夫张某某生有一男张甲。此外,刘某某与马某某有侄儿、侄女若干人。刘某某与马某某因年老体弱,常有邻居刘乙出手相助,帮干农活。刘某某与马某某出于年老需他人照顾生活起居考虑,遂与刘乙签订意定监护人协议书,约定:刘某某、马某某丧失或者部分丧失民事行为能力时,刘乙为监护人,履行监护职责;刘某某、马某某所居住的草房3间归刘乙所有。双方订立的意定监护人协议自双方签字时依法生效,作为依法具有监护资格的张甲以及刘某某与马某某侄儿、侄女无权以依法具有监护人资格为由,向人民法院申请撤销刘某某、马某某与张乙之间签订的意定监护人协议书。

29. 监护人所负的监护职责是什么?监护人不履行监护职责或者侵害被监护人合法权益的,是否承担法律责任?

《民法总则》第34条第1款规定,监护人的职责是代理被监护人实施民事法律行为,保护被监护人的人身权利、财产权利以及其他合法权益等。监护人是被监护人的法定代表人,即其在法律规定的代理权限范围内以被代理人名义实施的民事法律行为,对被代理人发生效力。代理被监护人依法从事各种民事活动,是监护人的最重要职责之一。此外,监护人具体还负有以下监护职责:保护被监护人的身体健康,照顾被监护人的生活,管理和保护被监护人的财产,对被监护人进行管理和教育,在被监护人合法权益受到侵害或者与人发生争议时,代理其进行诉讼。

法律在规定监护人负有监护职责的同时,也赋予其依法拥有监护权,其监护权受法律保护。对此,《民法总则》第34条第2款规定,监护人依法履行监护职责产生的权利,受法律保护。据此,监护人依法履行监护职责所产生的各种民事权利,应当依法受到保护,如监护人用自己的财产代理被监人实施民事法律行为,作为父母以外的监护人拥有财产返还请求权。

监护人履行监护职责应当符合法律规定的履行原则和要求,不得侵害被监护人的合法权益。对此,《民法总则》第34条第3款规定,监护人不履行监护职责或者侵害被监护人合法权益的,应当承担法律责任。这里所谓的"不履行监护职责"主要是怠于行使监护职责,使被监护人的合法权益得不到维护或者任由他人对被监护人施加侵害,在主观上一般表现为过失和间接故意,即未尽到必要的注意义务或放任危害结果的发生。"侵害被监护人的合法权益"是指监护人对被监护人的人身权、财产权和其他合法权益亲自施加积极的加害行为,在主观上一般表现为直接故意,即希望和追求对被监护人危害结果的发生。在上述两种情况下,监护人对被监护人构成侵权,应当依法承担侵权责任。

⇨ **示例说明**

刘某某与王某结婚后生育女儿刘甲,后因夫妻感情破裂经过诉讼离婚,在法庭调解下达成离婚协议,内容如下:双方自愿离婚,婚生女儿刘甲随母亲王某生活,刘某某每月支付600元抚养费给王某,直至刘甲年满18周岁等。刘甲为某经济合作社的成员,因该社集体土地被征收,刘甲应分得征地补偿款人民币44万元。对这笔款应由谁保管,作为刘甲监护人的王某和刘某某双方引发争议,最后,刘某某和王某达成协议,该笔款由刘甲所在的某经济合作社保管,直至刘甲年满18周岁。之后,王某以刘某某为被告提起诉讼,要求保管刘甲征地补偿款的某经济合作社把该款给王某保管。刘某某辩称,若将该笔补偿款由王某代管,没有任何监督,实际上剥夺了他作为刘甲法定监护人对女儿财产的监管权。其与王某签订的由某经济合作社保管刘甲补偿款的协议是双方经充分协商达成的一致意见,双方均应遵守。

本案例中,刘甲是刘某某与王某的婚生女儿,根据法律规定双方均是刘甲的法定监护人,均有管理和保护刘甲财产的职责和权利,且受法律保护。虽然刘某某是刘甲的父亲和法定监护人之一,但双方在离婚协议中约定刘甲随母亲王某共同生活,且离婚后刘甲跟随王某生活至今,王某是刘甲的直接抚养人,故由王某领取和保管刘甲应得的土地补偿款44万元,更有利于保障刘甲的合法权益。况且,刘某某没有证据证明王某有侵害刘甲合法权益的情形发生。本案例中,双方约定的保管刘甲44万元土地补偿款至刘甲18周岁的某经济合作社,不是合法监护人,由其保管刘甲的应得土地补偿款没有法律依据。因此,刘甲的该笔土地补偿款应当由与其共同生活的王某保管,刘某某作为法定监护人之一可以行使监督权,以保证王某除为维护被监护人利益外,不得处分被监护人刘甲的该笔财产。

---

30. 监护人履行监护职责应遵循什么原则和符合什么要求?

根据《民法总则》第35条第1款规定,监护人履行监护职责应当按照最有利于被监护人的原则。这一原则应当贯穿于监护人履行职责的全过程和履行监护职责的各个方面,包括代理被监护人实施民事法律行为,保护被监护人的人身权利、财产权利以及其他合法权益等。监护人按照最有利于被监护人的原则履行监护职责,一般要求监护人应当依法采取最有利于监护人的措施实施监护行为,同时应当尽量取得最有利于被监护人的结果。在实施监护行为且涉及利益比较时,不仅考虑行为的最大合理性和正当性,而且要考虑利益结果的最大化。这一原则还要求,监护人除为维护被监护人利益外,不得处分被监护人的财产。被监护人的财产无论是通过继承、接受赠与、依法获得经济补偿还是通过监护人代理转让财产获得,被监护人都对自己的财产享有所有权、使用权和处分权,监护人除为维护被监护人利益外,不得处分被监护人的财产。

《民法总则》第35条第2款规定,未成年人的监护人履行监护职责,在作出与被监护人利益有关的决定时,应当根据被监护人的年龄和智力状况,尊重被监护人的真实意愿。据此,监护人在代理实施民事法律行为和履行监护职责时,不论被监护人是限制民事行为能力人还是完全无民事行为能力人,都应当征求被监护人的真实意愿,并在分析判断按照其真实愿望履行监护职责是否对其最为有利的基础上,应当按照最有利于被监护人的原则要求实施民事法律行为和履行监护职责。作为限制民事行为能力的未成年人,随着年龄的增大,其对自己行为的后果及其风险的控制能力不断增强,由其法定代理人代理实施的民事法律行为的范围应当缩小,由被监护人自己实施经其法定代理人同意、追认的民事法律行为的范围应当扩大;除了可以独立实施纯获利益的民事法律行为外,其独立实施与其年龄、智力相适应的民事法律行为的范围也应当随之不断扩大。这是尊重被监护人的真实意愿的最好体现。

《民法总则》第 35 条第 3 款规定,成年人的监护人履行监护职责,应当最大限度地尊重被监护人的真实意愿,保障并协助被监护人实施与其智力、精神健康状况相适应的民事法律行为。对被监护人有能力独立处理的事务,监护人不得干涉。据此,监护人在履行监护职责时,在保障成年人被监护人人身、财产安全的基础上,应根据其智力、精神健康状况适当放松对其实施民事法律行为的限制,应当协助被监护人实施与其智力、精神健康状况相适应的民事法律行为。对被监护人有能力独立处理的事务,应当放手让其独立处理,监护人不得无故干涉。这是最大限度地尊重被监护人的真实意愿要求的最好体现。

❀ 示例说明

黄乙系黄甲与夏甲之子,于 1993 年 2 月 2 日出生。2001 年 6 月 25 日,黄甲与夏甲离婚,双方约定黄乙自 2001 年 7 月起随夏甲生活并由夏甲直接抚养。2005 年 4 月 29 日,夏甲作为黄乙的监护人与他人签订房屋买卖合同,购买了涉案房屋,由夏甲和黄乙共同居住,并于 2005 年 5 月 23 日登记的该房屋的所有权人为黄乙。2009 年 9 月 7 日,夏甲作为黄乙的监护人以黄乙的名义(甲方)与冯某(乙方)签订房屋买卖合同,并根据当时的市场行情约定甲方将涉案房屋以 255 万元出售给乙方,乙方应在签约时支付定金 135 万元。合同签订当日冯某按约定交付夏甲购房定金 135 万元,夏甲以黄乙名义向冯某出具收条。2009 年 10 月 8 日,夏甲将涉案房屋交付给冯某,双方并于次日办理完毕房屋交接手续,冯某对所购房屋进行了装修并一直在该房屋中居住。冯某要求黄乙和夏甲协助办理涉案房屋的产权过户登记手续时,遭到拒绝,遂依法提起诉讼,请求人民法院判决被告协助办理房屋权属转移登记手续。

庭审中,黄乙辩称,其母夏甲未征得其同意擅自处分未成年人的房产,损害了其合法权益;冯某在购房前未征询黄乙本人及其另一法定监护人黄甲的意见,未尽到必要的注意义务,属于非善意第三人,故黄乙反诉要求确认双方之间的房屋买卖合同无效,冯某腾退涉案房屋。此外,黄乙称其母夏甲于 2009 年 2 月向中国银行北京市海淀支行申请了 85 万元个人消费贷款,用于夏甲个人商业投资,在收到冯某支付的房款后用于偿还其个人的银行贷款、出借给夏甲弟弟夏乙及支付其父亲的医疗费等,侵犯了黄乙的合法权益。冯某对此不予认可。经冯某申请,法院向中国银行海淀支行调取了2009年2月夏甲向该行申请85万元的贷款系用于支付黄乙购买北京市海淀区某小区房屋(建筑面积265.24平方米)的还款,并附有夏甲于2009年2月11日代理黄乙签订的购买北京市海淀区某小区房屋的认购书及商品房预售合同。

　　本案例中,黄乙系涉案房屋登记所有权人,夏甲与冯某签订房屋买卖合同时是黄乙的法定监护人,有权代理黄乙对外签订房屋买卖合同,且根据夏甲向中国银行海淀支行贷款为黄乙支付新购房屋的剩余房款,并用诉争房屋的卖房款偿还银行贷款的事实,说明夏甲的卖房行为也是为了黄乙的利益处分诉争房屋。夏甲以黄乙名义与冯某签订房屋买卖合同时黄乙尚未成年,冯某在签订房屋买卖合同时已经尽到了必要的注意义务,冯某的信赖利益应当得到法律保护,房屋买卖合同对冯某、黄乙具有约束力,双方应当遵照履行,冯某有权按照协议要求黄乙协助办理房屋权属转移登记手续,但应当按照约定向黄乙支付剩余房款。本案虽然发生于《民法总则》生效之前,但其法律适用与《民法总则》第35条的规定完全契合。即使本案例发生在《民法总则》生效后,黄乙也不得以监护人夏某未按照最有利于被监护人的原则履行监护职责为由,对抗本案中的善意买受人冯某,如黄乙认为夏甲的行为侵害了其合法权益,可另行提起诉讼要求夏甲承担赔偿责任。

----

31. 监护人具有什么情形的,人民法院应当依申请撤销其监护人资格?

　　根据《民法总则》第36条第1款规定,监护人有下列情形之一的,人民法院根据有关个人或者组织的申请,撤销其监护人资格:

　　(1)实施严重损害被监护人身心健康行为的。这里的"实施严重损害被监护人身心健康行为",主要是指监护人对被监护人以殴打、捆绑、残害、限制人身自由以及经常性谩骂、恐吓等方式实施的身体、精神等侵害行为。

　　(2)怠于履行监护职责,或者无法履行监护职责并且拒绝将监护职责部分或者全部委托给他人,导致被监护人处于危困状态的。"怠于履行监护职责",主要是指监护人不履行或不适当履行监护职责。"无法履行监护职责",主要是指因监护人的身体状况或精神状况存在健康原因或者因工作繁忙等导致无法或无暇履行监护职责。"导致被监护人处于危困状态",主要是指上述行为导致被监护人危难和生活困厄等状态。

(3)实施严重侵害被监护人合法权益的其他行为的。这里的"实施严重侵害被监护人合法权益的其他行为",是指除了以上列举的监护人实施的严重侵害被监护人行为外的其他严重侵害被监护人合法权益的行为,如监护人实施的严重侵犯被监护人的财产权并给其造成严重损失的行为等。

人民法院撤销监护人的资格是一种依申请采取的行为而不是依职权采取的行为。根据《民法总则》第 36 条第 2 款规定,有权申请人民法院撤销监护人资格的有关个人和组织,是指除被申请撤销的监护人之外的其他依法具有监护资格的人,如居民委员会、村民委员会、学校、医疗机构、妇女联合会、残疾人联合会、未成年人保护组织、依法设立的老年人组织、民政部门等。本条第 3 款规定,前款规定的个人和民政部门以外的组织未及时向人民法院申请撤销监护人资格的,民政部门应当向人民法院申请。

根据《民法总则》第 36 条第 1 款规定,监护人有上述情形之一的,人民法院根据有关个人或者组织的申请,撤销其监护人资格,安排必要的临时监护措施,并按照最有利于被监护人的原则依法指定监护人。

◇ 示例说明

福建省仙游县榜头镇梧店村村民林某某(女)多次使用菜刀割伤年仅 9 岁的亲生儿子小龙(化名)的后背、双臂,用火钳鞭打小龙的双腿,并经常让小龙挨饿。自 2013 年 8 月始,当地镇政府、村委会干部及派出所民警多次对林某某进行批评教育,但林某某拒不悔改。2014 年 1 月,共青团莆田市委、市妇联等部门联合对林某某进行劝解教育,林某某书面保证不再殴打小龙,但其后林某某依然我行我素。同年 5 月 29 日凌晨,林某某再次用菜刀割伤小龙的后背、双臂。为此,仙游县公安局对林某某处以行政拘留 15 日并处罚款人民币 1000 元。6 月 13 日,申请人仙游县榜头镇梧店村村民委员会以被申请人林某某长期对小龙的虐待行为已严重影响小龙的身心健康为由,向法院请求依法撤销林某某对小龙的监护人资格,指定梧店村村民委员会作为小龙的监护人。在法院审理期间,法院征求小龙的意见,其表示不愿意随林某某共同生活。

　　福建省仙游县人民法院经审理认为,监护人应当履行监护职责,保护被监护人的身体健康、照顾被监护人的生活,对被监护人进行管理和教育,履行相应的监护职责。被申请人林某某作为小龙的监护人,未采取正确的方法对小龙进行教育引导,而是采取打骂等手段对小龙长期虐待,经有关单位教育后仍不悔改,再次用菜刀割伤小龙,其行为已经严重损害小龙的身心健康,故其不宜再担任小龙的监护人。依照《民法通则》及《未成年人保护法》的有关规定,撤销被申请人林某某对小龙的监护人资格;指定申请人仙游县榜头镇梧店村村民委员会担任小龙的监护人。

　　撤销父母监护权是国家保护未成年人合法权益的一项重要制度。父母作为未成年子女的法定监护人,若不履行监护职责,甚至对子女实施虐待、伤害或者其他侵害行为,再让其担任监护人将严重危害子女的身心健康。结合本案情况,仙游县人民法院受理后,根据法律的有关规定,在没有其他近亲属和朋友可以担任监护人的情况下,按照最有利于被监护人成长的原则,指定当地村民委员会担任小龙的监护人。本案宣判后,该院还主动与市、县两级团委、妇联沟通,研究解决小龙的救助、安置等问题。考虑到由村民委员会直接履行监护职责存在一些具体困难,后在团委、民政部门及社会各方共同努力之下,最终将小龙妥善安置在 SOS 儿童村,切实维护小龙合法权益。本案为 2015 年 1 月 1 日开始施行的《最高人民法院、最高人民检察院、公安部、民政部关于依法处理监护人侵害未成年人权益行为若干问题的意见》中有关有权申请撤销监护人资格的主体及撤销后的安置问题等规定的出台,提供了实践经验,并对类似情况发生时,如何具体保护未成年人权益,提供了示范样本。①

32. 监护人被依法撤销监护人资格后,其依法所负担的哪些义务应当继续履行?

　　撤销监护人资格是人民法院依照有关个人或组织的申请,对那些严重违背监护职责和对被监护人造成严重损害的监护人监护资格的依法剥夺。根据《民法总则》第 37 条规定,撤销监护人资格是对其监护资格和监护权的

---

　　① 本案例来源于最高人民法院网:《最高人民法院关于侵害未成年人权益被撤销监护人资格典型案例》。发布时间为 2016 年 5 月 31 日,14:13:38。

剥夺,而不是监护人和被监护人之间的亲权关系的剥夺。也就是说,撤销监护人资格后,原监护人和原被监护人之间的父母、子女、配偶关系等并不因此撤销。因此,父母对未成年子女依法承担的抚养费包括生活费、教育费和医疗费,成年子女对父母依法承担的赡养费以及配偶一方对另一方依法承担的扶养费都不因监护人资格的撤销而免除。依法负担被监护人抚养费、赡养费、扶养费的父母、子女、配偶等,被人民法院撤销监护人资格后,应当继续履行负担的义务。

☆ **示例说明**

申请人某某县某某镇某某村民委员会以监护人林某某长期对马某某的虐待行为已严重影响其身心健康为由,向法院请求依法撤销林某某对马某某的监护人资格。在人民法院受理上述申请后,经依法审理,撤销了林某某作为儿子马某某的监护人资格,并指定某某村民委员会作为马某某的监护人。但是,本案中,作为马某某母亲的林某某对其儿子马某某依法负有的承担抚养费的义务并未免除,林某某应当继续履行负担马某某生活费、教育费和医疗费等抚养费的义务。

33. 被监护人的父母或子女被依法撤销监护人资格后,恢复其监护人资格须具备什么条件?

父母子女之间基于天然的血亲关系,父母是未成年人当然的监护人;成年子女是无民事行为能力、限制民事行为能力的父母除了配偶之外的第二顺序的监护人。父母子女之间的监护与被监护关系与其他顺序的监护人相比一般具有更大优势:彼此之间相互信任,能够熟悉和适应对方的生活习惯,更便于交流。但是,作为监护人的父母或者子女也有因实施严重损害被监护人身心健康和其他严重侵害被监护人合法权益的行为,被人民法院依法撤销监护人资格的。被撤销监护人资格后,须满足一定的条件才有可能恢复监护人资格。

根据《民法总则》第 38 条规定,被监护人的父母或者子女被人民法院撤销监护人资格后,须具备以下条件其监护人资格才有可能恢复:

(1)被撤销监护资格人未对被监护人实施故意犯罪。被撤销监护资格人对被监护人实施故意犯罪的,如故意伤害罪、故意杀人罪、虐待罪、遗弃罪、强奸罪等,不得恢复其监护人资格。

（2）被撤销监护资格人确有悔改表现。确有悔改表现不是单纯的认错、道歉等悔改表示,而且应当在行动上有所悔改表现,如积极履行抚养或赡养义务,积极关心被监护人的生活及身心健康,能够积极维护被监护人的合法权益,对自己曾经实施的对被监护人的严重侵害行为彻底反省,并以行动表明不再重犯等。

（3）被撤销监护资格的人向作出撤销其监护人资格的人民法院提出恢复监护人资格申请。

具备以上条件的,人民法院可以在尊重被监护人真实意愿的前提下,视情况恢复其监护人资格,人民法院指定的监护人与被监护人的监护关系同时终止。

◈ **示例说明**

在林某某被人民法院依法撤销其对儿子马某某一案中,被撤销监护人资格后,林某某认识到自己施加家庭暴力严重侵害马某某身心健康的错误,幡然醒悟,除了主动向作为监护人的村委会支付马某某的生活费、医疗费外,开始有意识地到学校接触马某某,主动关心马某某的生活,每周给他换洗校服,经常买些好吃的给马某某。经过一段时间的感情培养,马某某也愿意再由林某某承担监护人。林某某向原作出撤销其监护人资格的人民法院提出恢复监护人资格申请,人民法院在尊重被监护人真实意愿的前提下,依法恢复了林某某的监护人资格,人民法院指定的监护人某村委会与被监护人马某某的监护关系同时终止。

---

34. 依法导致监护关系终止的情形有哪些?

监护关系的终止,是指当具备某种法定情形时监护人和被监护人之间的相互关系消灭,双方基于监护本身而具有的相互权利义务关系也不复存在。根据《民法总则》第 39 条第 1 款规定,有下列情形之一的,监护关系终止:

（1）被监护人取得或者恢复完全民事行为能力。监护发生的客观原因就是被监护人为无民事行为能力人或者限制民事行为能力人。作为未成年人的被监护人只要达到年满18周岁，且智力和精神状态正常，即为完全民事行为能力人。作为无民事行为能力或限制民事行为能力的成年人被监护人只要恢复完全民事行为能力，即为完全民事行为能力人。完全民事行为能力人自然无须监护人监护，被监护人取得完全民事行为能力或者作为精神病患者经人民法院依法宣告为完全民事行为能力人，监护关系终止。

（2）监护人丧失监护能力。监护人具有完全民事行为能力是其拥有监护能力和履行监护职责的首要和必备条件。如果监护人丧失或者部分丧失民事行为能力，其本人也需要监护人监护，其自然也就不能担任监护人。此种情形下，监护关系终止。

（3）被监护人或者监护人死亡。自然人自出生时起至死亡时止是具有民事权利能力的民事主体，依法享有民事权利和承担民事义务。自然人死亡，其作为具有民事权利能力的民事主体资格已不存在，当然其无法履行监护职责，也无需被监护。被监护人或者监护人死亡，监护关系当然终止。

（4）人民法院认定监护关系终止的其他情形。本项属于兜底条款，它是指除上述情形导致监护关系终止外的人民法院认定监护关系终止的其他情形。

根据《民法总则》第39条第2款规定，在上述监护关系终止的情形中，监护人丧失监护能力而被监护人仍需监护的，或者监护人死亡而被监护人仍需监护的，监护关系终止后，应当依法另行确定监护人。

⇨ **示例说明**

刘某某为一孤寡老人，2年前老伴马某去世。刘某某与马某生有一女，嫁到外地并于10年前死亡，其有一子张某，现在某大学读研。出于年老担心身体发生意外考虑，刘某某遂与邻居刘乙签订意定监护人协议书，约定：刘某某一旦发生意外，丧失或者部分丧失民事行为能力时，刘乙为监护人，履行监护职责。刘某某有存款5万元，交给刘乙，作为自己发生意外后的花费和消费支出，由刘乙支配。2个月后，刘某某在外出购物的路上摔倒，当时昏迷不醒。刘乙将其送往医院，经医治苏醒，但神志不清。在刘乙履行2个多月的监护职责后,刘某某去世。此时,双方的监护关系因刘某某的死亡而终止。监护关系终止后,刘乙经凭有关发票和购物小票结算,在扣除全部花费后,刘某某的 5 万元还剩 3600 多元。该剩余款项属于刘某某的遗产,刘乙应与作为刘某某的唯一法定继承人即刘某某的外孙张某结算后,将全部余款交予张某。

第三节　宣告失踪和宣告死亡

35. 宣告失踪应具备什么条件？如何宣告失踪？有什么后果？

宣告失踪,是指自然人下落不明从其失去音讯之日起达到法定期限,利害关系人向人民法院申请宣告该自然人为失踪人的制度。

根据《民法总则》第 40 条和《民事诉讼法》的有关规定,申请宣告失踪应当具备以下条件:

(1)自然人下落不明满 2 年。即其离开最后住所地不知去向,持续时间满 2 年。根据《民法总则》第 41 条规定,自然人下落不明的时间从其失去音讯之日起计算。战争期间下落不明的,下落不明的时间自战争结束之日或者有关机关确定的下落不明之日起计算。

(2)申请人必须是失踪人的利害关系人。申请宣告失踪的利害关系人,包括被申请宣告失踪人的配偶、父母、子女、兄弟姐妹、祖父母、外祖父母、孙子女、外孙子女以及其他与被申请人有民事权利义务关系的人。

(3)申请人应当向有管辖权的基层人民法院申请宣告失踪。根据《民事诉讼法》第 183 条第 1 款规定,利害关系人申请宣告其失踪的,向下落不明人住所地基层人民法院提出。

此外,根据《民事诉讼法》第 185 条规定,人民法院受理宣告失踪案件后,应当发出寻找下落不明人的公告。宣告失踪的公告期间为 3 个月。公告期间届满,人民法院应当根据被宣告失踪的事实是否得到确认,作出宣告失踪的判决或者驳回申请的判决。

依法宣告自然人失踪,会导致以下后果:一是通过确立财产代管人,结束失踪人财产无人管理的状态,通过财产代管人妥善管理失踪人的财产,从而维护其财产权益。二是通过财产代管人从失踪人的财产中支付失踪人所欠税款、债务和应付的其他费用,从而使失踪人完成纳税义务和支付欠款,也有利于维护其债权人的利益。

✤ 示例说明

　　杨某某,女,60岁,某日离家到镇集市购物,但一去不返,与家人再无联系。之后,家人四处寻找,杳无音讯。自其下落不明满2年时,其子马某某凭当地公安派出所出具的关于杨某某下落不明的书面证明到县人民法院申请宣告失踪。法院受理宣告失踪案件后,应当发出寻找下落不明人的公告。宣告失踪的公告期间为3个月。公告期间届满,人民法院应当根据被宣告失踪的事实是否得到确认,作出宣告失踪的判决或者驳回申请的判决。

---

36. 失踪人的财产由谁代管？代管有争议的,如何处理？

　　宣告自然人失踪的一个重要目的就是结束失踪人财产无人管理的状态,确定失踪人的财产代管人。因此,《民法总则》第42条第1款规定,失踪人的财产由其配偶、成年子女、父母或者其他愿意担任财产代管人的人代管。可见,失踪人的财产代管人除了由其配偶、成年子女或父母等家人担任外,还可以由其他愿意担任财产代管人的人如其他近亲属或者近亲属之外的人担任。

　　《民法总则》第42条第2款规定,代管有争议,没有前款规定的人,或者前款规定的人无代管能力的,由人民法院指定的人代管。这里的"代管能力"主要是指代管人具有完全民事行为能力且具有妥善管理失踪人财产和妥善处理失踪人债权债务关系的能力。对发生包括代管人有无代管资格代管,或者代管人虽有代管资格但其是否有能力代管等代管争议的,由人民法院指定有代管能力的人代管。

✤ 示例说明

　　吴某某未婚、父母都已去世。某日吴某某离家出走,再无音讯。下落不明满2年,吴某某的债权人郑某某向人民法院申请宣告吴某某失踪。人民法院依法判决宣告吴某某失踪。吴某某有2立方米的木材,存放于其二哥吴乙家中1立方米,存放于其弟吴丙家中1立方米。吴某某的大哥吴甲、二哥吴乙和弟弟吴丙争相作为吴某某财产的代管人,且都不肯相让。吴甲认为自己是大哥应负起代管责任,吴乙和吴丙都认为自己已经在代管吴某某的财产,应该成为吴某某的财产代管人。对此争执不下的情况下,吴甲、吴乙和吴丙中的任何人都可以向人民法院申请,由人民法院为失踪人吴某某指定财产代管人。

37. 财产代管人的职责是什么？什么情况下财产代管人应承担赔偿责任？

根据《民法总则》第 43 条第 1 款规定,财产代管人对失踪人的财产代管责任是应当妥善管理失踪人的财产,维护其财产权益。这里的"妥善管理"是指代管人应当尽到善良管理人的必要的合理注意义务,并根据财产的不同性质采取适当的管理方法和适当管理措施管理失踪人的财产。"维护其财产利益"是指失踪人的财产受到不法侵害的,代管人应当像管理自己的财产一样采取必要措施维护其财产利益,如要求侵权人停止侵害、承担侵权责任等。《民法总则》第 43 条第 1 款是对财产代管人的原则性要求,该条第 2 款则明确规定了代管人支配失踪人的财产范围,即失踪人所欠税款、债务和应付的其他费用,由财产代管人从失踪人的财产中支付。

财产代管人应对代管的失踪人的财产尽到必要的合理注意义务,不得怠于履行代管职责、侵害失踪人财产权益。《民法总则》第 43 条第 3 款规定,财产代管人因故意或者重大过失造成失踪人财产损失的,应当承担赔偿责任。这里的"故意"和"重大过失"是财产代管人对失踪人财产损失承担赔偿责任的两种主观状态。这里的"故意"是指财产代管人对自己不履行代管职责的行为或者侵害失踪人财产的行为给失踪人的财产带来损失这一危害结果,在主观上已经预见并且希望或者放任这一危害结果的发生,故意包括直接故意和间接故意两种。这里的"过失"是指代管人对失踪人财产的管理未尽到必要的合理注意义务。"重大过失"则是远未尽到必要的合理注意义务即主观上严重疏忽,尚未达到一般人的合理注意程度。代管人对上述两种主观状态下给其代管的失踪人财产造成的损失应当承担赔偿责任。

♢ 示例说明

黄某某自离家出走 2 年后,经其债权人艾某某申请,人民法院依法宣告黄某某为失踪人并依法指定黄某某的弟弟黄乙为其财产代管人。某日深夜,黄乙酒后在其代管的黄某某的 1 立方米的水曲柳木板上抽烟,结果造成大火,将黄某某的 1 立方米水曲柳木材全部烧毁。黄乙对其代管的这 1 立方米木材的烧毁,在主观上具有重大过失,因此,黄乙对其给失踪人黄某某造成的全部木材损失应承担全部赔偿责任。

38. 什么情况下可以变更财产代管人？后果如何？

民法设立财产代管人就是为了妥善管理失踪人的财产和维护其财产利益。根据《民法总则》第 44 条第 1 款规定,财产代管人具有以下情形之一的,失踪人的利害关系人可以申请变更财产代管人:(1)财产代管人不履行代管职责。这主要表现为财产代管人放弃财产代管职责,对失踪人的财产放任不管,任其流失、腐烂等。(2)侵害失踪人财产权益。这主要表现为财产代管人侵占、擅自使用和将代管财产据为己有或者利用失踪人的财产获利及任加处置等。(3)财产代管人丧失代管能力。这不仅指财产代管人丧失或者部分丧失民事行为能力的情形,还包括代管人体力、精神不济等,不能妥善管理失踪人财产和妥善处理失踪人债权债务关系的能力等情形。具备上述情形之一的,失踪人的利害关系人包括配偶、父母、子女等近亲属及其他与失踪人具有权利义务关系的利害关系人可以向人民法院申请变更财产代管人。

除了上述规定的利害关系人可以依法申请变更财产代管人外,根据《民法总则》第 44 条第 1 款规定,财产代管人有正当理由的,可以向人民法院申请变更财产代管人。这里的"正当理由"一般包括财产代管人工作繁忙、身体欠佳或者长期居住外地等导致不能妥善履行代管职责的各种情形。基于妥善管理失踪人财产的愿望,财产代管人有正当理由的,可以向人民法院申请变更财产代管人。

根据《民法总则》第 44 条第 3 款规定,经失踪人的利害关系人或者财产代管人的申请,人民法院变更财产代管人的,变更后的财产代管人有权要求原财产代管人及时移交有关财产并报告财产代管情况。否则,将导致变更后的财产代管人无法履行代管职责。

✿ 示例说明

赵乙自离家出走 2 年后,经其弟弟赵丙申请,人民法院依法宣告赵乙为失踪人,指定赵丙为赵乙的财产代管人。之后,赵丙不仅不履行代管职责,任其代管的赵乙房间内的粮食生虫霉烂,而且随意处分代管的赵乙财产,导致失踪人赵乙的财产无法追回。在这种情况下,赵乙的哥哥赵甲有权向人民法院提出申请,撤销赵丙的财产代管人资格变更赵甲为失踪人赵乙的财产代管人。人民法院依法变更赵甲为财产代管人后,赵甲作为变更后的财产代管人,有权要求原财产代管人赵丙及时移交有关财产并报告财产代管情况。

39. 失踪人重新出现会导致什么法律后果?

宣告自然人失踪,是从法律上确定该自然人为失踪人并进而确定失踪人的财产代管人,履行代管其财产和维护其财产利益。在现实生活中也常常发生宣告失踪后,失踪人重新出现的情况。此时,根据《民法总则》第45条第1款规定,失踪人重新出现,经失踪人本人或者利害关系人申请,人民法院应当撤销失踪宣告。自撤销失踪宣告之日起,财产代管关系终止。

根据《民法总则》第45条第2款规定,失踪人重新出现,有权要求财产代管人及时移交有关财产并报告财产代管情况。可见,财产代管人应将其代管的被宣告失踪人的现有全部财产移交被宣告失踪人,并应当将代管期间发生的有关财产变动和处置情况报告被宣告失踪人。在财产代管期间,财产代管人基于履行财产代管职责发生的由财产代管人从失踪人的财产中支付的失踪人所欠税款、债务和应付的其他费用,以及其他财产变动,只要合法有据,对被宣告失踪人有效。

▷ 示例说明

马甲自离家出走2年后,经其弟弟马乙申请,人民法院依法宣告马甲为失踪人,指定马乙为马甲的财产代管人。之后,马乙不仅不履行代管职责,任其代管的马甲房间内的粮食生虫霉烂,而且随意处分代管的马甲财产。不久之后,马甲重新出现。经马甲申请,人民法院撤销对其失踪宣告。在撤销宣告失踪后,马甲有权要求财产代管人马乙将有关财产进行移交并报告财产代管情况。经依法评估,马乙在代管期间共造成被宣告失踪人马甲12500元的财产损失,对该损失马甲有权要求马乙承担赔偿责任。

40. 宣告死亡须具备什么条件？应遵循什么程序？

宣告死亡，是指自然人下落不明达到法定期限，经利害关系人向人民法院提出申请，人民法院依照法定程序宣告该自然人死亡的制度。

根据《民法总则》和《民事诉讼法》的有关规定，宣告死亡应当具备下列条件：

（1）自然人下落不明满4年，即自然人离开最后住所地不知去向，没有音讯，持续时间满4年。因意外事件，下落不明满2年。因意外事件下落不明，经有关机关证明该自然人不可能生存的，申请宣告死亡不受2年时间的限制。根据《民法总则》第41条规定，自然人下落不明的时间自其失去音讯之日起计算。战争期间下落不明的，下落不明的时间自战争结束之日或者有关机关确定的下落不明之日起计算。

（2）申请人必须是下落不明人的利害关系人。申请宣告死亡的利害关系人，包括被申请宣告死亡人的配偶、父母、子女、兄弟姐妹、祖父母、外祖父母、孙子女、外孙子女以及其他与被申请人有民事权利义务关系的人。

（3）利害关系人申请宣告下落不明人死亡的，向其住所地基层人民法院提出。申请书应当写明下落不明的事实、时间和请求，并附有公安机关或者其他有关机关关于该公民下落不明的书面证明。

根据《民事诉讼法》第185条规定，人民法院受理宣告死亡案件后，应当发出寻找下落不明人的公告。宣告死亡的公告期间为1年。因意外事故下落不明，经有关机关证明该公民不可能生存的，宣告死亡的公告期间为3个月。公告期间届满，人民法院应当根据被宣告死亡的事实是否得到确认，作出宣告死亡的判决或者驳回申请的判决。

宣告自然人失踪并不是利害关系人申请宣告自然人死亡的必经程序，不经申请宣告失踪可以直接申请宣告死亡。在不同的利害关系人对同一下落不明的自然人申请不同宣告的情况下，即对同一自然人，有的利害关系人申请宣告死亡，有的利害关系人申请宣告失踪，根据《民法总则》第47条规定，符合本法规定的宣告死亡条件的，人民法院应当宣告死亡。

✿ **示例说明**

某日，某某号轮船在珠江口桂山锚地遇9316号强台风触礁沉没，仅3名船员获救生还,其余船员全部失踪或死亡。事故发生后,广州海上安全监督局对事故进行了充分调查,两个月后作出某某轮船沉没事故调查报告。之后,大连某某对外经济技术开发公司就李某某等失踪船员生还的可能性致函广州海上安全监督局。3 天后负责调处此次海难事故的主管机关广州海上安全监督局复函认为:沉船位置正处于山脚峭壁,风浪大,船沉后船员难于在如此恶劣的环境中逃生,失踪船员已不可能生存。事故发生 3 个多月时,李某某等 17 名失踪船员的家属因此向人民法院申请宣告失踪船员死亡。

本案例属于意外事件下落不明,经有关机关证明该自然人不可能生存的情形,申请宣告死亡不受 2 年时间的限制。人民法院受理宣告死亡案件后,应当发出寻找下落不明人的公告。因意外事故下落不明,经有关机关证明该公民不可能生存的,宣告死亡的公告期间为 3 个月。公告期间届满,人民法院应当根据被宣告死亡的事实是否得到确认,作出宣告死亡的判决或者驳回申请的判决。

---

41. 被宣告死亡的人其死亡日期如何确定？宣告死亡有什么法律后果？

根据《民法总则》第 48 条规定,被宣告死亡的人,人民法院宣告死亡的判决作出之日视为其死亡的日期;因意外事件下落不明宣告死亡的,意外事件发生之日视为其死亡的日期。

宣告死亡与宣告失踪,都是基于自然人下落不明达到法律规定的一定期限,都是经利害关系人申请并经人民法院经审理依法作出宣告。但二者宣告目的和后果是不同的。宣告失踪,目的在于结束下落不明人财产无人管理的状态,通过确定失踪人财产代管人以妥善管理其财产。而宣告死亡的目的,则是从法律上宣告下落不明人自视其为死亡日期作为民事法律主体资格的消灭,结束下落不明人与利害关系人之间的人身关系并在依法推定下落不明人死亡日期的基础上,发生继承的法律效果。具体来说,宣告死亡发生与自然死亡相同的法律后果,被宣告死亡的人的婚姻关系,自死亡宣告之日起消灭;自死亡宣告之日或意外事件发生之日,继承开始,在被继承财产分割之前,被宣告死亡人的财产可以用来偿还其生前所欠债务。此外,根据《工伤保险条例》第 41 条规定,职工被人民法院宣告死亡的,按照本条例第 39 条职工因工死亡的规定处理,即职工因工死亡,其近亲属按照规定从工伤保险基金领取丧葬补助金、供养亲属抚恤金和一次性工亡补助金。

⚙ **示例说明**

　　某日,大连某某对外经济技术开发公司的某某号轮船在珠江口遭遇台风触礁沉没,仅2名船员获救生还,其余船员全部失踪或死亡。事故发生后,广州海上安全监督局对事故进行了充分调查,2个月后作出某某轮船沉没事故调查报告。之后,大连某某对外经济技术开发公司就李某某等失踪船员生还的可能性致函广州海上安全监督局。3天后广州海上安全监督局复函认为:沉船位置正处于山脚峭壁,风浪大,船沉后船员难于在如此恶劣的环境中逃生,失踪船员已不可能生存。事故发生3个多月时,李某某的家属因此向人民法院申请宣告失踪船员死亡。人民法院受理后依法作出死亡宣告判决。

　　本案属于意外事件下落不明,意外事件发生之日视为被宣告死亡人李某某的死亡日期。李某某作为大连某某对外经济技术开发公司的职工被人民法院宣告死亡后,其近亲属可以按照规定从工伤保险基金中领取丧葬补助金、供养亲属抚恤金和一次性工亡补助金。被宣告死亡的人李某某的婚姻关系,自死亡宣告之日起消灭,其配偶可以与他人结婚。自意外事件发生之日,继承开始,李某某与其配偶的共同财产中的一半及其个人财产在偿还个人债务外,作为遗产可以由其继承人依法继承。

---

42. 自然人在被宣告死亡期间实施的民事法律行为是否有效?

　　自然人被宣告死亡,是经利害关系人申请,由人民法院对下落不明达到法定期限的自然人依法宣告其死亡,即从法律上推定其死亡的制度。其与自然死亡虽然能够产生相同的法律后果,但其性质是不同的。自然人死亡一旦发生,其作为民事主体的资格将永久消灭,已经死亡的自然人也永远不会重新出现,因而也不会发生死亡期间实施民事法律行为的情形。但作为死亡推定的宣告死亡,自然人依法被宣告死亡后不仅会因未死亡而重新出现,而且也会在宣告死亡期间实施各种民事法律行为。其实施的各种民事法律行为,诸如订立合同,转让和处分自己的财产甚至结婚等,只要具备民事法律行为的构成要件,不违背法律法规的强制性规定和公序良俗,就是有效的。

☞ 示例说明

　　某日,林某某到某某市进货,在返回的途中,其乘坐的小货车不幸翻车坠入河中,司机李某某当场遇难,林某某下落不明。2 年下落不明期间届满,林某某的债权人邹某某向林某某住所地某某市某某区人民法院申请宣告林某某死亡,期望以林某某的遗产偿还邹某某借给他的 5 万元货款。宣告死亡公告期届满,某某市某某区人民法院依法作出宣告死亡民事判决,宣告林某某死亡。

　　宣告死亡期间,林某某在南方甲地做服装生意,与乙市未来服装公司订立一笔价值 12 万元的服装买卖合同,货到付款。因货款不足,遂与家中兄弟联系筹款,得知自己已被人民法院宣告死亡。不料,到货后该笔服装价格大跌。林某某遂以自己已被人民法院宣告死亡、没有民事主体资格为由,主张其在被宣告死亡期间与乙市未来公司订立的服装买卖合同无效,要求无条件退货。

　　本案例中,林某某的主张不能成立,因为自然人被宣告死亡但是并未死亡的,不影响该自然人在被宣告死亡期间实施的民事法律行为的效力。本案中,双方订立的服装买卖合同不存在违背法律法规的强制性规定和导致合同无效的理由,林某某被宣告死亡本身并不影响其在被宣告死亡期间订立的服装买卖合同的效力,其应当按照合同约定全面履行合同义务,否则应向乙市未来服装公司承担违约责任。

---

43. 被宣告死亡的人重新出现,死亡宣告被撤销的,产生什么法律后果?

　　《民法总则》第 50 条规定,被宣告死亡的人重新出现,经本人或者利害关系人申请,人民法院应当撤销死亡宣告。死亡宣告撤销是法律重新肯定被宣告死亡的人的民事权利能力和适当恢复其人身关系和其财产状况的一种制度安排。宣告死亡的人重新出现,经本人或者利害关系人申请,人民法院应当作出新判决,撤销原判决。死亡宣告被撤销的,导致发生以下法律后果:

（1）有条件的自行恢复婚姻关系。《民法总则》第 51 条规定，被宣告死亡的人的婚姻关系，自死亡宣告之日起消灭。死亡宣告被撤销的，婚姻关系自撤销死亡宣告之日起自行恢复，但是其配偶再婚或者向婚姻登记机关书面声明不愿意恢复的除外。可见，死亡宣告被撤销，被宣告死亡人的婚姻关系恢复应当满足以下条件：死亡宣告期间其配偶没有再婚，且死亡宣告被撤销后同意恢复婚姻关系，其配偶再婚或者向婚姻登记机关书面声明不愿意恢复的，其婚姻关系不能自行恢复。

（2）子女被他人依法收养的，亲子关系不能自行恢复。《民法总则》第 52 条规定，被宣告死亡的人在被宣告死亡期间，其子女被他人依法收养的，在死亡宣告被撤销后，不得以未经本人同意为由主张收养关系无效。这里的"收养"是指依照《收养法》的规定，收养人收养他人子女为自己的子女，从而使收养人和被收养人之间建立拟制血亲关系的民事法律行为。养子女和生父母间的权利和义务，因收养关系的成立而消除。子女被他人依法收养的，亲子关系不能自行恢复。除非存在收养关系无效的法定事由，否则，在死亡宣告被撤销后，被宣告死亡人不得以未经本人同意为由主张收养关系无效。

（3）返还财产和适当补偿请求权。根据《民法总则》第 53 条第 1 款规定，被撤销死亡宣告的人有权请求依照《继承法》取得其财产的民事主体返还财产。无法返还的，应当给予适当补偿。在财产继承的问题上，自然人被依法宣告死亡和自然死亡的情形是一样的，自被宣告死亡之日继承开始。继承主要有法定继承和遗嘱继承。被宣告死亡期间，被宣告死亡的人其遗产被依法继承的，在撤销宣告死亡后，被撤销死亡宣告的人有权要求依照《继承法》取得其财产的民事主体返还财产。返还一般是以现存财产返还为原则，已经消费或正常消耗部分一般不得要求返还，但是对于该消费或者消耗部分应当给予适当补偿。补偿不同于恢复原状，并不要求恢复至继承未发生时的财产状况。因此，一般是根据依照《继承法》取得其财产的民事主体的现有经济状况、补偿能力以及发生继承以来的期限长短等情况合理确定补偿费用。

（4）返还财产和损害赔偿请求权。《民法总则》第 53 条第 2 款规定，利害关系人隐瞒真实情况，致使他人被宣告死亡取得其财产的，除应当返还财产外，还应当对由此造成的损失承担赔偿责任。这里的"利害关系人"应当是指申请死亡宣告的人。死亡宣告申请人如果明知被申请人不具备宣告死亡的条件，为了获取被申请人的财产，隐瞒事实真相或者编造事实致使被申请人被宣告死亡,而申请人因此取得被宣告死亡的人的财产的,应当全部返还其取得的财产,因消费或者消耗不能全部返还的,除了应当返还现存财产外,应当对其给被宣告死亡的人造成的损失承担赔偿责任,该赔偿以全部赔偿为原则,使被宣告死亡的人的财产恢复至死亡宣告未发生时的应有状态,即不得因被宣告死亡而使其原有财产价值有所降低。

⚙ 示例说明

　　某日,林某某乘坐的小货车不幸翻车坠入河中,司机李某某当场遇难,林某某下落不明。事故发生后,林某某家属及某某市交警大队组织多人到出事地点沿河打捞寻找,既没有发现林某某的尸体,也没有得到任何音讯。以后,又多次在沿河村镇寻找,仍然未发现林某某的任何踪影。2 年下落不明期限届满,林某某的债权人邹某某向林某某住所地某某市某某区人民法院申请宣告林某某死亡,期望以林某某的遗产偿还邹某某借给他的 50 万元货款。宣告死亡公告期届满,某某市某某区人民法院依法作出宣告死亡民事判决,宣告林某某死亡。之后,林某某的配偶曹某某将她与林某某共同购买的一套房产以市面价格 106 万元卖给姚某某,偿还林某某因做生意向邹某某的借款 50 万元后,携剩余的 56 万元连同价值 4 万多元的物品嫁人。在外地经商的林某某得知这一切后,遂返回原住所地,并向人民法院申请撤销对其的宣告死亡判决,人民法院依法对其撤销宣告死亡。

　　死亡宣告撤销后,林某某无权以在他毫不知情、违背其真实意思、房屋买卖合同无效为由,要求退还姚某某全部购房款并由姚某某无条件退还房屋。因为自宣告死亡之日,继承开始,曹某某有权处分其自己的财产和继承的遗产,并以该财产清偿共同债务。姚某某以市面价格购买曹某某出卖的房屋,属于善意第三人,双方的房屋买卖合同有效,林某某无权主张无效及退款和返还房屋。因曹某某已经再婚,林某某无权要求自行恢复婚姻关系。在此情形下,林某某只能要求曹某某将偿还夫妻共同债务后的夫妻剩余共同财产(56 万元剩余房款和 4 万多元的物品)的一半返还自己。

　　上述案例中,若属于下列情况,则后果将会不同。林某某的妻子曹某某知道林某某发生翻车事故后一直在外地做生意,二人一直保持着电话联系。在双方通话时,曹某某多次要求林某某回家并办理离婚手续,但每次都遭到林某某的拒绝。为了达到与他人结婚的目的,曹某某遂隐瞒事实真相,向当地法院申请宣告林某某死亡。死亡宣告判决后,曹某某遂将与林某某共有房屋以 106 万元的市面价格卖给姚某某,并办理房屋所有权转让登记。曹某某偿还林某某因做生意向邹某某的借款 50 万元后,携剩余的 56 万元嫁与他人。半年后,在外地经商的林某某得知这一切,遂返回原住所地,并向人民法院申请撤销对其的宣告死亡判决,人民法院依法对其撤销宣告死亡。姚某某当时以市面价格 106 万元购买曹某某出卖的房屋,且出售房产已办理所有权转让登记,姚某某属于善意购买人,双方的房屋买卖合同有效,林某某无权以其不知情和未经其同意出卖为由主张房屋买卖合同无效及退款和返还房屋。林某某的死亡宣告撤销时其房屋售价已上涨为 160 万元,若以此价格出售,除偿还邹某某的 50 万元借款外,剩余房款为 110 万元,作为夫妻共同财产进行分割,林某某和曹某某可各分得 55 万元。而按照曹某某所售房款 106 万元在偿还夫妻共同债务 50 万元后,林某某只能分得 28 万元。二者相比,曹某某所售房屋给林某某造成了 27 万元的损失。根据《民法总则》第 53 条第 2 款规定,作为利害关系人曹某某隐瞒真实情况,致使林某某被宣告死亡,在林某某的死亡宣告依法撤销后,其除应当返还林某某应分得的 28 万元的夫妻共同财产外,因其出卖房屋给林某某造成的 27 万元的财产损失,林某某有权要求由其赔偿。

第四节　个体工商户和农村承包经营户

44. 什么是个体工商户？其所负债务如何承担？

《民法总则》第 54 条规定,自然人从事工商业经营,经依法登记,为个体工商户。个体工商户可以起字号。可见,个体工商户是经依法登记、从事工商业经营的自然人或其家庭。个体工商户依法享有民事权利和承担民事义务。其作为民事主体应当是具有完全民事行为能力的自然人,作为个体工商户的户主应当是完全民事行为能力人,无民事行为能力和限制民事行为能力的未成年子女虽然可以作为个体工商户的成员,但只能帮助户主从事一些辅助性工作,但不能作为个体工商户进行登记。除了个体工商户户主外,其配偶或者其成年子女也可以成为个体工商户的成员。个体工商户可以起字号,以该字号为其个体工商户命名。其名称中可以由其所在县市行政区划名称、字号和行业或产品类别组成,如泰安马小五煎饼店。当然,其名称中也可以不带行政区划名称,如王小二豆腐店。

根据《民法总则》第 56 条第 1 款规定,个体工商户分为个体经营和家庭经营两种。所谓个体经营,就是登记为个体工商户的自然人在其家庭成员中只有其一人从事个体工商经营,其用自己的财产作为经营投入,其收益也归其一人所有和支配。所谓家庭经营,就是登记为个体工商户的自然人在其家庭成员中除了其本人从事个体工商经营外,其家庭其他成员如配偶、子女等共同经营,并以家庭共同财产作为经营投入,其收益也归家庭共同所有和共同支配。因此,根据经营类型不同,个体工商户的债务承担方式也就不同。

《民法总则》第 56 条第 1 款规定,个体工商户的债务,个人经营的,以个人财产承担;家庭经营的,以家庭财产承担;无法区分的,以家庭财产承担。可见,个体工商户的债务,个人经营的,以个人财产对债务承担责任。也就是说,个体工商户的财产就是其个人财产,个体工商户的债务就是其个人债务。即使起有字号的个体工商户,也不得以其字号下的商户债务不同于其个人债务为由而抗辩。家庭经营的,以家庭全部财产对债务承担责任。也就是说,个体工商户的财产就是其家庭财产,个体工商户的债务就是其家庭债务。无法区分是个人经营还是家庭经营的,视为家庭经营,对个体工商户的债务以家庭财产承担责任。

❖ 示例说明

孙某某经依法登记从事天鹅养殖业,并起字号和养殖场名为大圣天鹅养殖场。为了扩大养殖,其与所在镇的甲农村信用合作社签订借款合同,由甲农村信用合作社向其贷款 46 万元,该贷款由其在本镇的一套商品房作抵押。贷款期限 1 年。上述贷款合同签订后甲信用合作社按照约定向孙某某发放全部贷款,但孙某某在偿还了包括本金和利息在内的 3 万元后,再分文未还。孙某某与赵某某系夫妻关系,婚生子女孙甲和孙乙。甲农村信用合作社请求判令以孙某某的抵押房产清偿贷款本金及利息 462600 元,不足部分由被告赵某某、孙甲和孙乙承担连带责任,并由被告承担诉讼费用。

本案例中,若 4 名被告能够举证证明,大圣天鹅养殖场为孙某某个人经营,应当以其个人财产承担还款义务。若原告能够证明大圣天鹅养殖场由孙某某、赵某某、孙甲和孙乙家庭成员共同经营,则应当以孙某某及其妻子赵某某、儿子孙甲和女儿孙乙的全部家庭财产承担还款责任。无法区分大圣天鹅养殖场是孙某某个人经营还是其家庭经营的,视为孙某某家庭经营,孙某某所借信用社的全部借款及其利息应当以其全部家庭财产进行偿还。

45. 什么是农村承包经营户？其所负债务如何承担？

《民法总则》第55条规定,农村集体经济组织的成员,依法取得农村土地承包经营权,从事家庭承包经营的,为农村承包经营户。可见,农村承包经营户是依法取得农村土地承包经营权,从事家庭承包经营的农村集体经济组织的成员。农村集体经济组织成员有权依法承包由本集体经济组织发包的农村土地。农村集体经济组织成员由本集体组织内的全体成员构成,因此,不论男女老少,本集体组织内的每个成员都享有土地承包权。任何组织和个人不得剥夺和非法限制农村集体经济组织成员承包土地的权利。土地承包经营权是承包人依法承包集体所有或国家所有的耕地、林地、草地,以及其他依法用于农业的土地,从事种植业、林业、畜牧业、养殖业等经营和获得受益的权利。

《民法总则》第56条第2款规定,农村承包经营户的债务,以从事农村土地承包经营的农户财产承担;事实上由农户部分成员经营的,以该部分成员的财产承担。尽管家庭成员之间的经营能力不同,但农村土地承包经营是以户为单位承包的,因此,农村承包经营户的债务,原则上以从事农村土地承包经营的农户财产承担责任。但在农村土地承包实际经营中全体家庭成员所承包的土地由农户部分成员经营,如有的家庭成员外出打工或者其他原因不能直接从事经营,且其也不将经营承包土地的收入作为生活来源,此时农村承包经营户的债务,应当以实际经营的该部分家庭成员的财产承担责任,未实际经营的家庭成员不承担责任。

ⓓ **示例说明**

朱某某与夏某某系夫妻,婚生子女朱甲和朱乙已成年,都在外地打工。朱某某与夏某某一家作为村集体经济组织的成员,家庭承包集体经济组织土地 36 亩。为了增加收入,朱某某和夏某某决定家庭承包的 36 亩土地改种草莓。为了建种植大棚和购买草莓幼苗,朱某某向本村王某某借款 16 万元,年息 3200 元,借款期限 3 年。假如届时朱某某与夏某某未能如期偿还借款本金和利息,王某某若起诉,只能起诉实际经营的朱某某和夏某某偿还借款本金和利息,由他们 2 人承担还款责任。孙甲和孙乙虽然作为家庭承包经营户的成员,也承包了农村经济组织的土地,但因外出打工未参加实际经营所承包的土地,故该笔债务应当以家庭成员朱某某和夏某某的财产承担清偿责任,即使朱某某和夏某某的财产不足以清偿上述债务,王某某也无权要求孙甲和孙乙承担还款义务。

第三章

法　人

第一节　一般规定

46. 什么是法人？法人有几种类型？其有什么法律特征？

《民法总则》第57条规定，法人是具有民事权利能力和民事行为能力，依法独立享有民事权利和承担民事义务的组织。自然人、法人及非法人组织都是平等的民事主体。与自然人相比，法人不是依据自然规律产生的，而是依据法律规定设立的，法人一经设立就具有民事权利能力和民事行为能力；自然人自出生时起就具有民事权利能力，但自然人自年满18周岁或年满16周岁以自己的劳动收入为主要生活来源的，为完全民事行为能力人。与非法人组织相比，在法人与其设立人、出资人的关系上，法人依法独立享有民事权利和承担民事义务，即能够独立承担民事责任。但非法人组织不具有法人资格，在其与投资人、设立人的关系上，其不能够独立享有民事权利和承担民事义务，亦不能够独立承担民事责任，其投资人、设立人对其债务一般要承担连带责任或者无限责任。

《民法总则》基于法人的设立目的及其是否向出资人、设立人分配所得利润进行划分，法人分为营利法人和非营利法人。《民法总则》第76条规定，以取得利润并分配给股东等出资人为目的成立的法人，为营利法人。营利法人包括有限责任公司、股份有限公司和其他企业法人等。《民法总则》第87条规定，为公益目的或者其他非营利目的成立，不向出资人、设立人或者会员分配所取得利润的法人，为非营利法人。非营利法人包括事业单位、社会团体、基金会、社会服务机构等。除以上两大类型的法人外，还有一类是特别法人，包括机关法人、农村集体经济组织法人、城镇农村的合作经济组织法人、基层群众性自治组织法人。

法人具有以下法律特征：

（1）法人是具有独立人格和以自己的名义进行民事活动的组织实体。法人依法设立和取得民事主体资格，具有与设立人、出资人相分离的独立人格，以自己的名义独立进行民事活动，依法独立享有民事权利和承担民事义务。正是出于对其独立人格的保护，民法赋予其享有名称权、名誉权和荣誉权等人格权，其独立的民事主体资格受到法律保护。法律禁止出资人、设立人与法人的人格混同。对此，《民法总则》第83条第2款明确规定，营利法人的出资人不得滥用法人独立地位和出资人有限责任损害法人的债权人利益。滥用法人独立地位和出资人有限责任，逃避债务，严重损害法人的债权人利益的，应当对法人债务承担连带责任。

（2）法人有独立的法人财产，享有法人财产权。法人的设立需要设立人的出资，法人依法设立后，设立人的出资作为法人财产与设立人的财产相分离，法人享有包括财产所有权、支配权、占有权、使用收益权以及处分权在内的法人财产权。这是法人进行民事活动的物质基础和具有相应民事行为能力以及依法承担民事责任的基本保障。

（3）法人以其全部财产独立承担民事责任。法人作为独立的民事主体，其不仅以自己的名义独立实施民事法律行为，而且以其全部财产独立承担其民事法律行为的后果。法人以其全部财产独立承担民事责任这一特征，也使其与那些不能独立承担民事责任的非法人组织区别开来：非法人组织的投资人或出资人对非法人组织的债务一般要承担无限责任（如个人独资企业的投资人）或无限连带责任（如普通合伙企业中普通合伙人）。对于法人来讲，其全部财产不足以清偿其全部债务即资不抵债时，其只能依法重整或者宣告破产，其债权人也无权要求出资人承担清偿责任。

◇ **示例说明**

许某某、蒋某某、任某某每人出资2万元设立某某市三人行文化创意有限责任公司（以下简称三人行公司），租赁某某市大发有限公司（以下简称大发公司）经营的写字楼作为公司住所和经营场所。双方约定月租金2.6万元，每月1日交付，逾期交付，每天承担万分之三的违约金。三人行公司成立3个多月，没有开展任何业务，因此也没有任何经营收入。因购置办公设备，由 3 人出资构成的 6 万元的公司经营资金花费殆尽,无力支付所欠大发公司 3 个月即 7.8 万元的房租。因作为法人的三人行公司相对于其出资人具有独立的财产和法人财产权,此时,大发公司无权要求许某某、蒋某某、任某某个人交付三人行公司所欠房租,其只能要求三人行公司支付。若提起诉讼主张权利,大发公司只能以三人行公司为被告提起诉讼,要求其支付所欠房租和相应的违约金。

47. 法人成立应当具备哪些条件?

法人是一种拟制法律人格,只有通过依法设立才能得到法律的认可和获得其民事主体资格,即具有民事权利能力和民事行为能力。因此,《民法总则》第 58 条第 1 款规定,法人应当依法成立。

根据《民法总则》第 58 条第 2 款规定,成立法人应当具备以下条件:

(1)法人应当有自己的名称。法人名称是法人标示和代表自身的符号,是一个法人用以标明其法律地位和法律人格,并在其营业活动中与其他法人相区别的基本标志。法人名称是法人开展经营活动,对外订立合同、进行民事法律行为,承担民事责任以及起诉、应诉等参加民事诉讼和维护自己合法权益的必备条件。因此,设立法人应当有符合法律规定和要求的法人名称。法人名称的构成具有法定性且其为法人所专有,未经法人同意或者依法转让,他人无权擅自使用法人名称,依法进行登记的法人名称受法律保护。

(2)法人应当具备相应的组织机构。法人作为一种具有民事主体资格的社会组织,其具有独立的意思表达能力,应当具有符合法律要求的组织机构。其组织机构一般包括权力机构、执行机构和监督机构。其中,权力机构是由全体组成成员构成的成员大会,依法行使法人的决策权。法人的执行机构,对法人全体成员大会负责并依法行使法人的经营执行权。监督机构,主要行使对法人财务的检查权和对法人的法定代表人、高级管理人员执行法人职务的行为进行监督。符合法人要求的组织机构是法人正常运营的组织保障,也是法人设立登记的必备条件。

(3)法人应当有自己的住所。《民法总则》第 63 条规定,法人以其主要办事机构所在地为住所。依法需要办理法人登记的,应当将主要办事机构所在地登记为住所。可见,法人住所是法人主要办事机构所在地,它不仅是法人从事经营活动的依托,也是确定法人有关合同履行地、诉讼管辖地以及登记管辖地的必要依据。因此,设立法人应当具有住所,这是法人设立的必备条件和申请设立登记的必备事项。

(4)法人应当有自己的财产或者经费。法人应当具备必要的财产和经费,这既是法人开展符合其设立目的活动的物质基础,也是法人进行民事活动的信用与责任基础。因此,有符合法人章程规定的认缴的出资额或者经费是法人设立登记的必备条件。对于营利性法人来讲,有限责任公司的注册资本为在公司登记机关登记的全体股东认缴的出资额。法律、行政法规以及国务院决定对有限责任公司注册资本实缴、注册资本最低限额另有规定的,从其规定。股份有限公司采取发起设立方式设立的,注册资本为在公司登记机关登记的全体发起人认购的股本总额。股份有限公司采取募集方式设立的,注册资本为在公司登记机关登记的实收股本总额。法律、行政法规以及国务院决定对股份有限公司注册资本实缴、注册资本最低限额另有规定的,从其规定。

❖ 示例说明

潘某为一刚毕业的大学生,在校期间发明了一种电子按摩器,并申请和获得了发明专利。毕业后其打算与他人创办一家公司专门生产该种按摩器。为此,其必须具备以下条件:(1)股东符合法定人数。根据《中华人民共和国公司法》(简称《公司法》)的规定,除了国有独资公司这种特殊形式的有限责任公司和一人有限责任公司外,有限责任公司应当由2人以上50人以下股东出资设立。有限责任公司的股东可以是自然人,也可以是法人。作为自然人的股东应当具有完全民事行为能力,但是法律、行政法规禁止从事营利性活动的人如在任法官、检察官、人民警察及其他国家公务人员和现役军人等,不得作为出资人设立有限责任公司。(2)有符合公司章程规定的全体股东认缴的出资额。股东可以协商认缴注册资本。股东可以用货币出资,也可以用实物、发明专利等知识产权、土地使用权等可以用货币估价并可以依法转让的非货币财产作价出资。非货币出资在注册资本中所占的比重等,是全体股东在自愿、平等、协商的基础上达成一致,并载于有限责任公司章程。(3)股东共同制定公司章程,并由全体股东签字、盖章。(4)有公司名称,建立符合有限责任公司要求的组织机构。公司名称应当向工商行政管理部门申请预先核准,且不得侵犯他人公司名称的专有权。设立有限责任公司,必须在公司名称中标明"有限责任公司"或者"有限公司"字样。由有限责任公司全体股东组成股东会,并建立有限责任公司的董事会和监事会。符合有限责任公司要求的组织机构是公司正常运营组织保障,也是有限责任公司设立登记的必备条件。(5)有公司住所。公司住所可以是自有房产,也可以是租赁的房产等办公场地。具备上述条件,可以向工商行政管理部门申请公司注册登记。

48. 法人的设立方式有几种？其主体资格起止于何时？

《民法总则》第 58 条第 1 款规定,法人应当依法成立。第 3 款规定,设立法人,法律、行政法规规定须经有关机关批准的,依照其规定。据此,法人的成立有准则主义和许可主义两种。

所谓法人设立的准则主义,是指法人的设立不经有关行政管理部门审批,只需具备法律规定的成立条件,即可在有关行政管理机关登记成立。

所谓法人设立的许可主义,是指法人的设立除了具备法律规定的基本条件外,还必须按照法律、行政法规规定的经有关行政管理机关的批准方可成立。有关行政管理机关经审查不符合条件的,将不予批准设立。许可设立主义,又被称为法人核准设立主义。

法人经登记或审批核准而成立,法人自成立时起即具备民事主体资格,有民事权利能力和民事行为能力,到法人依法终止时起即其民事主体资格消灭,其民事权利能力和民事行为能力也就随之丧失。

✧ 示例说明

A 国甲保险公司于 2010 年在中国大陆设立代表机构,自 1965 年 1 月开始在其本国经营保险业务,2016 年年末总资产达 1000 亿美元。2017 年 10 月,该公司打算在中国设立独资保险公司经营财产保险业务。该公司遂派代表就有关保险公司的设立条件和设立程序等事宜向北京乙律师事务所咨询,乙律师事务所王某某律师告知:经营保险业务 30 年以上,在中国境内已经设立代表机构 2 年以上,提出设立申请前 1 年年末总资产不少于 50 亿美元,就上述 3 点甲公司完全符合条件。但除满足以上 3 点外,甲保险公司要在中国设立保险公司还须满足以下条件:所在国家或者地区有完善的保险监管制度,并且该外国保险公司已经受到所在国家或者地区有关主管当局的有效监管;符合所在国家或者地区偿付能力标准;所在国家或者地区有关主管当局同意其申请;中国保监会规定的其他审慎性条件,如设立外资独资保险公司的注册资本最低限额为2亿元人民币或者等值的自由兑换货币,其注册资本最低限额必须为实缴货币资本等。在得知了有关设立条件外,A国甲公司代表进一步咨询,在中国设立保险公司是否无须审批直接到国家工商管理部门办理设立登记即可?对此,王某某律师告知:设立外资保险公司应当经中国保监会批准,设立外资保险公司的地区,由中国保监会按照有关规定确定。中国保监会应当自收到设立外资保险公司完整的正式申请文件之日起60日内,作出批准或者不批准的决定。决定批准的,颁发经营保险业务许可证;决定不批准的,应当书面通知申请人并说明理由。经批准设立外资保险公司的,申请人凭经营保险业务许可证向工商行政管理机关办理登记,领取营业执照。可见,外国企业要在中国设立具有法人资格的外资保险公司,采取设立许可主义,即外资保险公司的设立除了具有法律规定的基本条件外,还必须按照法律、行政法规的规定由中国保监会的批准方可成立。

49. 法定代表人的哪些民事活动的后果由法人承受?其超越职权的行为能否对抗善意相对人?

法人是一种具有民事主体资格的拟制法律人格,其重大事项决策、公司高层管理人员任免等是由法人的权力机构依据法人章程规定的议事规则作出的。法人权力机构的决策事项由执行机构负责执行完成,而执行机构的总负责人并对外代表法人的人即为法人的法定代表人。《民法总则》第61条第1款规定,依照法律或者法人章程的规定,代表法人从事民事活动的负责人,为法人的法定代表人。可见,法人的法定代表人是依照法律或者法人章程的规定,代表法人从事民事活动的负责人。

法定代表人在法律规定或者法人章程规定或者其权力机构授权范围内所从事的活动,是以法人名义进行的,其体现的是法人意志,代表的是法人利益,法人是民事权利的享有者和民事义务的承担者。因此,《民法总则》第61条第2款规定,法定代表人以法人名义从事的民事活动,其法律后果由法人承受。也就是说,法定代表人在法律规定或者法人章程规定或者其权力机构授权范围内所从事的民事活动,其法律后果由法人承受,法定代表人本人对其履行职务活动的后果不负责任。

《民法总则》第 61 条第 3 款规定,法人章程或者法人权力机构对法定代表人代表权的限制,不得对抗善意相对人。一般说来,法定代表人其作为法人执行机构的负责人是由法人的权力机构聘用和任命的,对法人的权力机构负责。法人章程或者法人权力机构对法定代表人代表权的限制,一般对外不发生效力。也就是说,法人对法定代表人逾越法人章程规定权限实施的民事法律行为以及对法定代表人突破法人权力机构对其代表权限制实施的民事法律行为,一般不得主张无效。但是,法定代表人代表法人进行民事活动时,相对人知道或者应当知道法人章程或者法人权力机构对法定代表人代表权的限制的,法定代表人实施的民事法律行为无效。因相对人知道或者应当知道法定代理人越权,因而其主观不具有善意而不属于善意相对人,因此,法人章程或者法人权力机构对法定代表人代表权的限制,可以对抗该非善意相对人。在此,法律保护的是善意相对人的利益。相对人知道或应当知道法人章程或者法人权力机构对法定代表人代表权的限制,仍然利用法定代表人对这种限制的越权,来谋求自身利益最大化,则其不属于善意相对人,因而其利益不受保护。

◈ **示例说明**

　　王某、彭某和曹某共同出资设立了乐园家居装饰有限责任公司(以下简称乐园装饰公司),在公司章程中载明:王某任执行董事,为公司的法定代表人,由王某负责公司的日常经营,重大事项由股东会决定。其中,进一步规定"公司投资 5 万元以上或采购价值 5 万元以上的建材为公司的重大事项"。某日,王某到灯火建材公司购买装饰材料时,看到该公司正在出售的大芯板质优价廉,就以乐园装饰公司法定代表人的名义与灯火建材公司签订了购买 10 万元大芯板的合同,并在合同书上加盖了乐园装饰公司的公章。次日,灯火建材公司按约定将货物送到乐园装饰公司,并要求支付全部货款。但乐园装饰公司的其他两位股东彭某和曹某认为王某一次购买价值 10 万元的建材,属于越权,因此,其与灯火建材公司签订的合同无效,拒收灯火公司交付的建材并拒绝支付货款。灯火建材公司认为乐园装饰公司违约,遂向法院起诉,要求乐园装饰公司按照约定履行合同,并承担赔偿损失的违约责任。

　　从本案例来看,王某作为法定代表人一次购买价值 10 万元的建材的行为并没有获得法人的授权；而作为相对人的灯火公司对此既不知道也不应当知道法定代表人王某实际上没有订立该合同的权力。相反，从王某所称的其是乐园装饰公司的法定代表人以及在合同书上加盖单位公章的外在表现来看，灯火公司有充分的理由相信其有权代表乐园装饰公司对外订立合同。可见，本案中的灯火公司为善意相对人，王某代表乐园装饰公司与灯火公司签订的合同应当认定有效，乐园装饰公司对灯火公司负有接受货物和支付价款的义务。否则，灯火公司有权要求乐园装饰公司按照约定履行合同，并承担赔偿损失的违约责任。

50. 法定代表人因执行职务造成他人损害的，法人是否承担民事责任？

《民法总则》第 62 条第 1 款规定，法定代表人因执行职务造成他人损害的，由法人承担民事责任。法定代表人因执行职务造成他人损害，一般是指法定代表人在法律或者法人章程的规定范围内代表法人从事民事活动时造成的他人损害，这种损害是一种侵权损害。可见，法人应当对法定代表人因执行职务给他人造成的损害，承担侵权责任。不属于法定代表人执行职务给他人造成的损害，也就是说，法定代表人在执行职务之外给他人造成损害的，法人不承担侵权责任，该责任应当由实施侵害行为和给他人造成损害的行为人即法定代表人本人承担。

《民法总则》第 62 条第 2 款规定，法人承担民事责任后，依照法律或者法人章程的规定，可以向有过错的法定代表人追偿。可见，法人承担民事责任后对有过错的法定代表人有追偿权，也就是说，法人追偿权的行使应当以法定代表人具有主观过错即具有故意或者过失为条件。如果法定代表人因执行职务造成的他人损害，既不存在主观故意，也不存在主观过失，那么，法人承担民事责任后无权向法定代表人追偿。

◇ **示例说明**

张某某为东方家居装修公司的法定代表人，一次在给陈某某家中维修电线线路时，不慎将陈某某家中书柜上价值 3 万元的一个花瓶打碎。因为这是张某某执行职务时给陈某某造成的损害，陈某某可以要求东方家居装修公司承担赔偿责任,该公司无权拒绝。因张某某对这一损害行为存在主观过失,即未尽到必要的注意义务,在东方家居装修公司赔偿陈某某 3 万元的损失后,可以向法定代表人张某某追偿。

----

51. 法人存续期间登记事项发生变化的,是否应当进行变更登记?

法人登记包括设立登记、变更登记和撤销登记。根据《民法总则》的有关规定,营利法人经依法登记成立。非营利法人,如事业单位法人、社会团体法人具备法人条件,需要登记的,经依法登记成立,取得法人资格。具备法人条件,为公益目的以捐助财产设立的基金会、社会服务机构等,经依法登记成立,取得捐助法人资格。可见,设立登记,是营利法人(包括有限责任公司和股份有限公司)和部分非营利法人依法取得法人资格的必经程序。

法人设立登记是根据有关法律、行政法规规定在确定法人登记管辖的基础上,按照法律、行政法规规定的法人登记程序以及登记事项,将申请登记的法人的有关事项,包括法人名称、业务或活动范围、出资人或者经费来源、组织机构、法定代表人、住所地等在设立登记申请书中进行准确填写。由登记机构依法审核通过即核准成立和发放有关证照并取得法人资格。通过公示法人登记的有关信息,可以使其他民事主体的活动与其发生联系和交集时作为判断其是否具有民事主体资格、是否具有可信度的一个重要依据。因此,《民法总则》第 66 条规定,登记机关应当依法及时公示法人登记的有关信息。

在法人存续期间即自法人成立时起即取得民事主体资格到法人依法终止时起即其民事主体资格消灭期间,法人的登记事项发生变化的,即法人的实际情况与登记的事项不一致的,根据《民法总则》第 64 条的规定,应当依法向登记机关申请变更登记。也就是说,法人以前在登记机关登记并由登记机关依法公示的有关事项,包括法人名称、业务或活动范围、出资人或者经费来源、组织机构、法定代表人、住所地等在发生变化的情况下,法人应当及时进行变更登记。登记机关依法登记和及时公示的有关法人登记信息具有公信力,法人的实际情况与登记的事项不一致的,不得对抗善意相对人。也就是说,登记机关依法登记和及时公示的有关法人登记信息视同法人的真实信息,法人的善意相对人对该信息的信赖受法律保护。

❖ 示例说明

A市的甲钢材有限责任公司与B市的乙建材有限责任公司订立了一笔钢材买卖合同,合同约定乙建材有限责任公司向甲钢材有限责任公司购买某型号的钢材若干吨,由甲公司送货到乙公司住所地。但合同未载明乙公司住所地具体在B市何处。甲公司多次与乙公司业务员和收货人联系,但都因手机关机无法联系上。在送货前遂经登陆B市工商局网站查询得知乙公司的住所地在B市东区某某街道12号院。甲钢材有限责任公司在合同约定的期限内将钢材送到该地点后,发现乙公司不在该地点,遂再联系乙公司业务员,该业务员告知乙公司早就不在这里办公,现在乙公司住所地在离该地点50公里之外的B市郊区C镇某某街道21号院。甲公司送货人员告诉乙公司收货员说:"钢材只能送到这里,由乙公司前来取货。若甲公司将货物送到乙公司的新住所地,应当支付所增加的这段路程的运费。"此种情形下,乙公司不得以甲公司未将货物送到乙公司住所地为由,要求甲公司承担违约责任。乙公司在公司住所地发生变化后未及时进行变更登记和依法公示,由此造成的履约风险应当由其承担,其不得对抗作为善意相对人的甲公司。甲公司若将货物送到乙公司的新住所地,有权要求乙公司支付适当运费,乙公司无权拒绝。

52. 法人合并或分立的,其权利义务或债权债务由谁享有和承担?

法人合并是指两个以上的法人合并为一个新的法人,或将一个法人并入另一个法人。法人合并可以采取吸收合并或者新设合并。一个法人吸收其他法人为吸收合并,被吸收的法人终止。两个以上法人合并设立一个新的法人为新设合并,合并各方终止。《民法总则》第67条第1款规定,法人合并的,其权利和义务由合并后的法人享有和承担。可见,法人合并的,合并前的各个法人所享有的全部物权和债权及其他相关权利,如知识产权等,全部由合并后成立的法人享有。合并前的各个法人所负担的各种债务全部由合并后的法人承担。

法人分立是指一个法人根据法律法规或者按照法人权力机关决定,分为两个以上的法人。法人的分立包括新设分立和派生分立两种。所谓新设分立,是指将原法人分成几个独立的法人,原法人终止。所谓派生分立是指将原法人抽出一部分人、财、物再组建一个或几个新独立法人,原法人仍然存在。法人分立后有几个独立法人并存,因此将产生基于分立前的法人权利义务所产生的债权债务在分立后的几个法人中如何分配和承受的问题。对此,《民法总则》第 67 条第 2 款规定,法人分立的,其权利和义务由分立后的法人享有连带债权,承担连带债务,但是债权人和债务人另有约定的除外。所谓的连带债权,是指任一债权人均有权要求债务人全部履行,当债务人向任一债权人履行时,其债务消灭。所谓连带债务,是指各个债务人均负有全部履行债务的义务,债权人有权要求任何债务人履行该债务,直至其全部债权得到实现。可见,法人分立的,分立后的各个法人对原法人的债务人均有权要求履行,原法人的债务人向分立后的任何一个法人所为的全部履行都产生债权消灭的后果,其他法人再无权要求其履行。法人分立的,原法人所负的债务,分立后的各个法人都负有全部履行的义务,原法人的债权人有权要求分立后的各个法人承担全部履行的义务,任何一个法人全部履行债务后,债权人不得再要求其他法人履行。以上是法人分立,债权人和债务人未作另行约定时的债务债权承受原则,但债权人与债务人就法人分立后的债务债权另有约定的,应当按照约定履行。

❖ 示例说明

　　建齐集团公司山东分公司购买某某钢铁公司 2.5 亿元的钢材,其收到货物后尚欠货款 1.2 亿元。之后,建齐集团公司中的山东分公司,从一个附属的分公司,依法取得独立企业法人资格,变更为建齐山东公司。这属于《民法总则》第 67 条第 2 款规定的法人分立。根据《民法总则》第 67 条第 2 款规定,本案例中原建齐集团公司山东分公司尚欠某某钢铁公司的钢材款 1.2 亿元就属于连带债务,在分立前建齐集团公司与债权人某某钢铁公司就所欠债务承担未另行约定,或者债权人某某钢铁公司与分立后的建齐集团公司、建齐山东公司未另有约定的情况下,建齐集团公司、建齐山东公司都负有支付该笔欠款的连带义务,某某钢铁公司也享有要求建齐集团公司或建齐山东公司支付该笔货款的权利,其中任一法人的付款行为,都会导致该笔债务消灭。

---

53. 法人终止的原因有哪些？法人终止应当履行什么手续？

法人终止，是指法人作为民事主体资格的消灭，即其依法丧失民事权利能力和民事行为能力。根据《民法总则》第 68 条规定，有下列原因之一的，法人终止：

(1)法人解散。《民法总则》第 69 条规定，有下列情形之一的，法人解散：法人章程规定的存续期间届满或者法人章程规定的其他解散事由出现；法人的权力机构决议解散；因法人合并或者分立需要解散；法人依法被吊销营业执照、登记证书，被责令关闭或者被撤销；法律规定的其他情形。

(2)法人被宣告破产。法人破产是指法人不能清偿到期债务，且其丧失民事责任能力即其资产不足以清偿全部债务或者明显缺乏清偿能力以及具有其他法定事由的情况下，经法人或者其债权人向人民法院申请启动破产还债程序，并通过对法人财产进行清算后依法处分和了结其债权、债务基础上，进行注销登记，终止其法人资格。对此，《民法总则》第 73 条规定，法人被宣告破产的，依法进行破产清算并完成法人注销登记时，法人终止。

(3)法律规定的其他原因。因法人类型的多样性，不同类型的法人其民事主体资格终止的原因也不尽相同，除上述两种原因外，具备法律规定的其他终止原因的，法人依法终止。

根据《民法总则》第 68 条第 1 款规定，具有法定原因之一并依法完成清算、注销登记的，法人终止。第 2 款规定，法人终止，法律、行政法规规定须经有关机关批准的，依照其规定。因此，法人终止应当依法进行清算并履行注销登记手续，法律、行政法规规定须经有关机关批准的，应当履行审批手续。

⚙ 示例说明

孙某某、徐某某、陈某某、张某、何某某 5 人拟从事房地产开发业务，于 2011 年 11 月 30 日在某某县工商局登记成立某某县固源房地产开发有限公司。孙某某出资 240 万元，出资比例为 30%；陈某某出资 200 万元，出资比例为 25%；何某某出资 64 万元，出资比例为 8%。公司成立后，各股东分别按章程出资并在某某县光明不夜城从事房地产开发经营。在出资方面，陈某某有 40 万元资金没有到位，何某某有部分资金没有到位。公司经营期间，2012 年 12 月 29 日，徐某某将其股份全额转让给樊某某，2014 年 2 月 9

日,张某将其股份全额转让给李某某。公司成立后,在某某县光明不夜城从事房地产开发业务。从 2014 年到 2016 年公司开发了部分商住房。后期开发因有 4 户拆迁赔偿问题没有解决等原因,没有进行新的开发项目。公司在经营管理上出现严重困难,公司股东及管理人员一度放假。2016 年,由樊某某任公司法人代表,孙某某没有同意樊某某任法人代表,孙某某与樊某某之间产生严重矛盾。公司为一些重大问题达不成一致意见或形成意见不能执行,公司从成立至诉讼时没有分红。孙某某、陈某某和何某某 3 原告以樊某某任法人代表期间,公司既不定期召开股东会,也不公开公司财务状况,公司私设账户,没有财产报表,有时处理公司资产也不告知其他股东,严重损害了公司其他股东的利益,遂依法起诉要求公司解散。

本案的争议焦点是公司经营发生严重困难,股东能否要求公司解散。公司解散是指因出现法定事由或约定事由,使公司终结和归于消灭的法律行为。股东会决议解散公司的,根据《公司法》第 43 条第 2 款规定,必须经代表三分之二以上表决权的股东通过。在有限责任公司不能通过股东会议决议解散公司的情况下,股东可以依法提起诉讼请求人民法院解散公司。根据《公司法》第 182 条规定,公司经营管理发生严重困难,继续存续会使股东利益受到重大损失,通过其他途径不能解决的,持有公司全部股东表决权 10% 以上的股东,可以请求人民法院解散公司。本案中孙某某、陈某某和何某某 3 人作为固源房地产开发有限公司的股东,在认购出资方面,孙某某出资 240 万元,出资比例为 30%;陈某某出资 200 万元,出资比例为 25%;何某某出资 64 万元,出资比例为 8%。在实际出资方面尽管陈某某有 40 万元资金没有到位,何某某有部分资金没有到位,但原告 3 人的实际出资已远远高出《公司法》第 182 条规定的全部股东表决权的 10%。本案例中,固源房地产公司为一些重大问题达不成一致意见或形成意见不能执行,公司从成立至诉讼时没有分红,如果公司继续存续会使股东利益受到重大损失,因此,在此情形下,孙某某、陈某某和何某某 3 人向人民法院提起的解散公司的诉讼请求,理应得到人民法院的支持。

---

54. 法人解散的,清算义务人如何组成? 其负有什么责任?

根据《民法总则》第 69 条规定,法人解散主要基于以下情形:法人章程规定的存续期间届满或者法人章程规定的其他解散事由出现;法人的权力机构决议解散;因法人合并或者分立需要解散;法人依法被吊销营业执照、登记证书,被责令关闭或者被撤销;法律规定的其他情形。《民法总则》第70条第1款规定,法人解散的,除合并或者分立的情形外,清算义务人应当及时组成清算组进行清算。法人的董事、理事等执行机构或者决策机构的成员为清算义务人。法律、行政法规另有规定的,依照其规定。可见,法人解散,依法应当进行清算的,应当由法人的董事、理事等执行机构或者决策机构的成员作为清算义务人及时组成清算组进行清算。

《民法总则》第70条第3款规定,清算义务人未及时履行清算义务造成损害的,应当承担民事责任;主管机关或者利害关系人可以申请人民法院指定有关人员组成清算组进行清算。可见,对法人负有清算义务的法人的董事、理事等执行机构或者决策机构的成员即清算义务人因未及时履行清算义务,给法人或者其债权人和其他利害关系人造成损害的,应当承担相应的民事责任。在清算义务人不及时履行清算义务的情况下,法人的主管机关或者利害关系人可以申请人民法院指定有关人员组成清算组进行清算。

⇨ 示例说明

原告上海存亮贸易有限公司(简称存亮公司)诉称:其向被告常州拓恒机械设备有限公司(简称拓恒公司)供应钢材,拓恒公司尚欠货款1395228.6元。被告房某某、蒋某某和王某某为拓恒公司的股东,拓恒公司未年检,被工商部门吊销营业执照,至今未组织清算。因其怠于履行清算义务,导致公司财产流失、灭失,存亮公司的债权得不到清偿。根据《公司法》及相关司法解释规定,房某某、蒋某某和王某某应对拓恒公司的债务承担连带责任。故请求判令拓恒公司偿还存亮公司货款1395228.6元及违约金,房某某、蒋某某和王某某对拓恒公司的债务承担连带清偿责任。

被告蒋某某、王某某辩称:(1)两人从未参与过拓恒公司的经营管理;(2)拓恒公司实际由大股东房某某控制,两人无法对其进行清算;(3)拓恒公司由于经营不善,在被吊销营业执照前已背负了大量债务,资不抵债,并非由于蒋某某、王某某怠于履行清算义务而导致拓恒公司财产灭失;(4)蒋某某、王某某也曾委托律师对拓恒公司进行清算,但由于拓恒公司财物多次被债权人哄抢,导致无法清算,因此,蒋某某、王某某不存在怠于履行清算义务的情况。故请求驳回存亮公司对蒋某某、王某某的诉讼请求。被告拓恒公司、房某某未到庭参加诉讼，亦未作答辩。

法院经审理查明：2007年6月28日，存亮公司与拓恒公司建立钢材买卖合同关系。存亮公司履行了7095006.6元的供货义务，拓恒公司已付货款5699778元，尚欠货款1395228.6元。另，房某某、蒋某某和王某某为拓恒公司的股东，所占股份分别为40%、30%、30%。拓恒公司因未进行年检，2008年12月25日被工商部门吊销营业执照，至今股东未组织清算。现拓恒公司无办公经营地，账册及财产均下落不明。拓恒公司在其他案件中因无财产可供执行被中止执行。上海市松江区人民法院于2009年12月8日作出民事判决：（1）拓恒公司偿付存亮公司货款1395228.6元及相应的违约金；（2）房某某、蒋某某和王某某对拓恒公司的上述债务承担连带清偿责任。宣判后，蒋某某、王某某提出上诉。上海市第一中级人民法院于2010年9月1日作出民事判决：驳回上诉，维持原判。

法院生效裁判认为：存亮公司按约供货后，拓恒公司未能按约付清货款，应当承担相应的付款责任及违约责任。房某某、蒋某某和王某某作为拓恒公司的股东，应在拓恒公司被吊销营业执照后及时组织清算。因房某某、蒋某某和王某某怠于履行清算义务，导致拓恒公司的主要财产、账册等均已灭失，无法进行清算，房某某、蒋某某和王某某怠于履行清算义务的行为，违反了《公司法》及其司法解释的相关规定，应当对拓恒公司的债务承担连带清偿责任。拓恒公司作为有限责任公司，其全体股东在法律上应一体成为公司的清算义务人。《公司法》及其相关司法解释并未规定蒋某某、王某某所辩称的例外条款，因此，无论蒋某某、王某某在拓恒公司中所占的股份为多少，是否实际参与了公司的经营管理，两人在拓恒公司被吊销营业执照后，都有义务在法定期限内依法对拓恒公司进行清算。关于蒋某某、王某某辩称拓恒公司在被吊销营业执照前已背负大量债务，即使其怠于履行清算义务，也与拓恒公司财产灭失之间没有关联性。根据查明的事实，拓恒公司在其他案件中因无财产可供执行被中止执行的情况，只能证明人民法院在执行中未查找到拓恒公司的财产，不能证明拓恒公司的财产在被吊销营业执照前已全部灭失。拓恒公司的三名股东怠于履行清算义务与拓恒公司的财产、账册灭失之间具有因果联系，蒋某某、王某某的该项抗辩理由不成立。蒋某某、王某某委托律师进行清算的委托代理合同及律师的证明，仅能证明蒋某某、王某某欲对拓恒公司进行清算，但事实上对拓恒公司的清算并未进行。据此,不能认定蒋某某、王某某依法履行了清算义务,故对蒋某某、王某某的该项抗辩理由不予采纳。

----

55. 法人清算应遵循什么程序? 清算组的职权有哪些?

《民法总则》第71条规定:"法人的清算程序和清算组职权,依照有关法律的规定;没有规定的,参照适用公司法的有关规定。"本条是对法人清算程序和清算组职权的原则性规定。因法人种类繁多,其清算程序与清算组的职权不尽相同。特别是在目前,我国对非营利法人和特殊法人的立法还基本付诸阙如,对其清算程序和清算组的职权还缺乏相应规定,在此情形下,应当参照适用《公司法》的规定。

根据《公司法》的有关规定,清算程序如下。

(1)成立清算组。出现解散的法定事由时,作为营利法人的有限责任公司的清算组由股东组成,股份有限公司的清算组由董事或者股东大会确定的人员组成。逾期不成立清算组进行清算的,债权人可以申请人民法院指定有关人员组成清算组进行清算。人民法院应当受理该申请,并及时组织清算组进行清算。

(2)通知与公告债权人。《公司法》第185条规定,清算组应当自成立之日起10日内通知债权人,并于60日内在报纸上公告。债权人应当自接到通知书之日起30日内,未接到通知书的自公告之日起45日内,向清算组申报其债权。债权人申报债权,应当说明债权的有关事项,并提供证明材料。清算组应当对债权进行登记。在申报债权期间,清算组不得对债权人进行清偿。

(3)剩余公司财产分配。《公司法》第186条规定,清算组在清理公司财产、编制资产负债表和财产清单后,应当制订清算方案,并报股东会、股东大会或者人民法院确认。公司财产在分别支付清算费用、职工的工资、社会保险费用和法定补偿金,缴纳所欠税款,清偿公司债务后的剩余财产,有限责任公司按照股东的出资比例分配,股份有限公司按照股东持有的股份比例分配。清算期间,公司存续,但不得开展与清算无关的经营活动。公司财产在未依照前款规定清偿前,不得分配给股东。

(4)依法宣告破产。《公司法》第187条规定,清算组在清理公司财产、编制资产负债表和财产清单后,发现公司财产不足清偿债务的,应当依法向人民法院申请宣告破产。公司经人民法院裁定宣告破产后,清算组应当将清算事务移交给人民法院。《公司法》第 190 条规定,公司被依法宣告破产的,依照有关企业破产的法律实施破产清算。

(5)制作清算报告。《公司法》第 188 条规定,公司清算结束后,清算组应当制作清算报告,报股东会、股东大会或者人民法院确认,并报送公司登记机关,申请注销公司登记,公告公司终止。

根据《公司法》第 184 条规定,清算组在清算期间行使下列职权:清理公司财产,分别编制资产负债表和财产清单;通知、公告债权人;处理与清算有关的公司未了结的业务;清缴所欠税款以及清算过程中产生的税款;清理债权、债务;处理公司清偿债务后的剩余财产;代表公司参与民事诉讼活动。

⬙ 示例说明

孙某某、徐某某、陈某某、张某、何某某 5 人于 2011 年 11 月 30 日在某某县工商局登记成立某某县固源房地产开发有限公司。公司经营期间为一些重大问题达不成一致意见或形成意见不能执行。公司从成立至诉讼时没有分红。孙某某、陈某某和何某某 3 人以樊某某任法人代表期间,公司既不定期召开股东会,也不公开公司财务状况,公司私设账户,没有财产报表,有时处理公司资产也不告知其他股东,严重损害了公司其他股东的利益,遂依法起诉要求公司解散。法院经审理依法判决该公司解散。为此,固源房地产开发有限公司应当履行以下清算程序:由孙某某、徐某某、陈某某、张某、何某某 5 人组成清算组,清算组应当自成立之日起 10 日内通知债权人,并于 60 日内在报纸上公告。清算组在清理公司财产、编制资产负债表和财产清单后,应当制订清算方案,并报股东会确认。公司财产在分别支付清算费用、职工的工资、社会保险费用和法定补偿金,缴纳所欠税款,清偿公司债务后的剩余财产,公司按照股东的出资比例分配。

---

56. 清算期间法人不得进行哪些活动？法人清算后的剩余财产如何处理？法人何时终止？

清算期间的法人,是在依法出现解散事由以及丧失民事责任能力即将宣告破产等导致法人终止前的一个过渡状态,虽然其法人资格尚未丧失,但正在为其注销登记和终止其法人资格做准备。因此,其作为民事主体的民事行为能力将受到严格限制。对此,《民法总则》第 72 条第 1 款明确规定,清算期间法人存续,但是不得从事与清算无关的活动。因为清算期间的法人其存在的理由就是进行清算,因此,其只能从事与清算有关的活动,如通知与公告债权人、依法分配剩余财产、申请宣告破产、制作清算报告和申请注销登记,但不得从事与清算无关的活动。

《民法总则》第 72 条第 2 款规定,法人清算后的剩余财产,根据法人章程的规定或者法人权力机构的决议处理。法律另有规定的,依照其规定。所谓法人清算后的剩余财产,是指法人财产在分别支付清算费用、职工的工资、社会保险费用和法定补偿金,缴纳所欠税款,清偿公司债务后的剩余财产。法人清算后的剩余财产,应当根据法人章程的规定或者法人权力机构的决议处理。法律对法人清算后的剩余财产另有规定的,依照其规定处理。

根据《民法总则》第 72 条第 3 款规定,清算结束并完成法人注销登记时,法人终止;依法不需要办理法人登记的,清算结束时,法人终止。可见,法人注销登记是指法人因解散、被撤销、被宣告破产或其他原因停止民事活动时,由清算组织或清算人向法人登记机关申请,将法人消灭的事实记载在案并取消其法人资格的登记行为。经法人登记机关注销登记,法人终止。依法不需要办理法人登记的,清算结束时,法人终止。一般说来,法人解散与清算是法人注销登记的前提,而法人注销登记则是法人解散与清算的必然结果。根据《民法总则》第 73 条规定,法人被宣告破产的,依法进行破产清算并完成法人注销登记时,法人终止。

✿ 示例说明

固源房地产开发有限公司由孙某某、徐某某、陈某某、张某、何某某 5 人组成清算组进行清算期间,清算组在清算期间行使下列职权:(1)清理公司财产,分别编制资产负债表和财产清单;(2)通知、公告债权人;(3)处理与清算有关的公司未了结的业务;(4)清缴所欠税款以及清算过程中产生的税款;(5)清理债权、债务;(6)处理公司清偿债务后的剩余财产;(7)代表公司参与民事诉讼活动。本案例中,清算期间,固源房地产开发有限公司存续,但不得开展与清算无关的经营活动,如以出卖公司尚未售出的商品房,以公司名义向银行贷款等。

---

57. 什么是法人的分支机构？其从事民事活动产生的民事责任如何承担？

法人的分支机构，一般是法人为了扩大业务或者便于展开业务活动，在其住所地以外设立的从事经营活动的机构，设立分支机构是由法人出资并指派负责人进行管理。《民法总则》第74条第1款规定，法人可以依法设立分支机构。法律、行政法规规定分支机构应当登记的，依照其规定。

与法人相比，法人的分支机构没有独立的财产权，其所直接占有、使用和收益的财产为法人所有、支配，法人对其分支机构的财产享有最终的处分权；分支机构没有独立于法人的治理结构，即没有独立于法人的权力机构、执行机构和监督机构，分支机构只能按照法人的要求和安排完成相应职责，即只能执行法人权力机构的决策和分配给的任务，并接受法人执行机构的领导和法人监督机构的监督；分支机构没有独立的主体资格和责任承担能力。因此，《民法总则》第74条第2款规定，分支机构以自己的名义从事民事活动，产生的民事责任由法人承担；也可以先以该分支机构管理的财产承担，不足以承担的，由法人承担。因为分支机构不仅没有独立于法人的财产权，且其占有使用的财产以及其经营性活动所获利财产都属于法人，因此，分支机构无论是以法人的名义从事民事活动，还是以自己的名义从事民事活动，其产生的民事责任最终都应当由法人承担。

✿ 示例说明

甲市甲服装有限公司的乙市分公司以自己的名义与乙市乙布料有限公司签订10万元的布料买卖合同，收到布料后仅支付货款3万元，尚欠7万元货款无力支付。乙市乙布料有限公司可以要求甲市甲服装有限公司支付，其不得以甲市甲服装有限公司的乙市分公司未经其许可购买为由拒绝支付剩余的7万元货款。在其拒绝支付的情况下，乙市乙布料有限公司可以将甲市甲服装有限公司和甲市甲服装公司的乙市分公司为共同被告向法院起诉，请求支付7万元货款和迟延支付货款的利息。

---

58. 设立人为设立法人从事民事活动的后果，如何承担？

法人的设立人，是指为法人设立筹集资金、准备条件、购置办公器材、提供或者租用办公住所,拟定章程以及设立登记等活动的人,可以说,设立人就是筹备法人设立的具体投资人或出资人。设立人为设立法人进行的一系列活动中有些属于产生法律后果的民事活动,如购买器材和必要的办公用品、租用住所、为法人成立后及时开展业务聘用相关工作人员等。

　　设立人包括营利法人设立的出资人或非营利法人的出资人或发起人,法人依法设立的,设立人即成为当然的法人股东或者会员。但是,设立人为法人设立所进行的筹备和设立登记活动,会有两种不同的结果:一是法人如愿设立,二是因条件不具备法人未能设立。因此,《民法总则》第 75 条第 1 款针对这两种不同结果,作出具体规定,即设立人为设立法人从事的民事活动,其法律后果由法人承受;法人未成立的,其法律后果由设立人承受,设立人为二人以上的,享有连带债权,承担连带债务。所谓的连带债权,是指任一债权人均有权要求债务人全部履行,当债务人向任一债权人全部履行时,其债务消灭。所谓连带债务,是指各个债务人均负有全部履行债务的义务,债权人有权要求任何债务人履行该债务,直至其全部债权得到实现。

　　《民法总则》第 75 条第 2 款规定,设立人为设立法人以自己的名义从事民事活动产生的民事责任,第三人有权选择请求法人或者设立人承担。该款是对设立人为设立法人以自己的名义从事民事活动产生的民事责任,第三人具有选择责任人权利的规定。设立人为设立法人以自己的名义从事民事活动时,第三人之所以与其发生民事法律关系并与其进行民事活动,一般是基于对其信任与了解及其具有相应的民事责任能力基础上进行的。另外,刚刚成立的法人虽然取得了民事主体资格,但其并不一定具备与其债务承担相适应的民事责任能力,此时第三人如果没有对债务承担人的选择权,将对其债权构成不合理的风险。因此,正是出于对第三人权利保护出发,《民法总则》作出这样的民事责任承担安排。

✿ 示例说明

　　许某某、蒋某某、任某某每人出资 2 万元拟设立某某市三人行文化创意有限责任公司(以下简称三人行公司),租赁某某市大发有限公司(以下简称大发公司)经营的写字楼 506 房间作为公司住所和经营场所。双方约定月租金 2500 元,每月 15 日交付,逾期交付,每天承担万分之三的违约金。自筹备三人行公司设立登记之日起,许某某、蒋某某、任某某3人就在上述租赁房间办公,但交付第1个月的房租后再无力支付第2个月房租。直到第2个月底因公司图书和电子出版物发行项目未获得主管部门审批,3人决定不再设立三人行公司。此时,他们所欠的2500元的第2个月房租应由作为三人行公司设立人的许某某、蒋某某、任某某承担连带责任,大发公司有权要求其中任一设立人支付所欠1个月2500元的房租及其违约金,其承担后有权要求其他2人偿还其应当承担的相应份额。

第二节　营利法人

59. 什么是营利法人? 营利法人采取何种设立方式?

根据《民法总则》第76条第1款规定,营利法人是以取得利润并分配给股东等出资人为目的成立的法人。营利法人与非营利法人、特别法人相比是最典型的法人类型,其除了具有法人的一般法律特征即具有独立人格和以自己的名义进行民事活动、享有法人财产权、以其全部财产独立承担民事责任之外,其根本特征是具有营利性,即其设立的目的是取得利润并将利润分配给其股东。这是营利法人与非营利法人的本质区别。营利法人所具有的营利性,不仅是营利法人经营的目的,也是营利法人存在的基础及其承担民事责任和依法纳税等社会责任的物质保障。

根据《民法总则》第76条第2款规定,营利法人包括有限责任公司、股份有限公司和其他企业法人等。根据《公司法》的有关规定,有限责任公司(简称有限公司),是指公司股东以其认缴的出资额为限对公司承担责任,公司以其全部财产对公司的债务承担责任的企业法人。股份有限公司(简称股份公司),是指公司的股东以其认购的股份为限对公司承担责任,公司以其全部财产对公司的债务承担责任的企业法人。其他企业法人是根据《中华人民共和国中外合作经营企业法》(简称《中外合作经营企业法》)、《中华人民共和国中外合资经营企业法》(简称《中外合资经营企业法》)、《中华人民共和国外商独资企业法》等法律设立的具有企业法人资格的中外合作经营企业、中外合资经营企业和外商独资企业等。

根据《公司法》的有关规定,有限责任公司的设立应当具备以下条件:(1)应当具有符合法定人数的股东。除了国有独资公司这种特殊形式的有限责任公司和一人有限责任公司外,有限责任公司应当由2人以上50人以下股东出资设立。有限责任公司的股东可以是自然人,也可以是法人。(2)有符合公司章程规定的全体股东认缴的出资额。(3)股东共同制定公司章程。(4)有公司名称,建立符合有限责任公司要求的组织机构。(5)有公司住所。

根据《公司法》的有关规定,股份有限公司的设立应当具备以下条件:(1)发起人符合法定人数。设立股份有限公司,应当有2人以上200人以下为发起人,其中须有半数以上的发起人在中国境内有住所。(2)有符合公司章程规定的全体发起人认购的股本总额或者募集的实收股本总额。(3)股份发行、筹办事项符合法律规定。(4)发起人制订公司章程,采用募集方式设立的经创立大会通过。(5)有公司名称,建立符合股份有限公司要求的组织机构。(6)有公司住所。

《民法总则》第77条规定,营利法人经依法登记成立。可见,营利法人的设立依法进行登记是其成立的必经程序。对此,《公司法》第6条第1款也明确规定,设立公司,应当依法向公司登记机关申请设立登记。《公司法》第6条第2款规定,法律、行政法规规定设立公司必须报经批准的,应当在公司登记前依法办理批准手续。总之,对于法律、行政法规规定设立公司必须报经批准的或者拟设立的公司的经营范围中属于法律、行政法规规定须经批准的项目的,拟设立公司的股东应当在公司登记前依法办理批准手续和向公司登记机关递交有关批准文件。对于经批准设立公司的,应当在规定的期限内申请设立登记。

《中华人民共和国公司登记管理条例》第9条规定,公司的登记事项包括:(1)名称;(2)住所;(3)法定代表人姓名;(4)注册资本;(5)实收资本;(6)公司类型;(7)经营范围;(8)营业期限;(9)有限责任公司股东或者股份有限公司发起人的姓名或者名称,以及认缴和实缴的出资额、出资时间、出资方式。根据《公司法》第29条规定,股东认足公司章程规定的出资后,由全体股东指定的代表或者共同委托的代理人向公司登记机关报送公司登记申请书、公司章程等文件,申请设立登记。根据《公司法》第92条规定,股份有限公司的董事会应于创立大会结束后30日内,向公司登记机关报送下列文件,申请设立登记:(1)公司登记申请书;(2)创立大会的会议记录;(3)公司章程;(4)验资证明;(5)法定代表人、董事、监事的任职文件及其身份证明;(6)发起人的法人资格证明或者自然人身份证明;(7)公司住所证明。以募集方式设立股份有限公司公开发行股票的,还应当向公司登记机关报送国务院证券监督管理机构的核准文件。《公司法》第6条第1款规定,符合本法规定的设立条件的,由公司登记机关分别登记为有限责任公司或者股份有限公司;不符合本法规定的设立条件的,不得登记为有限责任公司或者股份有限公司。

《民法总则》第78条规定,依法设立的营利法人,由登记机关发给营利法人营业执照。营业执照签发日期为营利法人的成立日期。对此,《公司法》第7条也明确规定,依法设立的公司,由公司登记机关发给公司营业执照。公司营业执照签发日期为公司成立日期。可见,营业执照是营利法人具有法人资格的书面凭证,自营业执照签发日营利法人开始取得法人资格即民事主体资格,营利法人自该日起即可开始从事经营活动。

示例说明

孙某某,住澳大利亚悉尼市,系青岛澳华机电制造有限公司董事长。青岛万恩机电制造有限公司,住所地为青岛市郭口东路临字某某号。双方为合资经营青岛澳华机电制造有限公司(以下简称澳华公司)于2016年4月28日签订《合同》一份,约定:双方同意在青岛市设立合资经营公司澳华公司,公司的组织形式为有限责任公司,双方以各自认缴出资额共担风险,共享利润;合营公司的投资总额为100万元人民币,注册资本为100万元人民币;孙某某投资70万元人民币,占公司股份70%,以相当于人民币的澳元现汇投入;青岛万恩机电制造有限公司以"热动力安全阀"产品制造、检测技术作价投资,占公司股份30%;青岛万恩机电制造有限公司应在本合同所规定的投资交款期限内,获得青岛市科技局对此项技术的"高新技术认证",若在此期限内不能获得此认证,则青岛万恩机电制造有限公司此项技术作价投资占公司股份的20%,其余10%被告以现金10万元人民币入资;双方所投入资金、技术应在合资公司设立后半年内将全部资金汇入、到位;青岛万恩机电制造有限公司技术投资包括"产品图纸""生产检测设备图纸"和"企业标准",并保证其可实施性,技术上保证"企业标准"获得批准和企业获得生产许可;合营公司的期限为20年;合营期满或提前终止合同,合营公司应依法进行清算,清算后财产根据双方投资比例进行分配等条款。双方在订立

该《合同》的同时，制定并签署了合营公司《章程》。双方签订上述《合同》及
《章程》后，青岛市市南区对外贸易管理部门于 2017 年 5 月 17 日同意立项，
并于 2017 年 5 月 23 日对澳华公司的《合同》和《章程》予以批准，颁发了外
商投资企业批准证书。澳华公司于 2017 年 6 月 5 日登记注册，领取了企业
法人营业执照。本合资经营企业就是以取得利润并分配给作为股东的
孙某某、青岛万恩机电制造有限公司两方出资人为目的成立的营利法人。

---

60. 什么是营利法人的章程？其具有哪些特点？

《民法总则》第 79 条规定，设立营利法人应当依法制定法人章程。可
见，依法制定法人章程是设立营利法人的必备条件。营利法人章程，是指由
法人股东或发起人依法以书面形式制定的，用以规定公司组织与行为的基
本规则。

法人章程具有以下特点：

（1）法人章程是法人的自治规范。法人章程是法人为规范公司内部各
种权利义务关系而制定的一种规范性文件，其内容包括规定营利法人的组
织结构形式、内部关系和开展业务活动的基本准则。营利法人章程不同于
国家法律，是营利法人股东在自愿、协商基础上制定的规范性文件。因此，
法人章程由法人自觉执行，效力也仅限于法人及其股东和高级管理人员。

（2）法人章程是法人的根本行为准则，是国家有关行政部门对其进
行管理和监督的基本依据。营利法人章程是营利法人设立的基本要求，
也是取得企业法人资格、从事经营活动的基本依据。营利法人的一切业
务活动，都必须符合其章程的规定。同时，法人章程经登记管理机关核
准后，也就成为国家工商行政部门、税务部门对其进行管理和监督的基
本依据。

（3）法人章程具有要式性，其记载事项必须符合法律要求。营利法人的
股东应当在公司章程上签名、盖章。由股东签字、盖章，并依法生效的有限
公司章程、股份有限公司章程，对公司及全体股东和公司的权力机构、执行
机构和监督机构及公司法定代表人、董事长、董事、监事、公司经理等高级管
理人员具有法律约束力。

根据《公司法》第 25 条规定，有限责任公司章程应当载明下列事项：
（1）公司名称和住所；（2）公司经营范围；（3）公司注册资本；（4）股东的姓名

或者名称;(5)股东的出资方式、出资额和出资时间;(6)公司的机构及其产生办法、职权、议事规则;(7)公司法定代表人;(8)股东会会议认为需要规定的其他事项。根据《公司法》第81条规定,股份有限公司章程应当载明下列事项:(1)公司名称和住所;(2)公司经营范围;(3)公司设立方式;(4)公司股份总数、每股金额和注册资本;(5)发起人的姓名或者名称、认购的股份数、出资方式和出资时间;(6)董事会的组成、职权和议事规则;(7)公司法定代表人;(8)监事会的组成、职权和议事规则;(9)公司利润分配办法;(10)公司的解散事由与清算办法;(11)公司的通知和公告办法;(12)股东大会会议认为需要规定的其他事项。

⇩ 示例说明

甲、乙、丙3人作为发起人拟出资1000万元设立一技术开发股份公司,3人订立发起人协议,约定:甲以现金出资800万元,占80%的股份;乙以现金出资100万元,占10%的股份;丙以专利权出资,估价100万元,占10%的股份,三方按股份分取红利。并约定协议签订后的20日内资金到位,由丙负责到公司登记机关办理登记手续。该协议签订后,甲、乙2人的出资到位,甲、乙、丙3人拟定了公司章程并在该章程上签名,但在出资人出资栏目预留了空白。丙在办理公司登记时,遂在公司章程出资人出资栏目中填写甲以现金出资800万元,占66.67%的股份;乙以现金出资100万元,占8.33%的股份;丙以专利权出资,估价300万元,占25%的股份。公司依法登记设立后,甲、乙2人对公司章程所载明的各股东出资和分红比例并未提出异议。公司成立后,由于拥有自主知识产权加之经营有方,该公司获得巨大的盈利,甲、乙、丙3人遂一致决定当年年底分红,但是,3人对于分红办法却发生了争议。甲、乙2人认为应当以发起人协议所约定的出资比例分红,丙则认为应以公司章程规定的出资比例分红。

发起人认购的股份数、出资方式和出资时间等事项既是发起人协议的重要内容,又是公司章程必须记载的事项。发起人协议作为当事人之间的共同投资协议,因当事人的意思表示一致而成立。而公司章程是由发起设立公司的投资者即发起人制定的调整公司内部组织关系和经营行为的自治规则,经公司创立大会按照法定程序通过方可生效。公司章程是在发起人协议的基础上制定的,二者关于股份数、出资方式和出资时间等内容的规定一般应当保持一致。设立公司必须依法制定公司章程,公司章程是公司设立的必备性文件,必须以书面形式制定,其内容在体现发起人的意思和意愿的同时,亦应当符合《公司法》对公司章程的有关要求。发起人协议由全体发起人订立,调整的是发起人之间的关系,因而只在发起人之间具有法律约束力。而公司章程的调整范围要比发起人协议宽泛得多,它不仅调整所有股东之间的法律关系,而且调整股东与公司之间、公司的管理机构与公司之间的法律关系。从效力的期间来看,发起人协议调整的是公司设立过程中的法律关系和法律行为,而公司章程的效力则及于公司成立后的公司整个存续过程,其间非经法定程序对公司章程进行的修订或变更无效。

发起人订立协议除了约定设立过程中有关当事人的权利义务、规定各发起人的设立行为及公司设立中的违约责任和争议解决方式外,往往也对拟设立的公司的性质、公司的经营范围和权力组织结构等事项作出总体的设计。因而发起人协议和公司章程具有一致的方面,同时又具有各自的特性。对于相同的事项,如果设立协议与公司章程有不同的规定,说明公司发起人对发起人协议进行了变更,这时应当以公司章程载明的事项为准。这是针对一般情况而言。但是,如果公司章程对有关事项(如发起人的出资额、出资比例等)的变更未通过发起人的一致同意或者是某一发起人通过欺诈方式对非货币出资进行虚假评估,并任意改变各发起人的出资或股份认购比例,对此,只要其他发起人能够通过证据加以证明,那么公司章程对发起人协议所作的变更就是无效的,应当以发起人协议所作的约定为准。

61. 什么是营利法人的权力机构？其具有哪些职权？

《民法总则》第 80 条第 1 款规定,营利法人应当设权力机构。营利法人的权力机构,是指由营利法人的全部股东组成的股东会或股东大会作为营利法人的最高意思决定机关,行使营利法人的最高决策权。营利法人的权力机关是依法设立的作为营利法人的非常设权力机构,其行使职权和进行决策的方式主要是通过召开股东会或股东大会会议及其临时会议进行的。因此,营利法人的章程中应当依法载明股东会或股东大会的议事规则。具体而言,股东会是作为营利法人的有限责任公司必设的非常设权力机构,由全体股东组成。股东大会是作为营利法人的股份有限公司必设的非常设权力机构,由全体股东组成。股份有限公司以发起方式设立的,股东大会的股东由全体发起人构成;以募集方式设立的,股东大会的股东由发起人和购买公司股份的认购人构成。

营利法人的权力机构应当具有相应的决策权和法人章程规定的其他职权。对此,《民法总则》第80条第2款作了概括性规定,即权力机构行使修改法人章程,选举或者更换执行机构、监督机构成员,以及法人章程规定的其他职权。《公司法》第37条第1款规定,股东会行使下列职权:决定公司的经营方针和投资计划;选举和更换非由职工代表担任的董事、监事,决定有关董事、监事的报酬事项;审议批准董事会的报告;审议批准监事会或者监事的报告;审议批准公司的年度财务预算方案、决算方案;审议批准公司的利润分配方案和弥补亏损方案;对公司增加或者减少注册资本作出决议;对发行公司债券作出决议;对公司合并、分立、解散、清算或者变更公司形式作出决议;修改公司章程;公司章程规定的其他职权。《公司法》第99条规定,本法第37条第1款关于有限责任公司股东会职权的规定,适用于股份有限公司股东大会。

⌂ 示例说明

天明公司是经公司改制而于2015年5月10日成立的,2015年5月20日召开有25名股东作为发起人参加的股东大会,通过了公司章程,公司章程载明:对公司增加或减少注册资本由股东大会作出决议;选举孙某等5名董事,孙某被选举为董事长兼任总经理;选举了监事会,并决定将吸收股东投资的截止时间由2015年5月20日延长至同年5月31日。同年7月,原告姬某和邓某提出入股要求,作为天明公司法定代表人的孙某签署了同意书,以天明公司的名义于7月15日收取了姬某和邓某120万元的入股款,并由天明公司财务部出具了发票,向原告签发了股权证,股权证上面加盖了公司法定代表人孙某的个人名章和天明公司的单位公章,天明公司还于当月28日发布公告,决定增补原告2人为公司董事。自此,原告2人每月领取董事职务补贴,并于当年年底分得股份红利。2016年3月20日,天明公司召开了股东年会,作出不予承认原告2人董事资格和股东资格的决定,并在报纸上公告。对此,姬某和邓某认为天明公司侵犯了其股东资格和董事地位,遂向法院起诉,请求法院确认其股东和董事资格,补发停发的董事补贴,赔偿精神损失。

根据《公司法》的规定，有限责任公司的股东会或董事会等权力机构和执行机构应当依据《公司法》与公司章程的规定行使职权。根据《公司法》的规定，股东会作为有限责任公司的权力机关，有权决定公司的经营方针和投资计划，有权对公司增加或者减少注册资本作出决议。而董事会作为公司的执行机构，虽然有权制定公司增加或减少注册资本，但是其职权的行使不得违背《公司法》和公司章程的有关规定。2015 年 7 月，原告姬某和邓某提出入股要求，作为天明公司法定代表人的孙某签署了同意书，并以天明公司的名义于 7 月 15 日收取了姬某和邓某 120 万元的入股款。该入股款是在股东购买原始股份截止时间（5 月 31 日）之后，由原告 2 人出资的，因此，该款不属于原始股金。根据《公司法》的规定，增加注册资本应当根据公司章程规定的议事程序进行决议。《公司法》第 43 条规定，股东会的议事方式和表决程序，除本法有规定的外，由公司章程规定。股东会会议作出修改公司章程、增加或者减少注册资本的决议，以及公司合并、分立、解散或者变更公司形式的决议，必须经代表三分之二以上表决权的股东通过。由此可见，本案中，原告 2 人要获得天明公司的股东资格，必须经股东表决，并必须经代表三分之二以上表决权的股东同意方可，否则，即使董事长同意也不能取得股东资格。《公司法》第 22 条第 1 款规定，公司股东会或者股东大会、董事会的决议内容违反法律、行政法规的无效。本案原告 2 人交付的入股款因不符合《公司法》及天明公司的公司章程的增资程序和未依法进行公司变更注册资本登记，因此，二原告未取得天明公司的股东资格，被告天明公司于 2015 年 7 月 28 日增补原告 2 人为公司董事的决定无效。

62. 什么是营利法人的执行机构？其具有哪些职权？

营利法人的执行机构，是营利法人依法设立的对其权力机构所作决策事项负责贯彻执行的机构。具体来说，设董事会的有限责任公司，董事会是由股东会选举产生的董事组成的、为公司常设的业务执行和经营决策机构。有限责任公司设董事会，其成员为 3—13 人。董事会设董事长 1 人。但是，股东人数较少或者规模较小的有限责任公司，可以设 1 名执行董事，不设董事会。董事会或者执行董事在公司业务执行中，应当按照公司章程规定的议事方式和表决程序即议事规则进行。股份有限公司设董事会，其成员为 5—19 人。根据《公司法》第 13 条规定，公司法定代表人依照公司章程的规定,由董事长、执行董事或者经理担任。其中,经理是由董事会决定聘任的主持公司的具体日常经营管理工作的执行人,其负责落实董事会的公司经营和业务决策。对此,《民法总则》第81条第3款也明确规定,执行机构为董事会或者执行董事的,董事长、执行董事或者经理按照法人章程的规定担任法定代表人;未设董事会或者执行董事的,法人章程规定的主要负责人为其执行机构和法定代表人。

执行机构是营利法人的决策执行机构,是由权力机构选举产生的,对营利法人的权力机构负责。因此,《民法总则》第81条第2款规定,执行机构行使召集权力机构会议,决定法人的经营计划和投资方案,决定法人内部管理机构的设置,以及法人章程规定的其他职权。作为营利法人的有限责任公司和股份有限公司,其执行机构即董事会、执行董事具体依照《公司法》的有关规定行使职权。根据《公司法》的规定,董事会行使下列职权:召集股东会会议,并向股东会报告工作;执行股东会的决议;决定公司的经营计划和投资方案;制订公司的年度财务预算方案、决算方案;制订公司的利润分配方案和弥补亏损方案;制订公司增加或者减少注册资本以及发行公司债券的方案;制订公司合并、分立、变更公司形式、解散的方案;决定公司内部管理机构的设置;决定聘任或者解聘公司经理及其报酬事项,并根据经理的提名决定聘任或者解聘公司副经理、财务负责人及其报酬事项;制定公司的基本管理制度;公司章程规定的其他职权。根据《公司法》第108条第4款规定,本法第46条关于有限责任公司董事会职权的规定,适用于股份有限公司董事会。

⬩ 示例说明

赵某某、钱某某、孙某某和李某某共同出资设立某某市创力技术开发有限责任公司(以下简称创力公司),分别占有股份份额如下:赵某某占30%、钱某某占25%、孙某某占20%、李某某占25%。4人都为公司董事会成员,董事会选举赵某某为董事长,为公司的法定代表人。聘任孙某某担任公司总经理。公司章程中规定:董事会行使聘任或者解聘公司经理等权力;董事会须经三分之二以上的董事出席有效;董事会对所议事项作出决定须经参加会议三分之二以上的董事表决通过有效。在创力公司经营过程中,公司总经理孙某某在经董事长赵某某的同意后,在某证券公司开立账户进行1000万元的股票买卖,损失惨重。为此,在赵某某的召集下召开董事会会议,会议经赵某某、钱某某和李某某表决一致通过了"鉴于总经理孙某某不经董事会同意擅自动用公司资金在二级市场上炒股,造成巨大损失,现免去其总经理职务,即日生效"。

孙某某以上述决议依据的事实错误,在召集程序、表决方式和决议内容等方面违背《公司法》的规定,提起诉讼,请求法院撤销上述董事会决议。根据《公司法》的规定,董事会作为公司的执行机构,有权按照公司章程规定的程序决定聘任或者解聘公司经理,创力公司董事会作出决定解除孙某某公司总经理职务是其自主行使法定职权的行为,其依法行使职权不受任何组织和任何人的干涉,孙某某主张的作出以上决议依据的事实错误本身并不在司法审查的范围之内,因此,孙某某请求法院撤销创力公司董事会决定的理由不能成立。本案中,创力公司的董事会按照公司章程的规定,解除孙某某公司总经理的职务,符合法定程序,且其决议内容并不违反法律、行政法规的规定,合法有效,因此,孙某某的诉讼请求不会得到法院的支持。

---

63. 什么是营利法人的监督机构?其具有哪些职权?

营利法人的监督机构,是营利法人依法设立的行使检查法人财务,履行监督执行机构成员、高级管理人员执行法人职务行为等监督职能的机构。具体来说,营利法人的监督机构为监事会。监事会为股份有限公司和经营规模较大的有限责任公司的常设监督机构,对股东大会或股东会负责。

根据《公司法》第51条规定,有限责任公司设监事会,其成员不得少于3人。股东人数较少或者规模较小的有限责任公司,可以设1—2名监事,不设监事会。监事会应当包括股东代表和适当比例的公司职工代表,其中职工代表的比例不得低于三分之一,具体比例由公司章程规定。监事会中的职工代表由公司职工通过职工代表大会、职工大会或者其他形式民主选举产生。监事会设主席1人,由全体监事过半数选举产生。根据《公司法》第117条规定,股份有限公司设监事会,其成员不得少于3人。监事会应当包括股东代表和适当比例的公司职工代表,其中职工代表的比例不得低于三分之一,具体比例由公司章程规定。监事会中的职工代表由公司职工通过职工代表大会、职工大会或者其他形式民主选举产生。监事会设主席1人,可以设副主席。监事会主席和副主席由全体监事过半数选举产生。监事会主席召集和主持监事会会议;监事会主席不能履行职务或者不履行职务的,由监事会副主席召集和主持监事会会议;监事会副主席不能履行职务或者不履行职务的,由半数以上监事共同推举一名监事召集和主持监事会会议。董事、高级管理人员不得兼任监事。

根据《民法总则》第 82 条规定,营利法人设监事会或者监事等监督机构的,监督机构依法行使检查法人财务,监督执行机构成员、高级管理人员执行法人职务的行为,以及法人章程规定的其他职权。《公司法》第 53 条规定,监事会、不设监事会的公司的监事行使下列职权:(1)检查公司财务;(2)对董事、高级管理人员执行公司职务的行为进行监督,对违反法律、行政法规、公司章程或者股东会决议的董事、高级管理人员提出罢免的建议;(3)当董事、高级管理人员的行为损害公司的利益时,要求董事、高级管理人员予以纠正;(4)提议召开临时股东会会议,在董事会不履行本法规定的召集和主持股东会会议职责时召集和主持股东会会议;(5)向股东会会议提出提案;(6)依照本法第 151 条的规定,对董事、高级管理人员提起诉讼;(7)公司章程规定的其他职权。《公司法》第 54 条规定,监事可以列席董事会会议,并对董事会决议事项提出质询或者建议。监事会、不设监事会的公司的监事发现公司经营情况异常,可以进行调查;必要时,可以聘请会计师事务所等协助其工作,费用由公司承担。《公司法》第 118 条规定,本法第 53 条、第 54 条关于有限责任公司监事会职权的规定,适用于股份有限公司监事会。监事会行使职权主要是通过召开定期会议或临时会议来进行的,因此,在公司章程中应当将召开定期会议的时间、召开临时会议的情形及议事方式和表决程序等议事规则作出明确规定。

✿ 示例说明

周某某与王某某共同投资登记设立某某市新锐印刷有限责任公司(以下简称新锐公司),周某某出资 30 万元,占 60% 的公司股份;王某某出资 20 万元,占 40% 的公司股份。周某某任公司的执行董事,为法定代表人。王某某任公司监事。根据新锐公司向工商管理部门提供的经营情况表明,自公司成立以来新锐公司头 3 年都处于盈利状态,并每年以平均 30% 的幅度递增。但是,第 4 年却出现严重亏损。此时,作为新锐公司监事的王某某若认为公司经营异常,可以依法行使监督权。根据《公司法》第 54 条规定,王某某作为监事可以对新锐公司经营状况和财务状况进行调查,必要时,可以聘请会计师事务所等协助其工作,费用由新锐公司承担。对此,作为新锐公司执行董事的周某某无正当理由,不得拒绝。

----

64. 营利法人的出资人滥用出资人权利的,是否应承担民事责任?营利法人的出资人滥用法人独立地位和出资人的有限责任损害法人的债权人利益,应承担什么责任?

营利法人的出资人在公司成立后为公司的当然股东,依法享有资产收益、参与重大决策和选择管理者等权利。具体来说,营利法人的出资人享有以下权利:(1)公司章程制订权。(2)股东资格权,这主要包括参加股东大会、股东会会议和依法行使表决权,有权提议召开股东会临时会议,有权选举和被选举为董事、执行董事和监事的权利等。(3)查阅权和财务知情权。股东有权查阅、复制公司章程、股东会会议记录、董事会会议决议、监事会会议决议和财务会计报告。公司拒绝提供查阅的,股东可以请求人民法院要求公司提供查阅。(4)分红权和新增资本优先认缴出资权。(5)股权转让权。除公司章程对股权转让另有规定外,股东依法享有股权转让权。(6)优先购买权。除公司章程对股权转让另有规定外,股东依法享有股东自愿转让股权时的优先购买权。(7)依法请求股权收购权。(8)提起诉讼权。根据《公司法》第 22 条的规定,股东或股东大会、董事会的会议召集程序、表决方式违反法律、行政法规或者公司章程,或者决议内容违反公司章程的,股东可以依法提起诉讼,请求人民法院撤销。营利法人的出资人依法行使出资人和股东的权利受法律保护,但是,其不能以获得超出法律允许的利益以及损害法人和其他股东的利益为目的,滥用出资人权利。如出资人利用制订法人章程的权利,追求过分利益;利用查阅权和财务知情权泄露属于公司不宜对外公开的商业秘密和经营信息;在其他股东转让公司股权时,既不行使优先购买权,又不允许公司股东以外的人购买;在不具备提起诉讼的条件下,滥用诉权以影响公司经营或者以此危害公司声誉;等等。《民法总则》第 83 条明确规定,营利法人的出资人不得滥用出资人权利损害法人或者其他出资人的利益。滥用出资人权利给法人或者其他出资人造成损失的,应当依法承担民事责任。可见,法人的出资人具有滥用出资人权利的行为,且该行为给法人或者其他出资人造成损失的,应当依法承担包括赔偿损失、停止侵害等民事责任。

营利法人即公司和其他企业法人作为具有独立法人资格的民事主体,具有独立于其股东的民事权利能力和民事行为能力,公司的财产与其股东的财产相分离。就公司法人而言,公司以自己的独立财产对法人的债务承担责任;而股东作为独立的民事主体,对公司的债权人不承担履行公司债务的责任,股东仅以其出资为限对公司承担有限责任。但股东享有有限责任的前提有二:一是股东将他所出资的财产的所有权交与公司以获得股东权,从而实现股东个人财产与公司法人财产的分离;二是股东作为与公司法人不同的民事主体,不得非法干预公司法人的经营管理权,从而有效实现股东与公司法人意志的独立。只有真正实现了公司法人与股东个人之间的财产与意志的分离与独立,公司法人人格才是健全的,股东有限责任原则的存在才有其基础。某些营利法人的出资人正是看中法人独立承担民事责任和出资人以其出资为限对公司承担有限责任,即出资人对公司债务不承担责任这一特点,便使用各种手段否定法人独立人格,隐藏在公司面纱之后企图使营利法人工具化。但是,当股东利用其独特的地位或对公司的影响,使得公司法人与股东个人的财产独立或意志独立不能实现时,股东只承担出资责任而不对公司债权人承担责任的前提条件也同样不复存在。对此,《民法总则》第83条第2款明确规定,营利法人的出资人不得滥用法人独立地位和出资人有限责任损害法人的债权人利益。滥用法人独立地位和出资人有限责任,逃避债务,严重损害法人的债权人利益的,应当对法人债务承担连带责任。可见,当投资者设立数个公司,且各个公司在表面上彼此独立,但实际上它们在财产利益、盈余分配等方面却形成一体,且各个公司的经营决策等权力均由该出资者所掌握时,就会发生法人人格混同。因此,在此种特定情况下,营利法人的出资人滥用法人独立地位和出资人有限责任,逃避债务,并严重损害法人的债权人利益的,应当对法人的债务承担连带责任。

☞ 示例说明

川交机械公司成立于1999年,股东为四川省公路桥梁工程总公司二公司、王永礼、倪刚、杨洪刚等。2001年,股东变更为王永礼、李智、倪刚。2008年,股东再次变更为王永礼、倪刚。瑞路公司成立于2004年,股东为王永礼、李智、倪刚。2007 年,股东变更为王永礼、倪刚。川交工贸公司成立于 2005 年,股东为吴帆、张家蓉、凌欣、过胜利、汤维明、武竟、郭印,何万庆 2007 年入股。2008 年,股东变更为张家蓉(占 90% 股份)、吴帆(占 10% 股份),其中张家蓉系王永礼之妻。在公司人员方面,三个公司经理均为王永礼,财务负责人均为凌欣,出纳会计均为卢鑫,工商手续经办人均为张梦;三个公司的管理人员存在交叉任职的情形,如过胜利兼任川交工贸公司副总经理和川交机械公司销售部经理的职务,且免去过胜利川交工贸公司副总经理职务的决定系由川交机械公司作出;吴帆既是川交工贸公司的法定代表人,又是川交机械公司的综合部行政经理。在公司业务方面,三个公司在工商行政管理部门登记的经营范围均涉及工程机械且部分重合,其中川交工贸公司的经营范围被川交机械公司的经营范围完全覆盖;川交机械公司系徐工机械公司在四川地区(攀枝花除外)的唯一经销商,但三个公司均从事相关业务,且相互之间存在共用统一格式的《销售部业务手册》《二级经销协议》、结算账户的情形。在与徐工机械公司均签订合同、均有业务往来的情况下,三个公司于 2005 年 8 月共同向徐工机械公司出具《说明》,称因川交机械公司业务扩张而注册了另两个公司,要求所有债权债务、销售量均计算在川交工贸公司名下,并表示今后尽量以川交工贸公司名义进行业务往来;2006 年 12 月,川交工贸公司、瑞路公司共同向徐工机械公司出具《申请》,以统一核算为由要求将 2006 年度的业绩、账务均计算至川交工贸公司名下。

　　原告徐工集团工程机械股份有限公司(简称徐工机械公司)诉称:成都川交工贸有限责任公司(简称川交工贸公司)拖欠其货款未付,而成都川交工程机械有限责任公司(简称川交机械公司)、四川瑞路建设工程有限公司(简称瑞路公司)与川交工贸公司人格混同,三个公司实际控制人王永礼以及川交工贸公司股东等人的个人资产与公司资产混同,均应承担连带清偿责任。请求判令:川交工贸公司支付所欠货款 10916405.71 元及利息;川交机械公司、瑞路公司及王永礼等个人对上述债务承担连带清偿责任。

　　本案中,川交工贸公司与川交机械公司、瑞路公司人格混同。一是三个公司人员混同。三个公司的经理、财务负责人、出纳会计、工商手续经办人均相同,其他管理人员亦存在交叉任职的情形,川交工贸公司的人事任免存在由川交机械公司决定的情形。二是三个公司业务混同。三个公司实际经营中均涉及工程机械相关业务,经销过程中存在共用销售手册、经销协议的情形;对外进行宣传时信息混同。三是三个公司财务混同。三个公司使用共同账户,以王永礼的签字作为具体用款依据,对其中的资金及支配无法证明已作区分;三个公司与徐工机械公司之间的债权债务、业绩、账务及返利均计算在川交工贸公司名下。因此,三个公司之间表征人格的因素(人员、业务、财务等)高度混同,导致各自财产无法区分,已丧失独立人格,构成人格混同。

川交机械公司、瑞路公司应当对川交工贸公司的债务承担连带清偿责任。公司人格独立是其作为法人独立承担责任的前提。公司的独立财产是公司独立承担责任的物质保证,公司的独立人格也突出地表现在财产的独立上。当关联公司的财产无法区分,丧失独立人格时,就丧失了独立承担责任的基础。《公司法》第20条第3款规定:"公司股东滥用公司法人独立地位和股东有限责任,逃避债务,严重损害公司债权人利益的,应当对公司债务承担连带责任。"本案中,三个公司虽在工商登记部门登记为彼此独立的企业法人,但实际上相互之间界线模糊、人格混同,其中川交工贸公司承担所有关联公司的债务却无力清偿,又使其他关联公司逃避巨额债务,严重损害了债权人的利益。川交机械公司、瑞路公司对川交工贸公司的债务应当承担连带清偿责任。

----

65. 营利法人的控股出资人、实际控制人、高级管理人利用其关联关系损害公司利益,应承担什么责任?

关联关系,是指法人的控股出资人、实际控制人、董事、监事、高级管理人员与其直接或者间接控制的法人之间的关系,以及可能导致法人利益转移的其他关系。但是,国家控股的企业之间不仅因为同受国家控股而具有关联关系。可见,关联关系可分为直接关联关系、间接关联关系和其他关联关系。营利法人的控股出资人、实际控制人、董事、监事、高级管理人员与其直接控制的法人之间的关系就是直接关联关系。营利法人的控股出资人、实际控制人、董事、监事、高级管理人员与其间接控制的法人之间的关系就是间接关联关系。在现实经济生活中,具有独立法人资格的公司,它们通过对其他公司的多数参股或通过相互参股以及通过订立公司联合合同等形式形成关联企业。在集团公司中,作为具有独立法人资格的各个成员公司即子公司之间也构成关联企业。营利法人的控股出资人、实际控制人、董事等高级管理人员与其法人的关联企业之间的关系,就属于间接关联关系。其他关联关系是指可能导致法人利益转移的其他关系。

根据《公司法》的规定,控股出资人,是指其出资额占有限责任公司资本总额50%以上或者其持有的股份占股份有限公司股本总额50%以上的股东;出资额或者持有股份的比例虽然不足50%,但依其出资额或者持有的股份所享有的表决权已足以对股东会、股东大会的决议产生重大影响的股东。实际控制人,是指虽不是公司的股东,但通过投资关系、协议或者其他安排,能够实际支配公司行为的人。高级管理人员,是指公司的经理、副经理、财务负责人,上市公司董事会秘书和公司章程规定的其他人员。在现实经济生活中,正常的关联关系和关联交易并不为法律所禁止,法律禁止的是利用关联关系损害法人利益的行为。对此,《民法总则》第84条规定,营利法人的控股出资人、实际控制人、董事、监事、高级管理人员不得利用其关联关系损害法人的利益。利用关联关系给法人造成损失的,应当承担赔偿责任。可见,营利法人的控股出资人、实际控制人、董事、监事、高级管理人员具有利用其关联关系损害法人利益的行为,且该行为给其营利法人造成了实际损害的,应当对受到损害的营利法人承担赔偿责任。

▷ 示例说明

上海安连信息技术有限公司(以下简称安连公司)于1999年9月4日创建并登记了某域名,并在2001年2月27日取得电信与信息服务业务经营许可证,获得经营该域名网站的经营许可证,此后又相继获得了与上述网站经营相关的六项注册商标。安连公司章程中约定"对公司资产的处置应由董事会决议"。上海安聚投资管理有限公司(以下简称安聚公司)是安连公司的控股股东,持股比例为50%。魏某某系安聚公司法人代表及股东,于2007年12月15日被委派担任安连公司董事,并于同日经安连公司董事会任命为安连公司董事长即法定代表人。2009年7月17日,安连公司与安聚公司签署备忘录,载明:安连公司将其持有的上述六项商标转让给安聚公司,用以充抵安连公司对安聚公司相应金额的欠款。同日签署注册商标转让合同,约定转让价格为零元。2009年10月30日,安连公司所有的网站域名被申请变更至安聚公司名下。2010年4月12日,安连公司以"已被安聚公司收购,下属网站已隶属于安聚公司"为由,申请注销增值电信业务许可证,魏某某在法定代表人处签字。此后,安聚公司取得相应的增值电信业务许可证。2010年8月8日,安连公司股东张某(持股比例45%)以上述商标及域名转让均未经公司股东会及董事会同意且损害公司利益为由,请求公司监事依法提起诉讼。

本案例中,安聚公司作为安连公司的控股股东,且通过委派至安连公司担任董事长的魏某某能够直接控制安连公司,未按公司章程规定经董事会决议,由魏某某以法定代表人身份,代表安连公司进行交易,受让安连公司域名及商标,并约定交易价格为零元,致使安连公司丧失无形资产所有权及收益权。因此,该转让行为系损害安连公司利益的关联交易行为,应当认定无效。据此系争域名和商标为安连公司所有,同时魏某某、安聚公司应当向安连公司赔偿实际损失及可得利益损失。

---

66. 营利法人的出资人对法人的权力机构、执行机构所作的决议,在什么情形下享有撤销请求权? 该决议撤销的,营利法人依据该决议与善意相对人形成的民事法律关系是否受影响?

营利法人的权力机构依法拥有决策权,执行机构拥有决定权和执行权。但法人的权力机构与执行机构作出决定应当符合法律、行政法规的规定或者根据合法有效的法人章程所规定的程序作出,其决议内容也不得违反公司章程的规定。《民法总则》第85条规定,营利法人的权力机构、执行机构作出决议的会议召集程序、表决方式违反法律、行政法规、法人章程,或者决议内容违反法人章程的,营利法人的出资人可以请求人民法院撤销该决议,但是营利法人依据该决议与善意相对人形成的民事法律关系不受影响。

营利法人的权力机构作出决议的会议召集程序、表决方式应当符合法律、行政法规、法人章程的规定。有限责任公司的股东会作出决定应当符合《公司法》的规定,首次股东会会议由出资最多的股东召集和主持,依照本法规定行使职权。有限责任公司不设董事会的,股东会会议由执行董事召集和主持。董事会或者执行董事不能履行或者不履行召集股东会会议职责的,由监事会或者不设监事会的公司的监事召集和主持;监事会或者监事不召集和主持的,代表十分之一以上表决权的股东可以自行召集和主持。召开股东会会议,应当于会议召开15日前通知全体股东;但是,公司章程另有规定或者全体股东另有约定的除外。股东会应当对所议事项的决定形成会议记录,出席会议的股东应当在会议记录上签名。股东会的议事方式和表决程序,除本法有规定的外,由公司章程规定。股东会会议由股东按照出资比例行使表决权;但是,公司章程另有规定的除外。股东会会议作出修改公司章程、增加或者减少注册资本的决议,以及公司合并、分立、解散或者变更公司形式的决议,必须经代表三分之二以上表决权的股东通过。

营利法人的执行机构作出决议的会议召集程序、表决方式应当符合法律、行政法规、法人章程的规定。董事会会议由董事长召集和主持;董事长不能履行职务或者不履行职务的,由副董事长召集和主持;副董事长不能履行职务或者不履行职务的,由半数以上董事共同推举一名董事召集和主持。董事会的议事方式和表决程序,除本法有规定的外,由公司章程规定。董事会应当对所议事项的决定作成会议记录,出席会议的董事应当在会议记录上签名。董事会决议的表决,实行一人一票。

根据《民法总则》第85条规定,营利法人的权力机构、执行机构作出决议的会议召集程序、表决方式违反法律、行政法规、法人章程,或者决议内容违反法人章程的,营利法人的出资人可以请求人民法院撤销该决议。对此,《公司法》第22条明确规定,公司股东会或者股东大会、董事会的决议内容违反法律、行政法规的无效。股东会或者股东大会、董事会的会议召集程序、表决方式违反法律、行政法规或者公司章程,或者决议内容违反公司章程的,股东可以自决议作出之日起60日内,请求人民法院撤销。

营利法人任何的出资人行使撤销请求权,提起诉讼请求人民法院撤销有关违法、违章决议的,该决议自被人民法院依法撤销之日起失去效力,并溯及既往,自始无效。但是,根据《民法总则》第85条规定,营利法人的权力机构、执行机构作出决议的会议召集程序、表决方式违反法律、行政法规、法人章程或者决议内容违反法人章程的,营利法人依据该决议与善意相对人形成的民事法律关系不受影响。也就是说,营利法人的相对人对撤销的决议的程序违法性和决议内容违反法人章程的情形在主观上不具有明知且无过失的,营利法人对其依据该决议与善意相对人形成的民事法律关系不得主张撤销或者无效。

❧ **示例说明**

赵某某、钱某某、孙某某和李某某共同出资设立某某市创力技术开发有限责任公司(以下简称创力公司),分别占有股份份额如下:赵某某占30%、钱某某占25%、孙某某占20%、李某某占25%。4人都为公司董事会成员,董事会选举赵某某为董事长,为公司的法定代表人。聘任孙某某担任公司总经理。公司章程中规定:董事会须经三分之二以上的董事出席有效;执行董事会或公司总经理无权决定公司对外提供担保和采购价值100万元以上的设备。在钱某某和李某某出国考察期间,赵某某和孙某某收到了乙设备公司的精密设备推销单,赵某某和孙某某认为其中的一套设备对公司的技术开发极有帮助,能极大地提高技术开发效率。为了完成目前公司的开发项目,赵某某召集孙某某召开董事会,并作出向乙设备公司订购了价值146万元的开发设备决议。不久,钱某某和李某某出国归来,当得知上述董事会决议和购买设备的情况后,以赵某某、孙某某违反公司章程规定的议事规则即"董事会须经三分之二以上的董事出席有效",决议内容违反公司章程规定的"执行董事会或公司总经理无权决定公司采购价值100万元以上的设备"的限制性规定,请求人民法院撤销赵某某和孙某某所作的购买乙公司价值146万元技术开发设备的决议内容。该决议经人民法院依法撤销后,创力公司无权对善意相对人乙公司主张双方订立的146万元精密设备买卖合同无效。除非创力公司能够举证证明乙公司对赵某某和孙某某召开董事会程序的违法性和决议内容违反公司章程的规定,在主观上明知且有过失,否则,乙公司为善意相对人,创力公司无权主张双方订立的精密设备合同无效。

---

67. 营利法人从事经营活动、承担社会责任的基本要求是什么?

《民法总则》第86条明确规定,营利法人从事经营活动,应当遵守商业道德,维护交易安全,接受政府和社会的监督,承担社会责任。营利法人承担的社会责任主要包括提供优质产品和服务,维护消费者的合法权益、依法纳税、禁止从事不正当竞争以及阻碍社会发展与进步的商业垄断。营利法人从事经营活动,承担起应有的社会责任,就应当遵循以下基本要求。

(1)营利法人从事经营活动,应当遵守商业道德。道德是以善恶评价为形式,以社会舆论、传统习俗和内心信念作为调节手段的行为规范。商业道德,则是对商业行为的是非、对错、善恶、是否公平合理等作出价值判断的行为规范,它不像法律那样具有国家强制执行力,而是靠人们的内心信念来推动实现的。它是法律的有益补充。在现阶段我国社会由传统的计划经济向市场经济全面转型时期,大力推动和践行符合社会主义市场经济要求的商业道德,对建立良好有序的社会主义市场经济秩序与和谐的社会关系及增进全社会的经济福祉具有极其重要的意义。现阶段在鼓励人们发扬开拓进取、勇于冒险、敢于担当等商业意识的同时,应当特别强调在全社会发扬诚实守信、公平交易的商业道德,以提高全社会的商业道德水准。

(2)营利法人从事经营活动,应当维护交易安全。营利法人从事经营活动,其最根本的特征在于意思自治,强调合同自由。但是,无限制的自由必然会带来一定的危害后果,甚至导致市场的无序状态。为此,营利法人必须依法经营,注意防范交易风险,维护交易安全。营利法人面临的交易风险千姿百态、各式各样,但从合同风险来看,主要包括缔约过失风险、主体资格风险、意思瑕疵风险和合同效力风险、履约风险和违约责任风险。为了保证交易安全,营利法人应当建立全面的风险防控机制,构筑起依法运营的法律防火墙。

(3)营利法人从事经营活动,应当接受政府和社会的监督。获取利润并将其分配给股东等出资人是营利法人的运营目的,是其成立和运营的基本理由,也是其存在、发展和承担法律责任与社会责任的物质基础和基本保障。但是,不能据此认为,营利法人的经营可以不择手段、唯利是图,可以不顾商业道德,可以不受约束和社会监督。营利法人不仅是创造和实现私人财富不断增长的工具,而且也是创造和实现社会财富不断增长的工具。因此,营利法人应当在获取利润、承担法人责任、创造私人财富与承担社会责任、创造社会财富之间保持适当的平衡,其从事经营活动应当符合基本的社会正义要求。为此,营利法人从事经营活动,除了其商业秘密外,应当公开其商品的价格、产地、生产者、用途、性能、规格、等级、主要成分、生产日期、有效期限、检验合格证明、使用方法说明书、售后服务,或者服务的内容、规格、费用等有关情况,满足消费者的知情权,自觉接受政府和社会公众的监督。

❧ **示例说明**

2012 年 12 月 1 日,陈某在远东百货公司购买了生产日期为 2012 年 9 月

26 日的汇某堂枇杷蜂蜜、生产日期为 2012 年 10 月 11 日的汇某堂洋槐蜂蜜和生产日期为 2012 年 7 月 9 日的伟多利枣花蜂蜜、生产日期为 2012 年 7 月 10 日的伟多利枸杞蜂蜜、生产日期为 2012 年 7 月 20 日的伟多利洋槐蜂蜜共计 21 瓶,价款共计 873.3 元,该批产品外包装标签上标注了"质量等级为一级品",食品安全标准符合 GB14963 要求,但卫生部发布的《食品安全国家标准蜂蜜》(GB14963—2011)中无一级品等级,该标准于 2011 年 10 月 20 日实施。陈某向重庆市江北区人民法院起诉,请求退货,远东百货公司退还全部货款,增加赔偿一倍货款。

一审法院经审理认为,远东百货公司销售的标签标注了"产品质量为一级品"的蜂蜜,其食品安全执行标准为卫生部发布的《食品安全国家标准蜂蜜》(GB14963—2011),但其中无一级品等级,诉争商品应属标识不合格产品。远东百货公司作为商品的销售者,应当有验明在其商场销售的商品标注的"产品质量为一级品"是否符合食品安全标准的义务。由于其未尽严格的审查义务,销售了标注内容虚假的商品,误导消费者作出不真实的意思表示,其行为已构成欺诈。经营者提供商品或者服务有欺诈行为的,应当按照消费者的要求增加赔偿消费者受到的损失,增加赔偿的金额为消费者购买商品的价款的一倍。故对陈某要求退货及赔偿其购买商品的价款一倍的金额的诉讼请求予以支持。一审法院判决远东百货公司退还陈某货款 873.3 元、赔偿 873.3 元,共计 1746.6 元。远东百货公司不服一审判决,提起上诉,二审法院判决维持原判。

第三节　非营利法人

68. 什么是非营利法人？其具有什么特征？包括哪几类？

根据《民法总则》第 87 条第 1 款规定,非营利法人是指为公益目的或者其他非营利目的成立,不向出资人、设立人或者会员分配所取得利润的法人。非营利法人与营利法人是一组相对的概念,其除了具有法人的一般法律特征即具有独立人格和以自己的名义进行民事活动、享有法人财产权、以其全部财产独立承担民事责任之外,其根本特征是具有非营利性,即其设立是为了公益或者其他非营利目的,即设立目的不是取得利润并将利润分配给其出资人、设立人或者会员。这是非营利法人与营利法人的本质区别。

营利法人设立和从事经营活动的初始财产,来源于出资人的出资,出资人因此取得股东权,包括参加股东大会、参与营利法人的决策权、选举和被选举为董事、监事的权利,参加法人盈余分配即分红的权利等。非营利法人的设立与运营的初始财产,来源于社会捐赠、国家财政拨款或者成员的出资,其成员也享有法人的决策权和管理权,但是,其无权像股东那样参加法人的盈利分配,尽管有的非营利法人在从事民事活动中会获得利润,但是其非营利性决定了其成员无权获得非营利法人的利润分配。这是非营利法人区别于营利法人最本质的特征。

根据《民法总则》第 87 条第 2 款规定,非营利法人包括事业单位、社会团体、基金会、社会服务机构等。

◈ 示例说明

2003 年 9 月 24 日,毛集社会发展综合实验区第二人民医院(甲方)与泰艺装饰公司(乙方)签订一份《建筑装饰工程施工合同》,双方约定:工程名称为第二医院门诊楼,承包范围为室内外装修,承包方式为包工包料。上述工程竣工交付使用后,第二人民医院陆续支付了部分工程款,截至 2008 年 6 月 14 日,经双方对账,第二人民医院尚欠泰艺装饰公司工程款 744664 元。2009 年 5 月 13 日经江某催要,朱某书为江某出具一份 15 万元的利息欠条,并在条据中注明为 2003 年 12 月 31 日至 2008 年 6 月 29 日的利息。2011 年 3 月 10 日,朱某书与陈某里签订一份协议书,将毛集社会发展综合实验区第二人民医院的全部资产转让给陈某里、朱某宝、朱某民、杨某玉等人。毛集社会发展综合实验区第二人民医院系由朱某书个人于 2004 年 1 月 11 日在毛集社会发展综合实验区民政局登记设立的民办非企业单位。2011 年 3 月 16 日,经当地民政局批准,毛集社会发展综合实验区第二人民医院将名称变更为毛集实验区第二人民医院,法人代表调整为陈某里,现毛集社会发展综合实验区第二人民医院再次更名为毛集第二医院。

一审法院认为,原毛集社会发展综合实验区第二人民医院系朱某书个人出资申请登记的民办非企业单位,其承担民事责任的主体是朱某书个人,原告故对被告泰艺装饰公司要求毛集第二医院立即支付工程欠款 744664 元及利息损失 485098.80 元的诉讼请求不予支持,对毛集第二医院主张由朱某书承担支付责任的答辩意见予以采纳。判决:第三人朱某书于本判决生效后 30 日内向原告支付所欠工程款 744664 元,利息 150000 元,合计 894664 元。原告、被告和第三人朱某书皆不服一审判决,提起上诉。

二审法院认为,根据本案查明事实,毛集社会发展综合实验区第二人民医院系朱某书出资开办,毛集社会发展综合实验区民政局审批成立的民办非企业,属于非营利性法人单位。从成立时起,毛集社会发展综合实验区第二人民医院即依法具有民事权利能力和民事行为能力,依法独立享有民事权利和承担民事义务,能够独立承担民事责任;其民事权利能力和民事行为能力,从成立时产生,到终止时消灭。虽然朱某书于 2011 年 3 月与陈某里签订协议,约定朱某书将医院资产转让给陈某里等人,但毛集社会发展综合实验区第二人民医院并未办理注销登记,朱某书转让医院资产的行为并不会导致该医院主体消灭。毛集第二医院系由毛集社会发展综合实验区第二人民医院变更而来,并非毛集社会发展综合实验区第二人民医院注销后重新成立,该医院的名称、法定代表人的变更,并不影响其民事权利能力和民事行为能力,不影响其独立承担民事责任。因此,毛集社会发展综合实验区第二人民医院所欠泰艺装饰公司的工程款,依法应由变更后的毛集第二医院承担。对于一审认定尚欠的工程款及利息的数额,双方当事人均未提出异议,法院予以确认。判决如下:(1)撤销一审民事判决;(2)毛集第二医院于本判决生效后 15 日内偿还合肥泰艺建筑装饰工程设计有限公司工程款 744664 元及利息 150000 元,合计 894664 元;(3)朱某书在本案中不承担偿还责任。

本案中,毛集第二医院属于非营利性法人单位,除了非营利性特点外,它具有法人的一般特点,即具有独立人格和以自己的名义进行民事活动、其财产与出资人或者设立人的财产相分离,享有法人财产权,以其全部财产独立承担民事责任。可见,本案二审判决适用法律正确。

-----

69. 什么是事业单位法人?其具有怎样的法人治理结构?

根据《民法总则》第 88 条规定,事业单位法人是指为适应经济社会发展需要,依法设立的提供公益服务和具有非营利法人资格的事业单位。其设立应当具备法人条件:应当有自己的名称、组织机构、住所、财产或者经费。

法人成立的具体条件和程序,依照法律、行政法规的规定。设立事业单位法人需要依法登记成立的,经依法登记成立,取得事业单位法人资格;依法不需要办理法人登记的,从成立之日起,具有事业单位法人资格。事业单位法人自取得法人资格之日起,即成为民事主体,享有民事权利能力和民事行为能力,并依法承担民事责任。

事业单位法人是我国社会生活领域广泛存在的一种非营利法人,是由政府出资举办或者有关组织利用国有资产举办的从事公共服务或者满足政府工作需要而设立的。科研院所、大中小学、各类职业技术院校、医院、新闻广播电视单位、社会福利、救助减灾、技术推广、质量技术监督、人才交流、就业服务等单位,都是单位事业法人。

根据《民法总则》第 89 条规定,事业单位法人设理事会的,除法律另有规定外,理事会为其决策机构。也就是说,理事会对事业单位法人的发展规划、财务预决算、修改法人章程等重大事项具有决策权。事业单位法人的法定代表人依照法律、行政法规或者法人章程的规定产生,其对法人的理事会负责,执行理事会的决策事项,行使事业法人的人事和财务管理职权。

- -

✿ 示例说明

2006 年 6 月 3 日,东北石油大学与深圳新世纪公司签订《关于安达校区资产置换及新校区建设若干问题的会议纪要》(以下简称《会议纪要》),约定原定由深圳新世纪公司承建的体育馆工程改由东北石油大学自行建设,原用于体育馆工程建设的 6500 万元资金分两步支付:第一步由深圳新世纪公司支付现金 4000 万元,依照工程进度分期到位;第二步剩余的 2500 万元由深圳新世纪公司在双方后续合作开发工程项目盈利中优先支付。若东北石油大学提供不了后续项目,深圳新世纪公司付清 4000 万元建设资金后,视为协议执行完毕。之后,因深圳新世纪公司怠于履行其承建东北石油大学新校区体育馆等建设项目的建设工作,亦未向东北石油大学支付剩余转让价款 4500 万元,东北石油大学向原审法院提起本案诉讼,请求判令深圳新世纪公司向东北石油大学支付剩余转让价款 4500 万元及利息。

法院生效判决认为:在未经国有资产管理部门另行核准的情况下,东北石油大学安达校区固定资产不能以低于该核准价值的价格进行处置。而根据《会议纪要》约定,原定由深圳新世纪公司承建的东北石油大学新校区体育馆等工程改由东北石油大学自行承建,深圳新世纪公司分两步支付建设资金6500万元,并且约定第二步资金2500万元以东北石油大学能提供后续合作开发项目作为实现前提。该附条件式的资金支付约定属变相降低了资产处置的交易价格,一旦条件成就,将造成东北石油大学以低于核准价的交易价格处置资产的法律效果。《会议纪要》有关深圳新世纪公司支付第二步2500万元转让款须以东北石油大学提供后续合作项目为前提条件之约定,违背了上述有关事业单位国有资产评估、处置之规定,故该《会议纪要》关于2500万元转让款须以东北石油大学提供后续合作项目为前提条件之约定因损害社会公共利益而无效。根据《合同法》关于合同部分无效,不影响其他部分效力的,其他部分仍然有效之规定,《会议纪要》关于东北石油大学新校区体育馆等工程由东北石油大学自行建设,深圳新世纪公司须向东北石油大学支付6500万元建设资金之约定仍对双方具有约束力。本案例及其生效判决说明,作为事业单位法人的东北石油大学具有民事主体资格,具有相应的民事行为能力,其依法处分其财产的行为受法律保护。

---

70. 什么是社会团体法人? 其具有怎样的法人治理结构?

　　根据《民法总则》第90条规定,社会团体法人是指基于会员共同意愿,为公益目的或者会员共同利益等非营利目的依法设立并取得非营利法人资格的社会团体。其设立应当具备法人条件:应当有自己的名称、组织机构、住所、财产或者经费。法人成立的具体条件和程序,依照法律、行政法规的规定。社会团体法人除了一般法人的设立条件外,其设立的一个最基本条件就是,基于会员共同意愿而设立。也就是说,社会团体法人是其成员基于共同目的和共同意愿而设立的。具体讲,其设立是为了公益目的或者会员共同利益等非营利目的。设立社会团体法人需要依法登记成立的,经依法登记成立,取得社会团体法人资格;依法不需要办理法人登记的,从成立之日起,具有社会团体法人资格。社会团体法人自取得法人资格之日起,即成为民事主体,享有民事权利能力和民事行为能力,并依法承担民事责任。在我国社会经济生活中的各种行业协会、学会、联合会、商会等,都是常见的社会团体法人。

　　根据《民法总则》第91条规定,设立社会团体法人应当依法制定法人章程。社会团体的法人章程是体现会员共同意愿并由社会团体法人成立大会通过的社会团体法人行为准则,其记载事项应当包括社会团体法人的设立宗旨、活动范围、组织机构的产生程序和议事规则、会员的权利义务等。社会团体法人的治理结构,主要包括法人的权力机构、执行机构。社会团体法人设会员大会或者会员代表大会作为权力机构,主要行使以下职权:制定和修改法人章程、选举和罢免理事、决定法人的工作方针和重大事项、审计理事会的工作报告和财务报告等。社会团体法人设理事会作为执行机构,负责贯彻和落实法人权力机构所作出的决定,负责社会团体法人的日常管理。理事长或者会长等负责人按照法人章程的规定担任法定代表人。法定代表人在法律规定或者法人章程规定或者其权力机构授权范围内所从事的活动,是以法人名义进行的,其体现的是法人意志,代表的是法人利益。

◈ **示例说明**

2014年9月22日,原告某某县中小企业资金互助会(简称企业资金互助会)与被告富泉管材公司签订一份资金短期周转拆借协议,双方在协议中约定,由被告富泉管材公司向原告借款330万元用于偿还银行贷款,借款期限为5天,借款期内利息为每日万分之十五,被告富泉管材公司须在协议签订后一次性先支付利息费用,如提前或逾期还款,利息多退少补,如逾期按日万分之十计算利息。同日,原告将330万元交付被告富泉管材公司,被告富泉管材公司出具330万元借条。借款期限届满后,被告富泉管材公司未能及时还款,仅分别于2014年9月30日及2014年10月31日两次支付利息合计85000元。原告企业资金互助会系在民政部门登记的社会团体法人,是某某县人民政府引进的融资新模式,主要职能是为会员企业提供过桥资金,过桥资金来自县财政出资和入会企业出资,业务范围为帮助企业防范和化解资金周转的风险与困难,保障中小企业持续健康发展。本案中,被告富泉管材公司并非原告的会员。原告提起诉讼,要求判令被告富泉管材公司偿还本金330万元及资金占用费。

法院审理认为:本案中,原告企业资金互助会虽然具备社团法人资格,但并非中国人民银行核准成立的金融机构,而是由企业自主发起设立的资金互助组织,会员企业通过缴纳入会费用获得使用其他会员入会资金进行短期周转的资格,故原告向会员发放贷款从行为性质上并非从事金融放贷业务,而是一种会员互助行为,应当认定该互助行为有效。但原告向非会员企业即不特定的社会公众发放贷款,并约定高额利息作为放贷的收益,违反了法律的强制性规定,故原告向作为非会员企业的被告发放贷款和收取高额利息的行为应为无效。据此,法院判令被告富泉管材公司于本判决生效后 3 日内向原告某某县中小企业资金互助会偿还本金 330 万元及资金占用费(自 2014 年 9 月 28 日起至实际还款之日止按银行同期同档贷款利率计算,已收取的 85000 元利息可以充抵)。一审判决后,原、被告双方均未提出上诉,该判决已经发生法律效力。

----

71. 什么是捐助法人？其具有怎样的法人治理结构？

根据《民法总则》第 92 条规定,捐助法人是指为公益目的以捐助财产设立并取得捐助法人的基金会、社会服务机构及其他机构。依法设立的宗教活动场所,具备法人条件的,可以申请法人登记,取得捐助法人资格。其设立应当具备法人条件:应当有自己的名称、组织机构、住所、财产或者经费。捐助法人成立的具体条件和程序,依照法律、行政法规的规定。捐助法人除了一般法人的设立条件外,其设立的一个最基本条件就是为公益目的以捐助财产设立。在依法取得捐助法人资格后,捐助法人对捐助的财产享有法人财产权,具有占有、使用和处分权。基金会、社会服务机构等捐助法人,经依法登记成立,取得捐助法人资格。依法设立的宗教活动场所,可以申请法人登记,取得捐助法人资格。法律、行政法规对宗教活动场所有规定的,依照其规定。捐助法人自取得法人资格之日起,即成为民事主体,享有民事权利能力和民事行为能力,并依法承担民事责任。

根据《民法总则》第 93 条规定,设立捐助法人应当依法制定法人章程。捐助法人章程是法人为规范内部各种权利义务关系而制定的一种规范性文件,其内容包括规定法人的组织结构形式、内部关系和开展业务活动的基本准则。捐助法人章程是由设立人拟定并经捐助法人成立大会通过而生效的法人行为准则,其记载事项应当包括捐助法人的设立宗旨、活动范围、组织机构的产生程序和议事规则。捐助法人治理结构主要包括法人的权力机构、执行机构和监督机构。捐助法人设理事会、民主管理组织等作为决策机构,主要行使以下职权:制定和修改法人章程、选举和罢免理事、决定法人的工作方针和重大事项、审计理事会、民主管理组织的工作报告和财务报告等。捐助法人设执行机构,负责贯彻和落实法人权力机构所作出的决定,负责社会团体法人的日常管理。理事长等负责人按照法人章程的规定担任法定代表人。捐助法人设监事会等监督机构,依法行使检查法人财务,监督执行机构成员、高级管理人员执行法人职务的行为,以及法人章程规定的其他职权。

⊕ **示例说明**

原告石某某于 2014 年 1 月 3 日进入被告宝某寺从事佛教教务工作,每月薪水 3400 元,其中工资 3000 元,补贴 400 元,双方没有签订劳动合同。同年 5 月 23 日,被告以原告不在宿舍就寝为由辞退原告。期间,被告在 2014 年 2—4 月均向原告发放了 3400 元的薪资,在 2014 年 1 月仅向原告发放了 400 元补贴,5 月没有支付薪资。原告请求判令被告向原告补发 2014 年 1—5 月薪资 6400 元、赔偿 2014 年 1 月到 5 月双倍薪资 17000 元,并承担本案诉讼费。

一审法院裁判认为:原告石某某主张被告宝某寺支付劳务报酬不符合民法调整范围,理由如下:(1)原告是获颁戒牒的僧人,其自愿到被告宝某寺挂单修行,作为被告宝某寺,只是为原告提供修行的场所和必要的生活补助,原、被告之间不属于雇佣或者劳动关系;(2)我国实行"自治、自养、自传"的宗教政策,各宗教应坚持独立、自主、自办的原则,对寺院内部纠纷,应遵循寺院相关规定和佛教教义、习俗等处理;(3)寺院财产来源于捐赠或其他合法收入,具有公共性质,应用于与佛教教义相符的宗教活动,并按照"利和同均"的分配制度,使僧人在基本生活需要得到保障的情况下专心修行。寺院的僧人组成僧团组织,但结构相对松散,强调人的集合,"依戒律共住,依戒律作为处事及行为标准",追求共同修行的精神性目的,而非带有财产性目的。从上述寺院物的因素和人的因素来看,被告都不可能成为内部纠纷的民事诉讼主体。因此,原告起诉不属于法院受理民事诉讼的范围,其起诉不符合法律规定的条件,应予以驳回。据此,一审法院裁定驳回原告石某某的起诉。宣告后,原告石某某提出上诉。二审法院依法裁定驳回上诉,维持原裁定。

---

72. 捐助法人对捐助人负有什么义务？在什么情况下,捐助人有权请求人民法院撤销捐助法人作出的有关决定？

捐助法人是具有民事主体资格的非营利法人,其对捐助财产享有独立的财产权,其财产不仅与捐助人相分离,而且其财产与捐助法人的理事会成员及其法定代表人及其他高级管理人员也分离,捐助法人除了依据法人章程的规定使用、管理和处分捐助财产外,捐助法人执行机构的管理人员无权私自动用、挪用捐助财产,更无权将其据为己有。捐助人对其捐助财产的使用、管理和处分等情况存在疑问的,根据《民法总则》第94条第1款规定,有权向捐助法人查询,捐助法人应当及时、如实答复。捐助人如发现捐助法人对捐助财产使用、管理情况不当或者不符合其捐助目的的,有权提出意见和建议。对于其合理的意见和建议,捐助法人应当采纳。

捐助法人的决策机构、执行机构或者法定代表人应当按照法律、行政法规和法人章程规定的程序作出决定,其决定内容亦不得违反法人章程。对此,《民法总则》第94条第2款明确规定,捐助法人的决策机构、执行机构或者法定代表人作出决定的程序违反法律、行政法规、法人章程,或者决定内容违反法人章程的,捐助人等利害关系人或者主管机关可以请求人民法院撤销该决定,但是捐助法人依据该决定与善意相对人形成的民事法律关系不受影响。据此,捐助人等利害关系人或者主管机关可以行使撤销权的前提条件是捐助法人的决策机构、执行机构或者法定代表人作出决定的程序违反法律、行政法规、法人章程,或者决定内容违反法人章程。但是,捐助法人的相对人对撤销的决定的程序违法性和决定内容违反法人章程的情形,在主观上不具有明知且无过失的,捐助法人对其依据该决议与善意相对人形成的民事法律关系不得主张撤销或者无效。

🔖 **示例说明**

王某诉称:2013年7月15日,王某通过中国红十字基金会(以下简称红基会)在淘宝公益网店认证的"白雪人道救助公益网店"购买12元"白雪可乐"虚拟产品,相当于4瓶白雪可乐,购买时该虚拟产品的网页上提到捐赠目的是"将用于再障碍患者白雪的骨髓移植"。后红基会在未告知王某的情况下,将王某的捐赠款用于白雪以外的其他患者治疗,同时,红基会从未在其官方网站上公布过捐赠款的筹募及使用情况。红基会的行为没有履行双方之间的捐赠合同义务,没有按照捐赠合同约定的目的使用捐赠款,同时侵犯了王某作为捐款人的知情权。白雪天使基金后变更为生命天使基金。其中捐赠给他人的钱有90%以上都是通过白雪可乐筹募的善款,王某捐赠的12元就在救助他人的钱款中,故提起起诉。诉讼请求:(1)撤销双方之间的捐赠合同,红基会返还王某捐赠的12元及利息(2013年7月15日至法院判决生效之日时利息按照中国银行同期存款利率即0.35%为准);(2)红基会在全国性媒体及其官方网站上公开道歉;(3)红基会在其网站上公开白雪天使基金(生命天使基金)的捐款使用情况、财务报告或审计报告;(4)案件受理费由红基会承担。一审法院经审理判决驳回王某的全部诉讼请求。判决后,王某不服,持原诉理由及诉求上诉,请求查明事实,依法改判支持其诉求。

二审法院认为,根据本案查明的事实,截至王某捐款当日,红基会通过"白雪人道救助"(后更名为生命天使基金)募集到的善款为844173.55元,实际到账589822.55元,并于当日根据需要为白雪交付手术押金30万元,由此可以看出红基会当日支付给白雪的手术押金已远远超出王某捐赠的12元,红基会虽未将截止到15日实际到账的全部善款一次性全部用于白雪的救治,但依现有证据可以确定最终用于救助白雪的金额为1457800元,亦远远高于王某购买产品当日的捐款金额。因捐赠的款项系种类物而非特定物,一旦捐款部分用于救治白雪,则根本无法区分该款项系。2014年2月11日,红基会官方微博公告:"白雪天使基金"更名为"生命天使基金",目的为"救助更多贫困再生障碍性贫血患者"。即使有部分募捐款项用于救助白雪之外的病人,亦符合该基金募集的宗旨,属于正当支出。根据我国相关法律规定:具有社会公益、道德义务性质的赠与合同不得撤销。王某上诉要求撤销与红基会之间的公益事业捐赠合同,要求红基会返还其捐赠款12元及利息没有事实及法律依据,法院亦不予支持。红基会已经在其官方微博上对《审计报告》予以公示,该《审计报告》涉及了募集的款项及使用情况,故王某主张判令红基会在其网站上公开白雪天使基金(生命天使基金)的捐款及使用情况、财务报告或审计报告已无意义。二审依法判决驳回上诉,维持原判。

73. 为公益目的成立的非营利法人终止时，其剩余财产应如何处理？

为公益目的成立的非营利法人终止，是指该法人因以下法定事由之一并依法完成清算、注销登记，其法人资格消灭：(1)非营利法人解散，包括非营利法人章程规定的存续期间届满，或者法人章程规定的其他解散事由出现；非营利法人的权力机构决议解散；因非营利法人合并或者分立需要解散；非营利法人依法被吊销营业执照、登记证书，被责令关闭或者被撤销；法律规定的其他情形。(2)法人被宣告破产。(3)法律规定的其他原因。

为公益目的成立的非营利法人其财产具有一般法人财产的特点，即独立于出资人、设立人或者会员，具有独立财产权。为公益目的成立的非营利法人区别于营利法人的一大根本特点，即不向出资人、设立人或者会员分配所取得的利润。因此，其财产只能用于公益目的，就是在其法人资格终止而有剩余财产的情况下，其剩余财产也应当用于公益目的。因此，《民法总则》第95条明确规定，为公益目的成立的非营利法人终止时，剩余财产应当按照法人章程的规定或者权力机构的决议用于公益目的；无法按照法人章程的规定或者权力机构的决议处理的，由主管机关主持转给宗旨相同或者相近的法人，并向社会公告。

◈ 示例说明

2004年2月29日，某某会计师事务所对武汉国际商务学校作出审计报告，资产负债表显示：武汉国际商务学校净资产(经营结余)25749745.29元。莫某某作为武汉国际商务学校设立的投资人，要求对该校净资产进行分配，遭到拒绝，遂提起诉讼。其诉称：周某某、张某某、刘某某、廖某某4人(以下简称周某某等4人)注销学校时侵犯其合法权益，对武汉国际商务学校的经营结余应按照当初投资比例即七分之一进行分配，请求法院判令被告共同支付其相应款项人民币3678535元。

一审法院经审理认为，原武汉国际商务学校为教育类民办非企业单位，为从事非营利性社会服务活动的社会组织，该校章程中没有规定出资人要求取得合理回报的内容，出资人不得擅自取得回报，否则要承担法律责任。另莫某某对其集资款已经收回，故莫某某要求按照投资比例对原武汉国际商务学校注销时的经营结余进行分配的诉请,缺乏事实和法律依据,因此判决驳回了原告莫某某的诉讼请求。宣判后,莫某某不服一审判决,提起上诉。

　　二审法院经审理认为,莫某某作为举办者,其身份在学校章程以及申办资料中已有明确,而这些资料在教育行政主管部门及民政部门已经备案,具有对外公示的效力,因此莫某某举办者身份应当得到确认。举办者对学校负有出资义务,未按规定出资或者出资以后抽逃资金,举办者应当对学校及学校债权人承担民事责任,但不能以此来否定其举办者身份。因此被上诉人认为莫某某非学校举办者的抗辩理由不能成立。武汉国际商务学校剩余财产被全部转让给贤达公司,由贤达公司享有所有权和处分权。周某某等4人作为贤达公司股东,通过公司支配和控制了上述财产。上述行为本质上是对财产进行了分配,根据以上事实判断,武汉国际商务学校应属于营利性质。周某某等4人未经莫某某同意,擅自将学校注销,并且注销时未依法对资产进行清算,其行为违反了章程及法律规定,构成侵权。由于周某某等4人未依法清算即将学校注销,使得资产及账目均无法核对,也无法对投资权益进行评估,故对于侵权损失应以武汉国际商务学校的经营结余为基础进行评判。根据审计报告确认,武汉国际商务学校的经营结余为25749745.29元,按七分之一计算,莫某某的实际损失应确定为3678535元,应由周某某等4人共同承担。综上,二审法院终审判决:(1)撤销原审判决;(2)周某某、张某某、刘某某、廖某某于本判决生效后10日内共同赔偿莫某某损失3678535元及其利息损失(该损失以3678535元为基数,从2004年3月22日学校注销之日起,按中国人民银行同期存款利率计算至本判决确定给付之日止);(3)驳回莫某某其他诉讼请求。

　　本案一审和二审法院判决结果截然不同,关键在于对民办学校的性质认识不同。事实上,民办学校既可以表现为非营利性,也可以表现为营利性,两者皆可从事具有公益色彩的教育事业。营利性民办学校和非营利性民办学校具有不同的法律特征。在处理民办学校剩余财产争议时,应明确界定民办学校是否具有营利性特征,从而判断其剩余财产是否应在出资人之间进行分配。

第四节　特别法人

74. 什么是特别法人？其具体包括哪些？

根据《民法总则》第 96 条的规定,特别法人是营利法人和非营利法人之外的一种法人,具有民事权利能力和民事行为能力,依法享有民事权利和承担民事义务的社会组织。它包括机关法人、农村集体经济组织法人、城镇农村的合作经济组织法人、基层群众性自治组织法人。

机关法人和基层群众性自治组织,首先表现为其是国家权力主体或具有相应的行政职能,其权力或行政职能是其存在和依法运作的根本理由。但其可以从事为履行职能所需要的民事活动,在其从事民事活动时与其相对人一样都是平等的民事主体。因此,在上述意义上其是一种不同于营利法人和非营利法人的特别法人。

农村集体经济组织法人、城镇农村的合作经济组织法人是其成员将土地、资金、工具或者联合劳动力与相关技术、技能、信息以及其他经济要素,共同生产、劳动和联合经营,共担风险、共享利润的经济联合体。他们虽然具有营利性,但不具有营利法人与其股东之间的那种所有权与经营权相分离的特点,表现为所有权与经营权的高度统一。其营利性特点又使其与非营利法人相区别。因此,在上述意义上其是一种既不同于营利法人又不同于非营利法人的特别法人。

⌂ **示例说明**

娄某某于 2016 年 1 月与某某镇政府订立劳动合同,任该镇政府的班车司机,2017 年 10 月 1 日,双方解除劳动关系。在此期间,镇政府未给娄某某缴纳社会保险。自入职以来的养老保险全部是由娄某某自己缴纳的。娄某某起诉该镇政府,要求支付原告已缴纳的养老保险金中单位应负担的费用 7948 元,诉讼费用由被告承担。

本案例中,某某镇政府作为政府机关,属于《民法总则》规定的营利法人和非营利法人之外的一种特别法人,是具有民事权利能力和民事行为能力,依法享有民事权利和承担民事义务的机关法人。某某镇政府在与娄某某订立劳动合同时,其是作为具有民事主体资格的用人单位出现的,其依法享有民事权利和负有相应的法律义务。根据《中华人民共和国劳动法》第 72 条规定,用人单位和劳动者必须依法参加社会保险费,缴纳社会保险费。劳动者享受社会保险待遇的条件和标准由法律、法规规定。劳动者享受的社会保险金必须按时足额支付。因此,用人单位和劳动者依法参加社会保险、按时足额缴纳社会保险费是法定义务,不论用人单位属于政府机关还是公司、企业,不论用人单位与劳动者是否在劳动合同中订立社会保险条款,用人单位都不得免除其对劳动者应承担的缴纳社会保险费的义务。可见,原告在被告单位工作期间,被告未给原告缴纳社会保险费,违反了法律规定,故应依法为被告娄某某缴纳包括养老保险费在内的所有社会保险费用。

75. 什么是机关法人?其因被撤销而终止的,其权利义务如何承受?

机关法人是有独立经费的机关和承担行政职能的权力或行政主体,依法行使宪法、法律和行政法规赋予的职权和履行行政管理职能。机关法人以其在国家政治生活中的地位以及其行使权力的方式不同,分为国家权力机关法人、国家行政机关法人、国家审判机关法人、国家监察机关法人、国家监督机关法人和国家军事机关法人等。机关法人从事为履行职能所需要的民事活动时,其作为民事活动一方当事人是以平等民事主体出现的。机关法人作为有独立经费的机关和承担行政职能的法定机构从成立之日起,具有机关法人资格,即依法享有民事权利和承担民事义务,并独立承担民事责任。机关法人行使公权力和履行行政管理职能不属于民事活动,其是以权力机关和行政主体而不是以民事主体出现的,此时其既不享有民事权利,亦不承担民事义务。因此,机关法人只有在其从事为履行职能所需要的民事活动时,才有可能发生民事法律关系,并作为平等的民事主体出现。

根据《民法总则》第 98 条规定,机关法人被撤销的,法人终止,其作为民事主体从事民事活动所产生的民事权利和义务由继任的机关法人享有和承担,即其民事权利由其撤销后的继任的机关法人享有,其民事义务由其撤销后的继任的机关法人承担。但是,没有继任机关法人的,由作出撤销决定的机关法人享有和承担。

✿ **示例说明**

　　某某市某某区东风镇政府根据市委、市政府进行乡镇企业产权制度改革的决定,在经市产权制度改革小组批准后经招标投标,将其镇政府所办企业东风铸造厂转让给魏某某。该铸造厂全部资产约为 1250 万元,其中固定资产约 550 万元;无形资产约为 65 万元,其余为流动资产约为 635 万元。该厂总负债 1065 万元。魏某某交纳 250 万元购买金买断了东风铸造厂的产权,双方正式签订了《东风铸造厂产权整体出售合同》。合同中约定:东风镇政府应将评估报告确认的资产转让给魏某某,同时由魏某某承担原厂的全部负债。后经镇政府与某审计事务所确认,总资产约 1250 万元,总负债 1065 万元。之后,魏某某以东风铸造厂转让交接时,东风镇政府没有将流动资产中的 420 万余元交付构成严重违约,给企业生产造成困难为由,请求法院判令被告赔偿损失共计 590 万余元及利息。在诉讼过程中,市政府对其管辖区进行调整,东风镇政府被撤销,其资产由西风镇接管,原属于东风镇政府所辖的全部行政村也划归西风镇。此时,魏某某应当依法变更被告为西风镇政府,东风镇政府作为民事主体与其订立的《东风铸造厂产权整体出售合同》中的权利义务,应当由东风镇撤销后的继任机关法人即西风镇政府承受。因此,在东风镇政府被撤销后,魏某某有权要求西风镇政府承担违约责任。

----

76. 什么是农村集体经济组织法人?

　　农村集体经济组织是指在村或乡镇范围内其成员共同使用土地、工具等生产资料或者联合劳动力、资金与相关技术、信息以及其他经济要素,共同生产、劳动和联合经营,共担风险、共享利润的经济联合体。农村集体经济组织具备法人条件的,依法取得法人资格。

　　根据《物权法》的有关规定,集体所有的不动产和动产包括:(1)法律规定属于集体所有的土地和森林、山岭、草原、荒地、滩涂;(2)集体所有的建筑物、生产设施、农田水利设施;(3)集体所有的教育、科学、文化、卫生、体育等设施;(4)集体所有的其他不动产和动产。农村集体经济组织法人对其所有的不动产和动产,各种经营性收入,森林、山岭、草原、荒地、滩涂等承包收入以及土地补偿费用等属于本集体成员集体所有。城镇集体所有的动产,依照法律、行政法规的规定由本集体享有占有、使用、收益和处分的权利。集体经济组织应当依照法律、行政法规以及章程、村规民约向本集体成员公布集体财产的状况。集体所有的财产受法律保护,禁止任何单位和个人侵占、哄抢、私分、破坏。农村集体经济组织法人依法取得民事主体资格,享有民事权利能力和民事行为能力,享有法人财产权,并独立承担民事责任。法律、行政法规对农村集体经济组织有规定的,依照其规定。

◈ **示例说明**

　　原告王某某系某某市某某镇南青口村的村民,在南青口村股份经济合作社进行改制时被确定为该村股份经济合作社的股东。2016 年 5 月 31 日,被告村召开全体村民代表大会,会议决议第 2 条载明:"村里外嫁女只要以前有结婚登记过的,包括现在已经离婚的,今后一律不得享受经济利益……"2016 年 7 月,被告南青口村民委员会、南青口村股份经济合作社向该村的股份经济合作社成员发放了土地征用款 6400 元,但未向原告发放。为此,原告于 2016 年 8 月 29 日诉至法院。在该案审理过程中,被告于 2016 年 10 月 21 日提交南青口村股份经济合作社股东股权清册一份,该份股东股权清册中,原告未被确定为该村股份经济合作社的股东。

　　法院生效判决认为,村民应当平等享有本村的村民待遇。被告村 2013 年改制时的股份经济合作社股东股权清册表明被告认可原告系南青口村集体经济组织成员,原告作为被告村集体经济组织成员,应与其他本村村民享有同等待遇。根据法律规定,征地补偿安置方案确定时已经具有本集体经济组织成员资格的人,请求支付相应份额的,应当予以支持。村民委员会系村民自我管理、自我教育、自我服务的基层群众性自治组织;村经济合作社是农村双层经营体制下,集体所有、合作经营、民主管理、服务社员的社区性农村集体经济组织;二者名义上是不同的主体。但村民委员会依照法律规定,管理本村属于村农民集体所有的财产,经济合作社是村里设立的经济实体,村民委员会的经济收入,来源于村经济合作社经营管理本村财产的直接收益;二者经济上无法完全独立。故二被告应当及时支付原告 2016 年度的土地征用款 6400 元,未及时支付的,尚应赔偿自起诉之日起的利息损失。综上,原告的诉讼请求合法有据,法院予以支持。至于被告向法院提交的股东股权清册,被告无法举证证明该份股东股权清册的具体制作时间,也未举证证明重新确定股东身份系经过了公示,该份材料本身不能直接推定在 2016 年 7 月被告发放土地征用款时,原告的股东资格已经丧失;被告的抗辩,证据不足,该院不予支持。法院判决:被告某某市某某镇南青口村民委员会、某某市某某镇南青口村股份经济合作社于判决生效后 10 日内支付原告王某某土地征用款 6400 元并赔偿利息损失(从 2016 年 8 月 29 日起按中国人民银行公布的同期同档次贷款基准利率计付至实际履行完毕之日止)。

77. 什么是城镇农村的合作经济组织法人?

城镇农村的合作经济组织,是在同类产品的生产经营者或者同类生产经营服务的提供者、利用者,自愿联合、民主管理的互助性经济组织。城镇农村的合作经济组织依法取得法人资格。城镇农村的合作经济组织法人,享有生产经营自主权,受法律保护,任何单位和个人都不得侵犯其合法权益。目前,农民专业合作社是我国城镇农村的合作经济组织法人的最典型形式。

城镇农村的合作经济组织法人,具有以下特点:

(1)城镇农村的合作经济组织是具有互助性质的经济组织。这种经济组织是以其成员为主要服务对象,提供生产资料的购买,产品的销售、加工、运输、贮藏以及与生产经营有关的技术、信息等服务。也就是说,城镇合作经济组织是立足于其成员的自我服务为主要目的而成立的,参加合作经济组织的成员借助联合起来的力量,通过合作互助能够解决单个人在生产经营中解决不了的问题,如农业组织化程度不高和农民进入市场难、竞争力弱的问题,并以此来提高生产与经营效益。

(2)城镇农村的合作经济组织是实行自愿联合、民主管理的经济组织。其实行"入社自愿、退社自由"的原则,其成员可以根据自己意愿,加入一个或多个合作组织,也可以按照自己意愿退出合作组织。同时,各个成员在组织内部地位平等,实行民主管理,包括民主选举本组织领导人、民主制定章程和相关制度、民主决策经营服务的内容和方法、民主决定收益分配方式等;合作经济组织内部在决策时,每个成员享有平等的投票权即一人一票和章程规定的附加投票权。

（3）城镇农村的合作经济组织是以盈余返还为特征的经济组织。城镇农村的合作经济组织对其成员来说是提供产、供、销等生产经营各环节的技术、信息等服务，对内不可能以营利为目的。但对外，作为经济组织是要实现利润最大化的。经济合作组织的当年收益，在按一定比例弥补亏损和提取公积金后，一般按照成员与本社的交易量（额）比例返还，并且返还总额不得低于可分配盈余的60%。这是城镇合作经济组织与一般企业的根本区别之一，也是城镇合作社享受国家税收优惠和政策扶持的主要依据。

（4）城镇农村的合作经济组织法人具有民事主体资格，依法独立承担民事责任。城镇农村的合作经济组织依法成立，法律要求登记的，经依法登记取得法人资格。城镇专业合作经济组织对由成员出资、公积金、国家财政直接补助、他人捐赠以及合法取得的其他资产所形成的财产，享有占有、使用和处分的权利，并以上述财产对债务承担责任。如《中华人民共和国农民专业合作社法》第5条规定，农民专业合作社成员以其账户内记载的出资额和公积金份额为限对农民专业合作社承担责任。城镇农村的合作经济组织成员仅以其账户内记载的出资额和公积金份额为限对合作经济组织承担有限责任，在其账户内记载的出资额和公积金份额之外的其他个人财产对合作社的债务不负清偿责任。

❖ 示例说明

某某县锦绣千村种植农民专业合作社（以下简称锦绣农合社）为其所有的鲁Ｅ××××小型普通客车投保了机动车损失保险（保险金额为229577元）及不计免赔险，保险期间自2015年10月29日零时起至2016年10月28日24时止。2016年8月17日18时50分，李某某驾驶鲁Ｅ××××小型普通客车沿G25由北向南至G25+1385KM处时，与沿G25由北向南石某驾驶的鲁Ｅ××××小型普通客车、胡某某驾驶的鲁Ｃ××××小型轿车发生追尾，造成车辆受损，鲁Ｅ××××小型普通客车车上乘车人孙某某以及鲁Ｃ××××小型轿车车上乘车人康某受伤的道路交通事故。锦绣农合社依法起诉，请求：依法判令中国平安财产保险股份有限公司某某支公司（以下简称平安公司）支付保险理赔款102325元；本案诉讼费用由平安公司承担。

一审法院认为,依法成立的合同受法律保护。原告锦绣农合社与被告平安公司订立的保险合同是双方当事人的真实意思表示,且不违反法律、法规的禁止性规定,系有效合同,对合同双方当事人均具有约束力。在保险期间内,被保险车辆鲁E×××××小型普通客车发生交通事故,造成车辆损失,平安公司应按照保险合同的约定予以理赔。原告锦绣农合社主张的车辆损失,结合评估报告,依法确认为95525元;救援费200元、拆检费100元,证据确实充分,未超出法律规定,予以支持;鉴定费6500元,系为确定本案保险标的物的损失,按照法定程序共同选定鉴定机构而支出的必然的合理费用,该费用应由平安公司负担。依法判决如下:中国平安财产保险股份有限公司某某支公司于本判决生效后10日内支付某某锦绣千村种植农民专业合作社保险理赔款102325元。被告不服,提起上诉。二审法院经审理认为,原审认定事实清楚,适用法律正确,审判程序合法,判决结果适当,遂驳回上诉,维持原判。农民专业合作社依法登记设立,具有法人资格,具有相应的民事权利能力和民事行为能力,其与保险公司订立的保险合同依法生效后对双方具有约束力。

----

78. 什么是基层群众性自治组织法人?

基层群众性自治组织包括城市居民委员会和农村村民委员会,是城乡基层群众即城市市民和农村村民自我管理、自我教育、自我服务的基层群众性自治组织,实行民主选举、民主决策、民主管理、民主监督。村民委员会办理本村的公共事务和公益事业,调解民间纠纷,协助维护社会治安,向人民政府反映村民的意见、要求和提出建议。《民法总则》第101条第1款规定,居民委员会、村民委员会具有基层群众性自治组织法人资格,可以从事为履行职能所需要的民事活动。据此,其依法履行基层群众自治职能不属于民事活动,其是以基层群众性自治组织而不是以民事主体出现的,此时其既不享有民事权利亦不承担民事义务。因此,基层群众性自治组织法人只有在其从事为履行职能所需要的民事活动时,才有可能发生民事法律关系,并依法享有民事权利和承担民事义务以及独立承担民事责任。

作为基层群众性自治组织法人的农村村民委员会不同于农村集体经济组织法人。农村集体经济组织是指在村或乡镇范围内其成员共同使用土地、工具等生产资料共同生产、劳动和联合经营,共担风险、共享利润的经济联合体。而农村村民委员会则是农村村民自我管理、自我教育、自我服务的基层群众性自治组织,二者的性质和职能各不相同。但是,从目前我国的立法情况来看,无论是《物权法》《中华人民共和国农村土地承包经营法》(简称《农村土地承包经营法》),还是《中华人民共和国村民委员会组织法》(简称《村民委员会组织法》),对二者未作出清晰的界定,且二者职能交叉、重叠。《民法总则》对农村集体经济法人和基层群众性自治组织法人的划分,有利于弄清二者的区别与联系。农村集体经济组织法人是其成员为获得共同经济利益的法人组织,是具有营利性的成员联合体。而村民委员会作为农村村民群众性自治组织,进行自我管理、自我约束和为村民提供公共服务是其根本特点。同时,二者又存在着一定的联系。对此,《民法总则》第101条第2款规定,未设立村集体经济组织的,村民委员会可以依法代行村集体经济组织的职能。

✧ 示例说明

　　原告姜某某、倪某某系夫妻关系,二人原为三明市三元区莘口镇甲村村民,1983年8月23日,原告姜某某、倪某某经向有关部门申请,得到许可后将其户籍就近迁入三明市三元区城东乡乙村。此后,原告姜某某、倪某某要求乙村村委会给其分配土地、确认其为乙村村民等均无结果,多次向有关部门上访。现又因乙村实行给本村老人发放养老金制度,姜某某、倪某某也与该村老人一样享受了同等领取养老金待遇。2001年5月11日,乙村村委会召开村民代表大会以姜某某、倪某某属于本村"寄户"为由并决议:姜某某、倪某某不属本村村民,不能享有村民养老金待遇。基于村民代表大会的决定,乙村村委会从2001年5月起停发姜某某、倪某某每人每月40元的养老金。姜某某、倪某某以乙村村委会侵害自己的合法权益为由提起诉讼,诉请人民法院依法判令被告给付原告从2001年5月起每人每月40元养老金。

　　法院生效判决认为:姜某某、倪某某的户籍、居所均长期在乙村,乙村村委会与三明市三元区城东乡人民政府等相关部门以会议纪要的形式,确认姜某某、倪某某为落户该村的村民,乙村将村里的土地实际调整部分给姜某某、倪某某使用,故应认定姜某某、倪某某系该村村民。乙村村委会认为姜某某、倪某某"寄户"于该村,不是本村的村民,因我国法律未有"寄户"

的相关规定,对乙村村委会的这一主张不予支持。乙村村民代表大会通过停发姜某某、倪某某养老金的决定,违反《村民委员会组织法》中关于"村民自治章程、村规民约以及村民会议或者村民代表会议的决定不得与宪法、法律、法规和国家的政策相抵触,不得有侵犯村民的人身权利、民主权利和合法财产权利的内容"的规定,违反《中华人民共和国老年人权益保障法》(简称《老年人权益保障法》)第 4 条、第 23 条的规定,故乙村村民代表大会通过停发姜某某、倪某某养老金的决定,不具有法律意义上的约束力,属无效民事行为,乙村村委会据此停发姜某某、倪某某某养老金,侵犯了姜某某、倪某某享有的合法财产权益。故二审法院依法判决:三明市三元区城东乡乙村村民委员会补发原告姜某某、倪某某自 2001 年 5 月起至 2002 年 9 月止的养老金 1360 元,于判决生效后 5 日内支付;三明市三元区城东乡乙村村民委员会从 2002 年 10 月起按本村村民同等待遇给姜某某、倪某某发放养老金。

第四章

非法人组织

79. 什么是非法人组织？其具有什么法律特征？

非法人组织，是指不具有法人资格，但是能够依法以自己的名义从事民事活动的组织。非法人组织作为与法人相对的一种民事主体，在其与设立投资人、出资人的关系上，其不能够独立享有民事权利和承担民事义务，亦不能够独立承担民事责任。其投资人、设立人对其债务一般要承担无限责任。而在法人与其设立人、出资人的关系上，法人依法独立享有民事权利和承担民事义务，即能够独立承担民事责任。出资人仅以其对法人的出资为限承担有限责任。

非法人组织具有以下法律特征：

（1）非法人组织是不具有独立人格但能够以自己的名义进行民事活动的组织。非法人组织依法设立和取得民事主体资格，但其不具有与设立人、出资人相分离的独立人格；其虽然以自己的名义进行民事活动，但不能依法独立享有民事权利和承担民事义务。可见，非法人组织虽然与法人一样都属于民事主体，但其不是独立的民事主体，也不具有法人独立于其出资人、股东的民事权利能力和民事行为能力。

（2）非法人组织没有独立于投资人、出资人的财产，不能独立享有财产权。法人的设立需要设立人的出资，法人依法设立后，出资人的出资以及法人通过经营所创造的财富作为法人财产与设立人的财产相分离，法人享有包括财产所有权、支配权、占有权、使用收益权以及处分权在内的完整的法人财产权。但非法人组织却做不到这一点。作为非法人组织的个人独资企业的财产，包括企业设立时的初始出资财产与企业存续期间的经营利润和积累财产，都属于投资人所有。投资人对个人企业享有所有权、绝对控制权、支配权和经营决策权与企业的管理权。作为非法人组织的合伙企业，合伙企业的财产也与其出资人的个人财产没有完全分离,合伙人在合伙企业清算前私自转移或者处分合伙企业财产的,合伙企业不得以此对抗善意第三人。经其他合伙人一致同意,合伙人可以向合伙人以外的人转让其在合伙企业中的全部或者部分财产份额和以其合伙企业中的财产份额出质。这些都说明非法人企业没有独立的财产权。

(3)非法人组织不能独立承担民事责任。非法人组织不是独立的民事主体,虽然能够依法以自己的名义从事民事活动,但因其不具有独立的民事权利能力和民事行为能力,非法人组织的投资人或出资人对非法人组织的债务一般要承担无限责任(如个人独资企业的投资人)或无限连带责任(如普通合伙企业中普通合伙人)。法人作为独立的民事主体,其不仅以自己的名义独立实施民事法律行为,而且以其全部财产独立承担其民事法律行为的法律后果。非法人组织不能独立承担民事责任这一特征,使其与独立承担民事责任的法人区别开来。对于法人来讲,其全部财产不足以清偿其全部债务即资不抵债时,其只能依法重整或者宣告破产,其债权人也无权要求出资人承担清偿责任。但对于非法人组织来讲,其投资人、出资人对非法人组织的债务一般承担无限责任或无限连带责任,而不是承担有限责任。

⮑ 示例说明

魏某某于 2008 年 9 月 8 日登记注册成立个人独资企业联达厂,并领有营业执照。后来魏某某、蒋某某、卞某及祝某某于 2010 年 12 月 18 日签订合伙合同一份,约定:合伙人魏某某原独资经营的联达厂因扩建、改建需追加投资,现由魏某某、蒋某某、卞某、祝某某 4 人共同出资,合伙经营,变更为合伙经营企业;合伙人魏某某以部分厂房和土地作价 15 万元出资;蒋某某、卞某、祝某某 3 人根据实际建房及购买设备需要出资;合伙后的企业名称仍为联达厂,仍使用原魏某某领取的联达厂营业执照,原个人独资企业营业执照自合伙合同签订之日起归合伙企业所有,原投资人魏某某不得再单独使用该营业执照;蒋某某、卞某、祝某某的出资,用于新建厂房和购买机械设备,全部投资结束后,根据实际使用资金大家共同认可;魏某某、蒋某某、卞某、祝某某各 25% 的比例分配;合伙债务先由合伙财产偿还,合伙财产不足清偿时,由各合伙人共同承担。合伙合同签订后,联达厂向双赢钢铁公司(以下称双赢公司)购买焦炭用于生产。2012 年 1 月 12 日,双赢公司向法院起诉请求判令:联达厂及其合伙人魏某某、蒋某某、卞某、祝某某共同给付货款1213785.95元,并承担逾期付款利息。被告蒋某某、卞某、祝某某以2010年12月18日签订的合伙合同未出资和实际履行该合伙协议,联达厂亦仍为被告魏某某的个人独资企业进行抗辩,认为本案中的焦炭买卖业务发生于原告双赢公司与被告联达厂之间,如联达厂的资产不足以清偿债务,该厂投资人被告魏某某应该以个人财产予以清偿。

一审法院认为,本案争议焦点是对于联达厂欠货款被告蒋某某、卞某、祝某某个人应否向双赢公司承担责任。双赢公司提供的合伙合同等证据已能证明魏某某等4人之间系合伙关系,合伙人的投资未到位只能说明未诚信履约,并不能产生如同解除合同或退伙、散伙等法律行为所产生的法律效果。因此,对于双赢公司提出的联达厂系魏某某等4人合伙经营的主张,应予采信。被告联达厂按工商登记仍为个人独资企业,但事实上已转为合伙企业,只是尚未在工商部门进行变更登记,此有合伙人在合伙合同中延用原营业执照的约定为证。一审法院判决:(1)被告联达厂偿还原告双赢公司货款1213785.95元,并给付双盈公司该款自2011年10月8日起至判决确定的给付之日止按中国人民银行同期贷款利率计算的利息;(2)被告魏某某、蒋某某、卞某、祝某某对被告联达厂的上述债务承担连带清偿责任。被告蒋某某、卞某、祝某某对该判决不服,提起上诉。二审法院经依法审理判决驳回上诉,维持原判。

个人独资企业与合伙企业是两种最典型的非法人组织,虽然都能够以自己的名义进行民事活动,但相对于其设立人即投资人、出资人不能独立享有财产权,且不能独立承担民事责任。可见,上述案例揭示了非法人组织的显著特点,同时又说明了个人独资企业的投资人即设立人与合伙企业的出资人对企业的责任承担的差别。

---

80. 非法人组织具体包括哪几种? 投资人或出资人对非法人组织的债务是否负有清偿责任?

《民法总则》第102条第2款规定,非法人组织包括个人独资企业、合伙企业、不具有法人资格的专业服务机构等。第104条规定,非法人组织的财产不足以清偿债务的,其出资人或者设立人承担无限责任。法律另有规定的,依照其规定。

根据《中华人民共和国个人独资企业法》(以下简称《个人独资企业法》)第 2 条规定,个人独资企业,是指依照本法在中国境内设立,由一个自然人投资,财产为投资人个人所有,投资人以其个人财产对企业债务承担无限责任的经营实体。

根据《中华人民共和国合伙企业法》(以下简称《合伙企业法》)第 2 条第 1 款规定,合伙企业,是指自然人、法人和其他组织依照本法在中国境内设立的普通合伙企业和有限合伙企业。

(1)普通合伙企业。《合伙企业法》第 2 条第 2 款规定,普通合伙企业由普通合伙人组成,合伙人对合伙企业债务承担无限连带责任。本法对普通合伙人承担责任的形式有特别规定的,从其规定。可见,普通合伙企业主要是指由普通合伙人组成,合伙人对企业债务承担无限连带责任的企业。所谓无限连带责任是指合伙人以自己的全部财产对合伙企业的债务承担无限责任;而合伙人之间对合伙企业债务的承担是连带的,即所有合伙人对合伙企业的债务都负有全部偿还的义务,当偿还的数额超过自己应承担的数额时,有权向其他合伙人追偿。

(2)有限合伙企业。根据《合伙企业法》第 2 条第 3 款规定,有限合伙企业由普通合伙人和有限合伙人组成,普通合伙人对合伙企业债务承担无限连带责任,有限合伙人以其认缴的出资额为限对合伙企业债务承担责任。

(3)特殊的普通合伙企业。《合伙企业法》第 2 条第 2 款规定,本法对普通合伙人承担责任的形式有特别规定的,从其规定。《合伙企业法》第 55 条第 1 款和第 2 款规定,以专业知识和专门技能为客户提供有偿服务的专业服务机构,可以设立为特殊的普通合伙企业。特殊的普通合伙企业是指合伙人依照本法第 57 条的规定承担责任的普通合伙企业。《合伙企业法》第 57 条规定,一个合伙人或者数个合伙人在执业活动中因故意或者重大过失造成合伙企业债务的,应当承担无限责任或者无限连带责任,其他合伙人以其在合伙企业中的财产份额为限承担责任。合伙人在执业活动中非因故意或者重大过失造成的合伙企业债务以及合伙企业的其他债务,由全体合伙人承担无限连带责任。《合伙企业法》第 58 条规定,合伙人执业活动中因故意或者重大过失造成的合伙企业债务,以合伙企业财产对外承担责任后,该合伙人应当按照合伙协议的约定对给合伙企业造成的损失承担赔偿责任。不具有法人资格的专业服务机构如会计师事务所、律师事务所等一般采取特殊的普通合伙企业这种形式。因此,《民法总则》第 102 条第 2 款规定,非法人组织包括不具有法人资格的专业服务机构等。

✿ 示例说明

　　袁某与杨某各出资 400 万元合伙成立务农食品加工厂。由于办理合伙企业要到市工商局办理设立登记，花费时间较长，自名称核准到下发营业执照大约需要 1 个月的时间。如注册个人独资企业在区工商局就可办理，一两天就可领取营业执照。为了便宜行事，遂依袁某的名义申请设立了个人独资企业务农食品加工厂，由袁某任命出纳，杨某安排会计。袁某与杨某起草的合伙协议书，因注册个人独资企业时不需要提供，双方未在上面签名。袁某认为合伙重在信誉，合伙协议签与不签无关紧要，双方对合伙人的出资比例、利益分成等都已协商好了，再由双方安排财务人员互相监督，就不会出现什么问题。天有不测风云，务农食品加工厂仅经营了几个月，就亏损达 100 多万元，致使不能为继。杨某贷款出资，亏损后无力偿还，但杨某深知打官司的个中技巧，发现袁某手中并没有合伙协议，能够证明合伙的企业账目又都掌握在自己的手中，遂凭账册中由袁某签收的"今收到杨某现金 200 万元"的收据，向法院起诉，请求判决袁某偿还借款 200 万元及其利息。一审法院经审理，判决袁某偿还杨某本息合计 216 万余元。判决生效后，袁某向检察机关申诉，某市人民检察院提起抗诉。该市中级人民法院经指定原审法院再审，再审依然认定借贷成立，维持原判。袁某不服该判决提起上诉，经市中级人民法院审理，认定借贷关系不成立，200 万元属于合伙出资，判决撤销原判决，驳回杨某的诉讼请求，原审、二审案件受理费由杨某负担。

　　本案中，袁某和杨某口头约定，共同出资、共同经营、共担风险进行食品加工，属于个人合伙。司法实践中，当事人之间没有书面合伙协议，又未经工商行政管理部门核准登记，但具备合伙的其他条件，又有两个以上无利害关系人证明有口头合伙协议的，人民法院可以认定为合伙关系。本案中，只要袁某能够根据上述规定提供证据证明其与杨某存在口头合伙协议，即可证明他们之间构成个人合伙，由此即可断定，袁某签收的 200 万元的收据为杨某的合伙出资凭证，而不是袁某向杨某的借款凭据。

　　在现实合伙企业的设立中，往往由于当事人之间基于朋友、熟人关系或者亲戚关系等，彼此之间过于信任，而对于投资方式及企业的设立不按法定程序办理，从而为纠纷的发生埋下隐患。像本案揭示的那样，由于合伙人急于进行合伙经营,仅以袁某的名义设立独资企业,而双方亦未签署合伙协议,因此,在合伙事务亏损的情况下,非独资企业设立人就有可能否认自己的合伙身份,以借款为由要求还款,以图逃避承担合伙亏损责任。而在合伙事务盈利的情形下,独资企业设立人也有可能否定其他投资人的合伙身份,以借款为由退款,企图独吞合伙盈利。

81. 非法人组织的设立方式有几种?

《民法总则》第 103 条规定,非法人组织应当依照法律的规定登记。设立非法人组织,法律、行政法规规定须经有关机关批准的,依照其规定。据此,非法人组织的设立方式有两种,即采取准则主义和许可主义。所谓设立的准则主义,是指非法人组织的设立不经有关行政管理部门审批,只需具备法律规定的成立条件,即可在有关行政管理机关登记设立。所谓设立的许可主义,是指非法人组织的设立除了具备法律规定的基本条件外,还必须按照法律、行政法规规定的经有关行政管理机关的批准方可设立。有关行政管理机关经审查不符合条件的,将不予批准设立。许可设立主义,又被称为法人核准设立主义。非法人组织经登记或审批核准而设立,自登记之日领取营业执照之日起即具备民事主体资格,即可开始经营活动。到其依法终止时起其民事主体资格消灭。

▢ 示例说明

根据《中华人民共和国律师法》(简称《律师法》)第 14 条规定,律师事务所是律师的执业机构。设立律师事务所应当具备下列条件:(1)有自己的名称、住所和章程;(2)有符合本法规定的律师;(3)设立人应当是具有一定的执业经历,且 3 年内未受过停止执业处罚的律师;(4)有符合国务院司法行政部门规定数额的资产。根据《律师法》第 15 条规定,设立合伙律师事务所,除应当符合本法第 14 条规定的条件外,还应当有 3 名以上合伙人,设立人应当是具有 3 年以上执业经历的律师。合伙律师事务所可以采用普通合伙或者特殊的普通合伙形式设立。合伙律师事务所的合伙人按照合伙形式对该律师事务所的债务依法承担责任。根据《律师法》第 16 条规定,设立个人律师事务所,除应当符合本法第 14 条规定的条件外,设立人还应当是具有

5 年以上执业经历的律师。设立人对律师事务所的债务承担无限责任。根据《律师法》第 18 条规定,设立律师事务所,应当向设区的市级或者直辖市的区人民政府司法行政部门提出申请,受理申请的部门应当自受理之日起 20 日内予以审查,并将审查意见和全部申请材料报送省、自治区、直辖市人民政府司法行政部门。省、自治区、直辖市人民政府司法行政部门应当自收到报送材料之日起 10 日内予以审核,作出是否准予设立的决定。准予设立的,向申请人颁发律师事务所执业证书;不准予设立的,向申请人书面说明理由。根据上述规定可知,合伙律师事务所、个人律师事务所作为不具有法人资格的专业服务机构即非法人组织,其设立方式为设立许可主义,即其设立除了具备法律规定的基本条件外,还必须按照法律、行政法规规定的经有关行政管理机关的审核批准方可设立。

----

82. 非法人组织的代表人如何确定?

非法人组织的代表人是代表非法人组织与其他民事主体开展民事活动的人。《民法总则》第 105 条规定,非法人组织可以确定一人或者数人代表该组织从事民事活动。

《个人独资企业法》第 19 条规定,个人独资企业投资人可以自行管理企业事务,也可以委托或者聘用其他具有民事行为能力的人负责企业的事务管理。一般情况下,个人独资企业的投资人自行管理企业事务并作为代表人代表企业从事民事活动。其委托或聘用他人负责企业的事务管理的,投资人可以指定被委托或被聘用人作为代表人代表企业从事民事活动。

根据《合伙企业法》第 26—29 条规定,合伙人对执行合伙事务享有同等的权利。按照合伙协议的约定或者经全体合伙人决定,可以委托一个或者数个合伙人对外代表合伙企业,执行合伙事务,其他合伙人不再执行合伙事务。不执行合伙事务的合伙人有权监督执行事务合伙人执行合伙事务的情况。执行事务合伙人应当定期向其他合伙人报告事务执行情况以及合伙企业的经营和财务状况,其执行合伙事务所产生的收益归合伙企业,所产生的费用和亏损由合伙企业承担。合伙人为了解合伙企业的经营状况和财务状况,有权查阅合伙企业会计账簿等财务资料。受委托执行合伙事务的合伙人不按照合伙协议或者全体合伙人的决定执行事务的,其他合伙人可以决定撤销该委托。

　　在此需要说明的是,合伙企业的代表人与执行合伙人并非同一概念,但从其负责内部管理和对外代表合伙企业的职权以及产生方式与人数规定来看,合伙企业的代表人应当由合伙执行人担任。否则,在合伙执行人之外另行确定代表人不仅会增加合伙企业的负担,而且会导致合伙企业代表人和执行人的机构与职能重叠,使问题变得复杂化,不利于合伙企业内部管理和对外开展活动。

❧ 示例说明

　　2013 年 3 月 25 日,陈某与谢某某、施某某、徐某某 4 人共同出资成立了合伙企业某某县龙飞石材厂,并签订了合伙协议,约定:谢某某以实物出资28 万元,占投资比例的 28%,其余 3 人均以现金出资 24 万元,各占投资比例的 24%;按出资比例分配利润、承担亏损。陈某某被合伙人一致选举为合伙企业事务执行人及负责人,办理了合伙企业的工商登记。龙飞石材厂设立登记后,陈某某代表企业与喜盈公司订立合同,约定以 20 万元的价款向喜盈公司购买采石机一台。合同签订后,喜盈公司按约定时间供货。但谢某某、施某某、徐某某 3 人认为,陈某某未经征得其他合伙人同意,擅自购买采石机的行为无效,不同意龙飞石材厂向喜盈公司支付货款。为此,喜盈公司提起诉讼,要求支付货款。

　　根据《合伙企业法》第 26 条第 1 款和第 2 款规定,合伙人对执行合伙事务享有同等的权利。按照合伙协议的约定或者经全体合伙人决定,可以委托一个或者数个合伙人对外代表合伙企业,执行合伙事务。《合伙企业法》第 27 条第 1 款规定,依照本法第 26 条第 2 款规定委托一个或者数个合伙人执行合伙事务的,其他合伙人不再执行合伙事务。本案例中,作为合伙人之一的陈某某由其他 3 位合伙人一致选举为合伙事务执行人和负责人,符合法定程序。因此,陈某某有代表其他合伙人执行合伙事务的权利。作为合伙企业龙飞石材厂的合伙事务执行人和负责人,其代表企业与喜盈公司订立购买采石机的行为,只要其与对方当事人喜盈公司之间没有恶意串通损害合伙企业利益,该合同就合法有效。谢某某、施某某、徐某某 3 人不能以陈某某未经征得其他合伙人同意,擅自购买采石机的行为主张无效,因此,龙飞石材厂负有向喜盈公司支付货款的义务。

83. 非法人组织应当解散的情形有哪些？

《民法总则》第 106 条规定,有下列情形之一的,非法人组织解散:(1)章程规定的存续期间届满或者章程规定的其他解散事由出现;(2)出资人或者设立人决定解散;(3)法律规定的其他情形。第 107 条规定,非法人组织解散的,应当依法进行清算。《民法总则》作为民商事法律的纲领性和引领性法律规范,其具体内容只能由相关法律作出详细规定。

《个人独资企业法》第 26 条规定,个人独资企业有下列情形之一时,应当解散:(1)投资人决定解散;(2)投资人死亡或者被宣告死亡,无继承人或者继承人决定放弃继承;(3)被依法吊销营业执照;(4)法律、行政法规规定的其他情形。第 27 条规定,个人独资企业解散,由投资人自行清算或者由债权人申请人民法院指定清算人进行清算。投资人自行清算的,应当在清算前 15 日内书面通知债权人,无法通知的,应当予以公告。债权人应当在接到通知之日起 30 日内,未接到通知的应当在公告之日起 60 日内,向投资人申报其债权。第 28 条规定,个人独资企业解散后,原投资人对个人独资企业存续期间的债务仍应承担偿还责任,但债权人在 5 年内未向债务人提出偿债请求的,该责任消灭。第 29 条规定,个人独资企业解散的,财产应当按照下列顺序清偿:(1)所欠职工工资和社会保险费用;(2)所欠税款;(3)其他债务。第 30 条规定,清算期间,个人独资企业不得开展与清算目的无关的经营活动。在按前条规定清偿债务前,投资人不得转移、隐匿财产。第 31 条规定,个人独资企业财产不足以清偿债务的,投资人应当以其个人的其他财产予以清偿。第 32 条规定,个人独资企业清算结束后,投资人或者人民法院指定的清算人应当编制清算报告,并于 15 日内到登记机关办理注销登记。

《合伙企业法》第 85 条规定,合伙企业有下列情形之一的,应当解散:(1)合伙期限届满,合伙人决定不再经营;(2)合伙协议约定的解散事由出现;(3)全体合伙人决定解散;(4)合伙人已不具备法定人数满 30 天;(5)合伙协议约定的合伙目的已经实现或者无法实现;(6)依法被吊销营业执照、责令关闭或者被撤销;(7)法律、行政法规规定的其他原因。第 86 条规定,合伙企业解散,应当由清算人进行清算。清算人由全体合伙人担任;经全体合伙人过半数同意,可以自合伙企业解散事由出现后 15 日内指定一个或者数个合伙人,或者委托第三人,担任清算人。自合伙企业解散事由出现之日起 15 日内未确定清算人的,合伙人或者其他利害关系人可以申请人民法院指定清算人。第 87 条规定,清算人在清算期间执行下列事务:(1)清理合伙企业财产,分别编制资产负债表和财产清单;(2)处理与清算有关的合伙企业未了结事务;(3)清缴所欠税款;(4)清理债权、债务;(5)处理合伙企业清偿债务后的剩余财产;(6)代表合伙企业参加诉讼或者仲裁活动。第 88 条规定,清算人自被确定之日起 10 日内将合伙企业解散事项通知债权人,并于60 日内在报纸上公告。债权人应当自接到通知书之日起 30 日内,未接到通知书的自公告之日起 45 日内,向清算人申报债权。债权人申报债权,应当说明债权的有关事项,并提供证明材料。清算人应当对债权进行登记。清算期间,合伙企业存续,但不得开展与清算无关的经营活动。第 89 条规定,合伙企业财产在支付清算费用和职工工资、社会保险费用、法定补偿金以及缴纳所欠税款、清偿债务后的剩余财产,依照本法第 33 条第 1 款的规定进行分配。第 90 条规定,清算结束,清算人应当编制清算报告,经全体合伙人签名、盖章后,在 15 日内向企业登记机关报送清算报告,申请办理合伙企业注销登记。第 91 条规定,合伙企业注销后,原普通合伙人对合伙企业存续期间的债务仍应承担无限连带责任。第 92 条规定,合伙企业不能清偿到期债务的,债权人可以依法向人民法院提出破产清算申请,也可以要求普通合伙人清偿。合伙企业依法被宣告破产的,普通合伙人对合伙企业债务仍应承担无限连带责任。

✧ 示例说明

2011 年 7 月 20 日,渠某某与魏某某为设立支点事务所签订了企业合伙协议:经营期限为长期,合伙目的为搞活市场经济,方便群众;合伙企业注册资本金 10 万元,魏某某出资 9 万元,渠某某出资 1 万元;合伙人对执行合伙企业事务享有同等的权利,对合伙企业事务实行一人一票的表决办法;经全体合伙人协商,委托魏某某为合伙企业事务执行人;出现全体合伙人决定解散、合伙人已不具备法定人数、合伙协议约定的合伙目的已经实现或无法实现等情形的,合伙企业可以解散;在不给合伙企业事务执行造成不利影响情况下,合伙人可以退伙。2011 年 7 月 27 日,支点事务所经某某市某某工商行政管理局某某经济开发区分局审核准予登记。支点事务所在申请设立登记期间应提交的文件材料,均由魏某某办理,支点事务所办公用房 8 间,计860 平方米,亦系由魏某某无偿提供。该事务所为多家公司提供知识产权代理服务，并招聘了 20 余名员工从事知识产权代理业务，渠某某担任现金会计。截至 2015 年 7 月，该事务所在某某市社会保险基金管理中心正常参保缴费职工尚有 10 名。

2014 年 2 月，渠某某和魏某某产生矛盾，渠某某因此将支点事务所的营业执照等及专利代理机构注册证书正副本及公章、私章从支点事务所带走，此后未再回该所工作。2015 年 1 月 22 日，渠某某通过特快专递向魏某某寄交了"撤销执行合伙人委托决定书"，撤销对魏某某执行合伙事务的委托。4 月 15 日，魏某某以特快专递方式向渠某某发出"除名通知"，通知渠某某被除名，合伙人身份失效。4 月 20 日，渠某某通过特快专递向魏某某寄交了"除名通知"和"除名决议"，将魏某某除名。之后，渠某某以合伙人已经不具备法定人数，合伙目的无法实现，且原告知情权被侵犯为由，提起诉讼，请求解散支点事务所。

一审人民法院审理认为：支点事务所作为合伙企业其合伙目的不存在不能实现的情形，亦不存在必须解散的事由。原告渠某某不愿合伙，可以依法选择退伙，退伙并不当然损害渠某某利益。遂判决驳回原告渠某某要求解散支点事务所的诉讼请求。渠某某不服原审判决，提起上诉。二审人民法院经审理后认为，合伙企业协议约定"以长期经营为目的"，且正在正常经营期间的，不能因合伙人内部之间出现矛盾而视为"合伙目的不能实现"；合伙企业仍在经营，合伙人之一认为出现矛盾导致人合性丧失的，应首先选择退伙，而无须合伙企业解散。二审法院依法判决：驳回上诉，维持原判。

第五章

民 事 权 利

84. 什么是自然人的一般人格权？

人格权是作为民事主体必备的、以人格利益为内容,并为法律所承认和保护的民事权利。自然人的人格权分为一般人格权和具体人格权。一般人格权是指以自然人的全部人格利益为标的的总括性权利,主要包括人格尊严权、人身自由权等。对此,《民法总则》第 109 条明确规定,自然人的人身自由、人格尊严受法律保护。这是《中华人民共和国宪法》规定的"国家尊重和保障人权"原则在民法中的具体体现。这里的"自然人的人身自由",是指民法意义的人身自由,即自然人享有的居住自由、迁徙自由与就业自由;有从事创作、发明创造和提升自己人格发展的自由;有依法行使人身权的自由。自然人的人身自由不容非法剥夺和限制,并允许人们遵循法无禁止即可为的自由原则从事民事活动,当然,违背公序良俗者除外。

自然人人格尊严权是一个高度抽象的概念,它是具体人格权所体现的核心内容。人格尊严权从正面和积极意义上定义有一定的困难,但是从其反面和否定人的尊严的消极意义看,人格尊严权不得将人工具化、动物化,不得将人只是当作手段,不得将人当作奴役的工具和奴隶,不得非法剥夺人的生命权、健康权和身体完整权,不得任意毁损和侮辱人的名誉,不得任意践踏人类的道德、正义情感和进行这样或那样的严重冒犯他人人格的行为。自然人的人格尊严权受法律保护,不容剥夺和侵犯,对侵犯自然人人格尊严权的行为应当依法制裁和承担相应的法律责任。

⊕ **示例说明**

原告张某起诉称:2007 年 6 月 11 日,原告与孙某登记结婚。2008 年 1

月 14 日,孙某生育一女张某某。张某某出生后,原告的邻居及朋友均称其与原告不像,并非原告亲生女儿,原告每日为此受人非议,深感苦恼。2008 年 8 月 12 日,原告委托西安交通大学法医学司法鉴定中心进行亲子关系鉴定,该中心认为原告与张某某无生物学亲子关系,原告为此在精神上遭受重大打击。为查明其亲生父亲,经某某司法鉴定中心对张某某与被告李某之间是否存在亲子关系进行鉴定,经鉴定,该中心认为被告与张某某存在亲子血缘关系,原告为此再次遭受精神痛苦。原告认为,原告虽不是张某某亲生父亲,但仍对张某某进行了抚养,被告行为严重伤害了原告的人格权利,为此,原告诉至法院,要求被告赔偿原告精神损害抚慰金、鉴定费、交通费、抚养费、生育费等费用 30 万元。

一审法院认为,相对法律明确规定的特别人格权而言,一般人格权指的是公民享有的,以人格独立、人格自由和人格尊严为主要内容的一般人格利益。一般人格权的侵权构成要件除要求权利人的一般人格权受到侵害外,还要求侵权人主观上存在过错、侵权行为的违法性以及侵权行为与损害后果之间具有因果关系。本案中,孙某与原告张某登记结婚后,其作为原告妻子对原告负有忠实义务,但孙某与原告登记结婚之前,孙某在法律上对原告并无此项义务。被告与孙某发生两性关系致孙某怀孕,孙某于 2008 年 1 月 14 日生育张某某,张某某的出生孕周为 38 周,以此推算,孙某的受孕时间应在其与原告登记结婚之前。原告误认张某某是其亲生女儿而抚养,并在知悉张某某非己亲生时受到一定的精神痛苦。被告与孙某的行为在客观上对原告的一般人格权造成了一定的损害,但由于两人的行为发生在原告与孙某登记结婚之前,对此,被告在主观上没有侵害原告一般人格权的过错,其行为也未违反法定义务,故不应承担侵权责任。原告认为被告与孙某发生两性关系致孙某怀孕并生育张某某,严重伤害了原告的一般人格利益,要求被告赔偿精神损失抚慰金、鉴定费、交通费等费用,该主张缺乏法律依据,法院难以支持。原告主张的抚养费、生育费等费用,因原告与孙某尚未离婚,其在张某某出生、成长过程中支出的费用本属原告与孙某的夫妻共同财产,应由二人共同主张,且此项费用与本案并非同一法律关系,原告可另行主张。据此,依法判决:驳回原告张某的诉讼请求。一审宣判后,原告张某不服提起上诉,请求二审法院撤销原判,依法予以改判。二审法院认为,原审法院认定事实清楚,适用法律正确,判决得当,遂判决驳回上诉,维持原判。

85. 自然人和法人享有的具体人格权包括哪些？

根据《民法总则》第110条规定,自然人享有的具体人格权包括生命权、身体权、健康权、姓名权、肖像权、名誉权、荣誉权、隐私权、婚姻自主权等权利。法人、非法人组织享有名称权、名誉权、荣誉权等权利。

（1）生命权,是自然人享有的以生命维持和生命安全为内容的权利。生命权是人格利益的集中代表和体现,是最基本的人格权。

（2）身体权,是指自然人对其肢体、器官和其他组织的完整依法享有的权利。

（3）健康权,是自然人享有的以保持其身体和精神状况良好为内容的人格权。

（4）姓名权,是自然人依法享有的决定、使用和变更自己的姓名并要求他人尊重自己姓名的一种人格权利。法律保护自然人姓名权,冒用、盗用他人姓名的行为应当依法承担法律责任。

（5）名称权,是法人或非法人组织依法享有的名称使用权、名称转让权和其名称被冒用、盗用时的获得救济的权利。名称是法人或非法人组织标示和代表自身的符号,是一个以标明其法律地位或法律人格,并在各种活动中与其他法人或非法人组织相区别的基本标志。法律保护法人或非法人组织对其名称享有的专有权,冒用、盗用法人或非法人组织名称的行为应当依法承担法律责任。

（6）肖像权,是指公民享有的通过某种形式再现自己的形象和禁止他人使用自己肖像的权利。肖像通常包括照片、画像、雕像等表现形式。肖像权的内容主要包括:公民拥有制作自己肖像的专有权,他人不得干涉;公民有权依法使用自己的肖像并通过肖像的利用取得精神上的满足和财产上的利益;公民有权禁止他人恶意非法毁损、玷污和丑化自己的肖像。

（7）名誉权,是自然人、法人或非法人组织都享有的一种人格权利。名誉权,是自然人、法人或非法人组织就其自身的社会活动获得公正评价和保有、维护这种评价的人格权利,法律禁止对自然人、法人或非法人组织的名誉进行污损、侮辱和诽谤。

（8）荣誉权,是自然人、法人或非法人组织都享有的一种权利,是自然人、法人或非法人组织对国家、社会团体或者其他社会组织包括国际组织等授予的荣誉享有的保有权和使用支配权。

(9)隐私权,是自然人享有的私人生活安宁与私人信息、秘密依法受到保护,不被他人非法侵扰、知悉、散布或公开并利用的一种人格权,其内容为自然人享有的与社会公共利益、群体利益无关的对其个人信息保密以及对其私生活和私有领域自己支配和不被他人非法干扰、干涉的人格利益。隐私权主要包括以下内容:个人生活安宁权、个人生活信息保密权、个人通信秘密权和个人隐私使用权。

(10)婚姻自主权,是指达到结婚年龄且依法具有结婚能力的自然人享有的婚姻自主权,包括结婚、离婚自主权。自然人享有自主决定其婚姻的缔结与解除的权利,他人无权干涉。

◈ **示例说明**

某日晚,邢某某到一家饭店就餐,其间看见一群警察聚集在服务台处,她便凑过去与老板说了几句话后,又回到客厅就餐。第二天晚间当地电视新闻节目中播放了一组警察进行治安清查的画面,其中竟有邢某某被警察围在当中的镜头,画面伴有"在此次扫黄行动中共查获卖淫女 4 名"等解说词。当晚电视新闻节目播放后,邢某某的熟人在私下开始传播邢某某"卖淫"被抓的消息。邢某某看到这一报道和得知人们的负面评价后,受到严重精神打击,整日精神恍惚、夜不能寐。本案中,电视画面中出现的邢某某被警察团团围住,同时又配以"抓获卖淫女"的解说词,已足以使人相信邢某某是卖淫女,且现实中人们已对邢某某的人格进行非议,对其无中生有的"卖淫"活动进行传播,对邢某某的名誉造成了事实上的损害。涉案电视台的行为侵害了邢某某的名誉权,对此,邢某某可以自己的名誉权受到损害为由向法院提起诉讼,请求法院判令电视台赔礼道歉、消除影响,并进行精神损害赔偿。

---

86. 什么是个人信息权?

个人信息权,是指自然人所享有的对其个人信息的控制、利用和排除他人侵害的权利。对于侵害自然人个人信息权的行为应当依法承担法律责任。根据《网络安全法》的规定,个人信息,是指以电子或者其他方式记录的能够单独或者与其他信息结合识别自然人个人身份的各种信息,包括但不限于自然人的姓名、出生日期、身份证件号码、个人生物识别信息、住址、电话号码等。个人信息保护不仅与自然人的人格尊严、免受非法侵扰和个人生活安宁与财产安全密切相关,而且对维护正常的社会生活秩序也具有特别重要的意义。因此,《民法总则》对自然人的信息权利保护达到了前所未有的高度。

(1)任何组织和个人需要获取他人个人信息的,应当依法取得并确保信息安全。即任何组织和任何个人不得未经自然人的允许或者违反法定程序或者超过法定范围要求他人提供个人信息;对依法取得的他人信息,负有确保信息安全和不被盗用、泄露和其他危及个人信息安全的义务,如档案管理机构不得篡改、毁坏、遗失其管理的个人档案中的原始个人信息。

(2)不得非法收集、使用、加工、传输他人个人信息。即任何组织和个人不得采取盗窃、购买、诈骗等方式或者其他方式违法收集他人信息,并非法使用他人信息以达到其商业目的或其他目的,不得非法加工和传输他人个人信息。

(3)任何组织和个人不得非法买卖、提供或者公开他人个人信息。即任何组织和个人无论对通过什么途径和什么方式,包括正常经营或者利用其管理职能,抑或非正常途径或非法途径获得和占有的他人个人信息,也不得为获利出卖、无偿提供或者以任何方式加以公开散布和泄露。

❍ 示例说明

2015年3月至2016年9月1日间,郭某某利用其原在某信息技术服务公司工作的便利和通过QQ群交换等途径,非法获取楼盘业主、公司企业法定代表人及股民等的姓名、电话、住址及工作单位等各类公民个人信息,上传存储于“腾讯微云”其个人账户内。后通过QQ群发布信息,将上述非法获取的公民个人信息出售给他人,从中非法获利人民币4000元。厦门市思明区人民检察院于2016年9月30日以涉嫌侵犯公民个人信息罪对郭某某批准逮捕。12月30日,以侵犯公民个人信息罪向厦门市思明区人民法院提起公诉。2017年1月11日,厦门市思明区人民法院以侵犯公民个人信息罪判处被告人郭某某有期徒刑7个月,并处罚金2000元。

当前,除行政管理机关和金融、电信、交通等单位接触大量的公民个人信息外,宾馆、快递等服务行业在提供服务的过程中,也会获取大量的公民个人信息。单位、公司的个别员工为了获取非法利益,违反职业道德和保密义务,将在工作中获得的公民个人信息资料出售或提供给他人,对公民的人身、财产安全及正常工作生活造成了严重威胁,应依法严惩。本案被告人郭某某原在某信息技术服务有限公司工作,郭某某在工作中接触和获取大量包含公民姓名、所在公司、联系电话等信息,辞职后将工作中获取的公民个人信息上传至个人网络储存空间,利用 QQ 等社交软件与他人交换这些公民个人信息,并出售牟利。被告人郭某某出售、提供履职、服务过程中获得的公民个人信息,具有更大的社会危害性,构成侵犯公民个人信息罪,依法应当承担刑事责任。

在此,需要指出的是,非法获取的公民个人信息出售给他人,给信息权人造成物质性损害的,还应当按照《侵权责任法》的规定依法向受害人承担民事侵权责任。

---

87. 什么是自然人的身份权?

身份权是指自然人因婚姻、家庭关系等产生的人身权利,包括配偶权、亲权和亲属权。

配偶权是指男女双方因登记结婚即结为夫妻而相互享有的身份权,即夫妻互为配偶的身份权,这主要包括以下内容:(1)姓名权,即夫妻都有各用自己姓名的权利。(2)同居权,即夫妻共同生活的权利,包括性生活的权利。相互尽到忠诚义务,彼此尊重。同居权既是夫妻双方的权利,也是双方的义务。(3)夫妻人身自由权,夫妻双方都有参加生产、工作、学习和社会活动的自由,一方不得对他方加以限制或干涉。(4)夫妻相互扶养义务,即一方不履行扶养义务时,需要扶养的一方,有要求对方付给扶养费的权利。(5)家事相互代理权以及对共同财产拥有共同所有权、管理权、用益处分权。

亲权是指父母基于其父母身份对未成年人子女享有的身份权,我国《婚姻法》没有采用亲权的概念,但规定了亲权的相应内容,即父母对子女有抚养教育的义务,父母不履行抚养义务时,未成年的或不能独立生活的子女有要求父母付给抚养费的权利。"不能独立生活的子女",是指尚在校接受高中及其以下学历教育,或者丧失或未完全丧失劳动能力等非因主观原因而无法维持正常生活的成年子女。"抚养费",包括子女生活费、教育费、医疗费等费用。父母有保护和教育未成年子女的权利和义务。此外,对于未成年子女的财产,父母有管理和保护的义务。

　　亲属权是指除夫妻间的配偶身份权、父母子女间的身份权即亲权之外的亲属身份权,即夫或妻与其兄弟姐妹、祖父母、外祖父母之间的身份权。《婚姻法》第 28 条规定,有负担能力的祖父母、外祖父母,对于父母已经死亡或父母无力抚养的未成年的孙子女、外孙子女,有抚养的义务。有负担能力的孙子女、外孙子女,对于子女已经死亡或子女无力赡养的祖父母、外祖父母,有赡养的义务。《婚姻法》第 29 条规定,有负担能力的兄、姐,对于父母已经死亡或父母无力抚养的未成年的弟、妹,有扶养的义务。由兄、姐扶养长大的有负担能力的弟、妹,对于缺乏劳动能力又缺乏生活来源的兄、姐,有扶养的义务。

☐ 示例说明

　　殷某某与江某某于 1998 年 2 月登记结婚,并生育一女。2008 年 6 月 13 日,江某某与一女子冒用殷某某的名义及身份至民政局婚姻登记处申请办理离婚登记,民政局向江某某及该女子颁发了离婚证。2010 年 3 月 16 日,民政局为江某某与张某两人办理了结婚登记并颁发了结婚证。2010 年 3 月 26 日,江某某因意外至颅脑损伤身亡。2010 年 4 月 9 日,殷某某起诉至法院,要求撤销离婚证。法院于 2010 年 7 月 22 日作出行政判决,确认民政局 2008 年 6 月 13 日颁发离婚证的具体行政行为违法。民政局不服,提出上诉。二审法院于 2010 年 10 月 8 日作出行政判决,驳回上诉、维持原判。2011 年 5 月 19 日,殷某某再次提起行政诉讼,要求确认某某市民政局为江某某、张某颁发的结婚证的具体行政行为违法。

　　本案中,殷某某、江某某于 1998 年 2 月依法登记结婚后,成立合法的婚姻关系,江某某虽已死亡,殷某某作为配偶的身份依然存在,其基于配偶的身份依法享有财产权、继承权等相关民事权利。2010 年 3 月 16 日,某某市民政局向江某某和张某颁发了结婚证,该具体行政行为违反了我国《婚姻法》所规定的“一夫一妻制”的原则,必然会影响殷某某作为江某某配偶所应当享有遗产继承权以及对于共有财产、遗留债权债务的处分等相关权利的实现。本案民政局发证程序无瑕疵,但基于江某某的违法情形,其所作出的颁发给江某某、张某结婚证的具体行政行为在实体上存在错误,法院经审理确认民政局于 2010 年 3 月 16 日颁发的结婚证的具体行政行为无效。

---

88. 什么是物权？物权包括哪些？

根据《民法总则》第 114 条规定，民事主体依法享有物权。物权是权利人依法对特定的物享有直接支配和排他的权利。据此，物权具有以下特点：一是物权的客体是特定物，而不是非特定物，作为物权客体的特定物，其特定性在于一个物权的客体应以一物为原则，一个物权尤其是所有权不能存在于两个物之上，即一物一权原则。二是物权是一种支配权，以直接支配物为内容，且物权人可以自己的意思享有物权。三是物权具有排他性，物权为物权人所独享，其他人既无权分享也无权干涉。

根据《民法总则》第 114 条第 2 款规定，物权包括所有权、用益物权和担保物权。所有权是指物权人即权利人依法对自己的物享有占有、使用、收益和处分的权利。所有权是权利人对物的使用价值和交换价值完全支配的权利，因此被称为完全物权。所有权人有权排除其他任何人对其物的占有、使用和支配。用益物权是指权利人依法对物享有占有、使用和收益的权利，它是以支配物的使用价值为内容的物权。建设用地使用权、土地承包经营权、宅基地使用权和地役权是我国《物权法》规定的几种最为典型的用益物权。担保物权，是指债权人为确保债权的实现，在债务人或第三人所有的物或权利上设定的，在债务人不履行到期债务或者发生当事人约定的实现担保物权的情形时，依法享有就担保财产变价优先受偿的权利。担保物权主要包括抵押权、质权和留置权。《物权法》第 40 条规定，所有权人有权在自己的不动产或者动产上设立用益物权和担保物权。用益物权人、担保物权人行使权利，不得损害所有权人的权益。

⇨ **示例说明**

德威特电力公司的全体股东为翟某某与刘某某两人。2005 年，该公司与翟某某、刘某某协商借用两人的名义办理房屋购买贷款手续，首付、月供及相关税费均由该公司承担，房屋产权及今后由该房屋产生的权益归该公司所有，并约定该公司可以随时要求两被告将房屋产权转移到该公司名下。2007 年 3 月 7 日，翟某某、刘某某两人取得该房屋所有权证书，该证书记载，该房屋为两人共有，共有份额为翟某某 52%、刘某某 48%。现德威特电力公司诉至法院，要求确认北京市海淀区某某路甲 48 号 1—4 号楼 10A 的房屋归该公司所有,要求两被告办理房屋所有权的转移手续。

一审法院经审理认为:德威特电力公司提供的转账支票存根、支票领用登记单、招商银行一卡通、专项维修资金收据、契税专用税收缴款书、"房屋租赁合同"等证据可以形成证据链,显示德威特电力公司购买并支付了首付款,剩余房款也是由德威特电力公司每月按期偿还。上述证据可以充分证明德威特电力公司是以翟某某、刘某某的名义购买了该房屋,是该房屋的真正购买人,也是该房屋的实际所有权人。

一般说来,同一物上的法律物权与事实物权应当是一致的,但在本案中,基于德威特电力公司保留物权的意思表示,使法律物权与事实物权这两种在常态下统一于该诉争房屋的权利实际上发生了分离。依据《物权法》的规定,不动产物权经法律行为而取得、设定、丧失及变更,非经登记不发生效力。现行法律从保护交易安全出发,注重权利的外观,把登记作为不动产物权的法定公示方式,赋予登记以公信力。但赋予登记以公信效力,仅是为保护因善意信赖登记而取得不动产权利的第三人所设,而在当事人之间,登记名义人尚不能仅主张登记之公信力以否认真实权利的存在,倘登记原因存在瑕疵,在第三人取得不动产权利前,真正权利人仍得对登记名义人主张其真实权利之存在。换言之,在不涉及第三人利益的情况下,当事实物权与法律物权发生不一致时,法律注重客观事实,虽然事实物权人对不动产的支配缺少登记的公示形式,但只要有充分的证据证明事实物权人有合法的依据足以确定该不动产的最终归属,就应当保护该事实物权人的真实权利。因此,在本案中,翟某某、刘某某仅凭公证书无法证明其对上述房屋享有实际的产权和完全的使用权。

89. 物权客体包括哪些?什么是物权法定原则?

物权客体是指物权所依附之存在物,作为物权客体的物主要为有体物,其不仅具有使用价值和交换价值,而且能够满足人的物质或精神需要。根据《民法总则》第 115 条规定,物包括不动产和动产。不动产主要是指土地、房屋以及附着于土地之上的构筑物等不可移动之物。动产是指可移动之物。动产作为物只能是有体物并在存在的形态上视为一物,物是与他物分离开来且能为其所有人完全控制和支配的一体物。如一辆汽车,其各部分分属于三人,一人是两个轮胎的所有人,一人是发动机的所有人,其余部分属于第三人所有,那么,该汽车就不是一物。这三人中的任何一人都不能完全控制和支配该汽车。若三人各自取走属于自己的部分,该汽车也就不再是汽车,只能被称为汽车轮胎、汽车发动机和汽车其他部分。各个所有人拥有各自部分的所有权、支配权和处分权,这部汽车也就成为了三个不同的物。在不动产和动产之外,能够设立物权的权利,也可以作为物权客体,但其作为物权客体应当由法律规定。如《物权法》规定,债务人或者第三人有权处分的下列权利可以出质:汇票、支票、本票;债券、存款单;仓单、提单;可以转让的基金份额、股权;可以转让的注册商标专用权、专利权、著作权等知识产权中的财产权;应收账款。

根据《民法总则》第116条规定,物权法定原则是指物权的种类和内容由法律规定,而不能由民事法律行为人根据自己的意愿创设。物权法定原则是《物权法》的基本原则,民事主体在从事民事活动时应当根据《物权法》规定的物权类型、物权内容设立物权。

✧ 示例说明

曹乙系周甲、周丙、周乙之母。曹乙于2003年3月29日去世,诉争房屋登记在曹乙名下。曹乙去世后,继承人未对该房屋进行继承分割,目前该房屋由周甲占有使用。庭审中,双方均认可周乙在曹乙去世后领取了该房屋的所有权证。目前该房屋的所有权证仍由周乙持有。周甲向法院起诉请求:确认其对曹乙名下房屋不动产权属证书,享有共同共有、共同使用的权利。

一审法院认为,物权是指权利人依法对特定的物享有直接支配和排他的权利,包括所有权、用益物权和担保物权。不动产权属证书是权利人享有不动产物权的证明。对于不动产权属证书的占有和使用应该建立在对该不动产享有物权的基础之上。本案中,诉争房屋登记在曹乙名下,曹乙死亡后,相关继承人并未通过继承程序对诉争房屋进行析产分割。因此,对于周甲要求确认其对诉争房屋的不动产权属证书享有共同共有、共同使用的权利的诉讼请求,没有事实及法律依据,不予支持。一审法院判决驳回周甲的全部诉讼请求。周甲不服该判决,提起上诉,要求对房产证享有共同共有、共同使用的权利,并要求周乙将房产证放入诉争房屋内。

二审法院认为,《物权法》保护的物,包括不动产和动产。法律规定权利作为物权客体的,依照其规定。不动产权属证书是权利人享有该不动产物权的证明。本案中,周甲要求确认共有的客体为诉争房屋的权属证书,该权属证书是权利人对诉争房屋享有所有权的证明,并非《物权法》意义上可作为共有权客体的物。因此,周甲要求确认其对房屋不动产权属证书享有共同共有、共同使用的权利的请求,缺乏法律依据,不能成立,法院对此不予支持。

----

90. 征收、征用应符合什么要求?

根据《民法总则》的规定,各类民事主体依法享有的财产权利神圣不可侵犯,但是为了公共利益的需要,依照法律规定的权限和程序可以征收、征用民事主体的不动产或者动产。

征收,是指为了公共利益的需要,依照法律规定的权限和程序可以征收集体所有的土地、耕地和单位、个人的房屋及其他不动产。征用,是指因抢险、救灾等紧急需要,依照法律规定的权限和程序可以征用单位、个人的不动产或者动产。对此,《民法总则》第117条明确规定,为了公共利益的需要,依照法律规定的权限和程序征收、征用不动产或者动产的,应当给予公平、合理的补偿。

征收、征用应当符合以下要求:

(1)征收、征用必须是为了满足公共利益的需要。公共利益需要一般是指为了保障国家安全、促进国民经济和社会发展等公共利益的需要,具体包括:国防和外交的需要;由政府组织实施的能源、交通、水利等基础设施建设的需要;由政府组织实施的科技、教育、文化、卫生、体育、环境和资源保护、防灾减灾、文物保护、社会福利、市政公用等公共事业的需要;由政府组织实施的保障性安居工程建设的需要;由政府依照《中华人民共和国城乡规划法》有关规定组织实施的对危房集中、基础设施落后等地段进行旧城区改建的需要;法律、行政法规规定的其他公共利益的需要。

(2)征收、征用应当依照法律规定的权限和程序进行。征收、征用所涉及的是各类民事主体的不动产或动产权利的变动,直接关涉民事主体征收、征用补偿和搬迁、安置等重大切身利益。《中华人民共和国土地管理法》《国有土地上房屋征收与补偿条例》等法律法规对土地和房屋征收审批权限和程序等作了详细规定,因此,必须严格依照法律规定的权限和程序进行。只有这样,才有可能防止滥加征收、征用和危害民事主体重大财产权利的行为发生,并避免由此可能引发的社会不稳定事件。

(3)征收、征用不动产或者动产应当给予公平、合理的补偿。征收集体所有的土地,应当依法足额支付土地补偿费、安置补助费、地上附着物和青苗的补偿费等费用,安排被征地农民的社会保障费用,保障被征地农民的生活,维护被征地农民的合法权益。征收单位、个人的房屋及其他不动产,应当依法给予拆迁补偿,维护被征收人的合法权益;征收个人住宅的,还应当保障被征收人的居住条件。因抢险、救灾等紧急需要征用单位、个人的不动产或者动产的,被征用的不动产或者动产使用后应当返还被征用人。单位、个人的不动产或者动产被征用或者征用后毁损、灭失的,应当给予补偿。征收、征用补偿应当遵循公平、合理的原则,既不能使被征收、征用人从此陷于困境和导致生活恶化,也不能给征收、征用人造成不应有的损失。补偿应当合理,要保证被征收人能够维持征收前的生活水平;征收、征用补偿应当公平,因征收、征用造成的损失能够得到相应的补偿,不能使征收、征用成为变相剥夺财产。

◈ **示例说明**

2011年4月13日,门头沟征收办(甲方)与蔡某某(乙方)就坐落于北京市门头沟区某某路165号的房屋签订北京市门头沟区非住宅房屋征收补偿协议。双方约定:3年后,门头沟征收办如没能按本协议签订时间给被拆迁人安置具备营业条件的一层门面房,每延期一天甲方应参考届时市场同类房屋租赁价格,按天给予乙方合理补偿。后来,门头沟征收办未按协议约定提供安置房,蔡某某不服,遂向一审法院提起行政诉讼,请求判令门头沟征收办交付拆涉案房屋后的应安置房屋;判令门头沟征收办支付自2014年4月14日至2016年1月31日的应安置房屋租金。

一审法院认为,蔡某某所提出的要求其继续履行协议,以及要求补偿其房屋租赁费,应予支持。被告不服,提起上诉。二审法院经审理认为,被诉协议约定:"置换后安置时间为自本协议签订生效之日起3年内。3年后如没能按本协议签订时间给被拆迁人安置具备营业条件的一层门面房,每延期一天甲方应参考届时市场同类房屋租赁价格,按天给予乙方合理补偿。"

一审法院考虑到上述约定期间并结合与双方当事人调解情况酌定以每日每平方米 7 元的价格计算房屋租赁补偿费并无不当之处,法院应予支持。上诉人的该项主张,依据不足,法院不予支持。驳回上诉,维持一审判决。本案判决体现了公平、合理的补偿原则。

---

91. 什么是债权？债权分为几类？

《民法总则》第 118 条规定,民事主体依法享有债权。债权是因合同、侵权行为、无因管理、不当得利以及法律的其他规定,权利人请求特定义务人为或者不为一定行为的权利。据此,债权是特定当事人之间的权利人请求义务人为一定行为或者不为一定行为的权利。享有权利的一方为债权人,负有义务的一方为债务人。

债权是一种请求权,即权利人请求义务人为一定行为或者不为一定行为,而不像物权那样属于支配权。如买卖合同当事人之间,作为权利人的出卖人有权要求作为义务人的买受人按约定期限支付价款,不得迟延付款;而作为权利人的买受人有权要求作为义务人的出卖人按约定期限交付标的物和转移标的物的所有权,不得迟延交付标的物。在租赁合同当事人之间,承租人有权要求出租人交付适合租赁用途的租赁物,而出租人有权要求承租人支付租金。出租人有权要求承租人不得进行破坏性使用租赁物和按照租赁物的用途使用租赁物。除了违约之债外,侵权之债也同样属于请求权。如违背法律规定将被侵权人打伤,被侵权人有权要求其承担损害赔偿责任。

债权具有相对性,即债权是特定当事人之间发生的债权债务关系。也就是说,债权是特定债权人和特定债务人之间发生的权利义务关系。它不像物权那样具有对世性和绝对性。如双方合同的当事人是互为债权人和债务人的关系,一方对另一方享有权利的同时又负有义务。在侵权关系中被侵权人和侵权人是特定当事人,被侵权人是债权人,其有权要求侵权人承担损害赔偿责任。在无因管理关系中,无因管理人是债权人而被管理人是债务人。在不当得利关系中,不当得利人是债务人,而不当得利的受害人则为债权人。

根据《民法总则》第 118 条规定,债权分为合同之债、侵权之债、无因管理之债和不当得利之债。物权和债权构成民事主体财产权的主要内容,物权侧重从静态保护角度构成了财产权的基本类型和内容;而债权则着重从动态保护即财产权的流转角度构成了财产权的基本类型和内容。

◈ **示例说明**

　　原告赵某与被告曹某某系朋友关系。2016 年 6 月 20 日、7 月 25 日,被告先后在原告处借款 10000 元、15000 元。后经原告催要,被告未还款。故原告起诉,请求判令被告偿还借款 25000 元。诉讼费由被告承担。被告辩称:原告所诉事实不存在。被告与原告赵某合伙经营水泥板厂,被告负责管理及生产,原告赵某负责财务和账册。在合伙经营期间,被告于 2016 年 6 月 20 日、7 月 25 日分别在原告管理的合伙企业借款 10000 元、15000 元。被告为支持其诉讼主张,提供赵某、曹某某预制水泥板厂收入与支出表 1 张、结算明细表 1 张及票据(借据)15 张。意在证明原告所诉借款 25000 元,为被告与原告合伙经营企业资金,原告不具备诉讼主体资格。现双方合伙板厂项目的账目还没有结算,该欠款与原告无关。要求法院驳回原告的诉讼请求。

　　法院经审查认为:虽然被告对借据的内容有异议,但未提供相关证据予以反驳,且对该借据的真实性不要求司法鉴定。法院对该借据的内容予以采信。被告提供的 15 张票据,是原、被告共同向预制水泥板厂借款,与本案无关。被告在原告处多次借款并分别出具借据,借据合法有效,借贷关系成立,被告负有偿还借款的义务。虽未约定还款时间,经原告催要后,被告未还款,视为借款到期。故对原告要求被告偿还借款 25000 元的诉讼请求,予以支持。依法判决如下:被告曹某某于本判决生效后 10 日内偿还原告牛某借款 25000 元。案件受理费 425 元,减半收取 213 元,由被告曹某某负担。

---

92. 什么是合同之债?

　　《民法总则》第 119 条规定,依法成立的合同,对当事人具有法律约束力。据此,并联系上条关于债权的规定,合同之债主要是指特定当事人之间因依法成立的合同所发生的权利义务关系。从债的角度看,合同债权人和合同债务人构成合同当事人。在债务关系中,债权人有权向债务人请求给付。

　　合同之债中合同权利与合同义务构成合同关系的主要内容。具体讲,合同内容是合同当事人按照意思自治原则,在平等协商基础上就一致促成想要的法律效果进行适当的分工与合作。可见,合同之债具有意定性,即合同当事人可以根据自己的意愿设立各种债权债务关系,而且其内容可以自由设定,只要不违背法律法规的强制性规定和公序良俗就是有效的。依法成立的合同,对当事人具有法律约束力。合同债权人有权要求合同义务人履行合同义务,合同义务人应当履行合同义务,否则应当依法承担违约责任。

当事人承担的违约责任主要表现为以下方面:《合同法》第107条规定,当事人一方不履行合同义务或者履行合同义务不符合约定的,应当承担继续履行、采取补救措施或者赔偿损失等违约责任。第108条规定,当事人一方明确表示或者以自己的行为表明不履行合同义务的,对方可以在履行期限届满之前要求其承担违约责任。第109条规定,当事人一方未支付价款或者报酬的,对方可以要求其支付价款或者报酬。第110条规定,当事人一方不履行非金钱债务或者履行非金钱债务不符合约定的,对方可以要求履行,但有下列情形之一的除外:(1)法律上或者事实上不能履行;(2)债务的标的不适于强制履行或者履行费用过高;(3)债权人在合理期限内未要求履行。第112条规定,当事人一方不履行合同义务或者履行合同义务不符合约定的,在履行义务或采取补救措施后,对方还有其他损失的,应当赔偿损失。第113条规定,当事人一方不履行合同义务或者履行合同义务不符合约定,给对方造成损失的,损失赔偿额应当相当于因违约所造成的损失,包括合同履行后可以获得的利益,但不得超过违反合同一方订立合同时预见到或者应当预见到的因违反合同可能造成的损失。经营者对消费者提供商品或者服务有欺诈行为的,依照《消费者权益保护法》的规定承担损害赔偿责任。第114条规定,当事人可以约定一方违约时应当根据违约情况向对方支付一定数额的违约金,也可以约定因违约产生的损失赔偿额的计算方法。约定的违约金低于造成的损失的,当事人可以请求人民法院或者仲裁机构予以增加;约定的违约金过分高于造成的损失的,当事人可以请求人民法院或者仲裁机构予以适当减少。当事人就迟延履行约定违约金的,违约方支付违约金后,还应当履行债务。

◈ **示例说明**

2014年,冉某某在张某某经营的雨庭装饰门市购买装饰材料,结算后尚欠货款10000元。2015年2月6日,冉某某给张某某出具欠条,载明:今欠张某某门市装饰材料款 10000 元,在 2 月 30 日付清,欠款人冉某某。同年 8 月 6 日,冉某某给张某某出具书面承诺,载明:原欠张某某装饰材料款现金 10000 元整,在本月 16 日付清,如不付清,张某某有权向法院起诉,所有费用由冉某某承担,承诺人冉某某。此后,冉某某支付张某某货款 1000 元,尚欠货款 9000 元。张某某经催收无果,遂诉至法院。

法院认为,被告冉某某出具给原告张某某的欠条和承诺是被告的真实意思表示,且能够证明双方的买卖关系和被告尚欠原告货款的事实成立,故其买卖合同关系合法、有效,应受法律保护。被告出具承诺后,支付原告货款 1000 元,尚欠货款 9000 元。现原告要求被告支付货款 9000 元和承担逾期付款利息损失的事实和理由成立,法院予以支持。被告冉某某经法院合法传唤无正当理由拒不到庭应诉,即应承担其不能到庭质证和举证的法律后果。据此,依法判决如下:被告冉某某在本判决生效后 10 日内支付尚欠原告张某某货款 9000 元,并从 2005 年 8 月 17 日起至清偿该债务时止按人民银行同期贷款利率计算的利息赔偿损失。

93. 什么是侵权之债?

《民法总则》第 120 条规定,民事权益受到侵害的,被侵权人有权请求侵权人承担侵权责任。据此,联系《民法总则》第 118 条关于债权的规定,侵权之债是指特定当事人之间发生的因民事权益受到侵害的一方当事人要求侵权人承担侵权责任的权利义务关系。从债的角度看,侵权债权人和侵权债务人构成侵权之债当事人。在债务关系中,债权人有权向债务人请求给付。

⇨ 示例说明

2013 年 4 月 27 日中午,董某某在登封市白坪乡白坪街捡到一条流浪狗,狗脖颈上拴有狗链,董某某牵着狗去打牌,打牌期间将狗交给打牌地点附近的一个朋友,朋友将狗拴在白坪街一棵树上,董某某在二楼棋牌室打牌期间,其朋友曾到二楼告知董某某自己有事外出。后来,刘某某的爷爷奶奶曾带刘某某回来询问这是谁的狗,咬着小孩了,董某某称狗在树上拴着,两个大人领着小孩,去招惹狗干什么。刘某某和其家人走后,董某某将该狗交给案外人梁某某,让其将狗交给案外人程某某,后来,狗不知去向。刘某某被狗咬伤面部,共支出医疗费 1064.8 元。

根据《侵权责任法》第 78 条、第 82 条规定,饲养的动物造成他人损害的,动物饲养人或者管理人应当承担侵权责任,但能够证明损害是因被侵权人故意或者重大过失造成的,可以不承担或者减轻责任。遗弃、逃逸的动物在遗弃、逃逸期间造成他人损害的,由原动物饲养人或者管理人承担侵权责任。结合本案实际情况,董某某在捡到流浪狗后实际控制管理小狗,在董某某打牌期间将小狗交给他人拴到路旁树上后,小狗将刘某某咬伤,董某某作为小狗的管理者应当承当相应的侵权责任。在小狗已被拴在树上的情况下,刘某某作为无民事行为能力人路过时被咬伤,其监护人具有过失,也应自负部分责任,减轻董某某的责任。

----

94. 什么是无因管理之债? 无因管理人享有什么权利?

《民法总则》第 121 条规定,没有法定的或者约定的义务,为避免他人利益受损失而进行管理的人,有权请求受益人偿还由此支出的必要费用。据此,无因管理之债是指特定当事人之间发生的因无因管理人为避免他人利益损失而进行管理他人事务而发生的无因管理人与被管理人之间的权利义务关系。从债的角度看,无因管理人和被管理人构成无因管理之债的当事人。在无因管理之债中,作为管理人的债权人有权向被管理人即债务人请求给付。

构成无因管理须具备以下要件:

(1)管理人没有法定或者约定的义务管理他人事务。没有法定义务,是指管理人没有法律规定的对被管理人的事务进行管理的义务。如法律规定监护人负有保护和管理被监护人及其财产的义务;被宣告失踪人的财产代管人负有妥善管理失踪人的财产和维护其财产权益的义务。在上述情形下,监护人和被失踪人的财产代管人分别对被监护人和失踪人所履行的管理义务就不属于无因管理。承租人对租赁物保管以及承运人对托运人财产的保管也都属于法定义务,不构成无因管理。没有约定义务是指管理人没有约定的对被管理人的事务进行管理的义务。被委托人根据委托合同对委托事务的管理,保管人根据保管合同保管寄存人的财产,属于约定义务,也不构成无因管理。

（2）管理人实施了管理行为，且该管理行为并不违背被管理人的意思。管理他人事务具有多种多样的表现，既可以是基于维护被管理人人身、财产免受损失等进行管理，又可以是因被管理人无暇对自身事务进行管理的情况下实施的管理行为，还可以是使他人能够利用某物，或者代人偿还债务，或者为之提供服务。既包括具有法律效力的行为，也包括仅仅改变事务的物理状态的行为。如一个人给路上遇到的重伤者包扎伤口或者将其送往医院，一个人外出期间其邻居帮助其看管从其家中跑出来的宠物狗等，都是在没有法定和约定义务的情况下管理他人事务的行为，属于无因管理。但是，管理人实施管理行为不得违背被管理人的意思，管理人若知道或者能够推知其实施的管理行为违背被管理人的意思，则不构成无因管理。如送被车撞伤昏迷的人到医院救治，虽不知是否违背其本人意思，但根据常识人被撞之后，总是希望得到及时救治以减轻痛苦和及时恢复健康，因此可以推知对其施救送往医院并不违背其本人意思，故属于无因管理。具有人身属性必须由本人实施而不得由他人代为实施的行为，如结婚、代立遗嘱等不适用无因管理。

（3）无因管理人实施管理行为是避免被管理人利益受损失。无因管理具有无偿性，是管理人为了避免被管理人遭受利益损失而主动和自愿采取的助人为乐和乐善好施行为。如果其实施管理行为是完全为了自身利益或者为了获得报酬去干预别人事务，那么，其行为就不是为了避免被管理人的利益受损失而实施管理，因此不构成无因管理。管理人实施管理行为时必须是以维护他人利益和使被管理人免受利益损失为目的。其实施管理行为在结果上是否成功并不重要，重要的是维护他人利益的目的而不是实际产生的利益。也就是说，其行为是否最终成功，被管理人是否最终获得利益并不是构成无因管理的判断标准。因此，判断的标准是，管理人必须实施了管理他人事务的行为，且管理人在实施该行为时其目的必须是避免被管理人利益受损失。

根据《民法总则》第121条的规定，管理人的行为构成无因管理的，有权请求受益人即被管理人偿还由此支出的必要费用，包括在管理或者服务活动中直接支出的费用以及在该活动中受到的实际损失。

✧ **示例说明**

蔡某某与杨某某是一起出海捕鱼的同村渔民，因台风影响，蔡某某与杨某某等人的船只在某地渡口避潮,两天后杨某某离船回家。次日中午,蔡某某闻到杨某某船上有液化气泄漏的气味,即进入杨某某船舱去关闭液化气,因液化气燃烧,蔡某某被烧伤,花去医疗费 86310.94 元,住院伙食补助费 1150 元,护理费 1172 元,交通费 1752.70 元,住宿费 1936 元,合计92321.64 元。本案中蔡某某在既无约定义务又无法定义务的情况下,发现杨某某船上有液化气泄漏,为避免杨某某损失而去其船上排除险情的行为,是出于为杨某某谋利益的目的,符合法律上无因管理的构成要件,应认定为无因管理。蔡某某为管理杨某某事务而受到的上述损失,理应由被管理人杨某某偿还。

95. 什么是不当得利之债?不当得利人负有什么义务?

《民法总则》第 122 条规定,因他人没有法律根据,取得不当利益,受损失的人有权请求其返还不当利益。据此,不当得利之债是指特定当事人之间发生的因无法律根据一方取得不当利益而他方因此遭受损失所形成的权利义务关系。从债的角度看,不当得利人即获益方和受到损失的一方即受损方构成不当得利之债的双方当事人。在不当得利之债中,作为受损方的债权人有权向作为获益方的债务人请求返还不当利益。

构成不当得利须具备以下要件:

(1)须具备无法律根据获得利益方和无法律根据受损方双方当事人。在不当得利之债关系中,一方当事人无法律上的原因并通过损害另一方获得利益,因此产生返还利益的债务,这是双方当事人之间唯一的必要联系。也就是说,双方之间的债权债务关系不以双方之前存在法律关系为必要。在一方获得利益之前,双方之间无论是否存在一定的法律关系如合同关系或侵权关系还是其他法律关系等,并不影响不当得利的发生与存在。双方之间完全可能仅仅因为一笔利益转移而发生不当得利之债。不当得利人所获得的利益是否构成不当得利也不以该利益是否由受损方直接转移给获益方或者获益方直接取自受损方为要件,也可能因第三人的行为而发生(如第三人的行为导致受损方的所有权转移给获益方)等,但获益方和受损方是不当得利之债的双方当事人。获益方或者受损方既可以是自然人、法人或非法人组织,也可以是作为自然人的完全民事行为能力人、无民事行为能力人或限制民事行为能力人。

（2）存在一方获益和他方受损两种事实情形，且二者互为因果关系。在不当得利之债中，同时存在一方获益和他方受损两种事实情形，且二者之间互为因果关系，即一方获益是他方受损的原因，他方受损是另一方获益的原因。一方得利包括积极得利和消极得利。积极得利是指通过得利方的积极作为如实施故意侵占等，消极得利包括被动受领、吸收或者不知情下的享用他人利益或得到他人利益。得利主要包括财产增加与责任减少；受领了他人服务或接受了他人提供的劳动；利用了他人的财产。不利则与之相反，主要包括财产减少与责任增加；为他人提供了服务或劳动；财产为他人所利用。因一方获益与他方受损互为因果关系，故得利人负有返还利益的义务而失利人享有相应的请求返还利益的权利。

（3）一方得利和他方失利都无法律上的根据。得利的法律根据即法律原因一般包括民事法律行为如合同、继承、接受赠与或遗赠，法律规定或者仲裁或者法院生效裁决等。据此，无法律根据，包括得利人与失利人之间没有成立有效的合同关系或者缺乏其他有效的民事法律行为，没有仲裁或者法院生效裁决、没有其他法律规定或者失利人的同意等。此外，一方得利虽为失利人的同意，但因重大误解、欺诈、胁迫、乘人之危、显失公平、自然人无民事行为能力或限制民事行为能力等被撤销的，自撤销之日得利人的得利即无法律根据。也就是说，合同和其他民事法律行为、仲裁和法院生效裁决以及其他法律规则若自始无效，或者可撤销且被撤销，或者其他情形而溯及失去效力的，得利人的得利即不具有法律根据。事实上，在合同无效的情况下，债务人已经按照合同规定履行了义务的，这正是构成不当得利的典型情形。

《民法总则》第122条规定，因他人没有法律根据，取得不当利益，受损失的人有权请求其返还不当利益。据此，不当得利人对其取得的不当利益对受损人负有返还义务。

⇨ **示例说明**

2014年，监利县新沟镇人民政府征用新沟镇陈埠渊社区的土地，早年出嫁在本村的陈某珍系陈某年的亲妹妹，也作为原始村民而享有土地征用补偿款的权利，按陈埠渊社区的分配方案，陈某珍应当分得的土地补偿款为22221元，陈埠渊社区是以户头为单位分配补偿款，陈某珍的名字在陈某年的户头内,2015 年 12 月,陈某年签字将属于自己的补偿款和属于陈某珍的补偿款(金额如上)全部领取,陈某珍知道后找陈某年讨要被拒。为此,陈某珍于 2016 年 6 月 28 日向法院提起诉讼,请求判令陈某年返还陈某珍侵占款22221 元并承担本案全部诉讼费用。

一审法院认为:在本案中,被告陈某年未经原告陈某珍同意而领取属于原告享有的补偿款,而且拒绝返还给原告,已构成不当得利,依法判决:由被告陈某年于本判决生效之日起 10 日内返还原告陈某珍土地补偿款 22221元。本案诉讼费 356 元,由被告陈某年负担。陈某年不服一审法院民事判决,提起上诉。

二审法院经审理认为,本案二审的争议焦点是:上诉人陈某年取得陈某珍土地征收补偿款 22221 元是否有合法根据。经查,2014 年,新沟镇陈埠渊社区的土地被政府征收,按照陈埠渊社区确定的征收补偿方案,陈某珍作为原村民中的出嫁女也享有分配份额,分配名单上明确载明其应分得补偿款为 22221 元。该社区以户头为单位发放补偿款,因陈某珍的补偿款列在陈某年的户头内。2015 年 12 月,陈某年领取了属于陈某珍的补偿款 22221元。本案诉讼中,陈某年认可共领取土地征收补偿款 165609 元,上述事实有陈埠渊社区出具的证明及征用费分配明细表可予以证明。农村集体经济组织或者村民委员会、村民小组,可以依照法律规定的民主议定程序,决定在本集体经济组织内部分配已经收到的土地补偿费,因此,陈埠渊社区有权依照法律规定来分配土地征收补偿费。本案中,陈某年领取属于陈某珍的补偿款没有合法根据,其构成不当得利,依法应当将取得的不当利益返还受损失的人。二审法院判决如下:驳回上诉,维持原判。二审案件受理费 356 元,由上诉人陈某年负担。本判决为终审判决。

-----

96. 什么是知识产权？其客体包括哪些？

知识产权是指民事主体对其智力活动创造的成果和工商业标记、商业秘密等专有民事权利。《民法总则》第 123 条第 1 款规定,民事主体依法享有知识产权。

知识产权具有以下特征:(1)知识产权的客体是不具有物质形态的智力成果。这是包括著作权、专利权和商标权等在内的知识产权的本质属性,是知识产权区别于物权、债权、人身权和财产继承权的首要特征。(2)专有性,即知识产权主体依法享有占有使用其创作的知识成果的专有权利,他人不得侵犯。知识产权人对知识产权享有垄断权,这种垄断权是由法律规定并受到一定限制。(3)地域性。知识产权只在产生的特定国家或地区内有效,不具有域外效力。在一国产生的知识产权要获得他国的法律保护,必须依照有关国际条约、双边协议或按互惠原则办理。

根据《民法总则》第 123 条第 2 款规定,知识产权的客体包括以下内容:

(1)作品,即著作权的客体,是指文学、艺术和科学领域内具有独创性并能以某种有形形式复制的智力成果。我国《著作权法》所称的作品,包括以下列形式创作的文学、艺术和自然科学、社会科学、工程技术等作品:文字作品;口述作品;音乐、戏剧、曲艺、舞蹈、杂技艺术作品;美术、建筑作品。美术作品;摄影作品;电影作品和以类似摄制电影的方法创作的作品。图形作品和模型作品。计算机软件,包括程序和文档;法律、行政法规规定的其他作品。

(2)发明、实用新型、外观设计,即专利权的客体。我国《专利法》所称发明,是指对产品、方法或者其改进所提出的新的技术方案。发明是利用自然规律和运用科学发现、科学理论对产品、方法或者其改进所提出的新的技术解决方案,而不是科学发现、科学理论本身;发明可以是产品发明,也可以是方法发明。我国《专利法》所称的实用新型,是指对产品的形状、构造或者其结合所提出的适于实用的新的技术方案。与发明相比,实用新型也是一种新的技术解决方案,但它不是对产品、方法所提出的新的技术解决方案,而只是对产品的形状、构造或者其结合所提出的新的技术解决方案。我国《专利法》所称外观设计,是指对产品的形状、图案或者其结合以及色彩与形状、图案的结合所作出的富有美感并适于工业应用的新设计。

(3)商标,即商标权的客体。我国《商标法》所称商标,是指任何能够将自然人、法人或者非法人组织的商品与他人的商品区别开的可视性标志。根据我国《商标法》的规定,包括文字、图形、字母、数字、三维标志和颜色组合,以及上述要素的组合,均可以作为商标申请注册。按照商标的使用对象不同划分,可分为商品商标和服务商标。商品商标是指用于各种商品上,用来区别不同的生产经营者的商标。服务商标是指使用于服务项目,用来将不同的服务者所提供的服务区别开来的商标。按照控制和使用商标的主体不同划分,可分为集体商标和证明商标。集体商标,是指以团体、协会或者其他组织名义注册,供该组织成员在商事活动中使用,以表明使用者在该组织中的成员资格的标志。证明商标,是指由对某种商品或者服务具有监督能力的组织所控制,而由该组织以外的单位或者个人使用于其商品或者服务,用以证明该商品或者服务的原产地、原料、制造方法、质量或者其他特定品质的标志。按照商标的图形要素构成,可分为平面商标和立体商标。平面商标是由文字、图形、字母、数字和颜色组合,以及上述要素的组合构成的商标。立体商标是由产品的容器、包装、外形以及其他具有立体外观的三维标志构成的商标。

(4)地理标志。地理标志是标明产品产自特定地域并因此代表其质量状况、声誉或者其他特性,本质上取决于该产地的自然、人文等的标志性因素。地理标志也被称为原产地标志,具有证明特定地域相关产品即原产地产品的原料、配方、制造方法、特殊工艺及其质量状况或者其他特定品质的标志性作用。地理标志具有地域性和独特性的特点,并为该地域的民事主体集体控制和使用。地理标志作为知识产权的客体,目前根据《商标法》和《中华人民共和国反不正当竞争法》(简称《反不正当竞争法》)的有关规定调整,由《商标法》和《反不正当竞争法》加以具体保护。

(5)商业秘密。商业秘密,是指不为公众所知悉、能为权利人带来经济利益、具有实用性并经权利人采取保密措施的技术信息和经营信息。其中,"不为公众所知悉"是指有关信息不为其所属领域的相关人员普遍知悉和容易获得。"能为权利人带来经济利益、具有实用性"是指有关信息具有现实的或者潜在的商业价值,能为权利人带来竞争优势。"保密措施"是指权利人为防止信息泄露所采取的与其商业价值等具体情况相适应的合理保护措施。商业秘密作为知识产权的客体,目前属于《反不正当竞争法》的调整范围,由《反不正当竞争法》加以具体保护。

(6)集成电路布图设计。集成电路,是指半导体集成电路,即以半导体材料为基片,将至少有一个是有源元件的两个以上元件和部分或者全部互连线路集成在基片之中或者基片之上,以执行某种电子功能的中间产品或者最终产品。集成电路布图设计,是指集成电路中至少有一个是有源元件的两个以上元件和部分或者全部互连线路的三维配置,或者为制造集成电路而准备的上述三维配置。集成电路布图设计作为知识产权客体,目前由国务院颁布实施的《集成电路布图设计保护条例》调整和加以保护。

(7)植物新品种。植物新品种,是指经过人工培育的或者对发现的野生植物加以开发,具备新颖性、特异性、一致性和稳定性并有适当命名的植物品种。植物新品种作为知识产权的客体,目前由国务院颁布实施的《植物新品种保护条例》调整和加以保护。

(8)法律规定的其他客体。《民法总则》第 123 条第 2 款具体列举了以上知识产权客体,但并未穷尽所有知识产权客体,对于有关法律规定的知识产权客体,应当由相关法律对其加以调整和保护。

◈ 示例说明

范某某于 1996 年设计了雕塑作品《韵》,该雕塑作品作为在中央工艺美术学院毕业创作的作品曾于 1996 年 9 月在《装饰》杂志上发表,并发表在黑龙江美术出版社出版的《装饰雕塑设计》一书中。后来,某某不锈钢厂对此作品《韵》进行了剽窃设计,制作成了该厂的不锈钢雕塑产品。在该厂的产品宣传册中,使用了该不锈钢雕塑产品。该不锈钢雕塑产品曾参加过 1997年、1998 年北京国际酒店用品展览会及 1999 年郑州酒店用品展览会,后一直作为展品陈列在业务室内。

我国《著作权法》规定美术作品、摄影作品的著作权人对其作品的原件或者复制件享有展览权。由于某某锈钢厂展览的不锈钢雕塑作品构成了对范某某雕塑作品《韵》的剽窃,该剽窃作品应属范某某雕塑作品《韵》的复制件,因此,某某不锈钢厂展览该剽窃作品的行为对范某某享有的雕塑作品《韵》的署名权、展览权构成了侵犯。除法律另有规定外,未经许可对立体美术作品以平面形式加以使用,构成了对该立体美术作品作者享有的复制权的侵犯。某某不锈钢厂在其产品宣传册中使用了涉案剽窃作品的行为,应视为是一种以平面的方式商业性使用范某某雕塑作品《韵》的行为。对此,范某某应主张该某某不锈钢厂侵犯了其对雕塑作品《韵》享有的署名权、展览权、信息网络传播权和相应的获酬权,应当承担停止侵权、赔礼道歉、赔偿经济损失的法律责任。

----

97. 什么是继承权? 自然人的哪些财产可以继承?

根据《民法总则》第 124 条规定,继承权是指自然人依法享有的继承他人合法财产的权利。根据《继承法》的规定,继承分为法定继承和遗嘱继承,此外,被继承人还可以通过遗赠扶养协议来处理自己的遗产。法定继承,是指继承开始后,按照法律规定的继承顺序确定继承人,并按照法律确定的继承原则确定继承人的继承份额。遗嘱继承,是指根据自然人生前所立遗嘱确定继承人及其所继承的财产份额。遗赠扶养协议,是受扶养人和扶养人之间关于扶养人承担受扶养人的生养死葬的义务,受扶养人将财产遗赠给扶养人的协议。继承开始后,按照法定继承办理;有遗嘱的,按照遗嘱继承或者遗赠办理;有遗赠扶养协议的,按照协议办理。《继承法》第16条第1款规定,公民可以依照本法规定立遗嘱处分个人财产,并可以指定遗嘱执行人。公民生前未立遗嘱或遗赠及遗赠扶养协议的情况下,其遗产应当按照法定顺序及其分割原则进行遗产分割。但是,公民生前立有遗嘱或订立遗赠扶养协议且依法生效的,则应当按照遗嘱或者遗赠扶养协议确定继承人及处分遗产。被继承人生前与他人订有遗赠扶养协议,同时又立有遗嘱的,继承开始后,如果遗赠扶养协议与遗嘱没有抵触,遗产分别按协议和遗嘱处理;如果有抵触,按协议处理,与协议抵触的遗嘱全部或部分无效。

《民法总则》第124条第2款规定,自然人合法的私有财产,可以依法继承。据此,自然人的合法财产包括房屋等不动产、债权、知识产权中的财产权利、依法享有的股权和其他投资性权利以及其他合法财产,可以由其继承人依法继承。

✧ 示例说明

2003年6月,奚女士与再婚丈夫胡某赐相识恋爱并共同生活,同年9月30日登记结婚。婚后,丈夫胡某赐身患多种疾病,奚女士对其照顾护理直至去世,尽到了做妻子的义务,现要求继承丈夫和丈夫前妻的房屋产权份额。三继子女共同辩称,此房屋是其生父胡某赐与生母张某花共同财产,属生父与继母的结婚前的财产,因此继母无继承权。

法院认为,奚女士和三个继子女都为胡某赐的第一顺序法定继承人。位于本市天目路上的一间二层楼房是胡某赐与前妻张某花的夫妻共同财产,该房屋产权的二分之一归张某花所有。因张某花先于胡某赐去世,张某花的产权份额由其继承人胡某赐和三个亲生子女等额继承,每个继承人各继承八分之一,胡某赐拥有的案涉房屋的产权份额共计八分之五。胡某赐去世后,其产权份额作为遗产由其继承人即奚女士和三个继子女等额继承。本案判决符合法定继承顺序和继承原则,适用法律正确,依法维护了吴女士对其配偶胡某赐的遗产继承权。

-----

98. 什么是股权和其他投资性权利?

股权,是指民事主体因出资或者缴纳股款、认购股份等在依法登记设立的有限责任公司或者股份有限公司中取得股东地位并因此所依法享有的资产收益、参与重大决策和选择管理者等权利。股权是一种基于股东身份而享有的权利,它不仅包括股东享有资产收益权、利润分配权及股份转让权,而且享有参加股东会或股东大会权,依法行使表决权,参与公司重大决策和选择公司管理者的权利。其他投资性权利是指民事主体作为投资主体进行各类商业性投资的权利(如作为合伙人设立合伙企业,自然人作为投资人设立个人独资企业)以及进行财产信托投资和进行基金投资等权利。

《民法总则》第 125 条为宣示条款,是对民法典所保护的民事权利范围包括民事主体享有的股权和其他投资性权利的确认,这对理顺作为基本法的民法典与《公司法》《合伙企业法》《个人独资企业法》等专项立法的关系奠定了坚实基础,并为民商合一的立法模式铺平了道路。

◈ 示例说明

张某某与武乙原系夫妻关系,于 2012 年 11 月 22 日,经北京市朝阳区人民法院判决离婚。在离婚诉讼期间,武乙与其父武甲恶意串通签订股权转让协议,将其名下天德盛公司 20% 的股权低价转让给武甲,使得离婚诉讼中,并未对上述股权进行处理。张某某认为上述股权属于夫妻共同财产,武乙与武甲的行为严重侵害了其合法权益,故诉至法院,请求:(1)判决武乙与武甲于 2012 年 3 月 31 日签订的出资转让协议书无效;(2)本案诉讼费用由武乙、武甲承担。

本案的争议焦点是武乙与武甲签订的出资转让协议书的效力问题。武乙与张某某原系夫妻关系,天德盛公司 20% 的股权系武乙与张某某婚姻关系存续期间取得的财产,属于夫妻共同共有,夫妻作为共同共有人,对共有财产享有平等的占有、使用、收益和处分的权利,任何一方不得擅自处分。

《最高人民法院关于适用〈中华人民共和国婚姻法〉若干问题的解释（一）》第17条第（2）项规定："夫或妻非因日常生活需要对夫妻共同财产做重要处理决定，夫妻双方应当平等协商，取得一致意见。他人有理由相信其为夫妻双方共同意思表示的，另一方不得以不同意或不知道为由对抗善意第三人。"武乙将天德盛公司20%的股权转让给武甲时，其与张某某的婚姻关系仍在存续，故武乙转让股权的行为属于对夫妻共同财产做重要处理，应当取得共同共有人的同意。武甲系武乙的父亲，常年与武乙、张某某共同生活，又系天德盛公司的股东和法定代表人，故武甲对于武乙所持有天德盛公司20%的股权系夫妻共同财产应当明知。现武甲、武乙均未提供证据证明其已提前将股权转让一事征得共同共有人张某某的同意，且事后亦未获得张某某的追认，故武乙擅自转让股权属于《合同法》第51条规定的无权处分行为，侵害了共同共有人张某某的合法权益即股权，武甲受让武乙名下天德盛公司20%股权的行为亦不构成善意取得。故张某某主张的武乙与武甲签订的出资转让协议无效的诉讼请求于法有据，法院应当予以支持。

---

99. 如何理解"民事主体依法享有法律规定的其他民事权利和利益"？

《民法总则》第109条至第125条、第127条和第128条对民事主体依法享有的各类民事权利作了宣示性规定，这些规定无法囊括民事主体依法享有的全部民事权利和利益。因此，《民法总则》第126条作为兜底条款明确规定，民事主体享有法律规定的其他民事权利和利益。这样，其他法律规定的有关民事权利和利益，尽管《民法总则》没有作出列举式规定，但也属于依法予以保护的范围。如民事主体享有的公平竞争权、反垄断权尽管未纳入《民法总则》所列举的民事权利范围，但也属于法律规定的民事权利，并受到相应法律即《反不正当竞争法》《中华人民共和国反垄断法》的调整和保护。

民事主体依法享有的民事权利和利益，简称合法权益即法益。这是广义的法益内涵，是指受法律保护的一切民事权益，民事权利是其中的当然内容。但狭义的法益仅指民事权利之外的民事利益，即不具有独立保护价值且未依法纳入民事权利范围的法律利益。如死者的名誉权、隐私权等人格利益，胎儿依法享有的遗产分割利益，虽然不属于独立的民事权利，但它们是重要的民事利益,也依法纳入法律的保护范围。

◈ 示例说明

　　原告贺甲和被告贺乙系亲兄妹。被告于 2009 年为父亲立的墓碑上,漏刻原告的名字。原告以被告的行为,严重损害了原告的合法权益,请求法院判决被告停止侵害原告的祭奠权,重新为父亲立碑,按照长幼顺序将原告的姓名篆刻在父亲的墓碑上;诉讼费用由被告承担。本案例中,当事人在民事活动中的地位平等。墓碑不仅是逝者安葬地的标志,也是承载亲属哀思的纪念物,原、被告平等享有对逝去长辈尽孝和悼念的权利。现被告贺乙在负责篆刻父亲的墓碑时,未将原告贺甲的名字篆刻上去,侵害了原告贺甲对逝去的父亲的尽孝和悼念的权利。祭奠权基于近亲属的身份关系产生,是死者近亲属的精神利益。目前,我国法律没有对公民的祭奠权作出明确的规定,其属于《民法总则》第 126 条规定的"其他民事利益",应当依法予以保护。本案例中,原告贺甲与逝者贺某系父女关系、与被告贺乙系亲兄妹关系,故,原告贺甲要求被告贺乙将原告的姓名篆刻在父亲贺某的墓碑上的诉讼请求,于法有据,法院应依法应予以支持。

---

100. 法律对数据、网络虚拟财产是否予以保护?

　　数据,是指用于表示、描述和记载客观事物内在和外在构成的原始素材,可以是符号、文字、数字、语音、图像、视频等。在计算机系统中,各种字母、数字符号的组合、语音、图形、图像等统称为电子数据。在大数据时代,通过网络收集、存储、传输、处理和产生的各种电子数据是信息加工和技术创造以及企业经营决策的基本依据。

　　网络虚拟财产,是指在网络环境下以电子数字化形式存在的且为人力所支配和控制的具有财产属性的网络资源,如注册用户的网络游戏账号与电子装备、虚拟货币、网络店铺、电子邮箱等。网络虚拟财产是借助于电脑、手机等现代网络手段,实现民事主体的利益需求以及在一定程度上能够进行网络交易的财产性权利。

　　对数据和网络虚拟财产是否进行保护和如何进行保护是大数据时代面临的新课题。如果拒绝给予保护,必将打击网络数据开发的积极性、创造性和网络运营商与注册用户的虚拟财产利益,但是,如果给予过度保护,也同样会阻碍网络数据用户的信息获取自由权和数据合理使用权。因此,法律必须在二者之间建立适当的平衡,既给网络数据和虚拟财产预留足够的发展空间,同时又要引导其有序发展。《民法总则》第127条很好地解决了这一问题。本条规定,法律对数据、网络虚拟财产的保护有规定的,依照其规定。这一规定明确了民法对数据和网络虚拟财产进行保护的原则性态度,同时也为今后指明了通过相关民事立法对数据和网络虚拟财产进行保护的发展方向,即对需要和必要保护的数据和虚拟财产应当通过立法加以保护,法律对其保护没有规定的则不予保护。

✧ 示例说明

　　原告胡某某系宁波市北仑区小港飞度网络服务部业主。2006年5月,原告将网吧中的60台电脑租赁给被告徐某某经营。同时在此期间,被告向原告购买60级魔兽游戏账号(网站服务器位于欧洲)59个,双方约定每个60级游戏账号为600元。原告向国外运营商购买游戏cdkey光盘,光盘中系级别为1级的游戏账号,原告向国外运营商购买一个1级游戏账号的价格为400元。2006年7月始,被告对所欠的电游戏账号购买费以各种借口予以拖欠。2006年10月2日,经原告要求,被告出具欠条:尚欠原告60级魔兽游戏账号购买费35400元,并承诺3个月内以实物或者现金方式归还。在庭审中,原告明确诉讼请求,要求被告以现金方式归还欠款。

　　法院经审理认为:关于原告要求被告支付游戏账号转让费35400元的诉讼请求,法院认为,被告受让游戏账号,系为了获得该游戏账号项下虚拟人物的装备、技能、虚拟货币等虚拟物品,以满足虚拟人物在虚拟社区空间活动和发展的需要。网络虚拟财产是指具有使用价值和交换价值的网络游戏角色、装备、游戏货币等网络物品。本案所涉的游戏账号,属于网络虚拟财产的范畴。那么网络虚拟财产能否成为民事法律关系的客体?法院认为,一切因素要成为受法律保护的财产,则必须满足以下三个条件:第一,必须具有效用,即能够满足人们的需要;第二,必须具有稀缺性,即不能无限量的存在;第三,必须具有合法性。从法律属性分析,首先,虚拟财产的所有权主体具有特定性和排他性。虚拟财产的原始取得首先是游戏玩家与游戏运营商通过协议而实现的,之后不管虚拟财产的所有权在现实社会中如何流转,虚拟财产的所有者都是特定的。任何人都不能在所有人的意志之外占有、使用、收益和处分,即便是提供特定网络环境的运营商,也不能利用技术和以其他任何方式侵犯玩家对虚拟财产所拥有的所有权。其次,虚拟财产可以交易和转让。虚拟财产是一些可以更改的数据,这些数据可以被交易、转让。交易价格与投入的财力、劳动密切联系。游戏玩家可以直接购买其他玩家的游戏装备,也可以通过练级的办法提高等级,还可以自行从网络游戏中取得。网络游戏虚拟物品的价值也可以被量化。再次,虚拟财产能满足人们的社会需要。对于在网络中创造和积聚虚拟财产的玩家而言,对虚拟财产的拥有如同对现实生活中财物的拥有是一样的。从精神的角度上,玩家能实实在在地感知到虚拟物品的存在,当这些虚拟物品被损坏、丢失、毁灭时,玩家的感受与在现实生活中物品被损坏、丢失、毁灭的感受相同强烈。最后,就合法性而言,法律并没有将虚拟财产定性为非法,也没有禁止虚拟财产的交易行为,而在民法上"法不禁止即可为",由此看来虚拟财产具有合法性。综上,网络虚拟财产同样具有民事法律中财产的法律属性,同样应当受到法律的保护。虽然虚拟装备是无形的且存在于特殊的网络游戏环境中,但并不影响虚拟物品作为无形财产的一种获得法律上的适当评价和救济。根据原告提供的由被告出具的欠条,本案原、被告双方转让的系60级魔兽游戏的账户,60级游戏账户项下的游戏人物已经具备了较高水平的装备、技能。双方通过自行协商,将60级游戏账号的价格确定为600元,结合原告诉称其向国外运营商购买1级游戏账号的价格为每个400元,双方自行协商的转让价格亦属合理。综上,原告要求被告支付游戏账号转让费35400元的诉讼请求,合理合法,法院予以支持。

------

101. 对未成年人、老年人、残疾人、妇女、消费者等的民事权利保护应遵守什么规定?

民事主体所享有的平等权主要是指法律地位和人格尊严的平等;法律应当允许民事主体参与民事活动和进行市场竞争的机会应当均等;其合法民事权益平等地受法律保护,即保护方式和保护程度相同。民事主体的法律地位平等并不要求民事活动结果的平等,但是结果的严重不平等也会最终导致对平等原则的破坏。基于一定的历史传统、生理特点或者某些民事主体的行为能力处于弱势,造成了法律地位在事实上的不平等。因此,为了克服事实上的不平等,全国人大及其常委会颁布实施了一系列法律对未成年人、老年人、残疾人、妇女以及消费者的民事权益施以特殊保护,这些法律包括:《未成年人保护法》、《老年人权益保障法》、《中华人民共和国残疾人保障法》、《中华人民共和国妇女权益保障法》(简称《妇女权益保障法》)和《消费者权益保护法》。对特殊人群权益施加特殊保护与平等原则并不矛盾,而正是民事主体法律地位一律平等原则对民事活动中现实不平等的矫正。因此,《民法总则》第128条规定,法律对未成年人、老年人、残疾人、妇女、消费者等的民事权利保护有特别规定的,依照其规定。

🔆 示例说明

夏甲、仲甲原系夫妻关系,夏乙、程乙系夫妻关系。夏乙系夏甲、仲甲的婚生儿子。2008年12月30日,夏甲、仲甲经法院调解离婚。婚姻关系存续期间,夏甲、仲甲于2004年11月共同购买了该某某工业园区华庭苑A幢B室的房屋。该房屋购买后,夏甲、夏乙共同出资进行了装修。夏甲与仲甲离婚后搬出该房屋。夏乙、程乙已于2008年起不在该房屋内居住、生活。根据某某工业园区房地产登记簿记载,产权人夏甲、配偶仲甲份额为10%;产权人夏乙、配偶程乙份额为90%。夏甲、仲甲于2008年离婚时,对案件讼争的房屋未进行分割。现因夏乙、程乙与夏甲、仲甲就房屋分割无法达成一致,故诉至法院请求:依法分割华庭苑A幢B室房屋。现仲甲仍居住在该房屋中,没有其他居所。被告仲甲认为,依照《老年人权益保障法》的规定,夏乙作为赡养人,应当妥善安排老年人的住房,不得强迫被告迁居条件低劣的房屋,故不同意分割和搬出讼争房屋。

法院经审理认为:老年人依法享有政治、经济、文化和婚姻家庭生活等方面的权益,任何单位、组织和个人不得侵犯。老年人与子女或者其他亲属共同出资购买、建造的住房,老年人依法享有相应的所有权或者使用权。本案中法院认为若将本案所涉房屋进行分割,或者将使仲甲丧失对房屋的共有权,或者将使仲甲在取得房屋所有权的同时斥巨资折价补偿其他共有人,这都会影响仲甲的老年人权益。因此,就本案而言,当事人之间的房屋共有关系应当予以维持。故原告依法分割华庭苑A幢B室房屋的诉讼请求,法院不予支持。本案从维护老年人的合法权益出发作出判决,有力地维护了被告仲甲的房屋居住权。

-----

102. 民事权利的取得方式有哪些?

《民法总则》第 129 条规定,民事权利可以依据民事法律行为、事实行为、法律规定的事件或者法律规定的其他方式取得。据此,民事权利的取得方式有以下几种。

(1)民事法律行为。民事法律行为是民事主体通过意思表示设立、变更、终止民事法律关系的行为,而民事权利与义务则构成民事法律关系的内容,因此,民事法律行为当然是民事权利的取得方式。

(2)事实行为。事实行为是指能够引起法律后果的行为,但该行为及其后果并不是基于行为人的意思发生的。也就是说,事实行为是行为人实施的不具有设立、变更和终止民事法律关系的意思,但是依据法律规定能够产生法律后果的行为。事实行为是民事权利取得的方式之一,如拾得遗失物、从事发明创造、无因管理、不当得利等都是民事权利的获得途径和取得方式。再如,侵权人实施侵权行为,也会导致被侵权人获得损害赔偿权。以上这些事实行为都是基于法律规定而不是当事人的意思表示而使权利人获得相应的民事权利。

(3)法律规定的事件。法律规定的事件,简称法律事件,是指能够引起法律后果的客观事实,它不以人的意志和意愿而发生,也不受人为控制,但其发生会导致相应的法律后果出现。如不可抗力、自然人的死亡、胎儿的出生就属于法律规定的能够导致民事权利的产生的事件。不可抗力可以导致合同债务人享有不履行合同义务或者迟延履行合同义务的抗辩权,胎儿出生会导致其与父母之间产生亲权,自然人的死亡会导致继承权的发生,因此,法律事件也是民事权利获得的方式之一。

(4)法律规定的其他方式。法律规定的其他方式是指除以上获得民事权利方式之外的其他获得民事权利的方式。

⇨ **示例说明**

李某某母亲谢某某系桥头村三组村民,谢某某与南靖县村民李某斌于

2009年9月2日生育李某某,2010年11月24日二人办理结婚登记,李某某的户籍于2010年11月29日登记在母亲谢某某所在的桥头村,取得桥头村的村民资格。桥头村三组在2014年清明节后发放给村小组集体土地发包分红款每人300元、责任田补偿款2880元(2014年至2018年责任田重新调整时人均0.6亩,李某某未分得0.6亩责任田,按规定未分得土地的村民可向小组领取每亩每年1200元的补偿款,4年应发2880元)以及2014年东大路拓宽改造征用土地补偿款1000元,以上共计4180元,桥头村三组均拒绝向李某某发放上述款项。李某某具有桥头村的村民资格,依法应当享有与其他村民相同的权利,为此,现李某某起诉至法院。

法院认为,原告李某某的母亲谢某某系被告村的村民,且原告李某某也实际落户于被告村,因此,原告基于原始取得方式取得被告村的村民资格。虽然原告于2010年11月29日补报户籍,但其作为自然人的民事权利的取得从其出生时即取得,并不因其父母是否违反计划生育政策而受影响,作为被告桥头村三组的集体组织成员,原告李某某依法享有与其他集体组织成员所应享有的权利。根据《物权法》第59条的规定,农民集体所有的不动产和动产,属于本集体成员集体所有。因此,原告李某某享有与其他村民一样公平参加集体收益和集体福利分配的权利,原告李某某起诉请求被告桥头村三组支付2014年清明节后的集体土地发包分红款300元、2014年至2018年责任田的补偿款2880元、2014年东大路拓宽征用土地补偿款1000元的诉讼请求于法有据,遂依法判决支持原告李某某的诉讼请求。

103. 民事主体行使民事权利应当遵循的原则有哪些?

《民法总则》赋予民事主体享有广泛的民事权利,同时也规定民事主体行使民事权利应当遵循自主决定原则、权利与义务相一致原则和禁止权利滥用原则。

《民法总则》第130条规定,民事主体按照自己的意愿依法行使民事权利,不受干涉。本条规定了民事权利行使的自愿原则,该原则主张民事主体可以根据自己的意愿自主决定是否行使或者放弃民事权利,是行使这种民事权利还是行使那种民事权利,是现在行使还是将来行使,是亲自行使还是由他人代为行使。民事主体行使民事权利不受他人和任何组织非法干涉。

他人和任何组织无权要求和强迫民事主体行使或者放弃民事权利,现在行使还是将来行使,亲自行使还是由他人代为行使。民事主体行使民事权利享有充分的自由,但是,其行使权利应当依法进行,民事主体按照自己的意愿依法行使民事权利不受干涉。

《民法总则》第131条规定,民事主体行使权利时,应当履行法律规定的和当事人约定的义务。本条规定了民事权利行使的权利与义务相一致原则,该原则要求民事主体行使权利和履行义务之间应当保持适当的平衡,各方享有的权利应当与其承担的义务相适应;一方享有的权利越大,其所尽的义务也应当越多。权利和义务互为存在前提,不允许一方只享有权利而另一方只承担义务。民事主体行使权利时,应当自觉履行法律规定的和当事人约定的义务。民事主体虽然有权按照自己的意愿依法行使民事权利,但其无权拒绝履行法律规定和合同约定的义务,如果拒绝履行法律规定的和当事人约定的义务,应当承担相应的法律责任。

《民法总则》第132条规定,民事主体不得滥用民事权利损害国家利益、社会公共利益或者他人合法权益。本条规定了民事权利行使的禁止权利滥用原则,该原则要求民事主体行使权利应在法律规定的限度内行使,不得超越法律规定的权利边界,民事主体行使权利不得以妨碍或者侵害他人的合法民事权益为目的。构成权利滥用,应具备以下要件:(1)权利滥用具有行使权利或维护合法权益的外观表现,而行使权利或者维护合法权益仅仅是权利滥用的借口和理由。(2)权利行使超过了法律规定的边界和限度。对行使权利的边界和限度没有法律明确规定或者规定模糊、难以确定的情况下,权利的行使违背了民法的诚信原则或公平原则。(3)权利行使者仅仅是为了损害其权利相对方或者损害国家利益、社会公共利益或者追求过分利益为目的。法律一方面规定民事主体有权按照自己的意愿依法行使民事权利,同时禁止其滥用民事权利损害国家利益、社会公共利益或者他人合法权益,从而保证民事权利合法有序行使。

◈ **示例说明**

张某某与尹某丁为邻居,张某某与尹某丁签订相邻协议,该协议约定:尹某丁在建房屋靠张某某房屋一侧第三间只能建一层。之后,尹某丁在将第三间房屋建了一层后，违约在该房屋上扎好 2 米以上的钢扰柱，并在第三间房屋的一层上建造了几层砖墙，张某某前去阻拦，被正在组织施工的尹某丁致伤，该伤被鉴定为头面部及肢体多处软组织挫伤，张某某因治伤花医药费 1567 元和鉴定费 320 元。此外，尹某丁在临近张某某房屋所开设的排水沟明显高于路面，使路面排水向张某某房屋墙底冲刷，对张某某房屋的墙基有影响。为此，张某某、尹某红夫妇提起诉讼，要求尹某丁执行双方订立的相邻协议，支付医疗费、鉴定费，并要求尹某丁排除对其房屋的侵害。

本案例有三种法律关系：一是张某某与尹某丁之间履行相邻协议的法律关系。张某某与尹某丁之间签订的相邻协议，是在遵守行政许可前提下的民事协议，被许可人可以在行政许可的范围内处分自己的权利，该相邻协议合法有效，故张某某有权要求尹某丁履行相邻协议。这体现了《民法总则》第 130 条规定的"民事主体按照自己的意愿依法行使民事权利，不受干涉"原则。二是张某某要求尹某丁排除妨碍的侵权法律关系。开设排水沟虽是尹某丁的合法权利，但权利不能滥用，不得对相邻方造成侵害，尹某丁应当对滥用民事权利的行为采取补救措施。这体现了《民法总则》第 132 条规定的"民事主体不得滥用民事权利损害国家利益、社会公共利益或者他人合法权益"原则。三是尹某丁侵害张某某健康权的法律关系。尹某丁将行使民事自助行为的张某某致伤，应当对张某某的损失承担主要责任，张某某处理问题的方法欠妥，也应当对自身的损失承担一定责任。这体现了《民法总则》第 131 条规定的"民事主体行使权利时，应当履行法律规定的和当事人约定的义务"原则。

第六章

民事法律行为

第一节　一般规定

104. 什么是民事法律行为？其与意思表示具有什么关系？

《民法总则》第 133 条规定,民事法律行为是民事主体通过意思表示设立、变更、终止民事法律关系的行为。为把握民事法律行为的本质特征,应当重点从以下几点尤其是其与意思表示的关系上进行理解。

(1)民事法律行为是民事主体的设权行为,即民事主体基于法律秩序按照自己的意思形成民事法律关系的行为。民事法律关系是以民事权利与义务为内容的社会关系,民事法律行为的设权性特点,使其与法律赋权性行为相区别。如合同、结婚、立遗嘱等就属于设权性行为,其与取得民事权利的其他方式不同,如无因管理、不当得利等事实行为和法律规定的事件虽然也是民事主体取得民事权利的基本方式,但它们属于法律的赋权行为,而不是基于当事人的意思表示的设权行为。

(2)民事法律行为是以意思表示为核心要素的行为。意思表示是民事主体表示设立、变更、终止民事法律关系的内在意志的外在表现。民事主体若有设立、变更、终止民事法律关系的内心意愿,如不将该内心意愿表示出来,那么其设立、变更、终止民事法律关系的目的就不可能实现。因此,意思表示可以被理解为法律行为中的意思表示。一般而言,意思表示和法律行为这两个表述被作为同义语使用。之所以选择意思表示这一表述,是因为意思表示本身居于首要地位,或者意思表示仅被作为法律行为构成要件的组成部分予以考虑。所以,意思表示是民事法律行为的核心要素。

(3)民事法律行为是引起意思所指向的法律后果的行为。民事主体表示他要取得某个特定法律效果即法律后果是民事法律行为的必备要件,这项法律后果的意思宣告就是意思表示。法律后果意思可以划分为如下三个心理层次:作为基础的是自然的行为意思,也即一个人的有关行为必须最起码是他所意愿的。在此之上,必须要有宣示意思,也即把愿意作出的行为告知他人的意思。最后,还必须加上如下意思或者至少是如下意识,即通过想要告知而引起一个法律效果,即法律后果意思。可见,民事主体实施的不以引起民事法律效果为目的的行为不属于民事法律行为。

◈ **示例说明**

建安公司承建某小区建筑工程,急需钢材,向甲、乙两家钢材公司发出通知,在通知中说明:"我公司需要购买某某型号的钢材1000吨,如贵公司有货出售,请速报价并与我公司联系。"建安公司于当天收到甲、乙两家钢材公司的答复,都说自己公司有建安公司需要的钢材,并将价格一并通报了建安公司。建安公司在收到两家公司的答复函后经分析认为,甲钢材公司是老牌钢厂,其产品质量信得过,提出的价格合理,遂于当天下午即去函称将向其购买某某型号1000吨钢材,请其速备货。不料,在建安公司收到甲公司的复函的第二天,乙公司派车队将同样型号200吨的钢材运送到了建安公司,并要求建安公司收货并支付货款。

本案例中,建安公司向甲、乙两家钢材公司发出通知,在通知中说明:"我公司需要购买某某型号的钢材1000吨,如贵公司有货出售,请速报价并与我公司联系。"这一事实行为说明,建安公司对购买所需的钢材处于了解、打听和探试阶段,该通知并不具备与他人形成民事权利义务关系的意思表示,建安公司的这种行为只是希望他人向自己发出要约的意思表示,其行为属于订立合同的要约邀请,它对当事人都不会产生约束力。甲、乙两家钢材公司收到建安公司的通知后都作了答复,都说自己公司有建安公司需要的钢材,并将价格一并通报了建安公司,因此,他们都希望建安公司购买自己的钢材,都对建安公司发出了订立合同的意思表示,构成了合同订立的要约行为。其中,乙公司与建安公司订立合同的愿望最强烈,在未得到建安公司同意购买的情况下,就派车队将200吨的钢材运送到了建安公司,这说明乙公司是以自己的行动向建安公司发出要约。对上述甲、乙两公司发出的要约,本案中的受要约人即建安公司拥有承诺或者不予承诺的权利,即其可以作出承诺,也可以不作出承诺。承诺是受要约人同意要约的意思表示。即受要约人接到要约后,向要约人作出的表示完全同意或者接受要约的意思表示。建安公司在收到两家公司的答复函后的当天下午即去函称甲公司向其购买某某型号1000吨钢材,构成承诺。承诺到达要约人时生效,即建安公司与甲钢材公司的买卖合同成立。

105. 民事法律行为成立的基本类型有哪几种?

《民法总则》第134条第1款规定,民事法律行为可以基于双方或者多方的意思表示一致成立,也可以基于单方的意思表示成立。据此,民事法律行为成立的基本类型即民事法律行为的基本类型具有以下几种。

(1)单方民事法律行为。单方民事法律行为,是指基于一方民事主体的意思表示即可成立的民事法律行为。如悬赏广告、遗嘱以及行使合同撤销权、解除权等形成权的各种行为。根据单方民事法律行为的意思表示是否需要有相对人受领,可以将该类民事法律行为进一步划分为须相对人受领的单方民事法律行为和无须相对人受领的单方民事法律行为。如遗嘱就属于须相对人受领的单方民事法律行为,悬赏广告、行使合同撤销权、解除权则属于无须相对人受领的单方民事法律行为。

(2)双方民事法律行为。双方民事法律行为,是指基于双方民事主体的意思表示一致而成立的民事法律行为。双方民事法律行为是通过双方当事人愿意共同协作促成相同的法律效果而成立。这种民事法律行为就是合同。也就是说,合同至少要以双方当事人的意思表示为前提,且以双方当事人的意思表示一致而成立。

(3)多方民事法律行为。多方民事法律行为,是指基于多方民事主体的意思表示一致而成立的民事法律行为。多方民事法律行为是通过多方当事人愿意共同协作促成相同的法律效果而成立。这种民事法律行为包括合伙协议、有限责任公司股东出资协议、股份有限公司发起人协议等。在双方民事法律行为中,因一方实施欺诈、胁迫等导致合同被撤销的,合同自始无效。但在多方民事法律行为中一方实施欺诈、胁迫等只能导致实施该行为的一方的意思表示无效,其他各方当事人的意思表示所达成的一致不受影响,多方民事法律行为仍然成立。

（4）法人、非法人组织的决议行为。法人、非法人组织的决议行为,是指法人、非法人组织依照法律或者章程规定的议事方式和表决程序作出决议的行为。《民法总则》第 134 条第 2 款规定,法人、非法人组织依照法律或者章程规定的议事方式和表决程序作出决议的,该决议行为成立。据此,法人、非法人组织的决议行为不以各方当事人的意思表示完全一致而成立,其仅要求法人、非法人组织作出决议的议事方式和表决程序符合法律或者章程的规定。也就是说,即使有的当事人对法人、非法人组织的决议内容不同意或表示反对,但只要达到法定要求的表决票数,其议事方式和表决程序符合法律或者法人组织、非法人组织的章程规定,其决议仍然能够成立,其对全体成员包括表决弃权和投反对票的成员仍然具有约束力。而在双方和多方民事法律行为中,一方当事人不同意其他一方或其他各方当事人的意思表示,就会导致双方民事法律行为的不成立或者其不能成为多方民事法律行为的当事人。

◈ 示例说明

朱某某在电影院看电影散场时,将装有某某机电公司面值 80 余万元人民币的汽车提货单及附加费本等物品的一公文包遗忘在座位上。位于后几排看电影的李某发现后,将公文包捡起,并在现场等候良久,未见失主来寻,便将公文包带走。之后,朱某某先后在某某市《今晚报》和《某某日报》上刊登寻包启事,表示要"重谢"和"必有重谢"拾得人,声明:"一周内有知情送还者酬谢 15000 元。"当晚,李某得知该寻包启事,即与朱某某联系。次日,双方在约定的时间和地点交接钱物。由于在给付酬金问题上,因朱某某翻悔,双方发生争执,李某遂向法院提起诉讼,要求朱某某依其允诺支付报酬 15000 元。

本案例中,朱某某在"寻包启事"中所称给付报酬的允诺属于悬赏广告。悬赏广告,系广告人以广告的方法,对完成一定行为的人给付报酬的行为。只要行为人依法完成了所指定的行为,广告人即负有给付报酬的义务。朱某某先后在某某市《今日晚报》《某某日报》上刊登的"寻包启事",即为一种悬赏广告。朱某某明确表示"一周内有知情送还者酬谢 15000 元",系单方民事法律行为。李某完成了广告指定的送还公文包的行为,则在李某与朱某某之间形成了民事法律关系。民事法律行为从成立时起具有法律约束力。行为人非依法律规定或者取得对方同意,不得擅自变更或解除,朱某某负有悬赏广告中许诺的给付报酬义务。

----

106. 民事法律行为可以采用哪些形式?

《民法总则》第 135 条规定,民事法律行为可以采用书面形式、口头形式或者其他形式;法律、行政法规规定或者当事人约定采用特定形式的,应当采用特定形式。据此,民事法律行为一般采取自由形式原则,即民事法律行为的成立不需要受特别形式要求的制约,民事法律行为既可以采取书面形式,也可以采取口头形式或者其他形式,除非法律、行政法规对形式有特别的要求或者当事人约定采用特定形式。有关法律、行政法规规定民事法律行为采用书面形式的,应当采用书面形式,而不得采用口头形式;即使法律、行政法规没有明文规定,而当事人约定采用书面形式的,也应当采用书面形式。

(1)书面形式。书面形式,是指以文字表现民事法律行为内容的形式。用文字表述当事人一方的意思表示,双方或者多方经过协商一致而订立的合同或签订的协议以及法人、非法人组织的书面决定,即为书面形式。有关民事法律行为的当事人在订立合同、签订协议或者作出决定时确定合同主要条款内容、明确相互权利义务关系的合同书、协议书和决议文件或者往来信件、数据电文(包括电报、电传、传真、电子数据交换和电子邮件)以及对合同、协议、决议内容所作的文字或者图表说明,以及当事人协商同意的有关修改合同、协议或决定内容的文书、电报和图表等,都是民事法律行为的书面表现形式。

(2)口头形式。口头形式,是指民事法律行为的当事人只用说话、通话等口头语言为意思表示,而不用文字表达民事法律行为内容的形式。双方当事人以口头形式就合同内容取得一致意见达成的协议,即为口头合同。民事法律行为可以采用口头形式,口头形式包括面谈,也包括打电话等交谈方式。

(3)其他形式。其他形式,是指民事法律行为采取书面形式、口头形式之外的其他意思表达形式。如当事人存在着通过手语、手势、暗语进行意思表达的习惯,那么,该手语、手势、暗语即为意思表达的其他形式。民事法律行为的其他形式种类繁多,甚至因人而异,但只要其为能够引起特定法律后果的意思表达,就构成民事法律行为的其他形式。

(4)法律法规规定和当事人约定的特定形式。《民法总则》第135条规定民事法律行为采取自由形式原则的同时,也对自由形式原则作出了限制性规定,即法律、行政法规规定或者当事人约定采用特定形式的,应当采用特定形式。这里的特定形式,是指法律法规规定或者当事人约定的形式,包括审批形式、书面形式、公证形式以及其他非口头形式。

目前,我国法律、行政法规对民事法律行为采取特定形式作了大量规定。根据《物权法》规定,建设用地使用权出让、转让或者抵押合同应当采取书面形式订立,地役权合同、抵押合同、质权合同应当采用书面形式。根据《合同法》规定,融资租赁合同、建设工程合同、非自然人之间的借款合同、技术开发合同、技术转让合同等应当采用书面形式。此外,根据《中外合资经营企业法》的规定,合营各方签订的合营协议、合同、章程,应报国家对外经济贸易主管部门审查批准。根据《中外合作经营企业法》的规定,申请设立合作企业,应当将中外合作者签订的协议、合同、章程等文件报国务院对外经济贸易主管部门或者国务院授权的部门和地方政府审查批准。根据《民法总则》第135条的规定,法律、行政法规规定采用书面、审批等特定形式的,应当采用特定形式。

根据《民法总则》第135条的规定,当事人约定采用特定形式的,应当采用特定形式。当事人约定的民事法律行为主要包括双方民事法律行为和多方民事法律行为,单方民事法律行为因其只有一方当事人故不存在民事法律行为的约定问题。法律、行政法规规定或者当事人约定采用书面形式订立合同,当事人未采用书面形式但一方已经履行主要义务,对方接受的,说明当事人以履行行为变更了原先约定的书面合同形式。对此,《合同法》第36条明确规定,法律、行政法规规定或者当事人约定采用书面形式订立合同,当事人未采用书面形式但一方已经履行主要义务,对方接受的,该合同成立。

⊕ **示例说明**

2016年12月15日,甲百货公司(简称甲方)与乙花生油公司(简称乙方)就购买2000桶花生油口头约定:每桶价格为50元,总价款10万元;乙方于2017年1月15日向甲方交货;为保证合同的履行,甲方须向乙方交付定金 2 万元；此外，双方约定应当以书面形式订立合同。甲方未向乙方交付定金 2 万元。此后，甲方要求乙方签订书面合同，乙方总是以年底业务繁忙为由推脱，并告诉甲方请放心，双方的约定不会改变。但随着元旦和春节即将来临，乙方榨油原料花生的价格有所上涨，市面上油价也随之有较大幅度的提升。在甲方再次提出签约时，乙方告诉甲方可以签订书面合同，但因为市场发生了大的变化，油价将从每桶 50 元调到 60 元。甲方认为虽然双方未签订书面合同，但双方已经就合同的主要内容达成了一致，合同已经成立。乙方不能按原口头约定的价格履行合同，已构成违约。乙方认为双方的合同并未成立，乙方无履行合同的义务。由于双方协商未果，甲方向法院起诉，要求乙方承担违约责任。

根据《合同法》第 10 条规定，法律、法规规定采用书面形式的，应当采用书面形式。当事人约定采用书面形式的，应当采用书面形式。否则，合同不成立。可见，本案中，双方虽然已经就合同的主要内容达成了一致，但因双方约定应当以书面形式签订合同，所以当这种要式形式欠缺时，甲方与乙方之间的合同不能成立，乙方不履行双方的口头约定，不构成违约。

107. 民事法律行为自何时生效？其具有什么法律拘束力？

《民法总则》第 136 条第 1 款规定，民事法律行为自成立时生效，但是法律另有规定或者当事人另有约定的除外。据此，民事法律行为的生效时间，可以根据以下时间确定。

（1）在法律未另有规定或者当事人未另有约定的情况下，民事法律行为自成立时生效。《民法总则》第 134 条规定，民事法律行为可以基于双方或者多方的意思表示一致成立，也可以基于单方的意思表示成立。法人、非法人组织依照法律或者章程规定的议事方式和表决程序作出决议的，该决议行为成立。可见，双方民事法律行为自双方意思表示一致，即其成立时依法生效；多方民事法律行为自多方意思表示一致，即其成立时依法生效。须相对人受领的单方民事法律行为，在意思表示到达相对人时其依法生效；无须受领的单方民事法律行为，在行为人作出意思表示时其依法生效。法人、非法人组织依照法律或者章程规定的议事方式和表决程序作出决议的，该决议行为成立时其依法生效。

（2）法律对民事法律行为的生效时间另有规定的，该民事法律行为在法律规定的时间生效。如《中外合作经营企业法》第 10 条规定,中外合作者的一方转让其在合作企业合同中的全部或者部分权利、义务的,必须经他方同意,并报审查批准机关批准。据此,该转让合同虽然自转让方与受让方达成一致而成立,但其成立时并未生效,该转让合同自审查批准机关批准时生效。

(3)当事人对民事法律行为的生效时间另有约定的,该民事法律行为在当事人约定的时间生效。该生效时间可以是当事人约定的一个具体时刻(如某某年某某月某某日某某时或某某时某某分),亦可以是一定的期限(如某某天内或者再过某某天或者某某小时生效)。当事人对于民事法律行为的生效时间另有约定,即该时间与民事法律行为成立时间不同的,那么,该民事法律行为的生效时间即在约定的时刻或者期限生效。

民事法律行为的成立是以意思表示能够引起特定的法律后果为判断标准,也即只有能够引起特定法律后果的意思表示才能成立民事法律行为,亦即构成民事法律行为。民事法律行为的生效时间,则是指自民事法律行为自生效之时起,对行为人具有法律拘束力,即行为人非依法律规定或者未经对方同意,不得擅自变更或者解除民事法律行为。若未依法律规定或者未经对方同意,擅自变更或者解除民事法律行为,应当依法承担相应的法律责任。如对于依法生效的合同,只有在具备法定解除条件或者约定解除条件的情况下,才可依照法定程序解除合同,否则应当依法承担违约责任。

✿ 示例说明

张某收到刘某的一封信,刘某欲出卖一台 L430 型的联想牌笔记本电脑,价格 15000 元,价款在买方提货时一次付清。在该信件中刘某对所购电脑的配置作了说明:512MB 的内存,80G 的外存,自带光驱、具有刻录功能。之后,张某向刘某回信,同意以刘某提出的价格成交,但提出刘某应提供购买电脑的发票和使用说明书。刘某收到张某的该封信件后,没有向张某作任何答复,而是将这台电脑以 16500 元的价格卖给了自己的同事朱某。张某认为,自己在向刘某发出的信件中接受了刘某的报价,双方已对买卖合同的主要条款即标的和价款达成了一致,合同已经成立,刘某将电脑卖给他人构成违约。张某遂提起诉讼,要求刘某承担违约责任。

在本案例中,刘某给张某发出出卖电脑的信件的行为是要约行为,但是张某的行为是否属于承诺呢？根据《合同法》第 30 条规定，承诺的内容应当与要约的内容一致。受要约人对要约的内容作出实质性变更的，为新要约。《合同法》第 31 条规定，承诺对要约的内容作出非实质性变更的，除要约人及时表示反对或者要约表明承诺不得对要约的内容作出任何变更的以外，该承诺有效，合同的内容以承诺的内容为准。在买卖合同中，有关标的物的数量、质量、价款、履行期限、地点和方式、违约责任、包装方式、检验标准和方法、结算方式等都是合同的实质性内容。在本案中，张某对货物的数量、价格、付款方式、交货地点等要约的实质内容在答复中都未更改，只是要求刘某提供购买电脑的发票和使用说明书等非实质性内容，因此，其对刘某要约的更改并未构成实质更改。这样，就使刘某承担了一项义务，即，刘某如果反对这些附加的条件，他必须及时提出反对。如果不提出反对，根据《合同法》第 25 条规定，承诺生效时合同成立。本案例中，在刘某收到张某的承诺后双方的买卖合同已经成立。对于依法成立且生效的合同，双方当事人都负有全面履行的义务。本案中，刘某将电脑卖给朱某的行为导致其无法履行与张某之间的合同，对张某构成违约，因此刘某对张某应依法承担违约责任。

第二节　意思表示

108. 以对话方式、非对话方式作出的意思表示何时生效？

意思表示是民事主体表示设立、变更、终止民事法律关系的内在意志的外在表达，生效的意思表示对表意人具有约束力。对于有相对人的意思表示来讲，表意人对发出的意思表示要撤回或者撤销，应当在法律规定的时间内进行，否则将丧失撤回或者撤销权。对于表意人的生效意思表示，一旦为其相对人完全接受，除法律另有规定或者当事人另有约定外，民事法律行为成立且依法生效。对于已经生效的民事法律行为，民事法律行为当事人不得擅自解除或变更，否则，应当依法承担相应的法律责任。因此，判断意思表示何时生效具有重要的法律意义。

（1）以对话方式作出的意思表示的生效时间。《民法总则》第 137 条第

1 款规定,以对话方式作出的意思表示,相对人知道其内容时生效。"对话方式",是指表意人通过与相对人当面对话或者电话及其他语音传输系统对话作出设立、变更、终止民事法律关系的意思表示。"知道其内容",是指表意人的相对人知道表意人设立、变更、终止民事法律关系的意思内容。对于以对话方式作出的意思表示,因相对人知道其内容时生效,所以,表意人无法行使撤回权,而其在相对人作出接受前可以行使撤销权。

（2）以非对话方式作出的意思表示的生效时间。《民法总则》第 137 条第 2 款中规定, 以非对话方式作出的意思表示,到达相对人时生效。"非对话方式",是指以对话形式之外的书面形式、数据电文形式等载体形式。"到达",是指表意人设立、变更、终止民事法律关系的意思表示到达相对人。"到达"并不要求实际送达相对人手中并为相对人所一定知悉,而是指到达相对人的掌管和能够获取领域。只要意思表示已经进入相对人的掌管和能够获取领域,即可合理期待相对人能够知悉该意思表示的内容,即构成到达。

（3）采用数据电文形式作出的意思表示的生效时间。《民法总则》第137 条第 2 款中规定,采用数据电文形式的意思表示,相对人指定特定系统接收数据电文的,该数据电文进入该特定系统时生效;未指定特定系统的,相对人知道或者应当知道该数据电文进入其系统时生效。当事人对采用数据电文形式的意思表示的生效时间另有约定的,按照其约定。

☼ 示例说明

王某有一块名贵金表,价值人民币 2 万元,一日其好友刘某见后爱不释手,王某遂郑重其事地对刘某说:"你喜欢的话,1 万元卖给你。"刘某当即问王某:"此话当真?"王某回答:"真的。"刘某当即表示购买并乘车回家取现金 1 万元交给王某,王某拒收,并说:"你真开玩笑,2 万元的金表,1 万元我怎么卖呢?"刘某认为双方之间的买卖合同成立且生效,遂依法起诉,要求王某履行合同。

合同的本质在于各方当事人在平等、自愿和协商的基础上对合同的内容达成一致,并促成所想要的法律效果的发生。因此,合同的订立是由两个或者两个以上的当事人的意思表示所组成,每一方当事人都要作出意思表示。通过当事人各方表示愿意相互协作以促成特定法律后果发生这一方式,合同得以订立。只要其中的一方当事人没有作出意思表示或者各方当事人的意思表示不一致,则合同不能成立。根据《合同法》的规定,合同的成立一般包括要约和承诺两个阶段。本案中,从订立合同所处的阶段来看,王某对刘某说的"1 万元卖给你"这句话,是向刘某发出的订约的意思表示,属于要约。刘某当即问王某:"此话当真?"王某回答:"真的。"这是王某对有效要约的进一步确认。可见,王某以 1 万元价格出卖金表给刘某的意思表示构成要约。根据《合同法》的规定,要约到达受要约人时生效。对此,《民法总则》第 137 条第 1 款也明确规定,以对话方式作出的意思表示,相对人知道其内容时生效。可见,对于生效要约,受要约人一经承诺,就得成立合同。据此,本案中王某和刘某买卖金表的合同已经成立且生效,王某负有向刘某交付金表的义务,否则,构成违约。

----

109. 无相对人的意思表示何时生效?以公告方式作出的意思表示何时生效?

无相对人的意思表示,是指构成民事法律行为核心要素的意思表示,只需行为人即表意人就设立、变更、终止民事法律关系的内在意志进行外在表达,因其无相对人,因此其无需相对人受领即可完成并依法生效。《民法总则》第 138 条规定,无相对人的意思表示,表示完成时生效。法律另有规定的,依照其规定。无相对人的意思表示与有相对人的意思表示的一个重要区别是,无相对人的意思表示只要行为人的意思表示一经发出即完成并依法生效;而有相对人的意思表示,以对话方式作出的,相对人知道其内容时生效;以非对话方式作出的,到达相对人时生效。如悬赏广告、所有人抛弃所有权等就属于无相对人的意思表示。遗嘱也属于无相对人的意思表示,但立遗嘱人通过遗嘱作出遗产处分的意思表示后,并不立即生效,而是立遗嘱人死亡时遗嘱生效。已经生效的无相对人的意思表示与有相对人的意思表示一样对行为人具有约束力。

以公告方式作出的意思表示,是指表意人就设立、变更、终止民事法律关系的内在意志通过公告向社会公众发布的意思宣示行为。公告形式繁多,包括报纸杂志公告、广播电视公告、网络平台等。发布主体既可以是民事主体,也可以是受民事主体委托的有关权力机关或者部门。

以公告方式作出意思表示,通常是民事主体作出的意思表示不能直接到达相对人(如找不到相对人或者相对人是不确定的多数人)的情况下采取的意思表达方式,但是对于涉及民事主体商业秘密、个人隐私、未成年人保护和应当向相对人直接作出的意思表示(如订立合同的承诺)则不宜采取公告方式。以公告方式作出意思表示,更常见的是基于法律法规的要求。如《公司法》第145条规定,上市公司必须依照法律、行政法规的规定,公开其财务状况、经营情况及重大诉讼,在每会计年度内半年公布一次财务会计报告。《公司法》第185条规定,清算组应当自成立之日起10日内通知债权人,并于60日内在报纸上公告。债权人应当自接到通知书之日起30日内,未接到通知书的自公告之日起45日内,向清算组申报其债权。

以公告方式作出的意思表示,是找不到相对人或者相对人是不确定的多数人,以及法律法规要求在法定条件下采取的向社会公开的一种意思表达方式,因其没有特定相对人,因此其在公告发布时生效,而不像有相对人的意思表示那样达到相对人时生效。

❖ 示例说明

1999年12月12日,辽宁省东港市大东管理区永安街发生了一起特大持枪杀人案。为尽快破案,东港市公安局在被害人家属同意后,于1999年12月13日通过东港市电视台发布了悬赏通告,其主要内容是:"一、凡是提供线索直接破案的,被害人家属奖励人民币50万元;二、凡是提供线索公安机关通过侦查破获此案的,公安机关给予重奖;三、凡是提供有关枪支线索侦破此案的,公安机关给予重奖;四、凡是能提供线索破案的,即使与犯罪团伙有牵连也可以从轻或免予刑事责任;五、对提供线索者,公安机关一律严格保密。"12月19日,鲁某某向东港市公安局提供了案件的线索。公安机关根据鲁某某提供的线索,排查了大量的犯罪嫌疑人,并经过大量的调查取证,在1992年12月25日得出结论,认定该线索确与"12·12"特大持枪杀人案有关,并决定按照悬赏通告的第二条奖励鲁某某人民币10万元。

东港市公安局仅按照悬赏通告的第二条奖励鲁某某人民币10万元后,鲁某某主张在其辨认了涉嫌人员照片之后,东港市公安局随即作出了抓捕决定,使案件一举告破。至此,其已全部完成了直接提供线索的行为,理应按照悬赏通告得到被害人家属奖励的50万元人民币,遂以东港市公安局为被告提起诉讼。

法院经审理认为:发布悬赏广告是一种民事法律行为,即广告人以广告的方式发布声明,承诺对任何按照声明的条件完成指定事项的人给予约定的报酬。任何人按照广告公布的条件,完成了广告所指定的行为,即对广告人享有报酬请求权。发出悬赏广告的人,则应该按照所发布广告的约定,向完成广告指定行为的人支付承诺的报酬。本案中,东港市公安局通过东港市电视台发布通告中的部分内容,属于悬赏广告。通告虽然是以东港市公安局的名义发布的,但由于悬赏给付的报酬,是由被害人家属提供给东港市公安局的,通告中的悬赏行为,实际上是受被害人家属委托的行为。被害人家属的本意是以50万元人民币直接奖励能够提供破案线索的举报人,希望能够有助于公安机关迅速破案。被害人家属并没有表示可以区别举报人提供线索的不同情形,给予举报人不同数额的奖励;也没有表示可以将该报酬用于办案或奖励办案人员。东港市公安局在悬赏通告中规定了其他悬赏情形,并没有得到被害人家属的授权或者委托。鲁某某按悬赏通告的要求,向东港市公安局提供了其知道的重要线索,致使公安机关根据该线索及时破获了“12·12”特大持枪杀人案,即完成了悬赏通告所指定的行为。据此,鲁某某就获得了取得被害人家属支付悬赏报酬的权利。

关于鲁某某主张按照悬赏通告中第一条和第二条的规定的奖励款可同时兼得,东港市公安局应再向其给付50万元报酬的问题,因悬赏广告是按照举报的具体效果,规定以不同的方式给予数额不同的奖励的,并未表示同一举报可以同时兼得其他奖励,鲁某某主张重复奖励的要求不予支持。东港市公安局已预付鲁某某奖励款10万元人民币,其余40万元人民币应及时按照悬赏通告及被害人家属的委托给付鲁某某本人。

----

110. 什么是意思表示的明示和默示方式？沉默在哪些情况下可以视为意思表示？

意思表示是行为人即民事主体内心意愿的外在表达,这种外在表达一般是通过对话、书面文书、数据电文、手势语、肢体语言以及具体行为等外在形式或者其他可推断的意思表示进行的。《民法总则》第140条规定,行为人可以明示或者默示作出意思表示。沉默只有在有法律规定、当事人约定或者符合当事人之间的交易习惯时,才可以视为意思表示。可见,意思表示主要包括明示的意思表示和默示方式。沉默作为意思表示的例外,只有符合法定情形下才视为意思表示。

（1）意思表示的明示方式。意思表示的明示方式，是指行为人以语言对话、书面语言等方式将内心意愿所作的外在表达。意思表示的明示方式的最大特点是，其具有意思表达的直接性，无须推断即能得知行为人在进行相应的意思表示。如在法人、非法人组织对决议事项进行表决时，主持人告知参加表决者"同意的请举手"。那么，举手就是参加表决者表达"同意"这一意思表示的明示方式。

（2）意思表示的默示方式。意思表示的默示方式，又称为可推断的意思表示，是指行为人的某种行为或者某种言语表述，虽然不能直接表达特定的民事法律行为意思，但可以间接地表达这种意思，即可以从直接表达出来的内容或者从事的行为中，推知出行为人要表达的民事法律行为意思。①《最高人民法院关于贯彻执行〈中华人民共和国民法通则〉若干问题的意见（试行）》（以下简称《民法通则意见》）第 66 条明确规定，一方当事人向对方当事人提出民事权利的要求，对方未用语言或者文字明确表示意见，但其行为表明已接受的，可以认定为默示。不作为的默示只有在法律有规定或者当事人双方有约定的情况下，才可以视为意思表示。如行人在路边向一辆行驶的出租车招手，这一肢体语言说明行人要乘车；但出租车司机对此摇头，这说明出租车司机拒绝其乘车要求。这里的招手和摇头都属于意思表示的可推断方式，即默示方式。再如在法人、非法人组织对决议事项进行表决时，主持人告知参加表决者"同意的请举手"，那么不举手、不表态可推断为表示反对，这属于以默示方式所表达的意思表示。

（3）视为意思表示的特定沉默。沉默一般是指沉默不语，默不作声，不表态，不作为。因为意思表示是行为人的内心意愿的外在宣示，因此，沉默和不作为一般不会构成意思表示行为。但是，根据《民法总则》第 140 条第 2 款规定，只有在以下三种情形下的特定沉默才可以视为意思表示。

一是法律规定的视为意思表示的沉默。这种情形是指法律将行为人的沉默规定为意思表示，如《继承法》第 25 条规定，继承开始后，继承人放弃继承的，应当在遗产处理前，作出放弃继承的表示。没有表示的，视为接受继承。受遗赠人应当在知道受遗赠后 2 个月内，作出接受或者放弃受遗赠的表示。到期没有表示的，视为放弃受遗赠。本条中规定的"没有表示的，视为

---

① ［德］卡尔·拉伦茨：《德国民法通论》（下册），王晓晔等译，法律出版社 2013 年版，第 486—487 页。

接受继承""到期没有表示的,视为放弃受遗赠",就是法律规定的沉默视为意思表示的情形。再如,《合同法》第 158 条第 1 款规定,当事人约定检验期间的,买受人应当在检验期间内将标的物的数量或者质量不符合约定的情形通知出卖人。买受人怠于通知的,视为标的物的数量或者质量符合约定。本条中关于"买受人怠于通知的,视为标的物的数量或者质量符合约定"的规定,就属于将沉默视为意思表示的法定情形。

　　二是当事人约定的视为意思表示的沉默。当事人约定的视为意思表示的沉默,是指双方或者多方民事法律行为以及法人、非法人组织决议行为中当事人约定沉默为意思表示的情形。当事人约定的视为意思表示的沉默是以当事人协商一致为成立条件,一方当事人在向相对方发出的意思表示中无权单方将相对方的沉默设定为同意的意思表示。如房屋租赁合同的双方当事人约定:"合同有效期 5 年;第一年每月租金 5000 元,自第二年开始每年年初根据市场行情另行商定,若不另行商定执行上一年的租金标准。"上述"不另行商定执行上一年的租金标准"的约定就属于当事人约定的视为意思表示的沉默。但第二年若在双方未另行商定月租金标准的情况下,房屋出租人向承租人发函称:"本年度月租金由原来的 5000 元提高至 6000 元,若 10 日内未提出异议,视为同意。"房屋出租人未经双方协商,擅自提高租金,侵犯了承租人的合同自由权,承租人的沉默不属于当事人约定的视为意思表示的沉默,出租人设定的"若 10 日内未提出异议,视为同意"的单方意思表示,对承租人不具有约束力。

　　三是符合当事人之间的交易习惯视为意思表示的沉默。根据《最高人民法院关于适用〈中华人民共和国合同法〉若干问题的解释(二)》第 7 条规定,下列情形,不违反法律、行政法规强制性规定的,人民法院可以认定为合同法所称"交易习惯":在交易行为当地或者某一领域、某一行业通常采用并为交易对方订立合同时所知道或者应当知道的做法;当事人双方经常使用的习惯做法。因交易习惯为当事人共同遵守或双方经常使用,在彼此之间对这种交易习惯形成了信赖,当事人之间未对这种习惯提出改变和终止遵守的情况下,对当事人具有约束力。因此,沉默在符合当事人之间的交易习惯时可以视为意思表示。如在一项长期的供货合同中,乙惯常不经明确作出承诺而直接履行甲的订单。某日,甲为准备新年物品向乙订购大批年货,乙既未答复又没有按要求的时间发货。根据甲乙之间建立起的交易习惯,乙的沉默视为对甲的订单的承诺,因此,本案中乙的行为对甲构成违约。

❖ 示例说明

　　原告甲建筑公司为建筑桥梁工程需要大量沙土,与被告乙沙场具有长期的供需关系。2016 年年初甲建筑公司与乙沙场约定购买 50 车沙土,每吨价格 400 元,并约定 1 个月内由被告送货,货到付款。半个月后沙土价格由每吨 400 元上涨到每吨 420 元,被告为了减少损失,遂与原告联系,要求变更货物数量,减少供货车数,遭到原告的拒绝。1 周后被告开始供货,用 10 辆"130"型货车每车装载 2 吨沙土运到原告工地。原告指出被告的做法不合理,双方约定的购买 50 车沙土是指每车装载 4 吨的"东风牌"大卡车运载的 50 车沙土,总量为 200 吨。双方因协商未果,原告遂向法院起诉,要求被告承担违约责任。

　　在法庭审理中,原告认为在双方以往的交易中都是以"东风牌"大卡车作为计量标准,现被告乙沙场改用"130"型货车送货,违背了双方的交易习惯,构成违约,应承担违约责任。被告认为自己的做法是按照双方约定来执行的,自己并没有违约。即使双方对交货数量的计算标准有着不同的理解,也属于重大误解,因此应当撤销该合同。

　　本案中,在双方以往都是以"东风牌"大卡车作为计量标准,这形成了双方之间进行沙土计量的交易习惯。双方之间的这一交易习惯,构成了意思表示的默示方式,其对双方具有约束力。现被告乙沙场改用"130"型货车送货,违背了双方的交易习惯。因此,原告对标的物计量标准的主张应当得到法院的支持,被告应当承担以"东风牌"大卡车送交原告计 50 车沙土的履行义务。

111. 行为人需要撤回意思表示的,应在何时撤回?

　　《民法总则》第 141 条规定,行为人可以撤回意思表示。撤回意思表示的通知应当在意思表示到达相对人前或者与意思表示同时到达相对人。可见,意思表示的撤回,是指行为人即表意人对自己的意思表示反悔的情况下,向相对人发出撤回通知以阻止意思表示生效的行为。意思表示依法撤回的,对作出意思表示的表意人即行为人不再具有拘束力。行为人撤回意思表示的,撤回意思表示的通知应当在意思表示到达相对人前或者与意表示同时到达相对人。撤回意思表示的通知未在意思表示到达相对人前或者最迟未与意思表示同时到达相对人的,行为人的意思表示撤回权丧失。

根据《民法总则》第137条规定,以对话方式作出的意思表示,相对人知道其内容时生效。第138条规定,无相对人的意思表示,表示完成时生效。法律另有规定的,依照其规定。第139条规定,以公告方式作出的意思表示,公告发布时生效。可见,对于上述一旦相对人知道其内容、一旦完成或者公告发布即生效的意思表示以及一旦达到相对人就生效的以非对话方式作出的采用数据电文形式的意思表示无法撤回。撤回只适用于以非对话方式作出的意思表示,且撤回意思表示的通知只能在意思表示到达相对人前或者与意思表示同时到达相对人。撤回通知的形式自由,可以采取电话、电报、电子邮件、短信、微信等快捷方式,以便使撤回意思表示的通知在意思表示到达相对人之前或者与意思表示同时到达相对人。

🛡 **示例说明**

张某收到刘某的一封信,刘某欲出卖一台L430型的联想牌笔记本电脑,价格15000元,价款在买方提货时一次付清。在该信件中,刘某对所购电脑的配置作了说明:512MB的内存,40G的外存,自带光驱、具有刻录功能。之后,张某向刘某回信,同意以刘某提出的价格成交,但提出刘某应提供购买电脑的发票和使用说明书。

本案例中,张某回信同意购买的意思表示构成承诺,其如果要阻止该承诺的生效,其撤回该意思表示的通知应当在其承诺的信件到达相对人刘某前或者与该信件同时到达相对人刘某。为此,张某需要通过比信件更快捷的方式如发电报、传真或打电话等方式发出撤回承诺的通知。否则,撤回承诺的通知若不能在其承诺的信件到达相对人刘某前或者与该信件同时到达相对人刘某,张某将丧失承诺撤回权。

---

112. 意思表示的解释方法主要有哪些? 有相对人与无相对人的意思表示的解释有何区别?

意思表示的解释,一般是指当事人对意思表示的内容的确定发生分歧且不能形成一致意见时,由法庭或者仲裁机构通过一定的解释方法对之作出判断,并在此基础上决定其法律效果的过程。《民法总则》第142条规定,有相对人的意思表示的解释,应当按照所使用的词句,结合相关条款、行为的性质和目的、习惯以及诚信原则,确定意思表示的含义。无相对人的意思表示的解释,不能完全拘泥于所使用的词句,而应当结合相关条款、行为的性质和目的、习惯以及诚信原则,确定行为人的真实意思。

　　从上述规定可以看出,无论是有相对人的意思表示的解释还是无相对人的意思表示的解释,一般都应当采取以下方法:(1)文义解释方法,是指当事人对意思表示的理解有争议的,应当按照意思表示所使用的词句确定表意人的真实意思。(2)整体解释方法,又称体系解释方法,是指当事人对意思表示的理解有争议的,应当将意思表示的所有条款和构成部分作为统一整体,并从意思表示各个条款的上下文之间的相互关系和各个构成部分的总体联系上确定该条款的真实意思。(3)目的解释方法,是指当事人对意思表示的理解有争议的,应当根据行为的性质和目的,在分析各个表意人个人的目的和共同目的基础上确定表意人的真实意思。(4)习惯解释方法,是指当事人对意思表示条款的理解有争议的,应当按照惯例和当事人之间的交易习惯确定该条款的真实意思。(5)诚信解释方法,是指当事人对意思表示条款的理解有争议的,应当按照诚实信用原则确定该条款的真实意思。

　　《民法总则》第142条规定除了规定意思表示解释的基本方法外,还对有相对人的意思表示的解释和无相对人的意思表示的解释作了区分,主要是二者解释方法中的文义解释方法不同,即有相对人的意思表示的解释文义方法是应当按照所使用的词句解释,而无相对人的意思表示的解释的文义方法是不能完全拘泥于所使用的词句。上述文义解释方法表述中的"不能完全拘泥于所使用的词句"的完整表述应当是指,"意思解释应当探究真意,而不能完全拘泥于所使用的词句的字面意义"。因为,有相对人的意思表示是须受领的意思表示,特别是作为双方或者多方民事法律行为以及法人、非法人组织决议的有关意思表示,对一方的意思表示的争议必然会涉及他方的意思表示,对有争议的意思表示如何解释将涉及权利义务的履行及各方利益。因此,有相对人的意思表示的文义解释方法应当注重探究双方或者多方的共同意思表达,在文义解释时应当更加注重客观解释即应当以一个合理的人所理解的意思来理解。但对于无相对人的意思解释来说,意思表示的文义解释不涉及相对人及其利益,在解释时无须像有相对人的意思表示的解释那样需要考虑受益人的信赖利益。因此,无相对人的意思表示的解释应当更加注重运用整体解释方法、目的解释方法、习惯解释方法和诚信原则解释方法探究表意人的真实意思,而不能完全拘泥于表意人所使用的词句的字面意义。

✿ 示例说明

　　钱某自 2003 年至 2011 年 6 月在甲公司处任总工程师。2005 年 3 月 29 日,钱某与甲公司签订《专利使用协议》,该协议约定:钱某任职期间,或钱某虽然离职但不单独使用专利时,甲公司向钱某支付产品(含成套部件、专利部分的配件)售价的 1% 作为专利使用费;甲公司在每年 1 月结算并支付前一年度钱某应得的专利使用费,但每项专利的使用费每年最低为 1 万元,最高为 3 万元。协议签订后,钱某共为甲公司研发并申请获得有效专利 10 项。甲公司依约向钱某支付相应的专利报酬,但对于 2010 年及其后的费用不予支付。钱某遂向法院起诉,认为甲公司在其生产的液压抓斗中使用了名称为“双液流自动控制阀块”“双液流差动油缸自动控制阀块”“具有电磁插装阀控制结构的电动液压抓斗”等专利,请求判令甲公司向钱某支付自 2010 年 1 月至 2012 年 8 月止的专利使用报酬人民币 25 万元。甲公司辩称:2010 年之后,甲公司对所用的技术进行了改进,不再使用涉案专利,故甲公司不应向钱某支付所谓的专利报酬。《专利使用协议》中约定的是“专利使用费”,并不是职务发明报酬,甲公司不应按照《专利使用协议》向钱某支付报酬。

　　本案的解决关键在于如何解释“专利使用费”的含义。《合同法》第 125 条规定,当事人对合同条款的理解有争议的,应当按照合同所使用的词句、合同的有关条款、合同的目的、交易习惯以及诚实信用原则,确定该条款的真实意思。首先,从字面含义理解,“专利使用费”当然不同于职务发明人报酬。但由于当事人法律知识的不足,难免使用不准确的词句,进行文义解释时,不应仅满足于对词语含义的解释,不应拘泥于所使用的词句。当事人的共同意思取代了他们所表述的用语的主观含义,解释合同时应探求当事人共同的真实意思。其次,钱某为涉案专利的发明人之一,其并非专利权人,双方不可能就专利的实施许可事宜签订合同,因而将“专利使用费”解释为专利实施许可费显然不符合双方当事人订约时的真实意思,解释为职务发明人报酬方符合常理。从合同文本整体来看,“专利使用费”只能并且应当解释为职务发明人报酬。最后,从当事人订立合同的目的来看,甲公司为钱某的雇主,为钱某所作职务发明的专利权人,双方签订的《专利使用协议》,目的显然应是约定支付职务发明报酬,其他合同目的亦不合常理。综合文义解释、整体解释、目的解释等各种解释方法,本案"专利使用费"应解释为职务发明人报酬。钱某请求按照《专利使用协议》支付职务发明人报酬,于法有据。

第三节　民事法律行为的效力

113. 民事法律行为有效应当具备哪些条件?

民事法律行为的有效条件,又称为民事法律行为有效要件,是指使已经成立的民事法律行为发生完全的法律效力所应当具备的法律条件,其实质是使当事人意欲发生的法律效果得到法律秩序的认可和受法律保护应当具备的必要条件。

民事法律行为的有效要件和成立要件是不同的,具备了成立要件,民事法律行为将宣告成立。但已经成立的民事法律行为必须符合一定的有效要件,才能产生法律效力即依法受法律保护。对于已经成立的合同,如果不具备法律规定的有效要件仍然不能产生法律效力,亦不会受到法律保护。根据《民法总则》第143条的规定,具备下列条件的民事法律行为有效:

(1)行为人具有相应的民事行为能力。所谓民事行为能力,是指民事主体能够通过自己的行为,取得民事权利、承担民事义务的能力和资格。它不仅包括民事主体进行合法行为而取得民事权利和承担民事义务的能力,而且包括民事主体对其违法行为承担民事责任的能力。民事法律行为的主体即行为人可以是自然人、法人,也可以是不具有法人资格的非法人组织。根据我国《民法总则》的规定,完全民事行为能力人是完全能够理解自己的行为和能够完全辨别自己行为的后果,故其可以独立实施民事法律行为。作为民事主体的完全民事行为能力人必须是年满18周岁的自然人或者16周岁以上不满18周岁,但以自己的劳动收入为主要生活来源、智力发育正常的自然人。8周岁以上的未成年人和不能完全辨认自己行为的精神病人是限制民事行为能力人,他们只能实施某些与其年龄、智力相适应的民事活动。不满8周岁的未成年人和不能控制自己行为的精神病人是无民事行为能力人,他们的行为只能由其法定代理人进行。

(2)意思表示真实。意思表示真实是指行为人的内心意愿与其外部表示的意思一致。行为人从事民事法律行为,其意思表示真实,其所从事的民事法律行为才有效。如果其从事民事法律行为的意思表示虚假,或者因重大误解或者是被欺诈、被胁迫、被诈骗的情况下作出意思表示,或者因处于危困状态、缺乏判断能力等情形下作出对自己显失公平的意思表示等,都因行为人的意思表示不真实可以被依法撤销或者被认定无效,被撤销和无效的民事法律行为将自始对当事人不具有法律约束力。

(3)不违反法律、行政法规的强制性规定,不违背公序良俗。民事法律行为的内容合法,不违反法律的规定特别是强制性规定,这是其有效的根本条件。所谓强制性规定,是指必须由当事人遵守,不得通过协商加以改变的规定。遵守公序良俗是《民法总则》规定的从事民事活动的基本原则。因此,违反法律、行政法规的强制性规定,违背公序良俗必然导致民事法律行为无效。

⌂ 示例说明

顺鑫盛公司的公司章程载明,李某某与宋某甲共同设立顺鑫盛公司,公司注册资本为50万元人民币,宋某甲出资47.5万元,占注册资本的95%;李某某出资2.5万元,占注册资本的5%。后经工商登记依法取得法人资格。2017年10月1日的顺鑫盛公司股权协议载明,李某某同意将其所持顺鑫盛公司5%的股权以2.5万元价格转让给宋某乙。2017年10月1日,宋某甲与李某某签字的顺鑫盛公司股东会决议载明,股东会一致通过并决议,李某某将其所持有5%股权以2.5万元价格转让给宋某乙。2017年10月12日,顺鑫盛公司向工商管理行政机关提交公司变更登记申请书,申请将股东由李某某出资2.5万元、占注册资本5%变更为宋某乙出资2.5万元、占注册资本5%。李某某诉称,宋某甲为了独占公司,于2017年10月1日假冒原告名义与其弟弟宋某乙签订了顺鑫盛公司股权转让协议,将原告所持有的顺鑫盛公司5%股权转让给宋某乙,为此于同日还假冒原告名义签署了顺鑫盛公司股东会决议,同意上述股权转让,并冒充原告名义签名办理了工商变更登记。为此,李某某请求法院判决股权转让协议无效。李某某所主张的上述事实,经法院审理依法查明属实。

《民法总则》第 143 条规定,具备下列条件的民事法律行为有效:(1)行为人具有相应的民事行为能力;(2)意思表示真实;(3)不违反法律、行政法规的强制性规定,不违背公序良俗。可见,意思表示真实是民事法律行为的有效要件之一。本案例中,被冒名签字的股权转让协议,双方没有达成真实意思合意,该股权转让协议无效,因此,原告诉请确认其无效的主张,应得到法院的支持。

114. 无民事法律行为人实施的民事行为是否有效?

民事法律行为有效的最基本前提是行为人具有相应的民事行为能力。行为人完全能够理解自己的行为和能够完全辨别自己行为后果,是其作为完全民事行为能力人独立从事民事活动的充分必要条件,因此,完全民事行为能力人可以独立实施民事法律行为。但是,8 周岁以下的未成年人和不能控制自己行为的精神病人,既不能够理解自己的行为也不能够完全辨别自己行为的后果,因此法律规定是无民事行为能力人,他们从事民事活动只能由其法定代理人进行。因此,《民法总则》第 144 条规定,无民事行为能力人实施的民事法律行为无效。无民事行为能力人实施的民事法律行为无效,是自始无效和当然无效,其不会因无民事行为能力人成为限制民事行为能力人、完全民事行为能力人而有效。

▷ 示例说明

原告李某与被告孙某双方于 2005 年 3 月 8 日在开封市郊区民政局登记结婚。在 2013 年 10 月 17 日双方签订了离婚协议书并到民政局办理了离婚手续。该协议约定:原告名下的财产都归原告所有。协议中约定婚生男孩归被告孙某抚养,婚生女孩监护人是被告孙某,由原告李某代为抚养。2014 年 4 月 22 日,开封市金明区人民法院宣告李某为无民事行为能力人,指定勤某(李某的母亲)为李某的监护人。原告李某认为离婚协议是被告在原告精神分裂症病情严重时被告以大队买保险为由诱骗原告签署的。原告现诉至法院要求确认 2013 年 10 月 17 日原、被告双方签订的离婚协议无效。审理中查明,在原、被告共同生活期间被告孙某知道原告李某患有精神分裂症。

　　法院经审理认为,在原、被告共同生活期间被告孙某明知原告李某患有精神分裂症,原告李某属于不能辨认自己的行为精神病人。此后的司法鉴定也确认了原告李某为无民事行为能力人。2013 年 10 月 17 日原、被告双方签订的离婚协议事关当事人的切身利益,属于无民事行为能力人依法不能实施的民事行为,原告李某作为签订协议的一方当事人,其签订的离婚协议应属于无效协议。原告李某要求法院依法确认 2013 年 10 月 17 日原、被告双方签署的离婚协议无效,法院应予以支持。被告孙某辩称"离婚时是我们双方自愿签订的离婚协议书并到民政局办理的离婚手续,离婚是有效的"。但被告孙某没有提交任何证据证明原告李某是在精神健康且完全能够辨认自己行为的情况签订的离婚协议。对被告孙某的答辩理由不予采信。法院判决 2013 年 10 月 17 日原告李某和被告孙某双方签订的离婚协议书无效。

----

115. 限制民事行为能力人实施的民事法律行为是否有效？相对人是否享有催告追认权或者撤销权？

　　根据《民法总则》第 19 条和第 22 条的规定,8 周岁以上的未成年人(年满 8 周岁未满 18 周岁的未成年人)和不能完全辨认自己行为的成年人为限制民事行为能力人。可见,限制民事行为能力人包括以上年龄和精神状况完全不同的两类人即未成年人限制民事行为能力人和成年人限制民事行为能力人。未成年人限制民事行为能力人可以独立实施纯获利益的民事法律行为或者与其年龄、智力相适应的民事法律行为。成年人限制民事行为能力人可以独立实施纯获利益的民事法律行为或者与其智力、精神健康状况相适应的民事法律行为。

　　限制民事行为能力人可以独立实施的纯获利益的民事法律行为,主要是指纯获利益而不承担相应的给付义务。限制民事行为能力人接受奖励、不附条件的赠与、报酬一般属于纯获利益的民事法律行为。对于那些能够获得利益,但是限制行为能力人不能预见其后果、不能控制其风险且需要承担相应民事义务即不属于纯获利益的民事法律行为,限制行为能力人亦不得独立实施。8 周岁以上的未成年人为限制民事行为能力人,其进行的民事活动是否与其年龄、智力状况相适应,可以从行为与本人生活相关联的程度、本人的智力能否理解其行为,并预见相应的行为后果,以及行为标的数额等方面认定。不能完全辨认自己行为的成年人为限制民事行为能力人,其进行的民事活动,是否与智力、其精神健康状态相适应,可以从行为与本人生活相关联的程度、本人的精神状态能否理解其行为,并预见相应的行为后果,以及行为标的数额等方面认定。因此,《民法总则》第 145 条中规定,限制民事行为能力人实施的纯获利益的民事法律行为或者与其年龄、智力、精神健康状况相适应的民事法律行为有效。

根据《民法总则》第 145 条的规定,除纯获利益或者与其智力、精神健康状况相适应的民事法律行为外,限制行为能力人实施的其他民事法律行为的效力待定,即经法定代理人同意或者追认后有效;未经其法定代理人同意或者追认的无效。所谓同意,是指事先予以许可;所谓追认,是指事后予以承认。限制民事行为能力人实施的无效民事法律行为自始无效和当然无效,其不因未成年限制民事行为能力人成为成年人,或者精神智障者获得完全民事行为能力而有效。

限制民事行为能力人实施的效力待定的民事法律行为,是指除限制民事行为能力人实施的纯获利益或者与其年龄、智力、精神健康状况相适应的有效民事法律行为外,其实施的未经法定代理人同意或者追认的其他民事法律行为。其效力处于待定状态,是指既未经法定代理人同意或者追认而有效,也未经法定代理人的明确拒绝而无效。根据《民法总则》第 145 条第 2 款的规定,相对人对于这类效力未定的民事法律行为可以行使催告追认权,即相对人可以催告法定代理人予以追认,法定代理人自收到该催告通知之日起 1 个月内可以追认限制民事行为能力人所实施的民事法律行为有效;在该期限内法定代理人也可以明确拒绝追认其效力。法定代理人自收到通知之日起满 1 个月未作表示的,其追认权丧失,视为拒绝追认。限制民事行为能力人实施的未经法定代理人追认有效的民事法律行为将自始无效。

法律除了赋予相对人享有催告追认权外,法律也赋予善意相对人享有撤销权,即限制民事行为能力人实施的民事法律行为被法定代理人追认前,善意相对人(不知道也不应当知道对方为限制民事行为能力人的交易相对人)有撤销其与限制民事行为能力人实施的民事法律行为的权利。如果相对人明知或者应当知道交易对方为限制民事行为能力人,则其不为善意相对人,其无权行使撤销权。根据《民法总则》第 145 条第 2 款的规定,善意相对人行使撤销权应当在限制行为能力人的法定代理人追认之前行使;撤销应当以通知的方式作出。所谓通知的方式,包括口头通知、书面通知或数据电文等,不得以默示或者行为等非通知方式作出。对于善意相对人撤销的民事法律行为,限制民事行为能力人的法定代表人无权追认其效力,该民事法律行为自始无效。

⇨ 示例说明

2016 年 3 月 8 日,刘某(2001 年 10 月 6 日出生)自行到哗宝自行车店购买组装自行车一辆,车价 1.8 万元。自行车店主欧某某亦确认在刘某购买车辆时,其清楚刘某系学生。其后,刘某母亲梁某某要求退回货款,协商未果。刘某于 2016 年 5 月 16 日提起该案诉讼,请求:(1)确认刘某与哗宝自行车店之间的自行车买卖合同无效;(2)哗宝自行车店、店主欧某某共同向刘某返还购车款人民币 1.8 万元。

本案例中,刘某出生于 2001 年 10 月 6 日,在购买涉案自行车时(2016 年 3 月 8 日)已年满 14 周岁,系限制民事行为能力人,其向哗宝自行车店、欧某某付款购买自行车,并取得哗宝自行车店交付的车辆,双方之间已构成买卖合同关系。根据《合同法》第 47 条"限制民事行为能力人订立的合同,经法定代理人追认后,该合同有效,但纯获利益的合同或者与其年龄、智力、精神健康状况相适应而订立的合同,不必经法定代理人追认"之规定,刘某在未经父母许可的情况下取走家中大额现金并用于购买涉案车辆,该行为事后并未得到其法定代理人追认;刘某在购买涉案车辆时亦不清楚同类车辆的市场价格;其在支配数额明显较大的现金购买商品时,对于是否属于等价交换并没有正确的判断能力,其所进行的并非是与其年龄、智力相适应的民事活动,故其与哗宝自行车店、欧某某订立的买卖合同无效,因该合同取得的财产双方应当相互予以返还。

---

116. 什么是虚假的或隐藏的民事法律行为?其效力如何?

根据《民法总则》第 146 条第 1 款规定,虚假的民事法律行为是指行为人与相对人以虚假的意思表示实施的民事法律行为。在实施虚假民事法律行为时,行为人即表意人向相对人虚假地发出一项意思表示,相对人亦虚假受领该意思表示,以掩盖当事人之间的真实意思表示及该意思表示带来的法律后果。根据《民法总则》第 143 条第 2 项规定,意思表示真实是民事法律行为成立的必备条件。第 146 条第 1 款明确规定,行为人与相对人以虚假的意思表示实施的民事法律行为无效。第 155 条和第 157 条规定,无效的民事法律行为自始没有法律约束力并依法产生相应的法律后果。

虚假的民事法律行为的双方当事人在协同合作实施无效民事法律行为的同时,还存在着另一项被此项虚假的民事法律行为所掩盖的、真的意欲达成的民事法律行为,该行为即为被隐藏的民事法律行为。根据《民法总则》第 146 条第 2 款规定,以虚假的意思表示隐藏的民事法律行为的效力,依照有关法律规定处理。可见,被虚假的民事法律行为所隐藏的民事法律行为不必然无效,其效力应当根据有关法律规定作出判断。根据有关法律规定,判断其为无效的,该隐藏的民事法律行为无效。根据有关法律规定,判断其为有效的,该隐藏的民事法律行为有效。

➡ 示例说明

某日,马某与李某签订《房屋买卖合同》,双方约定:李某向马某出卖位于某市某区东方花园小区 2 栋 3 门 506 号房间,总成交价为人民币 148 万元;马某于本合同签订 2 日内向李某支付定金 10 万元并承担办理房屋权属转移登记手续产生的涉及双方的所有税费。当日,双方还签订了《补充协议》,约定:《房屋买卖合同》约定房屋成交价格 148 万元包括房屋净价 80 万元和固定设备转让费等共计 68 万元两部分;双方一致同意按照房屋净价 80 万元办理房屋的缴税、过户手续。之后,李某向马某出具了《首付收据》,确认收到马某所支付的首付款 675149 元(含定金 10 万元)。为了办理银行贷款,双方就同一房屋又签订第二份《房屋买卖合同》。约定:房屋成交价为 180 万元;交易后如发现产生于该房屋转移之前的有关房屋的产权、债权、债务纠纷,仍由卖方承担一切责任;双方同意房屋成交总价款中首付款为 60 万元,剩余房款买方以银行贷款方式支付给卖方;卖方在收到房款之日后当日内,将上述房产交与买方,办理物业交验。不久后,双方办理房屋的网签手续,再次网签了《存量房屋买卖合同》。为了避税,双方约定的房屋成交价格为 81 万元,并以该价款缴纳了房屋交易的相关税费。之后,马某以诉争房屋价款为 148 万元为由提起诉讼,请求法院判决李某退还其多支付的购房款及利息、逾期交房违约金。李某辩称:双方协商一致签订的第二份《房屋买卖合同》,约定房屋售价为 180 万元,属于对合同的依法变更,双方应当以该合同约定为准执行,法院应当依法驳回其诉讼请求。

根据本案案情来看,双方就同一房屋签订的第二份《房屋买卖合同》,约定房屋成交价为 180 万元,是为了从银行贷款需要而另行签订的,其房屋价款之所以由原来约定的 148 万元变更为 180 万元,是为了提高贷款额度。之后,双方网签的第三份合同即《存量房屋买卖合同》,约定的房屋成交价格为 81 万元并以该价款缴纳了房屋交易的相关税费,是为了避税。可见,李某与马某签订的上述两份买卖合同的房屋价款,并不是为了双方的房屋买卖本身或有意进行房屋价款的变更,而是为了其他目的即提高房贷和逃避税收,因此这两份房屋买卖合同所约定的房屋价款并不是李某和马某的真实意思表示,构成虚假的民事法律行为,因此无效。可见,李某与马某签订的该两份买卖合同的房屋价款对双方不具有约束力。双方签订的第一份房屋买卖合同属于被虚假民事法律行为隐藏的民事法律行为。由于双方签订的第一份房屋买卖合同是双方协商一致订立的,双方约定的 148 万元的房屋价款是双方的真实意思表示,且双方具有房屋买卖的主体资格,其房屋买卖行为亦不违反法律、行政法规的强制性规定,不违背公序良俗,因此双方就同一房屋所订立的第一份房屋买卖合同依法有效,对双方具有法律约束力。双方之后签订的两份房屋买卖合同作为虚假的民事法律行为,并未改变双方的第一份房屋买卖合同即以虚假的意思表示隐藏的民事法律行为的有效性。

----

117. 什么是基于重大误解实施的民事法律行为? 其具有哪些构成要件? 能否被撤销?

《民法总则》第 147 条规定,基于重大误解实施的民事法律行为,行为人有权请求人民法院或者仲裁机构予以撤销。基于重大误解的民事法律行为,是指行为人即表意人对自己所要实施的民事法律行为有关的重大事项发出错误的意思表示,该错误的意思表示被相对人受领并因此给错误方当事人造成损失的行为。根据《民法通则意见》第 71 条规定,行为人(表意人)因为对行为的性质、对方当事人、标的物的品种、质量、规格和数量等的错误认识,使行为的后果与自己的意思相悖,并造成较大损失的,可以认定为重大误解。

基于重大误解的民事法律行为必须符合一定的条件才能构成并产生使其撤

销的法律后果。一般情况下,基于重大误解的民事法律行为由以下要件构成:

(1)必须是表意人即作出意思表示的一方当事人在实施民事法律行为时因为发生错误认识而作出了意思表示。在重大误解的情况下,当事人所表示出来的意思与其内心真实意思或者本来的愿望是不相符合的。也就是说,意思表示与其内心意思本身发生了严重的偏差,而且这种偏差和其错误的意思表示严重违背了其内心意愿。

(2)必须是对民事法律行为的内容即有关重大事项发生了认识错误。对民事法律行为的内容发生认识上的错误,主要是指对民事法律行为的主要条款如标的物的品种、质量、规格和数量、价款等发生认识上的错误。正是由于当事人对民事法律行为的内容发生认识错误,并基于此种错误认识而实施民事法律行为,必然会影响到当事人其所享受的权利和承担的义务。

(3)误解必须是很严重的。在一般情况下,重大误解是指与实施民事法律行为相关的误解必须是严重的,即:在实施相关民事法律行为时一个通情达理的人处在与误解方相同的情况下,如果他已知道了事实真相时,他因此将根本不实施民事法律行为,或者将只会按实质不同的内容实施民事法律行为;或者另一方当事人知道或理应知道误解方发出的意思表示错误,但却有悖于公平交易的合理商业标准,使误解方一直处于错误的意思表示状态之中,那么就可以认为误解是严重的。

(4)误解是由误解方自己的过错造成的,而不是因为受到对方的欺诈、胁迫或不正当影响造成的。在通常情况下,误解都是由表意人自己的过失行为即由其不注意、不谨慎造成的。

根据《民法总则》第 147 条规定,基于重大误解实施的民事法律行为属于依法可撤销的民事法律行为即具有可撤销性,行为人即发生误解的一方当事人有权请求人民法院或者仲裁机构予以撤销。根据《民法总则》第 155 条和第 157 条规定,被撤销的民事法律行为自始没有法律约束力并依法产生相应的法律后果。

◈ 示例说明

王某有一件祖传明朝瓷器委托鲁斋文物店出卖,鲁斋文物店决定以 3 万元出卖,但工作人员施某在对该瓷器进行陈列登记时误将售价写为 3000 元。售价标出的次日,一文物收藏爱好者卢某认为该瓷器 3000 元物有所值,遂付款买下该瓷器。后该店经理发现对该瓷器的标价和售价都发生了错误,遂与卢某取得联系,要求解除合同,返还所售瓷器,但遭到卢某的拒绝。

本案中,由于鲁斋文物店工作人员施某在对该瓷器进行陈列登记时疏忽大意误将售价 3 万元写为 3000 元,因此,鲁斋文物店将王某的祖传明朝瓷器以 3000 元的价款卖与卢某的行为,构成重大误解。在双方未订立仲裁协议亦未在买卖合同中订立仲裁条款的情况下,鲁斋文物店可以依法请求人民法院撤销双方之间的该瓷器买卖合同。

118. 什么是以欺诈手段实施的民事法律行为? 其具有哪些构成要件? 能否被撤销?

《民法总则》第 148 条规定,一方以欺诈手段,使对方在违背真实意思的情况下实施的民事法律行为,受欺诈方有权请求人民法院或者仲裁机构予以撤销。一般说来,以欺诈手段实施的民事法律行为,是指一方当事人故意告知对方虚假情况,或者故意隐瞒真实情况,诱使对方当事人作出错误意思表示,并意欲从对方当事人因受欺诈而导致的损失中获益的行为。

以欺诈手段实施的民事法律行为必须符合一定的条件才能构成并产生使其撤销的法律后果。以欺诈手段实施的民事法律行为具有以下构成要件:

(1)欺诈方具有欺诈的故意。所谓欺诈的故意,是指实施欺诈的一方明知自己告知或者展示给对方的情况是虚假的,且故意使被欺诈人陷入错误认识。欺诈只能由故意构成。

(2)欺诈方实施欺诈行为。欺诈一般表现为一方当事人故意告知对方虚假情况,或者故意隐瞒真实情况。故意告知对方虚假情况,主要是指通过编造事实或者故意夸大事实,诱使对方当事人对受领的信息产生错误认识,并在此基础上作出了对己不利的意思表示。故意隐瞒事实,则主要是指在负有将真实情况告知对方义务的情况下故意隐瞒,从而使对方在不明真相的情况下作出对己不利的意思表示。根据诚实信用和公平交易原则要求应当披露的信息不予披露,且这种不予披露信息的意图在于使对方当事人产生错误认识的,该不予披露信息的义务也具有欺诈性。但是,使人能够识破的具有游说他人订约的夸大其词一般不认为是欺诈。

（3）被欺诈的一方因欺诈而陷入认识错误并在违背自己真实意思的情况下实施了民事法律行为。在欺诈的情况下，被欺诈人因欺诈陷入了错误的认识。也就是说，被欺诈人作出了其原本在未受欺诈的情况下根本不会作出的意思表示，且该意思表示违背了其真实意思。被欺诈人受到了欺诈，但其未陷于错误认识，亦未因此作出错误意思表示和实施民事法律行为的，则不构成欺诈。至于欺诈方实施欺诈是否实现其意欲从对方当事人因错误而导致的损失中获益在所不问，其行为只要构成欺诈，就会导致以欺诈手段实施民事法律行为的后果。

根据《民法总则》第 148 条规定，以欺诈手段实施的民事法律行为属于依法可撤销的民事法律行为即具有可撤销性，被欺诈方即受害方当事人有权请求人民法院或者仲裁机构予以撤销。根据《民法总则》第 155 条和第 157 条规定，被撤销的民事法律行为自始没有法律约束力并依法产生相应的法律后果。

✿ 示例说明

李某系精致红木家具厂的厂主。某日，王某到精致红木家具厂选购家具，李某向王某提供了市家具质量监督检验站出具的材质种类鉴定书，该鉴定书载明精致红木家具厂生产的家具的材质为红酸枝木家具。王某看过该鉴定书后与李某签订了一份价值 10.5 万元的家具买卖合同。3 天后，李某将家具送至王某家中。在王某支付货款后，李某向王某出具了购货发票，在发票中载明了所售家具为红酸枝木家具。王某在使用该家具时对家具材质产生了怀疑，遂将所购买家具中的一件餐椅，送至某家具质量监督检验站进行材质种类的鉴定，鉴定意见为"该家具不符合红酸枝木类必备条件"。王某以此鉴定意见为依据将李某诉至法院。诉讼中，经双方当事人同意，法院委托市家具质量监督检验站对其余 20 件家具进行了材质鉴定，检验结果为：所检 20 件产品的用材均不能称为红酸类枝木，且依法查明王某到精致红木家具厂选购家具时，李某提供的市家具质量监督检验站出具的材质种类鉴定书系伪造。本案中，李某通过故意告知对方虚假情况、伪造鉴定证书等手段，使王某在违背自己的真实意思的情况下实施购买行为，李某出卖家具的行为构成欺诈。

---

119. 什么是因第三人欺诈实施的民事法律行为？其具有哪些构成要件？能否被撤销？

《民法总则》第149条规定，第三人实施欺诈行为，使一方在违背真实意思的情况下实施的民事法律行为，对方知道或者应当知道该欺诈行为的，受欺诈方有权请求人民法院或者仲裁机构予以撤销。第三人欺诈，是指民事法律行为当事人之外的第三人故意告知民事法律行为的一方当事人虚假情况，或者故意隐瞒真实情况，诱使民事法律行为的该方当事人作出错误意思表示，民事法律行为的对方当事人知道或者应当知道该欺诈行为的情形。

因第三人欺诈实施的民事法律行为必须符合一定的条件才能构成并产生使其撤销的法律后果。因第三人欺诈实施的民事法律行为具有以下构成要件：

（1）第三人具有实施欺诈的故意且被欺诈方的相对人对此明知。所谓欺诈的故意，是指实施欺诈的民事法律行为的第三人明知自己告知或者展示给民事法律行为一方当事人的情况是虚假的，且故意使被欺诈人陷入错误认识。民事法律行为的另一方当事人对第三人实施欺诈的故意知道或者应当知道，即具有明知。民事法律行为的另一方当事人对第三人实施的欺诈故意不知道或者不应当知道的，不构成第三人实施欺诈。

（2）民事法律行为当事人之外的第三人对一方当事人实施欺诈行为。欺诈一般表现为欺诈方故意告知一方当事人虚假情况，或者故意隐瞒真实情况。故意告知虚假情况，主要是指通过编造事实或者故意夸大事实，诱使一方当事人对受领的错误信息产生信赖，并在此基础上作出对己不利的意思表示。故意隐瞒事实，则主要是指在负有将真实情况告知义务的情况下故意隐瞒，从而使一方当事人在不明真相的情况下作出对己不利的意思表示。根据诚实信用和公平交易原则要求应当披露的信息不予披露，且这种不予披露信息的意图在于使一方当事人产生错误认识的，该不予披露信息的义务也具有欺诈性。但是，使人能够识破的具有游说他人实施民事法律行为的夸大其词一般不认为是欺诈。

（3）被欺诈的一方因欺诈而陷入认识错误并在违背自己真实意思的情况下实施了民事法律行为。在第三人实施欺诈的情况下，民事法律行为的一方即被欺诈人因欺诈陷入了错误的认识。也就是说，被欺诈方当事人作出了其原本在未受欺诈的情况下根本不会作出的意思表示，该意思表示违背了其真实意思。被欺诈方受到了第三人欺诈，但其未陷于错误认识，亦未因此作出错误意思表示和实施民事法律行为的,则不构成欺诈。至于民事法律行为的另一方当事人或者作为第三人的欺诈方是否因实施欺诈实现其意欲从被欺诈方当事人因错误而导致的损失中获益在所不问,第三人的行为只要构成欺诈,就会导致因第三人欺诈实施民事法律行为的后果。

根据《民法总则》第 149 条规定,因第三人欺诈实施的民事法律行为属于依法可撤销的民事法律行为即具有可撤销性,被欺诈方即受害方当事人有权请求人民法院或者仲裁机构予以撤销。根据《民法总则》第 155 条和第 157 条规定,被撤销的民事法律行为自始没有法律约束力并依法产生被撤销的法律后果。

◈ 示例说明

原告杨某国与第三人蒋某某原系夫妻,双方于 1999 年 12 月 30 日登记结婚,双方结婚 10 多年一直未能生育子女。2014 年 1 月 3 日蒋某某生育一子,取名杨某某,即本案的被告杨某某。因夫妻感情不和,原告与第三人决定离婚。2015 年 7 月 18 日,原告、第三人与被告签订了《赠与协议书》,约定原告与第三人在离婚时共同将坐落在某某镇石头寨村砖混结构房屋一幢赠与被告所有。2015 年 7 月 29 日,原告与第三人在某某区某某镇人民政府登记离婚。之后,原告怀疑被告并非自己亲生儿子,于是委托云南某某司法鉴定中心进行鉴定,云南某某司法鉴定中心作出了"杨某某与杨某国没有遗传关系即杨某某不是杨某国的亲生儿子"的鉴定意见。得知该鉴定意见后,原告认为第三人欺骗了自己,遂诉至法院,要求第三人返还抚养费并赔偿精神抚慰金,法院审理后作出了民事判决,判令由第三人返还原告抚育费 4527元,并赔偿原告精神抚慰金 5000 元。在原告与第三人离婚后,被告由第三人抚养,第三人实际管理使用着坐落在某某镇石头寨村石头寨 14 组的砖混结构房屋。

本案例中,第三人蒋某某故意隐瞒被告杨某某为其与他人之子的事实,从而使原告杨某国误以为杨某某为自己婚生之子的情况下,原告杨某国与第三人蒋某某及被告杨某某签订将坐落在某某镇石头寨村石头寨 14 组砖混结构共有房屋一幢赠与被告所有,该赠与行为违背了杨某国的真实意思,故杨某国有权请求人民法院撤销该赠与。

120. 什么是以胁迫手段实施的民事法律行为？其具有哪些构成要件？能否被撤销？

《民法总则》第150条规定，一方或者第三人以胁迫手段，使对方在违背真实意思的情况下实施的民事法律行为，受胁迫方有权请求人民法院或者仲裁机构予以撤销。以胁迫手段实施的民事法律行为，是指一方或者第三人以将来要发生的损害或以直接施加损害相威胁，使民事法律行为另一方产生恐惧并因此在违背自己真实意思的情况下实施的民事法律行为。

以胁迫手段实施的民事法律行为必须符合一定的条件才能构成并产生使其撤销的法律后果。以胁迫手段实施的民事法律行为，具有下列构成要件：

（1）主观上，民事法律行为的一方或者第三人即胁迫人具有胁迫的故意。胁迫人的胁迫故意，主要表现为胁迫人明知自己的胁迫行为会引起受胁迫人产生恐惧而实施胁迫，且其实施胁迫的目的是使受胁迫人作出违背自己真实意思的意思表示。

（2）客观上，胁迫者实施了胁迫行为。胁迫行为一般表现为以给被胁迫人及其亲友的生命健康、荣誉、名誉、财产等造成损失，以给法人的荣誉、名誉、财产等造成损害为要挟，如以揭露他人隐私、个人秘密、公开他人商业秘密、技术诀窍和经营信息或者利用自身的恶劣品质威胁他人等方式，迫使受胁迫方作出违背其真实意思的意思表示，被迫实施民事法律行为。在此，胁迫者所实施的胁迫行为往往具有违法性。但是，行为人如果以主张合法权利或者以寻求法律救济相威胁的目的是使自己的正当权利得以实现，那么，以主张这些权利和寻求法律救济相威胁则不具有违法性。

（3）受胁迫者因胁迫而实施了民事法律行为。也就是说，由于胁迫者的胁迫行为使受胁迫者产生了恐惧心理，且在这种恐惧心理的支配下受胁迫者被迫与另一方当事人实施了民事法律行为。

根据《民法总则》第150条规定，因一方或者第三人欺诈实施的民事法律行为属于依法可撤销的民事法律行为，被欺诈方即受害方当事人有权请求人民法院或者仲裁机构予以撤销。根据《民法总则》第155条和第157条规定，被撤销的民事法律行为自始没有法律约束力并依法产生被撤销的法律后果。

◈ **示例说明**

私营企业主李某与朝阳集团公司的总经理张某具有长期的业务往来。李某的企业因被骗购进了 100 吨没有利用价值的矿砂,企业因此陷入困境。李某找到张某,希望朝阳集团公司能够收购这批矿砂,张某表示目前公司原料积压,暂时不打算再购进原料。李某对张某说如果朝阳集团公司不收购这批矿砂,去年张某个人借给他的 10 万元钱就别想要回去了。此外,李某还扬言要将张某长期包养某宾馆服务员刘某的事向社会公开。张某深知李某为人无赖,害怕借出去的钱再也收不回来并担心李某公开自己的隐私,遂代表朝阳公司与李某的公司签订合同,收购了上述矿砂。后来朝阳集团公司发现该矿砂根本无法使用,开始追究经办人张某的责任,张某遂向公司交代了上述实情。

本案中,张某深知李某为人无赖,以不还张某个人借给他的 10 万元钱为要挟,迫使张某代表公司购买了李某所拥有的 100 吨没有利用价值的矿砂。可见,张某代表朝阳集团公司与李某的公司签订的合同属于因胁迫订立的合同,作为受害方当事人的朝阳集团公司有权请求人民法院予以撤销。

121. 什么是显失公平的民事法律行为？其具有哪些构成要件？能否被撤销？

《民法总则》第 151 条规定,一方利用对方处于危困状态、缺乏判断能力等情形,致使民事法律行为成立时显失公平的,受损害方有权请求人民法院或者仲裁机构予以撤销。显失公平的民事法律行为的显著特点就是双方当事人的权利与义务严重失衡。在显失公平的民事法律行为中,一方要承担过多的义务而享受极少的权利或者在经济利益上遭受重大损失,而另一方则以较少的代价获得重大利益或者承担极少的义务。显失公平的民事法律行为是一方利用对方处于危困状态、缺乏判断能力等情形实施的,其不仅违背了诚信和公平交易原则,也违反了当事人的缔约自由原则。

显失公平的民事法律行为必须符合一定的条件才能构成并产生使其撤销的法律后果。显失公平的民事法律行为,具有下列构成要件:

(1)一方具有不公平地利用对方当事人处于危困状态、缺乏判断力等事实。一方当事人利用对方的危困状态,主要是指利用对方处于危难困境,包括经济困境或者其他困境下的紧急需要等。一方当事人利用对方的缺乏判断力,主要是指利用对方轻率、缺乏远见、无知、无经验或者不懂谈判技巧以及对另一方提供的信息、知识、技能以及服务等的依赖等。这种一方利用他人的主观状态已表明行为人背离了诚实信用原则的要求。一般来说,受害人仅能证明自己在从事民事活动时缺乏经验和技能、不了解市场行情、草率和对另一方当事人的依赖等,从而实施了于己不利的民事法律行为还不够,还得证明另一方具有不公平地利用自己的经济困境或者紧急需要和对其依赖及其追求过分利益的主观故意。

(2)一方利用对方处于危困状态、缺乏判断能力等情形追求并获得了过分利益。显失公平民事法律行为的一大特点就是当事人之间的给付与对待给付的不平衡,一方获得了过分利益。这种不平衡必须是非常严重的,以致破坏了正常人所具有的道德标准,震动了通情达理人的良心,因此这种过分利益的追求为法律所不允许。

(3)显失公平发生在民事法律行为成立之时。如果这种不公平的过分利益在民事法律行为成立时并不存在,而是发生在民事法律行为的履行中,则不构成显失公平的民事法律行为。此时,要改变这种履行中的严重利益失衡应当适用情势变更的有关规定。

⇨ **示例说明**

汤姆是居住和长期生活在美国的美国人,吴某是中国人。2004 年 10月,汤姆购买北京市朝阳区光华西里某某中心房屋一套。后汤姆委托吴某代为出租该房屋并代办产权证,登记的所有人为汤姆。2009 年 9 月,汤姆致函吴某:"我正在考虑卖掉它。"吴某回复表示当前的租赁市场并不容乐观。2010 年 10 月 15 日,汤姆委托代理人范某与吴某签订了《存量房屋买卖合同》,约定汤姆将涉案房屋出售给吴某,成交价为人民币 132 万元,定金人民币 26 万元,支付日期为 2010 年 9 月 10 日。同日,范某与吴某办理了涉案房屋的过户手续,该房屋现登记在吴某名下。2010 年 11 月,汤姆因认为其与吴某签订的《存量房屋买卖合同》显失公平,将吴某诉至法院。

本案中,房屋出卖人汤姆系美国国籍,近年来未在北京生活,缺乏对北京房地产交易价格作出准确判断的经验,其对北京房地产交易情况的了解主要来自作为其房屋出租代理人和买受人的吴某陈述。从双方邮件往来看,汤姆决定出售房屋的背景认识是吴某提供的以下情况:"当前的租赁市场并不容乐观……租金正在不断减少,很多高级公寓都是闲置的""加上越来越多新的高级公寓建成,就成了买方市场"。2010 年 10 月 15 日,汤姆与吴某双方所书面签订的《存量房屋买卖合同》约定的房屋总价款仅为人民币 132 万元,由汤姆申请经法院委托评估所确定的涉案房屋在 2010 年 10 月 15 日市场价值为 403 万元。可见,涉案房屋的市场价格达到双方约定价格的 3 倍以上,可以认定吴某谋取了过分利益,导致双方利益严重失衡。由此可以认定双方签订的房屋买卖合同显失公平,在双方未约定通过仲裁方式解决双方争议的情况下,汤姆有权向人民法院申请撤销双方签订的房屋买卖合同。

----

122. 撤销权应在什么期限内行使? 在什么情形下撤销权消灭?

根据《民法总则》第 147 条至第 151 条规定,基于重大误解实施的民事法律行为、一方以欺诈手段实施的民事法律行为、因第三人实施欺诈的民事法律行为、以胁迫手段实施的民事法律行为以及显失公平的民事法律行为,属于可撤销的民事法律行为。可撤销的民事法律行为的一大特点是一方当事人包括误解方、受欺诈方、受胁迫方以及显失公平的受损害方的意思表示不真实,因此不符合民事法律行为的有效要件。为了保护误解方、受欺诈方、受胁迫方以及显失公平的受损害方等意思表示不真实的当事人的利益,法律赋予其撤销权,从而使其意思表示不发生法律效力,其因意思表示不真实而实施的民事法律行为也不再对其具有约束力。

根据《民法总则》第 152 条第 1 款第 1 项和第 2 项规定,(1)受欺诈方、受胁迫方当事人以及显失公平的受损害方当事人行使撤销权的期间为 1 年,除受胁迫民事法律行为外,自当事人知道或者应当知道撤销事由之日起开始计算该期间,受胁迫当事人行使撤销权的期间自胁迫行为终止之日起开始计算该期间。(2)重大误解的当事人行使撤销权的期间为 3 个月,自重大误解的当事人知道或者应当知道撤销事由之日起开始计算该期间。以上属于当事人知道或者应当知道撤销事由情形下的撤销权行使期间。根据本条第 2 款规定,当事人不知道或者不应当知道撤销事由情形下的撤销权行使期间为 5 年,该撤销期间自民事法律行为发生之日起开始计算。

根据《民法总则》第 152 条第 1 款规定,撤销权在以下情形下消灭:(1)撤销权人行使撤销权应当在法定期限内行使,否则其撤销权消灭,即撤销权人丧失撤销权。（2）当事人知道撤销事由后明确表示或者以自己的行为表明放弃撤销权。以上属于当事人知道或者应当知道撤销事由未在法定期间行使撤销权，撤销权消灭以及当事人知道撤销事由后明确表示或者以自己的行为表明放弃撤销权，撤销权消灭的情形。此外，根据本条第2款规定，当事人不知道或者不应当知道撤销事由情形下，当事人自民事法律行为发生之日起5年内没有行使撤销权的，撤销权消灭。

✦ **示例说明**

　　在李某以不偿还张某个人借给他的10万元钱并以揭发张某个人隐私为要挟，迫使张某代表公司购买李某所拥有的100吨没有利用价值的矿砂一案中，张某代表朝阳集团公司与李某的公司签订的合同属于因胁迫订立的合同，作为受害方当事人的朝阳集团公司有权请求人民法院者予以撤销。根据《民法总则》第152条第1款第2项规定，朝阳集团公司知道或者应当知道该胁迫行为的，应当在自胁迫行为终止之日起1年内行使撤销权，在该期间没有行使撤销权的，撤销权消灭；朝阳集团公司不知道或者不应当知道该胁迫行为的，自张某与李某订立矿砂买卖合同发生之日起5年内没有行使撤销权的，撤销权消灭。

---

123. 违反法律、行政法规的强制性规定及违背公序良俗的民事法律行为是否有效？

　　《民法总则》第8条规定，民事主体从事民事活动，不得违反法律，不得违背公序良俗。根据第143条的规定，不违反法律、行政法规的强制性规定，不违背公序良俗是民事法律行为必备的有效要件之一。在上述基础上，《民法总则》第153条顺理成章将以上内容作为一条强制性规范确定下来，即明确规定：违反法律、行政法规的强制性规定的民事法律行为无效，但是该强制性规定不导致该民事法律行为无效的除外。违背公序良俗的民事法律行为无效。

　　法律、行政法规的强制性规定，是指全国人大及其常委会制定和颁布实施的法律以及国务院制定和颁布实施的行政法规中所作的强制性规定。这些强制性规定的一大特点就是无论是自然人还是法人组织、非法人组织都应当一律遵守，其从事民事活动时不得更改、变通和任意废止强制性规定，否则,将导致其实施的民事法律行为无效。但是,根据《民法总则》第153条第1款规定,该强制性规定不导致该民事法律行为无效的除外。这是因为:法律、行政法规的强制性规定分为两种情况,即效力性强制性规定和管理性强制性规定。对于效力性强制性规定的违反必然导致民事法律行为的无效,而对于管理性强制性规定的违反并不必然导致民事法律行为的无效。对于违反管理性强制性效力的民事法律行为是否导致相应民事法律行为的无效,应当根据法律、行政法规的强制性规定及当事人实施的具体民事法律行为进行分析。

公序良俗,是公共秩序与善良风俗的简称。公共秩序与善良风俗,不仅是社会成员遵法守法的结果,在某种程度上更是法律形成的渊源。我国在一系列民事法律和其他法律中也充分体现了善良风俗原则。民事主体从事民事活动不违背公序良俗原则,也是对意思自治、等价交换、自由竞争等市场法则的有益矫正。《民法总则》第153条第2款明确规定,违背公序良俗的民事法律行为无效。因此,违背公序良俗的民事活动不受法律保护。

☼ 示例说明

2014年10月,甲某在某境外理财平台公司代理人乙某的推荐下,成为该平台网站的注册用户。该理财平台系由注册在境外的公司运营,未获得国内监管机构批准在境内开展外汇交易。甲某向其账户投入资金5600余美元进行外汇保证金交易,杠杆比例为1:500。2014年10月13日,甲某与乙某通过往来邮件订立《共同投资协议》,约定甲某为账户资金出资人,乙某负责实盘操作,投资账户产生盈利的分配比例为甲某占70%,乙某占30%,乙某承担交易带来的账户亏损责任。同时,甲某向乙某告知了账户交易密码。10月至11月间,甲某账户频繁操作,本金发生了5100余美元的损失。甲某为账户亏损之事至乙某公司交涉,乙某自认其从甲某的交易中累计获得约900美元佣金。甲某向法院起诉要求乙某赔偿投资损失5100余美元(折合人民币31000余元),并承担相应利息及费用。

法院认为:《中华人民共和国外汇管理条例》第17条规定,境内机构、境内个人向境外直接投资或者从事境外有价证券、衍生产品发行、交易,应当按照国务院外汇管理部门的规定办理登记。国家规定需要事先经有关主管部门批准或者备案的,应当在外汇登记前办理批准或者备案手续。中国人民银行《个人外汇管理办法》第30条规定,境内个人从事外汇买卖等交易,应当通过依法取得相应业务资格的境内金融机构办理。本案中,《共同投资协议》中约定投资所用账户为甲某境外理财平台账号,该平台未进行过登记、备案手续,故甲某账户从事的外汇保证金交易并不符合国家外汇管理要求,据此法院认定《共同投资协议》无效。

---

124. 行为人与相对人恶意串通,损害他人合法权益的民事法律行为是否有效?

《民法总则》第154条规定,行为人与相对人恶意串通,损害他人合法权益的民事法律行为无效。所谓"恶意串通",是指在主观上具有恶意的行为人与相对人,采取串通一气的行为给他人利益造成损害。

恶意串通损害他人合法权益的民事法律行为必须符合一定的条件才能构成并产生无效的法律后果。恶意串通损害他人合法权益的民事法律行为,具有下列构成要件:

(1)当事人在主观上具有相互串通的恶意。所谓具有相互串通的恶意,是指实施串通行为的各方当事人主观上都具有串通故意,且具有共同实施通谋行为获得不法利益,损害他人合法权益的非法目的。这种"恶意"是指实施非法行为,致使他人合法权益遭受损害的恶意。在主观上表现为故意,即恶意串通当事人明知或者应知其串通行为会对他人合法权益造成损害结果,仍积极追求或者放任这种结果的发生。恶意串通可以由直接故意、间接故意构成,不可能由过失构成。

(2)当事人在客观上表现为相互串通并实施串通行为。所谓相互串通,是指各方当事人为了获取非法利益和达到非法目的在事先相互沟通、协调并对采取共同行动达成一致。具体表现为各方当事人共同达成一项协议,或者其中一方主动向另一方提出实现非法目的的动议,而另一方明知或者应当知道其会损害他人的合法权益仍默示予以接受。在获取非法利益和达到非法目的意思表示达成一致或者默契后,各方当事人相互配合、共同实施非法行为。

(3)当事人串通实施的非法行为损害了他人的合法权益。在正常情况下,各方当事人通过意思自治实施民事法律行为并以此实现各自的正当利益,不仅不为法律所禁止,而且为法律所保护。但是,如果各方当事人进行非法串通,以损害他人的合法权益和以此满足各自的非法利益为目的,则为法律所禁止。对此,《民法总则》第 154 条明确规定,行为人与相对人恶意串通,损害他人合法权益的民事法律行为无效。

✧ 示例说明

甲制药厂与乙药业公司多年发生业务往来,乙药业公司累计拖欠甲制药厂货款 186 万元。为此,甲制药厂先后多次派人去清欠,但均无结果。2013 年 12 月 20 日,甲制药厂与乙药业公司签订了一份还款协议:2014 年 8 月 30 日前乙药业公司偿还欠款 50 万元,其余欠款年底一次付清。乙药业公司总经理在协议上签字。但是届时乙药业公司拒不履行还款协议,甲制药厂虽多次催讨还款未果。直到 2015 年 8 月 30 日,甲制药厂驻乙省推销员李某前去讨还货款时,与乙药业公司签订一份合同。合同规定:乙药业公司以每支 16 元,共计 116250 支西黄丸(其实际价值仅 66 万余元)卖给甲制药厂,以顶替所欠甲制药厂 186 万元的货款。9 月 11 日,当甲制药厂收到乙药业公司寄来的托运货物领取凭证时,方知有诈,立即函告乙药业公司这份合同无效。9 月 14 日,乙药业公司从乙省发出的西黄丸抵达甲省某车站,甲制药厂拒收。

2015 年 9 月 20 日,乙药业公司以甲制药厂不履行合同违约为由,向人民法院提起诉讼。甲制药厂出庭应诉,该厂法人代表在庭审中答辩道:根据厂里规定,进货合同统一由供应处采购人员负责办理,该厂销售人员无权签订以实物抵付货款的合同。如果以货抵款,必须经厂法定代表人特别授权,该厂从未授权给李某签订抵付货款合同的权力。另据因玩忽职守被依法收审的李某交代,在 8 月 30 日他去催款时,乙药业公司有位副总经理说公司目前经营状况不好,愿以部分西黄丸抵付所欠货款,并许诺给他 5 万元好处费和给他买房子之后,他们到甲制药厂驻乙省乙市办事处拿了加盖公章的空白合同,并在原合同上将"供需"两字涂改更换,签订了购进西黄丸的合同。事后这位副经理让他到公司财务处"借"了 5 万元,并将借条时间写为 2015 年 1 月 6 日。鉴于以上情况,被告甲制药厂向原告乙药业公司提起反诉,要求乙药业公司支付所欠 186 万元货款及利息。

本案中的乙药业公司在届时拒不履行还款协议,甲制药厂派驻乙省推销员李某前去讨还货款,乙药业公司明知李某未被授权签订抵付货款合同的权力的情况下,乙药业公司的副总经理通过许诺给他5万元好处费和给他买房子加以利诱,双方在甲制药厂加盖了公章的空白合同上将"供需"两字涂改更换,签订了购进西黄丸的合同,企图以实际价值仅66万余元的西黄丸冲抵186万元的欠款。由上述可见,乙药业公司与甲制药厂销售员李某签订的合同构成恶意串通,并严重损害了甲制药厂的利益。乙药业公司与甲制药厂销售员李某签订的合同属于无效合同。

125. 无效的或者被撤销的民事法律行为自何时起没有法律约束力?

根据《民法总则》第六章民事法律行为的有关规定,无效民事法律行为包括违背法定形式、未采用当事人约定的特定形式导致无效的民事法律行为,无民事行为能力人实施的民事法律行为,限制行为能力人实施的非纯获利益的民事法律行为或者与其年龄、智力、精神健康状况不相适应、且其法定代理人未经事先同意或事后追认的民事法律行为,行为人与相对人以虚假的意思表示实施的民事法律行为,违反法律、行政法规的强制性效力规定的民事法律行为,违背公序良俗的民事法律行为以及行为人与相对人恶意串通,损害他人合法权益的民事法律行为。

根据《民法总则》第六章民事法律行为的有关规定,可撤销的民事法律行为主要是指意思表示存在瑕疵导致其行为人依法可以撤销的民事法律行为,包括基于重大误解的民事法律行为、一方以欺诈手段实施的民事法律行为、因第三人欺诈实施的民事法律行为、以胁迫手段实施的民事法律行为以及显失公平的民事法律行为。

民事法律行为的无效与民事法律行为的不成立是两个不同的概念。民事法律行为的不成立,是指民事法律行为不具备成立的条件,即当事人没有就民事法律行为的内容达成一致意见,从而未在当事人之间建立相应的民事法律关系。而民事法律行为的无效,则发生在民事法律行为成立后,即民事法律行为虽然经过当事人协商成立,但因为违反法律规定的有效要件,所以不发生法律效力。民事法律行为成立的最重要条件是双方当事人意思表示一致。而对于已经成立的民事法律行为是否有效的最重要的条件则取决于民事法律行为的形式与内容是否符合法律、行政法规的强制性效力规定和公序良俗。民事法律行为的可撤销性,则是指已经成立的民事法律行为,因行为人的意思表示具有瑕疵即其意思表示违背了其真实意思,因而可依法被撤销。

《民法总则》第155条规定,无效的或者被撤销的民事法律行为自始没有法律约束力。可见,无效的或者被撤销的民事法律行为自始不被法律承认和保护,即自始没有法律约束力,行为人对其没有履行的义务。所谓自始无效,是指民事法律行为被确认无效或者被撤销以后,将溯及既往,自民事法律行为成立之时起就没有法律约束力,而不是从确认无效或者撤销之时起没有法律约束力。对于无效民事法律行为来说,因其内容违反法律、行政法规的强制性效力规定或公序良俗,属于当然无效,当事人即使事后追认,也不能使其生效。对于可撤销的民事法律行为而言,该民事法律行为在撤销前有效,但在被依法撤销后,其已经发生的法律效力自始归于消灭。

❖ 示例说明

甲某在某境外理财平台公司代理人乙某的推荐下,成为该平台网站的注册用户,该理财平台系由注册在境外的公司运营,未获得国内监管机构批准在境内开展外汇交易,甲某本金发生了5100余美元的损失,甲某向法院起诉要求乙某赔偿投资损失5100余美元(折合人民币31000余元),并承担相应利息及费用。法院认为:《中华人民共和国外汇管理条例》第17条规定,境内机构、境内个人向境外直接投资或者从事境外有价证券、衍生产品发行、交易,应当按照国务院外汇管理部门的规定办理登记。国家规定需要事先经有关主管部门批准或者备案的,应当在外汇登记前办理批准或者备案手续。中国人民银行《个人外汇管理办法》第30条规定,境内个人从事外汇买卖等交易,应当通过依法取得相应业务资格的境内金融机构办理。本案中,《共同投资协议》中约定投资所用账户为甲某境外理财平台账号,该平台未进行过登记、备案手续,故甲某账户从事的外汇保证金交易并不符合国家外汇管理要求,《共同投资协议》因而无效。

根据《民法总则》第155条规定,该无效民事法律行为自始没有法律约束力,双方之间订立的《共同投资协议》为自始不被法律承认和保护,行为人对其没有履行的义务。所谓自始无效,是指民事法律行为被确认无效或者被撤销以后,将溯及既往,自民事法律行为成立之时起就是无效的,而不是从确认无效或者撤销之时起无效。对于无效民事法律行为来说,因其内容违反法律、行政法规的强制性效力规定或公序良俗,属于当然无效。本案中,作为当事人的甲某即使事后对双方订立的《共同投资协议》承认其具有约束力,也不能使该协议生效。

---

126. 民事法律行为部分无效,是否导致其他部分无效?

《民法总则》第156条规定,民事法律行为部分无效,不影响其他部分效力的,其他部分仍然有效。民事法律行为的部分无效,是指民事法律行为的部分内容违背法律、行政法规的强制性效力规定或者违背公序良俗导致该部分内容无效的情形。在同一民事法律行为中,其部分内容无效不会从整体上根本否定民事法律行为的全部效力的,那么,其不生效力和对当事人不具有约束力的部分仅局限于该部分内容;同一民事法律行为的其他部分其效力不受影响的,其他部分仍然有效,即对当事人仍然具有约束力。对仍然有效即具有约束力的其他内容,当事人应当履行。但是,在相同当事人之间进行不同民事法律行为的情况下,除了主民事法律行为无效导致从民事法律行为无效外,一民事法律行为的无效一般不会导致另一民事法律行为的无效。各个民事法律行为的效力判断主要应当根据其是否符合民事法律行为的有效要件来判断。当然,法律另有规定的除外。

⇨ 示例说明

高某为某大学毕业的女硕士研究生,经参加某房地产公司的招工应聘活动被录用,双方订立了期限为5年的劳动合同。劳动合同中有以下内容的约定:在劳动关系建立后的2年内公司员工不得结婚,5年之内不得生育。否则,公司有权解除劳动合同,并不承担违约责任。高某工作2年后与男友登记结婚。该房地产公司得知后,遂以高某结婚构成违约为由,通知高某解除双方之间的劳动合同。高某以劳动合同中所约定的禁止员工结婚的内容为无效约定为由,要求房地产公司继续履行劳动合同。但房地产公司以劳动合同中的上述内容系双方自愿订立、双方应当切实履行为由,执意与高某解除劳动关系并办理了劳动合同解除手续。

针对现实就业中某些用人单位歧视妇女就业和只从本单位利益着想而限制女职工结婚和生育的情形,《妇女权益保障法》第23条明确规定,各单位在录用职工时,除不适合妇女的工种或者岗位外,不得以性别为由拒绝录用妇女或者提高对妇女的录用标准。各单位在录用女职工时,应当依法与其签订劳动(聘用)合同或者服务协议,劳动(聘用)合同或者服务协议中不得规定限制女职工结婚、生育的内容。本案中,劳动合同中有关"在劳动关系建立后的2年内公司员工不得结婚,5年之内不得生育"的内容侵犯了公民的婚姻自由和公民的生育权利,违背我国法律的强制性规定。可见,上述约定内容无效。本案中,高某与房地产公司订立劳动合同和建立劳动关系是双方的真实意思表示,亦并不违背法律法规的强制性规定,因此,双方之间的劳动合同依法成立并已生效。但在双方订立的劳动合同中有关限制高某结婚、生育的内容为无效条款,该条款的无效并不影响劳动合同其他条款的效力,其他部分仍然有效。在高某结婚后,用人单位不得因此与高某解除劳动合同。本案中,在房地产公司违法解除劳动合同的情况下,高某完全有理由要求房地产公司继续履行劳动合同。在房地产公司拒绝继续履行的情况下,高某有权要求房地产公司依法支付解除劳动合同的经济补偿和支付拒不履行劳动合同的赔偿金。

127. 民事法律行为无效、被撤销或者确定不发生效力后,会导致什么法律后果?

民事法律行为无效、被撤销,其自始没有约束力,即其自始不被法律承认和保护,行为人没有履行的义务。但是,并不是说行为人对于被确认无效或者被依法撤销的民事法律行为,不负相应的法律责任。对此,《民法总则》第157条明确规定,民事法律行为无效、被撤销或者确定不发生效力后,行为人因该行为取得的财产,应当予以返还;不能返还或者没有必要返还的,应当折价补偿。有过错的一方应当赔偿对方由此所受到的损失;各方都有过错的,应当各自承担相应的责任。法律另有规定的,依照其规定。具体来说,针对不同情况确定行为人承担以下各种责任:

(1)返还财产。根据《民法总则》第157条的规定,民事法律行为无效、被撤销或者确定不发生效力后,行为人因该行为取得的财产,应当予以返还。返还财产旨在使当事人的财产状况恢复到民事法律行为发生前的状态。所以,不论接受财产的一方是否具有过错,都应当负有返还财产的义务。

(2)折价补偿。根据《民法总则》第157条的规定,民事法律行为无效、被撤销或者确定不发生效力后,行为人因该行为取得的财产,不能返还或者没有必要返还的,应当折价补偿。所谓返还,通常是对实物的返还,实物因灭失、毁损等导致实物返还不可能的,应当按照市场价值给予折价补偿。没有必要返还,主要是指实物返还将导致不合理的费用或者需要付出不合理的努力的,也应当折价补偿。

(3)赔偿损失。根据《民法总则》第157条的规定,民事法律行为无效、被撤销或者确定不发生效力后,有过错的一方应当赔偿对方由此所受到的损失,以便使其财产状况恢复至民事法律行为发生之前即未发生时的状况。这种情况主要适用于基于重大误解民事法律行为的误解人,以欺诈、胁迫手段实施民事法律行为的欺诈方、胁迫方、实施欺诈、胁迫手段的民事法律行为第三人以及显失公平民事法律行为的收益方,明知实施的民事法律行为无效的一方当事人以及恶意串通实施无效民事法律行为的双方当事人,因其过错行为给对方当事人或者受害人造成损失的应当承担赔偿责任。

(4)各自承担相应责任。根据《民法总则》第157条的规定,对民事法律行为的无效、被撤销或者确定不发生效力后,各方都有过错的,应当根据其过错程度各自承担相应的责任,或者按照其过错性质承担相应的责任。

(5)法律另有规定的,依照其规定。根据《民法总则》第157条的规定,民事法律行为无效、被撤销或者确定不发生效力后,法律对行为人应承担的责任另有规定即不同于上述规定的,应当依照其规定。

◈ 示例说明

2011年10月10日,临钢公司(甲方)与金核公司(乙方)签订《新疆塔什库尔干县乌如克铅多金属矿普查探矿权合作勘查开发协议》(以下简称《合作勘查开发协议》)。该协议签订后,乙方金核公司了解到新疆塔什库尔干县乌如克铅多金属矿位于自然保护区,遂提起诉讼,请求解除该开发协议并要求甲方赔偿损失。

法院生效判决认为,当事人关于在自然保护区、风景名胜区、重点生态功能区、生态环境敏感区和脆弱区等区域内勘查开采矿产资源的合同约定,不得违背法律、行政法规的强制性规定或者损害环境公共利益,否则应依法认定无效。环境资源法律法规中的禁止性规定,即便未违反相关规定导致合同无效,但若认定合同有效并继续履行将损害环境公共利益的,应当认定合同无效。据此,判决甲乙双方订立的《新疆塔什库尔干县乌如克铅多金属矿普查探矿权合作勘查开发协议》无效。

《合同法》第 58 条规定,合同无效或者被撤销后,因该合同取得的财产,应当予以返还;不能返还或者没有必要返还的,应当折价补偿。有过错的一方应当赔偿对方因此所受到的损失,双方都有过错的,应当各自承担相应的责任。本案中,因《合作勘查开发协议》无效,临钢公司基于该协议向金核公司支付的 3500 万元矿权合作补偿价款,金核公司应当予以返还。临钢公司在《合作勘查开发协议》履行期间,与喀什地区公路桥梁工程有限责任公司签订了《新疆塔什库尔干县乌如克铁矿普查项目道路施工工程项目合同书》及《补充合同》,委托后者为案涉勘查项目修建道路,该道路已物化为矿区财产,应由金核公司予以补偿。临钢公司为此支付的工程款中的 250 万元有加盖银行印鉴的付款凭证为凭,证据充分,法院予以支持。临钢公司在合作前未对矿区位置进行必要的调查了解便盲目投资,对《合作勘查开发协议》的无效具有过错,应当自行承担由此导致的资金利息损失,故对其上诉主张的约 665.33 万元利息损失,不予支持。临钢公司主张律师费用的依据为《合作勘查开发协议》第 7.2 条的约定,现该协议已被认定无效,金核公司的探矿权仍在其名下,不存在返还问题。临钢公司应将该矿的经营管理权交还金核公司。法院判决:临钢公司与金核公司签订的《新疆塔什库尔干县乌如克铅多金属矿普查探矿权合作勘查开发协议》无效;金核公司于本判决生效之日起 10 日内向临钢公司返还矿权合作补偿价款 3500 万元;金核公司于本判决生效之日起 10 日内赔偿临钢公司修路费用损失 250 万元。

第四节 民事法律行为的附条件和附期限

128. 什么是附条件的民事法律行为？附生效条件或者解除条件的民事法律行为,自何时生效或者失效？

附条件的民事法律行为,是指民事法律行为的生效或者失效,以将来不确定的事实的发生与否作为条件的民事法律行为。民事法律行为所附条件,是民事主体在对民事法律行为的生效或失效可能给自己带来的法律后果及法律风险进行预判,基于意思自治并与相对人达成一致的基础上,对民事法律行为法定生效条件或者法定失效条件所作的限制,这种限制可以对民事法律行为的生效或失效起到延缓或者加快作用,同时亦可使民事法律行为的一方当事人减少违约风险。

民事法律行为所附条件,是指民事法律行为以将来客观上不确定事实的发生与否作为判断民事法律行为生效或失效的依据。民事法律行为所附条件将来是否发生具有不确定性,如果是一个过去或者现在已经发生的客观情况,只是这一情况未被当事人所知悉而将其作为民事法律行为的所附条件,它不能作为民事法律行为的所附条件。民事法律行为所附条件分为附生效条件和附解除条件两种。

附生效条件,是指民事法律行为的生效取决于所附条件的成就。一般情况下,具备法定有效条件的民事法律行为自成立时生效,但是,民事法律行为的当事人不希望其民事法律行为成立时生效的,可以在法定有效条件即生效要件之外附加一个条件,当该条件将来成就时使民事法律行为生效。如果该条件不成就,民事法律行为就一直不会生效。可见,所附生效条件,可以起到使民事法律行为延缓生效的作用,因此,所附生效条件,又被称为附延缓条件或者停止条件。

附解除条件,是指民事法律行为的失效即解除或消灭取决于所附条件的成就。一般情况下,具备法定解除条件的民事法律行为只要具备法定解除条件,解除权人即可行使解除权解除该民事法律行为。在解除通知达到相对人之时,该民事法律行为失效。但是,民事法律行为的当事人不希望其民事法律行为依法解除和失效的,可以在法定解除条件之外附加一个条件,当该条件将来成就时使民事法律行为失效。如果该条件不成就,民事法律行为就一直有效。可见,所附解除条件,可以起到在不具备法定解除或者终止条件时使民事法律行为解除或终止的作用,因此,所附解除条件,又被称为失效条件。

☼ **示例说明**

2017年7月15日,吴某对某市一学区房特别满意,遂与房屋出卖人闫某签订《房屋买卖合同》,约定:该房屋总价款242万元,在本合同签订时吴某支付预付款 20 万元,余款在房屋交付时由吴某一次付清。同时,合同还约定:如果吴某的女儿吴某某今年能够考入该房屋所在区的某一大学,吴某将在吴某某收到入学通知书的 10 日内一次性补足余款。如果吴某某不能被该房屋所在区的某一大学录取,吴某将在得知不被录取的当天告诉闫某,双方解除合同,并由闫某退还吴某全部预付款。合同签订 1 个月后,吴某某如愿被闫某所售房屋所在区的某一大学录取,吴某联系闫某交付余款,并要求办理房屋产权过户登记手续时,闫某称合同签订后再无吴某的音讯,以为吴某不再购买该房屋了,再说根据双方签订的合同也不能断定吴某一定购买,所以已将房屋出卖他人。闫某同时表示将吴某支付的 20 万元预付款全部退还。吴某认为双方订立的是附解除条件的合同,因解除条件未成就,因此双方订立的房屋买卖合同有效,闫某将房屋卖给他人构成违约,遂向法院起诉,要求闫某在全部退款后还应将其出卖讼争房屋所得价款中超出 242 万元的部分即 30 万元,作为违约损失向吴某进行赔偿。

　　本案中,吴某与闫某签订《房屋买卖合同》,约定:该房屋总价款 242 万元,在本合同签订时吴某支付预付款 20 万元,余款在房屋交付时由吴某一次付清。这一约定包括买卖合同的标的、价款及其支付时间,内容具体、确定,且不违反法律、行政法规的强制性规定,因此,双方订立的该合同依法生效。双方对合同具体内容作出约定的同时,对该合同的解除条件作出了约定,即"如果吴某的女儿吴某某能够考入该房屋所在区的某一大学,吴某将在吴某某收到入学通知书的 10 日内一次性补足余款。如果吴某某不能被该房屋所在区的某一大学录取,吴某将在得知不被录取的当天告诉闫某,双方解除合同"。可见,双方之间签订的合同为附解除条件的合同,当解除条件成就时合同失效。但在吴某的女儿吴某某被诉争房屋所在区的某一大学录取的情况下,解除条件未成就,吴某与闫某之间签订的合同依然有效。对于有效合同,当事人应当认真、全面履行,合同在履行期间内买方有义务支付全部货款,卖方有义务提供货物和转移标的物所有权。作为卖方的闫某将房屋出卖他人的行为,导致了其无法履行与吴某订立的有效合同,因此构成违约,对此应当依法承担违约责任。因闫某违约给吴某所造成的损失包括吴某已交付 20 万元预付款的同期银行利息损失、往返交通费用等缔约损失以及合同履行后可以获得的利益损失 30 万元,对于这些损失吴某可以要求闫某依法进行赔偿。

129. 民事法律行为是否都可以附条件？当事人不正当地阻止或者促成条件成就的,导致什么法律后果？

民事法律行为附条件,应当符合民事法律行为的性质。对此,《民法总则》第 158 条第 1 句明确规定,民事法律行为可以附条件,但是按照其性质不得附条件的除外。可见,并不是任何民事法律行为都可附条件。民事法律行为附条件,是民事主体行使意思自由的体现,因此,民事主体实施的可以行使意思自治而又不违反法律、行政法规强制性规定和公序良俗的民事法律行为可以附条件。但是,根据民事法律行为的性质,民事主体不得行使意思自治的领域以及民事主体对于应当遵守、不得变更和改变的法律、行政法规的强制性规定,不得附条件。

在附生效条件即延缓条件的民事法律行为中随着条件的成就,该民事法律行为即刻生效。如果条件的成就即民事法律行为生效对其中的一方当事人很不利,其违背诚信原则采取不正当手段来阻止这个条件成就;或者相反,如果条件成就是由于一方当事人违背诚信原则采取不正当手段所致,那么,根据《民法总则》第 159 条的规定,在上述前一种情形下的条件不成就视为条件成就;上述后一种情形下的条件成就视为条件不成就。

在附解除条件下,如果条件的成就即民事法律行为解除对其中的一方当事人很不利,他违背诚信原则采取不正当手段来阻止这个条件成就;或者相反,如果条件成就是由于一方当事人违背诚信原则采取不正当手段所致,那么,根据《民法总则》第 159 条的规定,在上述前一种情形下的条件不成就视为条件成就;上述后一种情形下的条件成就视为条件不成就。

示例说明

2002 年 5 月 20 日,无锡市勘察设计研究院(以下简称研究院)对金马房产公司拖欠工程款一案向无锡市中级人民法院提起诉讼,要求金马公司立即支付拖欠工程款 1672443. 30 元并承担逾期付款违约金 716474. 70 元。金马公司为维护其合法权益于同年 6 月 18 日与天宪事务所签订一份委托代理合同,约定由金马公司委托甲律师事务所律师李某某担任其与研究院拖欠工程款纠纷一案的诉讼代理人,代理权限为特别授权;自协议签订之日起金马公司向甲律师事务所支付办案费 1 万元;律师费为减少损失金额的 20%,金马公司应于调解书签发或判决书生效之日起 3 日内向甲律师事务所缴纳等。协议签订后,金马公司于同年 6 月 26 日支付给天宪事务所办案费 1 万元,甲律师事务所则指派其律师李某某参加研究院诉金马公司拖欠工程款纠纷一案的证据交换及开庭审理。2001 年 8 月 21 日,金马公司在其代理人李某某没有参与也不知情的情况下,即与研究院达成庭外和解协议,明确金马公司同意在 2002 年 8 月底前支付 170 万元,在 2003 年 3 月底前支付 68 万元,研究院在收到 170 万元后撤诉。2002 年 8 月 27 日,研究院以与金马公司已达成和解协议,且其已依约支付工程款为由向法院提出撤诉申请,法院于次日裁定准许研究院撤回起诉。2002 年 12 月 31 日及 2003 年 2 月 17 日,甲律师事务所函告金马公司,要求其按照合同约定立即支付代理费 477783 元。因双方协商未果,甲律师事务所遂诉至无锡市滨湖区人民法院。

本案争议的主要焦点是支付律师代理费金额的确定,根据诉讼代理合同约定,甲律师事务所与金马公司签订的委托代理合同属附条件民事行为,即研究院诉金马公司拖欠工程款纠纷一案若以调解或判决结案,律师代理费则以起诉标的减少部分的 20% 支付。现有证据证实:(1)研究院诉金马公司一案没有出现调解或判决的结案形式,而是以撤诉结案。(2)甲律师事务所与金马公司所签代理合同对撤诉作为结案形式如何支付代理费未作约定。(3)金马公司与研究院达成和解协议时事先未解除合同也未通知甲律师事务所。根据以上事实,该法院认为:因甲律师事务所与金马公司约定的支付代理费的条件没有成就,故甲律师事务所诉请金马公司按照研究院起诉总标的的 20% 支付代理费与双方合同约定不符。在诉讼代理中,甲律师事务所作为受托人,在代理中应尊重委托人对自己权利的处分,不得超越代理权限;与此同时,金马公司虽委托了代理人,但其作为民事权利主体,在诉讼中仍有权对自己的权利直接作出处分。因金马公司确实尚欠研究院的工程款,其与研究院达成分期付款的和解协议体现了诚实信用和保护债权人合法权益的原则,并不违反法律规定,主观上也无恶意。甲律师事务所在上诉中提出金马公司是为自己的不当利益而阻止条件成就的上诉理由与事实和法律规定不符,应当不予采信。

---

130. 什么是附期限的民事法律行为？ 附生效期限或者解除期限的民事法律行为,自何时生效或者失效？ 民事法律行为是否都可以附期限？

附期限的民事法律行为,是指民事法律行为的生效或者失效,以确定的期限的到来作为生效或失效期限的民事法律行为。民事法律行为所付期限,是民事主体在对民事法律行为的生效或失效可能给自己带来的法律后果及法律风险进行预判,基于意思自治并与相对人达成一致的基础上,对民事法律行为的生效或失效期限所约定的。

民事法律行为所附期限,是民事法律行为以将来期限的到来作为判断民事法律行为生效或失效的依据。民事法律行为所附期限的到来具有确定性,如果民事法律行为所附的是将来是否发生具有不确定性的事实,那么,就不是附期限的民事法律行为,而是附条件的民事法律行为。如某甲答应某乙,在某乙的 14 岁生日那天送他一台笔记本电脑作为生日礼物,这属于附期限的民事法律行为,因为某乙 14 岁生日这天能够确定到来。再如,某丁在某丙 80 岁生日那天与其相约,如果某丙能活到 100 岁,在他百岁生日那天某丁就将自己珍藏的一件珍宝送给某丙。这属于附条件的民事法律行为,因为某丙是否能活到 100 岁具有不确定性。

民事法律行为所附期限分为附生效期限和附终止期限两种。在民事法律行为未附期限的情况下,具备法定有效要件的民事法律行为自成立时生效。但是,附生效期限的民事法律行为此时并不生效,只有待到所附期限届至时生效。因此,民事法律行为所附生效期限,又被称为延缓期限。附终止期限的民事法律行为,在所附期限届满前一直处于有效状态,自期限届满时失效。

民事法律行为所附期限,应当符合民事法律行为的性质。对此,《民法总则》第 160 条中明确规定,民事法律行为可以附期限,但是按照其性质不得附期限的除外。一般说来,当事人处分财产权或者与合同有关的民事法律行为可以附期限,这是当事人行使意思自治的体现。但是,对于涉及身份关系的民事法律行为,如监护、婚姻关系等民事法律行为,根据其性质不得附期限。如,未成年人的父母对其成年之前一直负有监护职责,但不得约定对其监护职责只到其年满 16 周岁。

⊙ **示例说明**

2011 年 8 月 16 日下午 5 时 36 分,福运公司工作人员吕某某采用手机拨打人寿财保曲靖公司业务员曾某的手机,口述了投保的品名、数量、单价及金额,启运时间为当天,即 2011 年 8 月 16 日 0 时。曾某用笔记录了当时的口述投保内容,因接近下班时间,没有出单,准备次日补录此单。对于具体的相关交付保险费,开始承担保险责任时间等其他内容并没有约定,直到2011年8月17日,福运公司才填写国内货物运输保险投保单就其他相关权利义务内容进行协议。该投保单特别约定一栏中载明:"投保人应当在保险合同成立时交付保险费。保险费未交清前发生的保险事故,保险公司不承担保险责任。"随后投保人声明一栏加盖有福运公司印章并载明:"保险人已将国内运输保险条款(铁路/公路/水路/航空)内容(包括责任免除内容)向投保人作了明确说明,投保人已充分理解条款内容(包括责任免除内容)及保险人的说明。上述所填写内容属实,投保人同意以此投保单作为订立保险合同的依据。"

2011年8月18日,人寿财保曲靖公司向福运公司出具了保单尾数为16的《国内公路运输货物保险单》,尾数为16的保险单中亦有相同上述内容的特别约定。在尾数为16的保单明细表中的云AA7753、云A1480挂车在启运的当天,因左后轮起火,致车辆和车上装载的货物被烧毁,货物损失金额共计2372007元。人寿财保曲靖公司提交的《机动车辆保险报案记录(代抄单)》中记录了事故发生的报案时间为2011年8月16日22时54分06秒,该机动车和货物保险均在该保险公司。福运公司在事发后的第2天,即2011年8月17日9时34分才通过网上银行将保险费转入人寿财保曲靖公司业务员曾某的银行卡,且在2011年8月29日开具了收取保险费7630.85元的发票。福运公司是2011年8月30日才收到尾数为16的保险单。2011年8月30日,双方当事人签订了《赔偿协议书》载明:"……经双方协商,就损失赔偿达成一次性赔偿协议:(1)由甲方(人寿财保曲靖公司)赔偿乙方(福运公司)此次事故货物保险损失人民币49万元;(2)货物残值由乙方根据烟草有关规定处理;(3)此次事故货物损失赔偿后一次性了结。"同日,福运公司在《货运险赔偿确认书》上签名盖章,该确认书载明:"……尾数为16的保险单于2011年8月16日出险受损,现已处理完毕,我单位同意接受贵公司的处理结果,赔付金额(小写)498 800元……"2011年9月15日,福运公司收到该赔偿款并出具了《赔款收据》。现双方当事人均称是受对方欺诈、存在显失公平或重大误解,要求撤销上述《赔偿协议书》《货运险赔偿确认书》或尾数为16的保险单。福运公司以其与人寿财保曲靖公司建立货物运输保险关系,发生保险事故后,其在向保险公司进行保险索赔过程中受到欺诈、所签协议内容显失公平为由,诉至法院,请求法院判令:(1)撤销福运公司、人寿财保曲靖公司于 2011 年 8 月 30 日签订的《赔偿协议书》及《货运险赔偿确认书》；（2）人寿财保曲靖公司赔偿福运公司保险款 186 万元。

　　本案中，双方当事人达成的《赔偿协议书》及《货运险赔偿确认书》是双方对财产损害赔偿金额的自认，是真实意思表示，是有效的民事法律行为。虽然双方当事人均提出撤销《赔偿协议书》及《货运险赔偿确认书》的请求，但均未对可撤销的理由提出相关证据。民事法律行为从成立时起具有法律约束力。行为人非依法律规定或者取得对方同意，不得擅自变更或解除。据此，福运公司与人寿财保曲靖公司所签订的《赔偿协议书》及《货运险赔偿确认书》应受法律保护，双方当事人应受该协议的约束。人寿财保曲靖公司不应赔偿福运公司的货物损失 186 万元。首先，福运公司与人寿财保曲靖公司之间的保险合同关系成立且有效。其次，保险费是被保险人获得保险保障的对价，根据《保险法》第 13 条第 3 款关于"依法成立的保险合同，自成立时生效。投保人和保险人可以对合同的效力约定附条件或者附期限"之规定，本案福运公司向保险公司投保所提交的《国内货物运输保险投保单》上关于"投保人应当在保险合同成立时交付保险费。保险费未交清前发生的保险事故，保险公司不承担责任。保险责任开始后 15 天内投保人未交清保险费，保险人有权解除保险合同"的"特别约定"，属于附生效要件的合同。由于本案保险合同约定于交纳保险费后生效，故保险人对投保人保险费交纳前所发生的损失不承担赔偿责任。

第七章

代　理

第一节　一般规定

131. 什么是代理？哪些民事法律行为应当由本人亲自实施，不得代理？

民事法律行为通常由从事民事活动的行为人即民事主体（包括自然人、法人和非法人组织）自己实施，其实施民事法律行为的后果并由其自身承担。但是，为了弥补行为人民事行为能力的不足，法律设立代理制度由法定代理人代为无民事行为能力人和限制民事行为能力人实施相应的民事法律行为；由委托代理人代理被委托人实施因时间、空间受限或者知识、专业能力不足而其本人无法实施的法律行为。代理无疑弥补了无民事行为能力人、限制民事行为能力人的民事行为能力不足，并极大拓展了民事主体从事民事活动的时空范围和从事民事活动的广度和深度。

代理，是指代理人在被代理人的授权范围内以被代理人的名义，独立实施民事法律行为，其法律后果直接归属于被代理人的法律制度。在代理制度中，以被代理人的名义实施民事法律行为的人是代理人。通过代理人实施民事法律行为并直接承担代理后果的民事主体是被代理人，即本人。

《民法总则》第161条规定，民事主体可以通过代理人实施民事法律行为。依照法律规定、当事人约定或者民事法律行为的性质，应当由本人亲自实施的民事法律行为，不得代理。可见，民事主体除应当由本人亲自实施的民事法律行为不得代理外，民事主体设立、变更和终止民事法律行为都可以由代理人代理实施，其实施的法律效果如同本人亲自实施一样，对其本人及第三人具有同样的约束力。

根据《民法总则》第 161 条规定,应当由本人亲自实施、不得代理的民事法律行为主要包括以下三类:

(1)依照法律规定应当由本人亲自实施的民事法律行为,不得代理。如,根据《继承法》的规定,立遗嘱的行为只能由立遗嘱人本人实施。根据《婚姻登记条例》的规定,登记结婚的行为只能由本人实施。对这些法律、行政法规明确规定应当由本人实施的民事法律行为,不得通过代理人实施。

(2)当事人约定应当由本人亲自实施的民事法律行为,不得代理。在进行民事法律行为时,一方当事人基于对对方的专业水平、技术能力或者其产品工艺等,约定应当由对方当事人亲自实施的,其不能通过委托他人代为实施。

(3)依据民事法律行为的性质,应当由本人亲自实施的民事法律行为,不得代理。这主要是指具有高度人身依赖性的民事法律行为,这些主要包括一方当事人基于对对方当事人的个人信赖、专业素养、技术能力等要求应当由其本人实施而不得由他人代为实施的民事法律行为。如演出合同中的出演人,应当由演员亲自出演,不得由他人代理。这主要因为电影制片人是基于演员的个人形象、演技和观众喜爱程度和角色要求等聘请演员饰演某一角色的。再如,出版合同,也应当由作者亲自完成创作,不得由他人代理。这同样是因为出版合同是基于作者的创作能力、专业水准等个人素养订立的。

◈ **示例说明**

原告李某娇的丈夫张某罗,1950 年向某某南头信用合作社投资认购股份二股(1 元一股)。1987 年某某市发展银行成立时,将上述二股转为股票180 股。1990 年分红、扩股时,180 股又增至 288 股。原认股人张某罗于1988 年去世,288 股的股票由原告持有。此前,张某罗曾委托被告张某辉到证券公司领取股息,办理扩股等手续。1990 年 4 月,原告将股票交由被告,委托其代领股息。1990 年 4 月 25 日,被告通过证券公司以每股 3.56 元的价格,将张某罗名下的 288 股股票,过户到其妹妹、第三人张某琴的名下。事后,被告扣除税款和手续费后,托其母吴某友将过户股票的股息及卖股票款980 元交给原告。同年 8 月 25 日,原告将票据交给女婿看后,发现 288 股发展银行的股票已被被告过户到张某琴的名下。原告向被告索要股票,被告予以拒绝,遂于 1991 年 4 月向法院提起诉讼。

法院经审理认为:代理人在代理权限内,以被代理人的名义实施民事法律行为。代理人超越代理权的行为，只有经过被代理人的追认，被代理人才承担民事责任。未经追认的行为，由行为人承担民事责任。原告李某娇只委托被告张某辉代理其领取股息，但张某辉却擅自将李某娇的股票低价出卖并过户给第三人张某琴，其行为属于超越代理权，应当承担民事责任。在审理过程中，李某娇自愿放弃讼争股票1991年派发的红股，只要求张某辉返还发展银行288股股票。张某辉表示同意，应予准许。据此，该院于1991年9月12日经调解，原告与被告达成如下协议：一、被告张某辉于1991年9月14日前用原告李某娇的身份证和姓名购买深圳发展银行股票288股给李某娇，所需股金及手续费用，由张某辉承担。二、原告李某娇将被告张某辉1990年4月交与的890元当庭退还被告。

---

132. 代理人在代理权限内实施的民事法律行为，其效力如何？代理权如何行使？

在民事商事活动中，作为民事主体的自然人、法人和非法人组织一般是直接通过自己的行为设立、履行、变更、终止民事权利义务关系。但是，民事主体从事民事法律行为也可以通过代理人实施。《民法总则》第162条规定，代理人在代理权限内，以被代理人名义实施的民事法律行为，对被代理人发生效力。可见，代理权是代理人基于法律的规定或者被代理人的授权，以被代理人的名义从事民事法律行为的权限。代理权的实质是代理人在其所享有的代理权限内以被代理人即本人的名义作出意思表示，该意思表示对被代理人即本人直接发生法律效力。

《民法总则》第163条规定，代理包括委托代理和法定代理。委托代理人按照被代理人的委托行使代理权。法定代理人依照法律的规定行使代理权。可见，代理包括委托代理和法定代理两种。委托代理，又称为意定代理，它不是基于法律规定或者人民法院或有关单位的指定发生的代理，而是基于被代理人的委托授权，在授权的代理权限范围内处理代理事项。法定代理是基于法律的规定而发生的代理，包括基于法律规定或者人民法院或有关单位的指定发生的代理。法定代理人依照法律规定的权限代理本人处理有关法定代理事项。

无论是委托代理人还是法定代理人在代理权限内行使代理权（有权代理）具有以下特点：

（1）代理人以被代理人的名义实施代理行为。代理人在代理权限内,以被代理人的名义实施民事法律行为。也就是说,代理人以被代理人的名义实施民事法律行为,并直接为被代理人设定权利义务。在合同法律关系中,代理人的代理行为主要表现在以被代理人的名义与第三人订立、履行、变更和终止合同。

（2）代理人在代理权限范围内实施代理行为。代理人行使代理权须依照法律的规定或者按照被代理人的授权。对此,《民法总则》第163条明确规定,代理包括委托代理和法定代理。委托代理人按照被代理人的委托行使代理权。法定代理人依照法律的规定行使代理权。

（3）代理人实施代理的法律后果直接由被代理人承担。代理人代为实施民事法律行为的法律意义在于:代理人处于被代理人的"位置"为被代理人进行民事法律行为。就它的法律后果而言,把它视为与被代理人自己所为民事法律行为相同。代理人尽管自己独立进行民事法律行为,但这不是他自己的而是由他代理的另一个人(被代理人)的民事法律行为,因此,在委托代理中被代理人是民事法律行为的一方当事人,而代理人则不是。因此,代理人在法律规定或者委托授权的范围内实施的民事法律行为,其所有法律后果应当由被代理人承担。

❖ 示例说明

2016年9月14日,案外人李某向原告郭某某出示一份由被告天泰公司于当日出具的授权委托书,内容为:"我公司现有一石化+5号测线油壹千吨整供李某销售,但必须货款到我公司账户后方可付油。"授权委托书的落款处为天泰公司,并加盖该公司公章。郭某某遂与李某口头商定,给李某付款102.3万元,购买+5号测线油300吨;李某同时向郭某某出具了加盖天泰公司分提专用章的提货单,并告知郭某某到被告蓝星公司处提货。次日,郭某某到蓝星公司提货时,蓝星公司称,因货款未到不能提货。9月17日,郭某某找到李某,李某称其已将货款打入天泰公司账户,李某的丈夫张某某和天泰公司的财务人员刘某也立即携带天泰公司转账支票,与郭某某共同前往蓝星公司。蓝星公司收到天泰公司转账支票后,与天泰公司经理刘某某通电话,刘某某证实是该公司工作人员携带支票到蓝星公司办理业务。蓝星公司立即开具一张盖有蓝星公司销售处业务专用章的提货单,注明购货单位为天泰公司。当着在场的张某某的面,刘某将此提货单交给郭某某。9 月 20 日,郭某某持此提货单到蓝星公司提货时,蓝星公司以天泰公司的转账支票已经被银行退票为由,拒绝向郭某某交货。

原告郭某某在约定时间前往提货时被蓝星公司拒绝后,遂以天泰公司和蓝星公司为被告依法提起诉讼,请求法院判令二被告立即给付 300 吨 +5 号测线油,或者退还原告已付的 102.3 万元购油款。原告郭某某提交天泰公司的提货单、天泰公司的授权委托书、蓝星公司的提货单等证据。

被告天泰公司辩称:原告所称的李某,不是本公司业务员,与本公司之间不存在管理和被管理关系,也不存在代理关系。李某向原告卖油,是其个人行为。本公司没有收到原告交付的货款,与原告不存在买卖合同关系。原告所诉事实与本公司无关,诉讼请求不明确,不符合《民事诉讼法》规定的诉讼条件。

被告蓝星公司辩称:本公司与被告天泰公司有长期业务关系。2016 年 9 月 17 日,天泰公司财务科科长亲自携带转账支票到本公司销售处,要求办理一笔 300 吨 +5 号测线油的买卖业务。由于转账支票当时不能入账,本公司在与天泰公司负责人通过电话确认了此笔买卖确实是天泰公司要求办理的以后,基于长期合作产生的信任,才向天泰公司开具一张只用于本公司内部销售和财务、生产等部门之间传递的内部提货单。双方约定:待天泰公司转账支票上的款足额如实划入本公司后,本公司再为其更换正式提货单。后因银行退回了天泰公司的转账支票,本公司才拒绝供货。原告所持提货单是本公司向天泰公司开出的内部提货单,不能证明原告与本公司存在买卖合同关系,能够凭该内部提货单从本公司提货。由于天泰公司的货款未到账,这张内部提货单无论由谁持有,均不发生见单付货的效力,应当驳回原告对本公司的诉讼请求。

本案中,案外人李某向原告郭某某出售 +5 号测线油时,出示了被告天泰公司出具的授权委托书。该委托书上有天泰公司加盖的公章,依法有效。授权委托书证实,天泰公司与李某之间存在着代理关系。当天泰公司工作人员刘某携带天泰公司支票,与郭某某等人前往被告蓝星公司处,为郭某某购买的 300 吨 +5 号测线油向蓝星公司交支票付款时,天泰公司法定代表人刘某某证实,刘某是天泰公司工作人员,代表该公司去办理业务。这个情节说明,天泰公司对李某代该公司销售 300 吨 +5 号测线油一事完全知情,该公司应当对李某在委托书授权范围内实施的代理行为承担民事责任。天泰公司虽称李某无权代理该公司从事业务活动,但却不能提交相反证据否认授权委托书和提货单上公章的真实性,更对其法定代表人证实刘某用该公司支票给郭某某付购油款一事不做任何解释。故天泰公司关于李某与该公司之间不存在代理关系,李某向郭某某卖油是个人行为,该公司与郭某某之间不存在买卖合同关系等辩解理由,与事实不符,其辩解理由不能成立。

《合同法》第 60 条第 1 款规定,当事人应当按照约定全面履行自己的义务。第 107 条规定,当事人一方不履行合同义务或者履行合同义务不符合约定的,应当承担继续履行、采取补救措施或者赔偿损失等违约责任。本案中,郭某某已经履行了买卖合同中买方的付款义务。作为被代理人,天泰公司应当按照合同约定,履行交付油品的义务。天泰公司未能履行此项合同义务,实属违约,应当承担继续履行、采取补救措施或者赔偿损失等违约责任。郭某某诉请判令天泰公司给付油品或者退还货款,应当得到法院的支持。原告郭某某虽然持有被告蓝星公司出具的提货单,但该提货单是蓝星公司针对与被告天泰公司的买卖关系开出的。郭某某与蓝星公司之间不存在买卖关系,故对郭某某关于判令蓝星公司给付 300 吨 + 5 号测线油或者退还货款的诉讼请求,将不可能得到法院的支持。

----

133. 代理人不履行或者不完全履行职责及其与相对人恶意串通损害被代理人合法权益的,负有什么责任?

代理权的实质是代理人在其所享有的代理权限内以被代理人即本人的名义作出意思表示,该意思表示对被代理人即本人直接产生法律效力。因此,委托代理人和法定代理人负有尽到勤勉履行代理事项的义务和维护被代理人的合法权益的职责。

《民法总则》第 164 条第 1 款规定,代理人不履行或者不完全履行职责,造成被代理人损害的,应当承担民事责任。据此,代理人承担民事责任应当符合以下条件:(1)代理人具有不依照法律规定或者被代理人的委托授权履行代理职责的行为,这种不履行包括拒绝履行和不完全履行。(2)代理人不履行或者不完全履行职责,给被代理人造成了损害。若代理人不履行或者不完全履行职责,未给被代理人造成损害的,将不承担法律责任。(3)代理人因不履行或者不完全履行代理职责的行为给被代理人造成了实际损失,且该行为与损害后果二者之间具有因果关系,那么,代理人就应当承担民事责任。因代理人不履行法定代理职责给被代理人造成人身或者财产损失的，应当依法承担侵权责任。因代理人不按照其与被代理人之间的委托授权履行职责给被代理人造成人身或者财产损失的，应当依法承担相应的民事责任。

《民法总则》第164条第2款规定，代理人和相对人恶意串通，损害被代理人合法权益的，代理人和相对人应当承担连带责任。可见，代理人和相对人恶意串通，损害被代理人合法权益，承担连带责任应当具备以下条件：(1)代理人与相对人在主观上具有相互串通的恶意。所谓具有相互串通的恶意，是指实施串通行为的各方当事人主观上都具有串通故意，且具有共同实施通谋行为获得不法利益，损害被代理人合法权益的非法目的。(2)代理人与相对人相互串通并实施串通行为。所谓相互串通，是指代理人与相对人在获取非法利益和达到非法目的意思表示达成一致或者默契后，各方当事人通过相互配合、共同实施损害被代理人的行为。(3)代理人和相对人串通实施的非法行为损害了被代理人的合法权益，且串通行为与损害结果之间具有因果关系。据此，代理人和相对人恶意串通，损害被代理人合法权益，构成共同侵权，因此，代理人和相对人应当向被代理人承担连带责任。

⟡ 示例说明

2001年，原告王乙之父王甲与被告三信律师事务所签订了《非诉讼委托代理协议书》一份，约定：三信律师事务所接受王甲的委托，指派张某律师作为王甲的代理人；代理事项及权限为：代为见证；律师代理费用为6000元；支付方式为现金；支付时间为2001年8月28日。王甲在该协议书上签字，三信律师事务所在该协议书上加盖了公章，但该协议书未标注日期。同年9月10日，王甲又与三信律师事务所指派的律师张某签订了一份《代理非诉讼委托书》，内容为：因见证事由，需经律师协助办理，特委托三信律师事务所律师张某为代理人，代理权限为：代为见证。9月17日，三信律师事务所出具一份《见证书》，附王甲的遗嘱和三信律师事务所的见证各一份。王甲遗嘱的第一项为："将位于北京市某某区某某钟表眼镜公司宿舍11门1141号单元楼房中我的个人部分和我继承我妻遗产部分给我大儿子王乙继承。"见证的内容为："兹有北京市某某区某某钟表眼镜公司宿舍3楼4门2号的王甲老人于我们面前在前面的遗嘱上亲自签字，该签字系其真实意思表示，根据《民法通则》第55条的规定，其签字行为真实有效。"落款处有见证律师张某的签字和三信律师事务所的盖章。王甲于 9 月 19 日收到该《见证书》。2002 年 12 月 9 日,王甲去世。原告王乙于 2003 年 1 月起诉至法院,要求按照王甲的遗嘱继承遗产。2003 年 6 月 30 日,北京市第一中级人民法院的终审判决认定:王甲所立遗嘱虽有本人、张某律师签字且加盖北京市三信律师事务所的印章,但该遗嘱的形式与继承法律规定的自书、代书遗嘱必备条件不符,确认王甲所立遗嘱不符合遗嘱继承法定形式要件,判决王甲的遗产按法定继承处理。王乙因此提起本案诉讼,要求三信律师事务所赔偿经济损失。

　　法院经审理认为:本案中,被上诉人王乙的父亲王甲委托上诉人三信律师事务所办理见证事宜,目的是通过熟悉法律事务的专业人员提供法律服务,使其所立遗嘱具有法律效力。作为专门从事法律服务的机构,三信律师事务所应当明知王甲的这一签约目的,有义务为王甲提供完善的法律服务,以维护委托人的合法权益。三信律师事务所不能以证据证明其与王甲约定的"代为见证",只是见证签字者的身份和签字行为的真实性;也不能以证据证明在签约时,该所已向王甲明确告知其仅是对签字见证而非对遗嘱见证,故应当承担举证不能的不利后果。王甲立遗嘱行为的本意,是要将遗嘱中所指的财产交由被上诉人王乙继承。由于上诉人三信律师事务所接受王甲的委托后,在"代为见证"王甲立遗嘱的过程中,没有给王甲提供完善的法律服务,以致王甲所立的遗嘱被人民法院生效判决确认为无效,王甲的遗愿不能实现。王乙现在不能按遗嘱来继承王甲遗产的根本原因,是三信律师事务所没有给王甲提供完善的法律服务,以致王甲立下了无效遗嘱。三信律师事务所履行自己职责中的过错,侵害了王乙依遗嘱继承王甲遗产的权利,由此给王乙造成损失,应当承担赔偿责任。

第二节　委托代理

134. 委托代理授权可以采用什么形式？授权委托书应当载明哪些内容？

　　委托代理,是基于被代理人的委托授权,代理人在授权的代理权限范围内处理代理事项。除法律明确规定委托代理授权应当采取书面形式即授权委托书外,既可以采取书面形式,也可以采取口头形式。法律、行政法规规定采取书面形式或者被代理人与代理人约定采取书面形式的,应当采取书面形式即委托授权书的形式。如《民事诉讼法》第59条第1款规定,委托他人代为诉讼,必须向人民法院提交由委托人签名或者盖章的授权委托书。可见,当事人委托律师、近亲属或者本单位工作人员或其他依法可以作为诉讼代理人代为诉讼的,必须采取书面授权形式即签授权委托书。

《民法总则》第165条规定,委托代理授权采用书面形式的,授权委托书应当载明代理人的姓名或者名称、代理事项、权限和期间,并由被代理人签名或者盖章。可见,授权委托书应当载明以下内容:

(1)代理人的姓名或者名称。代理人为自然人的应当写明其姓名;代理人为法人或者非法人组织等中介服务机构或代理机构的,应当写明其依法注册登记的机构名称。

(2)代理事项。代理事项应当写明被代理人委托代理人所处理的代理事项。委托人可以特别委托代理人处理一项或者数项事务,也可以概括委托代理人处理一切事务。委托可以划分为特别委托与概括委托两种。特别委托是指委托人将一项或数项具体事务委托给代理人处理,例如委托律师制作法律意见书、参加商务谈判。在特别委托的情况下,代理人处理事务的范围是明确和具体的,受托人只能在委托授权的范围内处理委托事务。概括委托则是委托人授权代理人处理与某方面活动相关的可能发生的一切事项,或者与委托人相关的一切活动的某方面的事项,例如某企业委托一律师担任企业股份制改造的法律顾问,那么该律师的顾问工作就包括凡与企业股份制改造相关的全部法律咨询、法律意见书的出具等,而不是仅就某一股份制改造事项担任法律顾问。代理人在授权范围内处理委托事务的结果由委托人承担,受托人超越权限给委托人造成损失的,应当赔偿损失。因此,委托代理授权书应当对委托代理事务及其范围作出约定。

(3)权限。权限应当写明代理人处理委托事务所拥有的具体权限,如委托律师代为诉讼的,就应写明委托人授权代理律师代其进行哪些诉讼行为。委托人需要对代理律师进行特别委托授权时,应具体写明授予代理律师代为提出、承认、放弃或变更诉讼请求,进行和解,代为反诉或上诉的权利。委托人对委托代理人的授权权限要尽量明确、具体,如授权权限不明确、具体的,代理人有权根据处理代理事项的具体要求采取适当行为,对代理人因采取适当行为所带来的后果由被代理人承担。

（4）期限。期限是被代理人授权代理人处理代理事项和代理人行使代理权的起止时间。一般来说，代理事项的完成有时限性和时效性的，应当载明具体期限。但是，在以完成具体事项为代理期限的授权委托书中可不用载明具体期限，代理人行使代理权的期限要由所代理事项的完成为终止期限。

（5）被代理人签名或者盖章。被代理人为自然人的，应当签写其姓名；被代理人为法人或者非法人组织的，应当加盖单位公章，并注明授权委托书的出具时间。

⟳ **示例说明**

雷某、何某夫妇共同生育子女三人，分别为雷甲、雷乙和雷丙。雷某、何某夫妇二人先后去世，留下房屋一幢，位于某某市某某区某某路某某号，房产证登记的房屋产权人为何某。2006 年因防洪工程建设项目需要拆迁该房屋，由于雷甲、雷乙出嫁多年，年事已高，两人口头委托拆迁安置事宜由雷丙负责办理。2015 年 6 月 28 日，雷丙（乙方）与拆迁办（甲方）签订了《房屋征收补偿安置协议书》，就拆迁补偿方式、产权调换面积和置换比例、附属设施补偿费、附属物及房屋装修补偿费、奖励、搬迁补助费、临时安置补助费、停产、停业补助费达成一致，甲方应付给乙方以上各项金额共计 65957 元。2015 年 10 月 22 日，雷丙（甲方）与雷甲和雷乙（乙方）分别签订了《协议书》，约定：甲方一次性补偿拆迁费给乙方；以后退赔商铺归属甲方，商铺租金各人得三分之一。2015 年 9 月 28 日、2015 年 10 月 22 日，雷丙两次付给雷甲和雷乙拆迁补偿款 17010 元。2016 年 1 月，雷甲、雷乙曾分别起诉至法院请求撤销雷甲、雷乙与雷丙三人于 2015 年 10 月 22 日签订的《协议书》，雷甲、雷乙在起诉状中均陈述"由于原告出嫁多年，且年事已高，拆迁安置事宜由被告雷丙负责办理"，一审法院经审理后分别作出判决，驳回雷甲、雷乙的诉讼请求。二审法院驳回上诉，维持原判。之后，雷甲、雷乙以雷丙未取得两人的委托授权为由，分别提起诉讼，请求确认雷丙与拆迁办于 2015 年 6 月 28 日签订的《房屋征收补偿安置协议书》无效。

本案中，雷甲、雷乙和雷丙是同胞姐弟关系，被征收的房屋是 3 人共同继承的父母遗产，因该遗产未分割，故为 3 人所共有。2006 年因防洪工程建设项目需要拆迁该房屋，雷丙与拆迁办签订了《房屋征收补偿安置协议书》。

该安置协议书虽没有雷甲、雷乙签名,但根据已决案件中所确认的事实,即"由于原告出嫁多年,且年事已高,拆迁安置事宜由被告雷丙负责办理",表明雷甲和雷乙已经口头委托授权雷丙办理涉案房屋拆迁安置事宜。上述安置协议书签订后,拆迁办将补偿款支付给雷丙,雷丙收到补偿款后按3人订立的《协议书》的约定将雷甲、雷乙的份额分别向她们支付,雷甲、雷乙收到了该补偿款,表明雷甲、雷乙已经知道签订了该安置协议书,并实际履行该安置协议书。该安置协议书不存在拆迁办与雷丙串通损害雷甲、雷乙的事实,也不存在《合同法》第52条规定的合同无效的情形。综上,雷丙得到雷甲、雷乙的口头授权委托后与拆迁办签订《房屋征收补偿安置协议书》,是双方意思的真实表示,而且不违反法律规定,因此,依法成立并生效。雷甲、雷乙请求确认雷丙与拆迁办于2015年6月28日签订的《房屋征收补偿安置协议书》无效证据不充分,理由不充分,将不会得到法院的支持。

135. 什么是共同代理？共同代理权如何行使？

共同代理是不同于单独代理的一种代理类型。在单独代理中,由代理人一人接受被代理人的委托代理授权,并由该代理人一人独自行使代理权和处理委托事项。共同代理,则是由二人或者二人以上的代理人就同一事项接受被代理人的委托代理授权,并由该二人或者二人以上的代理人共同行使代理权和共同处理同一代理事项。在法定代理中,未成年人的父母为其法定代理人,共同实施代理权。在委托代理中,被代理人委托授权数人为同一代理事项的代理人的,数个代理人共同行使代理权。

在共同代理中,数人为同一代理事项的代理人,且共同行使代理权是共同代理的本质体现。共同代理具有以下特点:

(1)数个代理人就同一事项接受被代理人的委托授权,而不是数个代理人就不同的代理事项分别接受同一代理人的委托授权。数个代理人分别接受被代理人不同事项的代理,不构成共同代理,而是单独代理。

(2)数个代理人就被代理人委托处理的同一事项共同行使代理权。一般说来,被代理人之所以委托授权数个共同代理人,主要是为了使各个代理人既能发挥各自所长,又能形成优势互补,发挥协同代理作用。也就是说,数个代理人对共同代理事项的处理在共同探讨、协商一致的基础上,形成一致的意思表示以行使共同代理权,即共同行使代理权是通过数个代理人的共同意思表示来行使的。与单独行使代理权相比,被代理人期望通过委托授权数个代理人共同行使代理权,避免和克服单独代理的能力不足、以期实现更好更强的代理效果。

此外,根据《民法总则》第 166 条规定,数人为同一代理事项的代理人的,被代理人与代理人双方未另作约定的情况下,数代理人应当共同行使代理权。但是当事人对此另有约定的,代理人应当按照约定行使代理权。如当事人约定由数代理人按照少数服从多数行使代理权的,那么,数代理人代理权的行使就应当按照该约定行使。

⟳ 示例说明

2014 年 1 月,原告赵某某因与他人打架,某某区公安局以"故意伤害"对原告进行拘留。原告的丈夫张某某当时不知道具体情况,十分着急,其从网络上认识了叫顾某某的律师,顾某某说他能把原告取保出来,让原告丈夫付 3 万元。为了取信于原告的丈夫,顾某某在没有任何委托合同、委托书的情况下,就到看守所会见了原告,并带出原告签字的材料,原告的丈夫就相信了顾某某,其于 2014 年 1 月 15 日应顾某某的要求向其汇款 3 万元用于取保候审,但原告的丈夫苦等了 3 个多月,顾某某也没能使原告取保候审。被告殷某某于 2014 年 3 月 12 日、4 月 22 日会见了在某某看守所拘留的原告。2014 年 8 月 5 日,某某区人民检察院作出不起诉决定书,对原告赵某某作出不起诉决定,该决定书中被不起诉人赵某某(原告)的辩护人为被告殷某某。2014 年 12 月 15 日,被告殷某某向原告出具证明一份,内容为:被告应顾某某要求会见原告、原告被释放后找到被告并告知被告其给顾某某汇款 3 万元、被告通过电话向顾某某核实该 3 万元款项的事实经过。2016 年 12 月 20 日、12 月 21 日,某某区检察院、公安局分别向一审法院出具答复函,原告赵某某故意伤害案在公安案卷和检察院案卷中均无被告殷某某的书面委托手续。直到原告被释放,原告的丈夫才知道顾某某根本不是律师,原告认为是被告殷某某伪造了原告家属的委托书去看守所会见了原告,原告丈夫再去找顾某某退钱,顾某某已逃之夭夭。原告认为,顾某某和被告殷某某是共同给原告代理,被告天擎律师事务所及其律师殷某某在原告及原告近亲属没有委托的情况下,私自伪造委托手续、会见原告,其目的就是证实顾某某的能力,从而导致原告上当受骗,而被告天擎律师事务所在原告丈夫没有与其签订《委托代理合同》和委托书的情况下,就向殷某某出具《会见犯罪嫌疑人的公函》,这也是导致原告被顾某某骗取 3 万元的重要原因。天擎律师事务所和殷某某两被告在这起事件中负有不可推卸的责任,该 3 万元款项就是原告的损失,两被告应当向原告承担一半的赔偿责任,即赔偿 1.5 万元。

法院认为,本案争议焦点在于:被告殷某某与顾某某是否存在共同代理的行为。虽然被告殷某某应顾某某要求会见原告,但对原告与殷某某、顾某某系委托与被委托关系,原告赵某某未提供证据证实,被告殷某某亦不予认可,故对原告提出的"被告殷某某与顾某某系共同代理"的主张法院不予采信。顾某某和被告殷某某并不是共同代理,原告也未提供证据证实顾某某将其收取的款项交给被告殷某某。原告丈夫给顾某某汇款的 3 万元,原告未提供证据证实该款项的性质,其将该款项作为损失无事实及法律依据。上述 3 万元款项发生在被告殷某某会见原告之前,并不存在因该会见,导致原告丈夫相信顾某某的身份进而给顾某某汇款的事实。被告殷某某作为被告天擎律师事务所的工作人员,其职务行为由被告天擎律师事务所承担责任,但其会见原告的行为并未给原告造成损失,故原告要求两被告承担责任无事实及法律依据,法院判决驳回原告的诉讼请求。

----

136. 代理事项违法或者代理行为违法,被代理人和代理人应承担什么责任?

《民法总则》第 167 条对代理事项违法和代理行为违法两种违法代理情形下,代理人与被代理人应承担的责任作出了明确规定。

代理事项违法是指代理人知道或者应当知道代理事项违法仍然实施代理行为。可见,代理事项违法具有以下构成要件:

(1)代理事项具有违法性。即被代理人委托授权代理事项违反民事法律法规、行政法律法规和刑事法律法规,若实施该违法代理事项有可能给被代理人的相对人造成相应的人身、财产损害。如委托授权他人代为在互联网上发帖,散布他人谣言、污损他人名誉或者危及他人人身安全等事项、委托授权他人搜罗他人隐私等,就属于代理事项违法。

(2)代理人对于代理事项违法在主观上表现为知道和应当知道。这里的"知道"是指对代理事项的违法性是了解和清楚的,不存在不了解和不清楚的情况。这里的"应当知道"是指根据一般的社会生活常识以及代理事项的性质及其后果等进行理性判断,应当知道代理事项具有违法性。

(3)代理人知道或者应当知道代理事项违法仍然实施代理行为。这说明代理人对违法事项实施代理行为,是其自觉自愿实施的,不存在被代理人的欺骗、胁迫等非自愿等情形。可见,代理人和被代理人对违法代理事项的实施具备共同过错,因此,《民法总则》第 167 条明确规定,代理人知道或者应当知道代理事项违法仍然实施代理行为的,被代理人和代理人应当承担连带责任。

代理行为违法是指被代理人知道或者应当知道代理人的代理行为违法未作反对表示,仍然默认其违法代理行为。代理事项违法具有以下构成要件:

(1)代理行为具有违法性。即被代理人实施的代理行为违反法律、行政法规的有关规定,即代理行为为法律、行政法规所禁止或不认可。如代理律师违法取证,暴力取证,帮助被代理人伪造证据,中介机构与委托人恶意串通侵害相对人的合法权益等,就属于代理行为违法。

(2)被代理人知道或者应当知道代理人的代理行为违法。这里的"知道"是指对代理行为的违法性是了解和清楚的,不存在不了解和不清楚的情况。这里的"应当知道"是指对代理行为的违法性,根据一般的社会生活常识以及代理行为的性质及其后果等进行理性判断,应当知道代理行为具有违法性。

(3)被代理人知道或者应当知道代理行为违法未表示反对。这说明被代理人对代理人通过实施违法行为从事代理活动表示默认,这种违法代理行为不仅不违背被代理人的主观意志,而且其抱着纵容、放任和赞同的态度。可见,代理人和被代理人对违法代理行为具备共同过错,因此,根据《民法总则》第 167 条的规定,被代理人知道或者应当知道代理人的代理行为违法未作反对表示的,被代理人和代理人应当承担连带责任。

◆ **示例说明**

原告施某凤系被告杨某某的妻妹。原告曾委托被告杨某某在上海某证券公司购得"安徽马钢"原始股 30.1 万股;原告还委托被告杨某某的朋友汪某,购入 1 万股"兰生股份"股票。之后,被告兰信上证为了吸引"大户"资金为其盈利邀被告杨某某去该证券业务部做股票交易。经多次协商,被告杨某某同意去被告兰信上证进行股票交易。为此,被告杨某某之妻施某英到被告兰信上证设立资金账户,并存入 5 万元资金。次日,被告杨某某前往被告兰信上证以其妻设立的账户及股东名义实施股票买卖活动。在交易中,被告杨某某频繁出现透支情况。被告杨某某因资金紧缺,遂假冒原告名义,填写了委托被告施某英卖出"兰生股份"1 万股的委托书,并填写了委托卖出单,实得钱款144120.95 元,该款划入被告施某英账户。不久之后,被告杨某某再次以被告施某英名义填写卖出原告"安徽马钢"股票 29.6 万股的委托卖出单,实得钱款840611.97 元,该款于次日划入被告施某英账户。被告杨某某卖出原告股票所得钱款在被告兰信上证进行大量股票交易。被告兰信上证对被告杨某某抛售原告股票及将原告资金划入被告施某英账户等一系列行为,均未严格按照证券买卖业务规定操作。在被告杨某某卖出原告"安徽马钢"股票之日,原告在其设立账户的上海某证券公司填写了委托卖出"兰生股份"股票 1 万股和委托卖出"安徽马钢"股票 30.1 万股的委托书,但因该两种股票均已被被告杨某某卖出,故委托卖出未能成交。原告认为其并未在被告兰信上证设立资金账户,也未委托任何人在该证券业务部抛售自己的股票,被告兰信上证根本无权动用原告股票。经交涉不成,遂起讼争。

　　法院审理认为:股民与证券商在股票交易中均应遵守股票交易规则。被告杨某某与被告施某英系夫妻关系,杨某某利用其妻提供的账户,伪造原告签名,非法将原告名下的股票卖出,并通过被告兰信上证将资金划入其妻账户,严重地侵犯了原告的财产权;而被告兰信上证明知原告未在该证券业务部设立资金账户,对被告杨某某伪造填写的委托单不加审核,放纵被告杨某某抛售原告股票的侵权行为不断发生。被告兰信上证应对其不严格遵守证券操作规定的过错行为负连带赔偿责任。鉴于原告所有的股票已被卖出。判令返还股票将不利于弥补原告损失,故依法应判令三被告赔偿原告股票折价款。被告施某英尽管未直接进行股票交易,但提供给被告杨某某股东账户和资金、设立资金账户的行为,以及对被告杨某某的侵权行为不加制止,均导致了两被告侵犯原告财产权的发生。法院据此判令两被告共同赔偿原告股票折价款,被告兰信上证负连带责任。诉讼费由被告杨某某、施某英、被告兰信上证各半负担。司法鉴定费由被告杨某某负担。故作出如下判决:被告杨某某、施某英共同赔偿原告施某凤股票折价款 984735.92 元。被告杨某某、施某英共同偿付原告银行利息损失 13240.84 元。以上第一项、第二项,由被告兰信上证负连带赔偿责任,于本判决生效之日起 10 日内履行。

137. 代理人能否实施自己代理或者双方代理行为？

代理人在代理权限内,以被代理人名义实施的民事法律行为,其法律后果由被代理人承担。因此,代理人应当从维护和实现被代理人的合法权益着想行使代理权。为了防止代理人利用代理人身份的便利条件谋取自身利益,法律明确禁止代理人不得进行自己代理行为和双方代理行为。

自己代理行为,是指代理人以被代理人的名义与自己实施民事法律行为。也就是说,自己代理,是代理人作为一方当事人与其被代理人进行受托处理的民事法律行为。对于代理人自己代理行为,法律并不一概禁止,法律所禁止的是代理人利用担任代理人的便利条件,以被代理人的名义与自己实施民事法律行为,通过侵害被代理人以获取不正当利益。因此,《民法总则》第 168 条明确规定,代理人不得以被代理人的名义与自己实施民事法律行为,但是被代理人同意或者追认的除外。可见,代理人的自己代理行为若对被代理人发生法律效力,应当事先得到被代理人的同意或者事后的追认,否则对被代理人无效。

双方代理行为,是指代理人以被代理人的名义与自己同时代理的其他人实施民事法律行为。也就是说,双方代理是代理人作为民事法律行为双方当事人的代理人受托处理同一事项,代理双方实施同一民事法律行为。若代理人分别接受双方委托授权处理双方的不同事项,并不构成双方代理。对于代理人的双方代理行为,法律并不一概禁止,法律所禁止的是代理人利用担任双方代理人的便利条件,与其中的一方串通以侵害另一方的合法权益而获取不正当利益,或者通过向双方隐瞒有关事项,或者通过利用双方的信任操纵双方,侵害双方的利益以谋求自身利益。因此,《民法总则》第 168 条明确规定,代理人不得以被代理人的名义与自己同时代理的其他人实施民事法律行为,但是被代理的双方同意或者追认的除外。可见,代理人的双方代理行为若对被代理人发生法律效力,应当事先得到被代理人的同意或者事后的追认,否则对被代理人无效。

⚙ **示例说明**

被告某某市发展律师事务所(以下简称发展所)所属谷某某和沈某某律师系民生银行常年法律顾问。因原告某某市宏都有限责任公司(以下简称宏都公司）向民生银行申请贷款并签署借款合同、质押合同等文件事宜,经民生银行推荐,原、被告签订授权委托协议书,被告接受原告委托并指派谷某某和沈某某律师为原告申请质押贷款等事宜,提供有关法律服务并出具法律意见书。约定宏都公司支付发展所律师服务费10万元。此后,被告依约履行了协议载明的部分内容,原告也支付了律师服务费9万元。同年4月民生银行向原告提供了总金额为人民币3000万元的流动资金贷款。之后,原告与民生银行因履行借款合同发生纠纷。其间,被告多次以民生银行常年法律顾问和授权律师身份致函原告及有关单位,以期解决纠纷。后协调不成,民生银行向上海仲裁委员会提起仲裁申请。该委员会经审理后裁决,原告与民生银行签订的借款合同提前终止履行。在上海仲裁委员会审理该借款合同争议案时,发展所谷某某律师以民生银行委托代理人的身份参加仲裁活动。原告以被告的行为系双方代理,属于无效法律行为为由提起诉讼,要求法院判令被告退还律师费人民币9万元及支付利息6723元。

本案例中,被告在接受原告委托前已是民生银行常年法律顾问。当常年法律顾问的行为相对于第三方时,即构成代理关系。而在原告向民生银行贷款事项中,被告又与原告签约接受委托,以原告代理人身份与民生银行进行有关交涉,"参与贷款项目有关的谈判",以期维护原告的合法利益。在原告与民生银行发生纠纷后,被告在依约为原告"协调合同履行中发生的纠纷"的同时,又多次以民生银行常年法律顾问和授权律师身份向原告致函,而后又作为民生银行的委托代理人参加仲裁,状告原告。在这个由借款合同产生的借贷双方利益对立的法律关系上,被告同时接受了双方代理人的委托,已构成双方代理。故原、被告之间所订授权委托协议书为无效协议,被告应退还已收取的原告的律师服务费。但考虑到被告在原告申请贷款过程中,也确实提供了一定的服务,故原告应承担相应的费用。

----

138. 什么是转委托代理？针对不同情形,在转委托中代理人应承担什么责任？

代理人基于被代理人的委托授权代为实施民事法律行为,原则上代理人应当亲自处理代理事项。但是,根据《民法总则》第169条第1款规定,代理人需要转委托第三人代理的,经取得被代理人的同意或者追认,可以转委托第三人代理。

转委托代理,又被称为复代理或再代理,是指接受被代理人委托授权的代理人,将其处理委托事项的代理权经被代理人同意转委托给第三人,或者其代理权转委托给第三人后经被代理人追认的行为。其中,原代理人称为本代理人,接受转委托的第三人称为复代理人。构成转委托代理应符合以下条件:(1)本代理人根据需要将代理权限内的事项转托给复代理人,才可能构成转委托代理。如本代理人不是将被代理人委托授权代理的事项转委托第三人,而是将其自己的事项委托授权第三人处理,则不构成转委托代理,而是在本代理人和第三人之间形成了直接代理关系。(2)接受转委托代理的第三人是由代理人即本代理人选任的。如该第三人是由被代理人自己选任的,那么,也不构成转委托代理,而是在被代理人和第三人之间形成了直接代理关系。(3)代理人将其处理委托事项的代理权经被代理人同意转委托给第三人,或者其代理权转委托给第三人后经被代理人追认。如转委托代理未经被代理人事前同意或者事后追认,那么,转委托代理不成立,被代理人与原代理人之间的代理关系仍然存在。

根据《民法总则》第169条第2款规定,转委托代理经被代理人同意或者追认的,即转委托代理成立,在此情形下,被代理人可以就代理事务直接指示转委托的第三人,代理人对复代理人的代理行为不负责任,但代理人仅就第三人的选任以及对第三人的指示承担责任。也就是说,转委托代理成立的情况下,代理人向被代理人承担以下责任:(1)代理人对第三人的选任未尽到必要注意义务,致使第三人即复代理人的代理行为给被代理人造成损失的,代理人即原代理人就第三人的选任应向被代理人承担过错责任。(2)代理人对第三人即复代理人就委托事项的处理发出指示且复代理人按照该指示行动,因此给被代理人造成损失的,代理人应当对其向复代理人发出的指示负责。

根据《民法总则》第169条第3款规定,转委托代理未经被代理人同意或者追认的,即转委托代理不成立的,在此情形下,代理人应当对转委托的第三人的行为承担责任,但是在紧急情况下代理人为了维护被代理人的利益需要转委托第三人代理的除外。这里的“紧急情况”是指由于急病、通信联络中断等特殊原因,委托代理人自己不能办理代理事项,又不能与被代理人及时取得联系,如不及时转托他人代理,会给被代理人的利益造成损失或者扩大损失的,属于此种情形。根据上述规定,在紧急情况下代理人为了维护被代理人的利益需要转委托第三人代理的,即使未经被代理人同意或者追认,转委托代理亦成立,代理人对转委托的第三人的行为不承担责任。

✧ 示例说明

1997年9月,中国外运宁波公司杭州分公司(以下简称杭州公司)接受浙江省兴合(集团)总公司(以下简称兴合公司)的委托,为其代理集装箱货物从上海至塞得的出运业务。杭州公司将该票货物转委托货运公司代理出运,指定直达塞得。货运公司接受委托,但其代理人将货物错装在目的港为迪拜的集装箱内。10月4日,货物在上海港装船起运。货运公司作为承运人公司的代理人签发提单,载明:托运人集团公司,起运港是上海,卸货港为塞得,提单载明的签发日期为10月4日(实为于10月24日货物运输途中签发)。途中发现货物错装事实后,杭州公司、兴合公司及货运公司即进行联系协商解决办法,曾先后准备在新加坡、科伦坡等地卸货倒箱,但因故未成。11月4日,经各方同意,货物经迪拜转运至约旦的亚喀巴,准备再转船或直接用卡车经陆路运往塞得。但货物运至约旦的亚喀巴后一直滞留未能出运,致使塞得的原收货人因迟延交货拒收货物。经协商,货物被半价转卖给迪拜的娜莎国际公司。货物又装船运回迪拜,新买主娜莎国际公司提取了货物。货主兴合公司为此遭受货物损失127961元,在应付杭州公司的运费中扣除。杭州公司也要求在应付货运公司的运费中扣下相应款项。货运公司拒绝承担该笔损失。原告浙江公司(因公司合并,杭州公司注销歇业,所有债权债务由浙江公司负担)向宁波海事法院提起诉讼,称:被告货运公司在履行货运代理业务过程中存在严重过错,致使货物遭受损失,请求判令货运公司赔偿货物损失127961元。

法院经审理认为:杭州公司与货运公司之间的海上货运转委托合同关系成立。鉴于杭州公司与货运公司均具有国际货物运输代理的主体资格,兴合公司对杭州公司的转委托行为并无异议,故杭州公司与货运公司之间的海上货运转委托合同有效。货运公司授权签发的提单,未反映货物的真实运输事实,亦未实际用于提取货物,不能对抗杭州公司与货运公司之间的海上货运转委托合同关系的事实。本案中,由于货运公司的代理过错导致本案货物错装、误运,不能按时运至塞得港,致使兴合公司的客户拒收;且本案货物运回迪拜,降价销售,系经货运公司认可的行为,该行为造成的经济损失与货运公司的代理过错之间具有因果关系。因此浙江公司有权向货运公司主张权利。法院遂依法判决:货运公司赔偿浙江公司货物损失 127961 元。

------

139. 执行人员的职务行为对法人或者非法人组织是否有效? 法人或者非法人组织对执行人员的职权限制,能否对抗善意相对人?

　　法人或非法人组织为了落实法人权力机构或非法人组织的决策事项,需要聘用相关人员来完成一定的工作任务。这些完成法人或非法人组织指派的工作任务,并在一定范围内拥有相应职权的工作人员,其在职权范围内以法人或者非法人组织的名义实施民事法律行为,就是执行人员的职务行为。易言之,执行人员的职务行为,是指执行法人或者非法人组织工作任务的人员,就其职权范围内的事项,以法人或者非法人组织的名义实施民事法律行为。

　　执行人员的职务行为,具有以下特点:(1)法人或非法人组织的工作人员在其职权范围内实施的民事法律行为,即在其职权范围内实施就设立、履行、变更或终止民事权利义务的行为。如果在其职权范围之外实施的民事法律行为,就不属于职务行为。(2)法人或非法人组织的工作人员以法人或者非法人名义实施的民事法律行为。其以法人或者非法人名义实施的民事法律行为,主要是从其职务身份、实施相关行为的时间、地点及其为何者利益或者何人指示等因素进行判断。其以自己名义实施的民事法律行为,不构成职务行为。执行人员的职务行为所实现的是法人或非法人组织的利益,法人或非法人组织是其实施的民事法律行为的权利和义务的承受者。因此,《民法总则》第170条第1款规定,执行法人或者非法人组织工作任务的人员,就其职权范围内的事项,以法人或者非法人组织的名义实施民事法律行为,对法人或者非法人组织发生效力。

　　法人或者非法人的执行人员的职务行为是在法人或者非法人组织的职责授权范围内实施的,为了防止其超越职权,往往会对职权作出一定限制。但这些限制仅仅具有内部效力,如其超越职权,法人可以按照聘用或者雇佣合同的规定解除合同、扣罚奖金或者要求其承担赔偿责任等。但这些对其职权的限制不得对抗善意相对人,即法人或者非法人组织不得以执行人员超越或者突破职权范围的限制,向善意相对人主张其执行人员实施的民事法律行为无效。但是,执行人员实施民事法律行为时,相对人知道或者应当知道其超越职权的限制的,该执行人员实施的民事法律行为对相对人有效。在此,法律保护的是善意相对人的利益。相对人知道或应当知道法人或者非法人组织对其执行人员的职权的限制,仍然利用执行人员对这种限制的突破,与其实施民事法律行为,则其不属于善意相对人,则法人或者非法人组织的执行人员与其实施的民事法律行为无效。

☐ 示例说明

某市利源金属有限公司(以下简称利源公司)多次向王某某供应钢材。后来,王某某应利源公司的要求,在利源公司出具的 5 份未付款的出库单上分别加注"货已收到,未付款",并签名"王某某"。该 5 份出库单分别记载 5 次购买利源公司钢材货款计 381962 元及所欠运费 11695 元,共计 393657 元。现利源公司请求依法判令王某某给付钢材款 381962 元、运费 11695 元,共计 393657 元,诉讼费由王某某负担。王某某辩称,其从来没有与利源公司发生任何买卖关系,不欠利源公司任何款项。王某某是某市丰顺物流器材有限公司(以下简称丰顺公司)的车间主任,她在利源公司出具的未付款出库单上签字,是履行职务行为,利源公司要求其承担支付钢材货款于法无据,请求驳回其诉讼请求。

本案例中,王某某如能证明其为丰顺公司的车间主任,其接受利源公司供应的钢材是履行职务行为,那么,王某某接受利源公司供应钢材的行为对丰顺公司有效,丰顺公司应当向利源公司支付所有货款及所欠全部运费。反之,王某某若不能证明其接受利源公司钢材的行为是其执行丰顺公司工作任务的职务行为,那么,王某某接受利源公司供应钢材的行为对丰顺公司无效,王某某应当向利源公司支付所有货款及所欠全部运费。

140. 什么是无权代理?其效力如何?相对人是否享有催告追认权或者撤销权?无权代理行为未被追认的,导致什么后果?

无权代理,是指行为人没有代理权、超越代理权或者代理权终止后实施的民事法律行为。

《民法总则》第 171 条第 1 款规定,行为人没有代理权、超越代理权或者代理权终止后,仍然实施代理行为,未经被代理人追认的,对被代理人不发生效力。可见,无权代理有以下三种类型:一是行为人没有代理权,即行为人未经被代理人委托授权而以被代理人的名义实施民事法律行为。二是行为人超越代理权,即行为人虽然拥有被代理人的授权,但超出被代理人的委托授权范围和代理人的职权实施代理行为,即越权代理。三是行为人在丧失代理权、代理期限届满或者依法终止代理权后,实施的代理行为。行为人的无权代理行为并不属于绝对无效,而是属于相对无效。无权代理人以被代理人名义实施的民事法律行为,只有经过被代理人事后追认,才产生法律效力,即对被代理人有效。被代理人既要接受该民事法律行为设定的民事权利,又要承担该民事法律行为设立的民事义务。反之,不为被代理人追认的,该代理行为无效,由无权代理人自己承担该无效代理的后果。追认,是指被代理人对行为人无权代理的民事法律行为在事后予以承认的一种单方意思表示。经过追认,从而使原来的无权代理变成了有权代理。追认具有溯及既往的效力,也就是说,一旦追认,因无权代理所实施的民事法律行为从成立之时开始即对被代理人产生法律效力。未经被代理人追认的,对被代理人自始不发生法律效力。

对无权代理行为未经被代理人追认的,其效力处于待定状态,既未经被代理人追认而有效,也未经被代理人的明确拒绝而无效。根据《民法总则》第 171 条第 2 款规定,相对人对于这类效力未定的民事法律行为可以行使催告追认权,即相对人可以催告被代理人予以追认,被代理人自收到该催告通知之日起 1 个月内可以予以追认。被代理人自收到通知之日起满 1 个月未作表示的,其追认权丧失,视为拒绝追认。法律除了赋予相对人享有催告追认权外,也赋予善意相对人享有撤销权。对于行为人实施的行为由被代理人追认前,善意相对人(不知道也不应当知道行为人无代理权的交易相对方)有撤销其与无代理权人实施的民事法律行为的权利。如果相对人明知或者应当知道行为人无代理权,则其不为善意相对人,其无权行使撤销权。《民法总则》第 171 条第 2 款规定,善意相对人行使撤销权应当在行为人实施的行为被追认前行使;撤销应当以通知的方式作出。所谓通知的方式,包括口头通知、书面通知或数据电文形式等,不得以默示或者行为等非通知方式作出。对于善意相对人撤销的无权代理行为,被代理人再无权追认其效力,则该无权代理行为自始无效。

根据《民法总则》第 171 条第 3 款规定,行为人实施的行为未被追认的,善意相对人有权请求行为人履行债务或者就其受到的损害请求行为人赔偿,但是赔偿的范围不得超过被代理人追认时相对人所能获得的利益。根据本条第 4 款规定,相对人知道或者应当知道行为人无权代理的,相对人和行为人按照各自的过错承担责任。

▢ 示例说明

李某原为海生公司的业务员,2009 年 9 月被公司解聘。2009 年 10 月,李某利用自己配制的钥匙盗取公司盖有公章的空白合同书两份,李某使用该空白合同书与三环公司订立了一份买卖合同。合同约定,海生公司向三环公司购买价值 200 万元的棉纱一批,货到付款。该合同订立后,三环公司积极组织货源,并发函给海生公司询问有关交货事宜。海生公司遂答复称其不知该合同,要求三环公司不要向其发货。三环公司接到海生公司的答复后,认为其与海生公司的合同有效,并按合同的约定交货。在海生公司拒绝接收货物的情况下,三环公司遂诉至法院,要求海生公司履行合同,支付货款。

一审法院认为,李某使用盗取来的空白合同书与三环公司订立了合同,其行为严重违法,所订立的合同为无效合同,海生公司不受该合同的约束。因此,海生公司不必按该合同的约定履行合同。对于三环公司的损失,由李某承担责任。二审法院认为,李某没有代理权而与三环公司订立合同,其行为属于无权代理。李某以海生公司的名义与三环公司订立的合同,由于没有被海生公司(被代理人)追认,因而对海生公司不发生效力。海生公司不必按照合同的约定履行合同,三环公司的损失应由李某赔偿。

对本案的处理,有的学者持不同意见,认为在李某使用其盗取的合同书与三环公司订立合同的时候,由于合同书上已盖有海生公司的公章,三环公司有理由相信李某是经过海生公司的授权,在三环公司主观上为善意且无过失的情形下,李某的行为构成表见代理,其订立的合同有效,海生公司应当按照合同的约定履行自己的义务。表见代理主要适用于由于委托授权不明,导致代理人持授权书违反被代理人意思进行活动;或者代理期限不明,致使代理人持被代理人介绍信在代理终止后仍以被代理人名义订立合同;或者本人将其合同专用章或者加盖公章的空白合同书交给行为人持有等情形下订立的合同。在相对人有合理的理由相信行为人具有代理权,但在被代理人对无权代理情况毫不知情且无过失(所谓"无过失",是指相对人的这种不知情并不是其未尽必要的注意义务造成的)的情况下,如行为人私刻被代理人公章,伪造或者盗窃被代理人介绍信和盖有公章的空白合同书,以被代理人名义与他人订立合同等,若要适用表见代理制度使代订的合同对被代理人有效,有违合同的公平原则。行为人的这种行为既不属于代理,也无从构成表见代理,属于合同欺诈行为。在被代理人未予追认的情况下,应当认定行为人与相对人订立的合同无效。本案中,李某已被海生公司解聘,并且没有得到海生公司的授权,因此,李某以海生公司的名义与三环公司订立合同的行为为无权代理行为。

141. 什么是表见代理？其效力如何？

《民法总则》第 172 条规定了表见代理制度。法律设立这一制度旨在保护善意相对人。根据广义的无权代理概念,表见代理亦属于无权代理之一种,但实际上它与一般无权代理是不同的。无权代理非经被代理人追认不发生代理之效果,而在表见代理情况下将直接发生代理的效果,无须被代理人即本人的追认。

根据表见代理制度的理论,构成表见代理须具备以下要件:

(1)相对人主观上为善意且无过失。所谓善意,是指行为人的相对人主观上不知道或不应当知道行为人无代理权。所谓无过失,是指相对人主观上不存在过失或重大过失,即其已尽必要的注意义务。如果相对人从行为人的外观或其主观态度上能够断定或者应当断定行为人无代理权,而因未尽必要的注意义务仍与其订立合同,那么,就可以认定相对人主观上具有过失。

(2)从行为人外观上看,相对人具有合理信赖其具有代理权的外观条件,而相对人也有相信该外观条件的正当理由。这一点在被代理人不是自然人而是法人或者非法人组织时,尤为重要。在与公司、合伙企业或者其他组织从事民事法律行为时,相对人很难确定代表该组织行事的行为人是否有实际代理权,而只能依据行为人拥有被代理人的授权委托书、加盖单位公章的合同书、持有单位盖章的职务任命书等外观方面判断。

(3)被代理人对无权代理人所具有的有代理权的外观条件,具有可归责性。被代理人对行为人拥有被代理人的授权委托书、加盖单位公章的合同书、持有单位盖章的职务任命书等,是由实际有权代表该法人或者非法人组织的人(如董事会成员、合伙人等)的行为造成的。但行为人利用伪造和被盗的被代理人的授权委托书、加盖单位公章的合同书、持有单位盖章的职务任命书等,则不构成表见代理。

《民法总则》第172条规定,行为人没有代理权、超越代理权或者代理权终止后,仍然实施代理行为,相对人有理由相信行为人有代理权的,代理行为有效。据此,在构成表见代理的情形下,被代理人不得以行为人没有代理权、超越代理权或者代理权终止后仍然实施代理行为为由,主张表见代理行为无效。

❖ 示例说明

某大厦建筑公司派工作人员马某外出采购水泥,马某在总经理办公室领取2份加盖大厦建筑公司公章的介绍信和盖有大厦建筑公司合同专用章的空白合同书4份,介绍信中载明:"兹有我单位工作人员马某同志前去贵单位采购500号水泥200吨,望予接洽。某大厦建筑公司2017年5月17日。"之后,马某持单位介绍信1份、空白合同书2份于2017年5月19日与白水水泥厂签订合同,购买500号水泥200吨。同年5月26日,白水水泥厂将货送至,该大厦建筑公司支付全部货款。2017年8月15日,黑山水泥厂派销售员持其与该大厦建筑公司签订的买卖水泥合同书前来大厦公司催款,大厦公司称从未购买黑山水泥厂的水泥,亦未收到黑山水泥厂的水泥。黑山水泥厂的销售员遂出示马某手写的提取500号200吨水泥的提货单和大厦建筑公司的介绍信与加盖大厦建筑公司公章的合同书,大厦建筑公司始得知是马某私自以大厦建筑公司的名义订立合同,且马某已下落不明。大厦建筑公司以对马某与黑山水泥厂之间的买卖水泥合同毫不知情,亦未收到黑山水泥厂的水泥为由,拒绝付款。黑山水泥厂在索款未果的情况下,向法院起诉大厦建筑公司,要求其支付马某以大厦建筑公司名义购买的200吨水泥的全部货款。

法院经审理认为,马某并非通过盗取亦非私刻公章等非法手段取得该大厦建筑公司的介绍信和空白合同书,而是通过正常的业务关系获得授权,因此,马某与大厦建筑公司之间的委托代理关系合法有效,马某以该大厦建筑公司的名义与黑山水泥厂订立的水泥买卖合同对大厦建筑公司具有法律约束力,大厦建筑公司作为被代理人应当履行马某以其名义与黑山水泥厂订立的水泥买卖合同,向黑山水泥厂支付200吨水泥的货款。据此,法院判决该大厦建筑公司于判决生效之日起10内向黑山水泥厂支付货款12万元及逾期支付货款的银行利息 6800 元。本案所揭示的正是行为人在没有代理权的情形下以被代理人的名义订立合同,从而构成表见代理时的法律效力和被代理人因此所承担的交易风险问题。

第三节　代理终止

142. 委托代理终止的情形有哪些?

委托代理终止,是指基于委托授权而获得代理权的代理人即委托代理人所享有的代理权依法消灭的情形。代理权消灭后,代理人的代理资格丧失。

根据《民法总则》第 173 条规定,具有下列情形之一的,委托代理终止:

(1)代理期间届满或者代理事务完成。被代理人与代理人就委托授权代理事项约定代理期间的,代理人的代理权因委托授权其行使代理权的期间完成而结束。被代理人与代理人就委托授权代理事项未约定代理期间的,代理人的代理权因委托授权其行使代理权的事项完成而结束。

(2)被代理人取消委托或者代理人辞去委托。委托代理基于被代理人的委托授权和代理人的接受该委托授权而成立,因此,被代理人取消委托或者代理人辞去委托,委托代理终止。

(3)代理人丧失民事行为能力。代理人行使代理权需要具备相应的民事行为能力,因此,代理人丧失民事行为能力即丧失代理能力,委托代理因此终止。

(4)代理人或者被代理人死亡。自然人从出生时起到死亡时止,具有民事权利能力,依法享有民事权利,承担民事义务。因此,作为自然人的代理人或者被代理人因死亡而丧失代理和被代理资格,故委托代理终止。

(5)作为代理人或者被代理人的法人、非法人组织终止。法人或非法人组织的民事权利能力和民事行为能力,从法人或者非法人组织成立时产生,到法人或者非法人组织终止时消灭。因此,作为法人或者非法人组织的代理人或者被代理人因终止而丧失代理和被代理资格,故作为代理人或者被代理人的法人、非法人组织终止导致委托代理终止。

☆ **示例说明**

　　2009 年 2 月 13 日,陈某某与妻子苏某某作为委托人与钟某某作为受托人签订《委托书》,约定,在委托人对某某区湖滨西路 5 号之某某 a703 室房屋所拥有的权利范围内,委托人委托受托人行使以下权限:代为以讼争房屋作为抵押担保物为委托人做担保申请贷款,出租、出售房屋等。某某市公证处对该委托书进行了公证并作出了(2009)×证经字第 3215 号《公证书》。2011 年 5 月 5 日,陈某某、苏某某夫妻和钟某某签订了《终止委托声明书》,声明撤销于 2009 年 2 月 13 日在某某市公证处[详见(2009)×证经字第 3215 号《公证书》]所作出的《委托书》上的所有委托事项。从即日起,陈某某、苏某某不再委托受托人钟某某办理相关的委托事宜。受托人钟某某表示同意。某某市公证处对上述终止委托声明书进行了公证并作出了(2011)×证经字第 4252 号《公证书》。

　　2011 年 6 月 5 日,廖某某通过房产中介与钟某某签订了《房产买卖合同》。协议签订后,廖某某与钟某某于 2011 年 6 月 8 日到房管部门办理了房产过户手续,廖某某依约先后支付给钟某某总计 540200 元的购房款,并缴纳了所有的交易税费计 6332.50 元。上述房产已于 2011 年 6 月 14 日过户登记至廖某某名下。陈某某和苏某某得知房屋被出卖后,以钟某某明知自己已被撤销委托权的情况下,恶意串通,且购房价明显低于市场价,订立房屋买卖合同,侵害原告利益为由,提起诉讼。

　　本案中,自 2011 年 5 月 5 日陈某某、苏某某和钟某某签订了《终止委托声明书》之日起,钟某某便丧失对委托人陈某某与妻子苏某某委托出卖涉案房屋的代理权。钟某某在丧失代理权的情况下,2011 年 6 月 5 日,以陈某某与苏某某代理人的名义与廖某某通过房产中介签订了《房产买卖合同》,构成无权代理。因此,本案中钟某某无权以委托人名义出卖涉案房屋。

　　根据《物权法》第 106 条第 1 款规定,无处分权人将不动产转让给受让人的,所有权人有权追回;除法律另有规定外,符合下列情形的,受让人取得该不动产或者动产的所有权:(1)受让人受让该不动产或者动产时是善意的;(2)以合理的价格转让;(3)转让的不动产依照法律规定应当登记的已经登记,不需要登记的已经交付给受让人。因本案中经依法进行的评估,涉案房屋的出售时点的市场价值为967200元,远远高于钟某某与被告廖某某达成的540200元的售价,由此可以断定本案中的涉案房屋受让人廖某某并未以合理的价格受让。同时,因被告亦不构成善意取得,故原告要求被告将涉讼房屋所有权恢复原状(将涉讼房屋过户归还给原告)的诉请,于法有据,也理应得到法院的支持。

----

143. 被代理人死亡后何种情形下,委托代理人实施的代理行为有效?

根据《民法总则》第173条规定,被代理人死亡,导致委托代理终止。但是,根据本法第174条第1款规定,被代理人死亡后,有下列情形之一的,委托代理人实施的代理行为有效:

(1)代理人不知道并且不应当知道被代理人死亡。委托代理人是基于被代理人的委托授权在代理权限内行使代理权的,因此代理后果由被代理人承受。在代理人不知道或者不应当知道被代理人死亡的情况下,委托代理人在被代理人死亡后继续实施代理行为的,该代理行为有效。

(2)被代理人的继承人予以承认。被继承人死亡后继承开始。被继承人死亡后,委托代理人实施代理行为,被代理人的继承人予以承认的,代理行为有效,因该代理行为所产生的权利义务关系,由被代理人的继承人享有和承担。

(3)授权中明确代理权在代理事务完成时终止。委托授权明确代理权在代理事项完成时终止,那么,无论被代理人在代理期限内是否生存,代理人都负有完成代理事项的义务。因此,代理人在被代理人死亡后,委托代理人可以继续实施代理行为直到代理事项的完成。可见,委托授权中明确代理权在代理事务完成时终止的,被代理人实施的代理行为有效。

(4)被代理人死亡前已经实施,为了被代理人的继承人的利益继续代理。被代理人死亡一般会导致委托代理终止。但是,代理行为在被代理人死亡前已经实施,如终止代理权和停止实施代理行为,有可能导致损害被继承人的利益的,那么代理行为应当继续实施。在此情形下代理人实施的代理行为有效。

《民法总则》第174条第2款规定,作为被代理人的法人、非法人组织终止的,参照适用前款规定。作为被代理人的法人、非法人组织终止的,虽然并不像自然人一样会发生继承人问题,但是会发生权利义务继受问题。因此,作为被代理人的法人、非法人组织终止的,委托代理人实施的代理行为的效力参照适用《民法总则》第 174 条第 1 款的规定。

◈ 示例说明

崔某卿系崔某东、崔某军之父,杨甲系崔某军配偶,杨乙系杨甲姐姐。2012 年 4 月 20 日,崔某卿作为委托人与受托人杨乙订立委托书,委托事项为:代理出售崔某卿拥有产权的一套房屋,代理签订该房屋的《房地产买卖契约》及办理与房屋买卖相关事宜,委托期限为 2012 年 4 月 20 日至 2012 年 10 月 19 日止,某某市公证处作出公证书对该委托书予以公证确认。2012 年 9 月 2 日,崔某卿因病死亡。2012 年 9 月 5 日,杨乙与崔某军、杨甲签订房屋买卖合同,约定成交价格 5 万元,杨乙在卖方代理人栏签字,崔某军在买方栏签字。2012 年 9 月 7 日,杨乙将房屋以买卖形式过户给崔某军、杨甲。之后,崔某卿长子崔某东以委托人崔某卿去世后委托合同即告终止,杨乙没有代理权限为由,提起诉讼,现请求法院依法确认由杨乙代理崔某卿与崔某军、杨甲签订的房屋买卖合同无效;确认因该房屋买卖合同而发生的物权转移行为无效;诉讼费由杨乙、崔某军、杨甲承担。

《合同法》第 411 条规定,委托人或者受托人死亡、丧失民事行为能力或者破产的,委托合同终止,但当事人另有约定或者根据委托事务的性质不宜终止的除外。本案中,委托人崔某卿已于 2012 年 9 月 2 日死亡,委托合同未另行约定终止事由,因此杨乙代理崔某卿签订房屋买卖委托合同于崔某卿死亡时已经终止,委托合同当中委托出售的房屋亦成为被继承人崔某卿的遗产,应由其法定继承人系崔某东、崔某军按法律规定继承。受托人杨乙于 2012 年 9 月 5 日与崔某军、杨甲签订房屋买卖合同的行为是委托合同终止后的无权代理行为。对于该无权代理行为只有经过有权追认其效力的人的追认才发生法律效力,如有权追认的人不予追认,则合同无效。本案中,因被代理人死亡,有权追认的人是被代理人的继承人即崔某卿的 2 个儿子,因崔某东已就此事起诉,说明无权代理人订立的合同没有经过所有有权进行追认的人的追认,故杨乙与崔某军、杨甲签订的房屋买卖合同无效。可见,本案中,崔某东请求法院依法确认由杨乙代理崔某卿与崔某军、杨甲签订的房屋买卖合同无效和确认因该房屋买卖合同而发生的物权转移行为无效的诉讼请求,应当得到法院的支持。

---

144. 法定代理终止的情形有哪些?

法定代理终止,是指基于法律规定享有代理权的代理人即法定代理人所享有的代理权依法消灭。代理权消灭后,代理人的代理资格丧失。

根据《民法总则》第175条规定,有下列情形之一的,法定代理终止:

(1)被代理人取得或者恢复完全民事行为能力。法定代理人的设立在于弥补被代理人的民事行为能力不足,未成年人限制民事行为能力人达到成年人将取得完全民事行为能力;无民事行为能力或限制民事行为能力成年人恢复为完全民事行为能力人,将获得独立实施民事法律行为的资格,再无须法定代理人的代理,因此法定代理终止。

(2)代理人丧失民事行为能力。在法定代理下代理人为完全民事行为能力人,唯其如此,才能代理未成年人和无民事行为能力或限制民事行为能力的成年人实施民事法律行为,因此,法定代理人丧失民事行为能力的,其将因此丧失法定代理人资格,法定代理也因此而终止。

(3)代理人或者被代理人死亡。自然人的民事主体资格因其死亡而消灭,代理人或者被代理人死亡的,其将不具有民事主体资格,其也就没有代理人资格或者需要被代理实施的民事法律行为,因此法定代理终止。

(4)法律规定的其他情形。除了上述法定代理终止的情形外,具有法律规定的法定代理终止的其他情形的,法定代理终止。法定代理基于监护而产生,无民事行为能力人、限制民事行为能力人的监护人是其法定代理人。监护人被依法撤销监护人资格的,法定代理终止。

◈ **示例说明**

2008年10月31日,邓某磊与赵某某协议离婚,并约定12周岁的婚生子邓某随父邓某磊生活,邓某磊负责承担一切费用,直至邓某能独立生活为止。2013年8月29日,邓某磊考虑到邓某再过1年高中毕业,很快就要独立成家,就作为邓某的法定代理人与河东房地产公司签订了商品房买卖合同,约定由邓某以1619900元的价格购买河东房地产公司开发的房屋一套。

邓某须于本合同订立后的 2 个月内一次性支付购房款。半个月后,邓某磊因病死亡。河东房地产公司得知这一情况后,遂以邓某磊死亡,法定代理终止,邓某没有支付能力为由与邓某解除商品房买卖合同,并将上述房屋以高于原价格 36 万元的售价卖给他人。邓某的母亲赵某某以邓某磊生前作为邓某的法定代理人以邓某的名义与河东房地产公司订立的商品房买卖合同仍然有效为由,提起诉讼,请求人民法院判令河东房地产公司继续履行合同并承担一房二卖的法律责任。

　　本案中,2013 年 8 月 29 日,邓某磊以邓某的名义与河东房地产公司签订商品房买卖合同时,邓某年满 17 周岁,且为没有任何收入的来源的高中生,其为限制民事行为能力人。其与河东房地产公司签订商品房买卖合同须由其法定代理人代为订立,双方之间的商品房买卖合同自订立时依法生效。故邓某磊以邓某法定代理人身份与河东房地产公司签订的《商品房买卖合同》是合法有效的,双方应按照合同约定各自履行自己的义务。《民法通则》第 70 条规定,有下列情形之一的,法定代理或者指定代理终止:(1)被代理人取得或者恢复民事行为能力;(2)被代理人或者代理人死亡;(3)代理人丧失民事行为能力;(4)指定代理的人民法院或者指定单位取消指定;(5)其他原因引起的被代理人和代理人之间的监护关系消灭。据此,本案中,因邓某磊死亡,所以其作为邓某法定代理人的资格自其死亡之日消灭。但是,自其死亡之日起其法定代理人资格消灭,并不因此否定其生前作为邓某的法定代理人与河东房地产公司签订的商品房买卖合同效力,该房屋买卖合同对邓某和河东房地产公司仍然有效,双方都负有按照约定履行合同的义务。本案中,河东房地产公司以邓某磊死亡,法定代理终止,邓某没有支付能力为由与邓某解除商品房买卖合同没有法律根据,河东房地产公司将已经出售的房屋另卖他人构成一房二卖,作为邓某的法定代理人赵某某可以代为邓某提起诉讼,请求河东房地产公司继续履行合同并承担相应的违约责任。

第八章

民 事 责 任

145. 什么是民事责任？民事责任都有哪些承担方式？

《民法总则》第 176 条规定，民事主体依照法律规定和当事人约定，履行民事义务，承担民事责任。可见，民事责任，是指民事主体不依照法律规定和当事人约定履行民事义务，所承担的不利法律后果。

根据《民法总则》第 179 条规定，民事责任的承担主要有以下方式：

(1)停止侵害，即受害人责令侵权人立即停止侵害，或依法提起诉讼，请求人民法院制止正在实施的侵害。

(2)排除妨碍，即权利人在行使权利时受到他人不法阻碍或妨碍的，可以要求侵害人排除妨碍或提起诉讼，请求人民法院强制排除妨碍。

(3)消除危险，即权利人的人身或财产已经存在危险或正在发生危险时，权利人可以要求侵权人消除危险。侵权人拒绝消除危险的，权利人可以提起诉讼，请求人民法院责令其消除危险。

(4)返还财产，即财产所有人或合法占有人请求非法占有人归还财产的权利。

(5)恢复原状，即权利人的财产受到不法侵害时，有权要求侵害人根据被损坏或被破坏的财产的性状恢复到原有状态。

(6)修理、重作、更换。修理主要通常是在消费购物中商家出售的商品存在质量瑕疵或者买卖合同中出卖人交付的标的物存在质量瑕疵，消费者或者买受人将商品或者货物退回商家或者出卖人，由其修理除去瑕疵。重作，通常是在承揽合同中承揽人交付的定作物不符合质量要求的情况下，由其重新制作定作物，以达到约定标准。更换，则是将不合格商品或标的物换为合格商品或标的物交给消费者或者购买人。修理、重作、更换一般为违约责任承担方式。

（7）继续履行。继续履行，又称为强制继续履行，属于违约责任承担方式。当事人一方不履行非金钱债务或者履行非金钱债务不符合约定的，对方可以要求履行，但有下列情形之一的除外：法律上或者事实上不能履行；债务的标的不适于强制履行或者履行费用过高；债权人在合理期限内未要求履行。

（8）赔偿损失，即权利人的财产或人身权、人格权受到不法侵害时，有权要求致害人进行财产赔偿或精神赔偿；或者因违约方违约给守约方造成财产损失的，守约方有权要求违约方予以赔偿损失。

（9）支付违约金。支付违约金是违约责任承担方式。当事人可以约定一方违约时应当根据违约情况向对方支付一定数额的违约金，也可以约定因违约产生的损失赔偿额的计算方法。约定的违约金低于造成的损失的，当事人可以请求人民法院或者仲裁机构予以增加；约定的违约金过分高于造成的损失的，当事人可以请求人民法院或者仲裁机构予以适当减少。当事人就迟延履行约定违约金的，违约方支付违约金后，还应当履行债务。

（10）消除影响、恢复名誉，即自然人或法人的人格权受到不法侵害时，有权要求侵害人或请求人民法院强制侵害人在影响所及的范围内消除不良影响和使受损的名誉得以恢复。

（11）赔礼道歉，即权利人的人格权或著作权等遭受不法侵害时，有权要求侵害人或请求人民法院强制侵害人承认错误或表示歉意。

此外，还有一种特殊民事责任承担方式即惩罚性赔偿金。损害赔偿责任是对侵权或违约行为导致损害后果的弥补，即对损害赔偿负有义务的人应当恢复至导致赔偿义务情况没有发生而本应存在的状态，在不能恢复原状的情况下，应当支付恢复原状所必需的金钱数额。因此，侵权人所承担的损害赔偿义务具有补偿性，一般不具有惩罚性。但是，为了遏制和惩罚侵权人或者经营者恶意、欺诈等经营、销售缺陷产品或者提供缺陷服务，或者生产不符合食品安全标准的食品，或者销售明知是不符合食品安全标准的食品，法律明确规定经营者、销售者在承担相应赔偿责任之外，还应当同时承担惩罚性赔偿责任。《民法总则》第179条第2款规定，法律规定惩罚性赔偿的，依照其规定。可见，在何种情形下承担惩罚性赔偿金以及承担惩罚性赔偿金的标准等都由相关法律具体规定。

《民法总则》第179条第3款规定，本条规定的承担民事责任的方式，可以单独适用，也可以合并适用。据此，上述规定的11种民事责任承担方式，可以单独适用,也可以合并适用。但是,对于具体案件的当事人承担何种或者哪几种民事责任,应当根据具体民事法律作出的规定加以适用。

⊙ 示例说明

2012 年 5 月 1 日,原告孙某某在被告南京欧尚超市有限公司江宁店(以下简称欧尚超市江宁店)购买"玉兔牌"香肠 15 包,其中价值 558.6 元的 14 包香肠已过保质期。孙某某到收银台结账后,即径直到服务台索赔,后因协商未果诉至法院,要求欧尚超市江宁店支付 14 包香肠售价 10 倍的赔偿金 5586 元。

根据《中华人民共和国食品安全法》的规定,当销售者销售明知是不符合安全标准的食品时,消费者可以同时主张赔偿损失和支付价款 10 倍的赔偿金,也可以只主张支付价款 10 倍的赔偿金。本案中,原告孙某某仅要求欧尚超市江宁店支付售价 10 倍的赔偿金,属于当事人自行处分权利的行为,应予支持。

----

146. 什么是按份责任? 如何确定责任人的责任份额?

根据《民法总则》第 177 条规定,按份责任是指二人以上的责任人依照法律规定或者约定按照份额承担责任。按份责任具有以下特点:(1)责任人为二人以上。(2)数个责任人按照份额共同承担同一民事责任。如数个侵权人对同一侵权责任承担按份责任,或者数个违约人对同一违约责任承担按份责任。(3)数个责任人只对自己应承担的责任份额负责,不对整体责任负责。也就是说,数个责任人各自应负的责任互不连带,各个责任人不负有承担全部责任的义务,而且也不存在承担全部责任后向其余责任人的追偿权。(4)权利人免除或者放弃甚至抵销个别责任人的责任,对其余责任人不发生法律效力。

《民法总则》第 177 条规定,二人以上依法承担按份责任,能够确定责任大小的,各自承担相应的责任;难以确定责任大小的,平均承担责任。可见,按份责任的责任承担原则是,各个责任人之间能够确定各自责任的大小的,应当各自承担自己的责任。根据责任性质不容易确定或者无法确定各自责任大小的,各个责任人平均承担相同的责任,且各个责任人的责任具有独立性,不存在相互牵连的可能性。

✿ 示例说明

2009 年 1 月 24 日 12 时 20 分,原告刘某欣驾驶原告刘某龙的豫 C - N7258 号轿车,行驶到洛阳高新开发区翠微路丰华路口时,遇被告张某某驾驶被告王某某的豫 C - K6735 号轿车,由于双方均未按照操作规范行驶,导致双方车辆碰撞,造成原告刘某欣受伤、两车受损的交通事故。该交通事故经洛阳市公安局交通警察支队第三大队交通事故责任书认定,原告刘某欣应负交通事故的次要责任,被告张某某应负交通事故的主要责任。原告受伤后到某某医院住院治疗 7 天,经诊断为左锁骨粉碎性骨折,支出医疗费7989 元。住院期间需要陪护,陪护人为原告刘某欣之母刘某霞,其工资收入为每月 2000 元。原告刘某欣月工资为 1800 元,依据医嘱,原告刘某欣出院后需要继续进行肩部锁骨带外固定 6 周。原告的车辆经洛阳市价格认证中心进行车损鉴定,需修理支出费用 39160 元,对此,原告支出鉴定费 800 元。原告称其在交通事故发生后,车辆由公安机关指定的停车场停放,支出停车费 680 元。原告提起诉讼要求被告依法承担赔偿责任。

法院审理认为:张某某驾驶豫 C - K6735 号汽车与刘某欣驾驶豫 C - N7258 号汽车相撞,致刘某欣受伤、车辆受损。对该起交通事故,公安交警部门已作出责任认定,刘某欣负交通事故的次要责任,张某某负交通事故的主要责任。据此,判决由张某某对刘某欣、刘某龙的损失承担 80% 的赔偿责任。关于王某某是否应当承担责任问题,法院认为,出借机动车的,机动车所有人对损害的发生有过错的,应当承担相应的赔偿责任。机动车所有人承担的是与其过错相适应的责任,是按份责任而非连带责任。根据法律规定,机动车所有人投保交强险是法定义务,其目的是保障受害人的损失能得以及时填补。但本案中,张某某、王某某不提供车辆投保交强险的具体情况,使刘某欣、刘某龙的损失不能及时得到交强险保险赔偿。据此,王某某作为肇事车辆的车主应当在交强险赔偿限额范围内先行承担赔偿责任,对超出交强险赔偿限额以外的损失,再按照责任比例由车辆使用人张某某予以赔偿。除此之外,王某某将车辆借给张某某使用无证据证明有其他明显过错,王某某对全部赔偿责任不承担连带责任。按照交强险保险条款的规定,王某某应赔偿刘某欣的损失为医疗费 7989 元、误工费 4008.20 元、营养费 210 元、住院伙食费 210 元、护理费 636.36 元、交通费 260 元,合计13313.56 元。王某某应赔偿刘某龙财产损失 2000 元。对超出财产损失赔偿限额部分的车辆维修费 37160 元、鉴定费 800 元,由张某某承担 80% 的赔偿责任,即赔偿 30368 元。据此,法院遂依法作出判决。

147. 什么是连带责任?连带责任人的责任份额如何确定?

根据《民法总则》第 178 条规定,连带责任是指二人以上的责任人对同一民事责任的承担依法具有连带性,权利人有权请求部分或者全部连带责任人承担责任。可见,数个责任人对同一民事责任的承担具有连带性是连带责任的突出特点。各个责任人之间的责任相互牵连,每个责任人都负有全部赔偿的义务。权利人有权请求数个责任人中的一人或者数人承担全部责任。而一人或者数人承担全部责任后,权利人再无权要求其他责任人承担责任。

《民法总则》第 178 条规定,二人以上依法承担连带责任的,权利人有权请求部分或者全部连带责任人承担责任。连带责任人的责任份额根据各自责任大小确定;难以确定责任大小的,平均承担责任。实际承担责任超过自己责任份额的连带责任人,有权向其他连带责任人追偿。连带责任,由法律规定或者当事人约定。可见,连带责任的责任承担原则具有内外两重关系:一是对外关系,即全部责任人作为一个整体对权利人承担全部责任,而各个责任人之间因对全部责任的承担具有连带性,因此也负有承担全部责任的义务。二是对内关系,即在对权利人承担全部责任后,全部责任人需要进行责任承担的内部划分。各个责任人之间能够确定各自责任的大小的,应当各自承担自己的责任。根据责任性质不容易确定或者无法确定各自责任大小的,各个责任人平均承担相同的责任。实际承担责任超过自己责任份额的连带责任人,有权向其他连带责任人追偿。

◈ 示例说明

2010 年 9 月 10 日,温州银行与婷微电子公司、岑某某分别签订了编号为温银 9022010 年高保字 01003 号、01004 号的最高额保证合同,约定婷微电子公司、岑某某自愿为创菱电器公司在 2010 年 9 月 10 日至 2011 年 10 月 18 日期间发生的余额不超过 1100 万元的债务本金及利息、罚息等提供连带责任保证担保。2011 年 10 月 12 日,温州银行与岑某某、三好塑模公司分别签署了编号为温银9022011年高保字00808号、00809号的最高额保证合同,岑某某、三好塑模公司自愿为创菱电器公司在2010年9月10日至2011年10月18日期间发生的余额不超过550万元的债务本金及利息、罚息等提供连带责任保证担保。2011年10月14日,温州银行与创菱电器公司签署了编号为温银9022011企贷字00542号借款合同,约定温州银行向创菱电器公司发放贷款500万元,到期日为2012年10月13日,并列明担保合同编号分别为温银9022011年高保字00808号、00809号。贷款发放后,创菱电器公司于2012年8月6日归还了借款本金250万元,婷微电子公司于2012年6月29日、10月31日、11月30日先后支付了贷款利息31115.3元、53693.71元、21312.59元。截至2013年4月24日,创菱电器公司尚欠借款本金250万元、利息141509.01元。此外,温州银行为实现本案债权而发生律师费用95200元。创菱电器公司从温州银行借款后,不能按期归还部分贷款,故原告温州银行诉请判令被告创菱电器公司归还原告借款本金250万元,支付利息、罚息和律师费用;岑某某、三好塑模公司、婷微电子公司对上述债务承担连带保证责任。

本案的争议焦点为,婷微电子公司签订的温银9022010年高保字01003号最高额保证合同未被选择列入温银9022011企贷字00542号借款合同所约定的担保合同范围,婷微电子公司是否应当对温银9022011企贷字00542号借款合同项下债务承担保证责任。对此,法院经审理认为,婷微电子公司应当承担保证责任。首先,本案中,温州银行与创菱电器公司签订的温银9022011企贷字00542号借款合同虽未将婷微电子公司签订的最高额保证合同列入,但原告未以明示方式放弃婷微电子公司提供的最高额保证,故婷微电子公司仍是该诉争借款合同的最高额保证人。其次,本案诉争借款合同签订时间及贷款发放时间均在婷微电子公司签订的编号温银9022010年高保字01003号最高额保证合同约定的决算期内(2010年9月10日至2011年10月18日),温州银行向婷微电子公司主张权利并未超过合同约定的保证期间,故婷微电子公司应依约在其承诺的最高债权限额内为创菱电器公司对温州银行的欠债承担连带保证责任。再次,最高额担保合同是债权人和担保人之间约定担保法律关系和相关权利义务关系的直接合同依据,不能以主合同内容取代从合同的内容。具体到本案,温州银行与婷微电子公司签订了最高额保证合同,双方的担保权利义务应以该合同为准,不受温州银行与创菱电器公司之间签订的温州银行非自然人借款合同约束或变更。

最后,婷微电子公司曾于 2012 年 6 月、10 月、11 月三次归还过本案借款利息,上述行为也是婷微电子公司对本案借款履行保证责任的行为承认。综上,法院认定婷微电子公司应对创菱电器公司的上述债务承担连带清偿责任,其承担保证责任后,有权向创菱电器公司追偿。

148. 因不可抗力不能履行民事义务的,是否承担民事责任?

不可抗力是指不能预见、不能避免且不能克服的客观情况,一般包括地震、海啸、火山爆发等不可抗拒的自然现象和战争、罢工等社会事件。所谓不可预见,是指民事法律行为成立时对于未来发生的不可抗力事件,根据现有认识水平和认识能力人们无法对其预料和发现。如果未来发生的事件是当事人已经预见或者应当预见的事件,在从事民事法律行为时,当事人就能够合理的考虑该事件及其影响,那么,就不属于不可预见。所谓不能避免和不能克服,是指未来所发生的事件具有必然性和不可控制性,也就是,对于该事件的发生,现有技术无法阻止,对于其造成的危害后果也不能控制和克服。

基于不可抗力具有不能预见、不能避免且不能克服的客观现实性,因不可抗力不能履行民事义务的,不具有可归责性,因此,《民法总则》第 180 条第 1 款规定不承担民事责任。因不可抗力造成的损害或者导致当事人违约免责,这是不可抗力的一般适用规则。《民法总则》第 180 条第 1 款还规定了不可抗力作为免责事由的例外规定,即法律另有规定的,依照其规定。

◈ 示例说明

不可抗力是不能预见、不能避免且不能克服的客观情况。但是,对于能够预见并及时采取合理措施能够避免的暴雨、台风和大风等自然力量,并不属于不可抗力。如某地气象台天气预报明后天有 7 级以上的大风,当地城管部门也及时通知街道两侧的商铺将架在门前的摊位帐篷撤下,商铺摊主某甲未予理睬,结果第二天大风将摊位帐篷刮倒并砸伤行人某乙。对某乙造成的损害,某甲应负全部赔偿责任,不得以 7 级以上的大风属于不可抗力为由进行免责抗辩。再如,某地发生地震,某丙的房屋瞬间坍塌并将行人某丁砸伤,因地震属于不可抗力,某丁对某丙房屋坍塌砸伤造成的损害无权要求某丙承担责任。

149. 因正当防卫造成损害的,是否承担民事责任？正当防卫超过必要的限度的,导致什么后果？

《民法总则》第 181 条规定,因正当防卫造成损害的,不承担民事责任。正当防卫超过必要的限度,造成不应有的损害的,正当防卫人应当承担适当的民事责任。可见,正当防卫属于法定的免责事由之一,且不得超过必要的限度。

正当防卫,是指本人或者他人的人身或者其他正当权益遭受不法侵害时,行为人所采取的防卫措施。构成正当防卫应当符合以下条件:(1)必须是针对不法侵害行为实施的,没有不法侵害就没有正当防卫的必要性。(2)必须是对正在进行的不法侵害行为实施的,对于已经结束的不法侵害行为不能实施。(3)必须是针对不法侵害人本人实施。(4)不能超过必要的限度。这里所说的"必要限度"是指为有效制止不法侵害行为所必需的防卫强度,即能够制止住不法侵害行为的继续进行为限度。

根据《民法总则》第 181 条规定,正当防卫超过必要的限度,并给不法侵害人造成不应有损害的,属于防卫过当。受害人在正当防卫的必要限度内实施防卫行为,因此给不法侵害人造成损害的不承担责任,但超过必要的限度,给不法侵害人造成不应有损害的,正当防卫人应当承担相应的责任。具体来讲,正当防卫超过必要限度给不法侵害人造成不应有的损害构成侵权,正当防卫人应当对该超过必要限度造成的损害承担侵权责任。

❖ 示例说明

2016 年 5 月 15 日下午 5 时许,商某某驾驶电动三轮车在某某市南三环东路辅路由西向东行驶,行至方庄桥西附近,为避让右侧并入的小汽车,紧急向左并线,在其左后驾驶小汽车的案外人王某丽(王某炯之妻)向商某某鸣笛示意。当王某丽准备右转进入小区时,商某某驾车越过王某丽向右转,双方发生口角,商某某将车停放在王某丽的车前,拒绝将车挪开。王某丽给王某炯打电话,王某炯到现场后,将商某某踢倒在地。随后,商某某被救护车送往某某医院就诊,经诊断为左侧第 8 肋骨骨折、多处软组织挫伤(头部、右腰部)、头外伤后神经症反应等,商某某住院 8 天,支付急救费 125 元,医疗费 7156.18 元,出院诊断建议全休 1 个月。2016 年 5 月 15 日至 6 月 24 日,商某某到某某医院复查,支付医疗费 2919.72 元。2016 年 6 月 24 日,该医院出具诊断证明书,建议商某某全休 1 个月。2016 年 6 月 5 日,某某市公安局某某分局作出行政处罚决定书,给予王某炯行政拘留 7 日并处罚款 200 元的处罚。

一审法院认为,行为人因过错侵害他人民事权益,应当承担侵权责任;被侵权人对损害的发生也有过错的,可以减轻侵权人的责任。本案中,王某炯将商某某踢伤,侵犯了商某某的身体权,对商某某的损失应承担赔偿责任;商某某未能正确处理与王某丽之间的纠纷,激化了双方之间的矛盾,其自身亦存在一定过错。根据双方各自情节,法院认定王某炯的责任比例为 90%,商某某的责任比例为 10%。据此,就商某某的各项诉讼请求包括医疗费、护理费、住院伙食补助费、营养费、交通费、误工费,王某炯按照 90% 的比例进行赔偿。一审判决:王某炯于判决生效后 7 日内赔偿商某某医疗费9068.31 元、护理费 1080 元、误工费 6129 元、住院伙食补助费 360 元、营养费1350 元、交通费 236.7 元。

一审判决后,被告王某炯主张自己的行为属于正当防卫,提起上诉。二审法院认为,根据《侵权责任法》规定,行为人因过错侵害他人民事权益,应当承担侵权责任;被侵权人对损害的发生也有过错的,可以减轻侵权人的责任。根据本案现已查明的事实,商某某受伤系因王某炯对其进行殴打所致,王某炯对此应当承担侵权责任,但考虑到涉诉事件源于商某某与王某炯之妻王某丽因车辆行驶问题发生争执,商某某未能妥善处理纠纷,故一审法院根据涉诉事件的发生原因,双方当事人的过错程度认定王某炯应当承担的责任比例为 90%,并无不当,二审法院予以确认。王某炯主张其殴打商某某的行为属于防卫过当的上诉意见,缺乏依据,法院不予采纳。王某炯的上诉请求不能成立,应予驳回;一审判决处理结果正确,应予维持。二审法院判决驳回上诉,维持原判。

------

150. 因紧急避险造成损害的,如何承担民事责任?

紧急避险,是指为了避免本人或者他人合法权益遭受更大的损害,在迫不得已的情况下所采取的紧急措施。构成紧急避险必须具备以下条件:

(1)正在发生危及本人、他人或者公共利益的危险。可见,危险正在发生是采取紧急避险的先决条件,如果没有危险性或者虽有危险性但危险尚未到来或者危险已经解除的,则不得采取紧急避险措施。

(2)必须是情况紧急下,没有其他方法可以避免危险时才能采取的避险行为。紧急避险的紧急性说明不采取避险行为危险必然发生,且造成的损害更大。

(3)紧急避险不超过必要限度,即紧急避险所造成的损害应当小于不采取避险措施所造成的损害。可见,紧急避险是在对采取避险行为所造成的危害与不采取避险行为时危险发生所造成的危害进行权衡,其紧急避险人断定采取避险行为造成的损害要小的情况下可以采取的措施。避险的紧急性和采取避险行为能够避免更大危险和造成较小损失,是采取紧急避险措施的正当性要求。

根据《民法总则》第182条规定,因紧急避险造成损害的,分以下情况承担民事责任:

(1)因紧急避险造成的损害,应当由引起险情发生的人承担责任。可见,因紧急避险造成他人损害的,在紧急避险人采取措施适当或者未超过限度,未造成不应有的损害的,紧急避险人不承担责任。因紧急避险造成的损害,应当由引起险情发生的人承担责任。

(2)危险由自然原因引起的,紧急避险人不承担民事责任,可以给予适当补偿。可见,在不是人为引起险情而是自然原因引起险情的情况下,紧急避险人虽然不构成侵权,不用承担民事侵权责任,但是,其作为紧急避险的受益人应当对紧急避险的受害人的损失进行适当补偿。

(3)紧急避险采取措施不当或者超过必要的限度,造成不应有的损害的,紧急避险人应当承担适当的民事责任。可见,紧急保险人因采取不适当的避险措施,或者采取的避险措施超过了必要限度,紧急避险人应当在其过错范围内,对造成的不应有损害应当承担赔偿责任。

✧ 示例说明

2001年1月8日13时许,柳某某驾驶苏C-B4193号半拖挂汽车,沿苏239线由西向东行驶至80公里处时,发现由南向北横过公路的骑车人王某,立即采取向左打方向并刹车的避让措施。因有雪路滑和车速高,苏C-B4193号的车头越过公路中心线,车尾向右甩尾侧滑。苏C-B4193号的车头越过公路中心线后,与相向而行由周某某驾驶的苏C-M4743号大货车发生碰撞,致周某某受伤,两汽车不同程度损坏。本案中的这起交通事故,是因柳某某在企图避让横过公路的王某时,不顾有雪路滑和对面来车的现场实际情况,大幅度向左打方向,使超速行驶的机动车越过公路中心线造成的。这是一起紧急避险行为。《民法通则》第 129 条规定:"因紧急避险造成损害的,由引起险情发生的人承担民事责任。如果危险是由自然原因引起的,紧急避险人不承担民事责任或者承担适当的民事责任。因紧急避险采取措施不当或者超过必要的限度,造成不应有的损害的,紧急避险人应当承担适当的民事责任。"在这起紧急避险事故中,险情虽然是由违规横过公路的王某引起,但在宽阔的路面上,王某的违规行为,不会迫使柳某某只能采取两车相撞的办法去避险。导致两车相撞的根本原因,是柳某某超速驾驶和采取的紧急避险措施不当。道路交通事故处理机关认定周某某是正常驾驶,对事故不负责任,那么紧急避险事故的责任,自然应当由柳某某全部负担,与王某无关。

151. 因保护他人民事权益使自己受到损害的,由谁承担民事责任? 受益人在什么情况下应当给予适当补偿?

《民法总则》第 183 条规定,因保护他人民事权益使自己受到损害的,由侵权人承担民事责任,受益人可以给予适当补偿。没有侵权人、侵权人逃逸或者无力承担民事责任,受害人请求补偿的,受益人应当给予适当补偿。本条虽未明确提出见义勇为的概念,但"因保护他人民事权益"的表述凸显了见义勇为的核心要义,是本条所要解决的主要问题。

见义勇为一般具有以下特点:

(1)见义勇为的行为人不负有保护他人权益免受侵害的法定责任或约定义务,实施见义勇为行为,以防止和制止他人民事权益遭受损害。对负有保护他人权益免受损害法定责任的人民警察、消防人员、抗洪救灾人员等,对正在遭受人为或者自然灾害侵害的受害人实施救助不属于见义勇为,而是依法履行职责行为。父母作为监护人负有保护未成年子女人身安全的义务,其对正在遭受不法侵害或者处于险情中的子女的救助行为也不属于见义勇为。还有,按照约定对被保护人员实施救助属于履行人身安全保护义务的保镖、保姆、医护人员等,亦不构成见义勇为。

(2)见义勇为人主观上具有保护他人的意图并在客观上实施了保护他人民事权益的行为。也就是说,见义勇为人为了防止或者制止他人民事权益遭受损失,不顾自己的安危,不惜牺牲自己的利益甚至生命救助他人,其行为充分体现了"义""勇"特点。

见义勇为充分体现了社会主义的核心价值和无私无畏精神,对这种行为既应当在全社会提倡,同时又应当从法律上加以确认和予以适当保护。对此,《民法总则》第183条对见义勇为造成见义勇为人损害的责任承担和受益人的补偿义务,针对两种不同情况作了如下规定:

(1)因保护他人民事权益使自己受到损害的,由侵权人承担民事责任,受益人可以给予适当补偿。可见,因防止或者制止他人民事权益遭受损失而救助他人,见义勇为人受到损害的,应当由侵权人即侵犯他人人身及财产等民事权益的加害人对见义勇为人承担损害赔偿等侵权责任,而不是由被救助的受益人承担责任,受益人可以给予适当补偿。

(2)没有侵权人、侵权人逃逸或者无力承担民事责任,受害人请求补偿的,受益人应当给予适当补偿。可见,侵权人逃逸导致对其无法追责或者虽对其提起诉讼但其无力承担责任的情况下,见义勇为人因保护他人民事权益使自己受到损害,可以向受益人请求补偿,受益人应当根据其受益程度、自身财力状况以及见义勇为人受到的损害情况等给予适当补偿,而不得以应当由侵权人承担责任为由加以拒绝。

▷ **示例说明**

两原告丁某、罗某之子与被告陈某系同学关系,均就读于北京市房山区某某中学。2000年5月20日下午3时许,原告之子与陈某及其他3名同学一起到房山区长沟镇北泉河橡胶坝游泳。因陈某不习水性,故未下水,只是坐在橡胶坝上观望。后其从坝上站起时不慎滑入水中,其余4人急忙施救。最后,陈某获救,但原告之子不幸溺水身亡。2002年4月19日,中共北京市房山区委、北京市房山区人民政府作出了对原告之子进行表彰的决定,并追认他为房山区见义勇为好少年。而事后,两原告因爱子身亡,给自己在精神上造成极大痛苦,故向被告陈某及其法定代理人提出了经济补偿的要求。遭到拒绝后,两原告提起诉讼,要求二被告赔偿经济损失6万元、精神损失费8万元、丧葬费1000元。

法院经审理认为:原告之子与被告陈某一起游泳时,见后者落水,便与其他同学积极施救,使陈某得以逃脱危险,自己却不幸身亡。原告之子的行为,应予表彰。其被人民政府追认为"见义勇为好少年"当之无愧,其舍己为人的精神永存。原告之子的行为虽获此表彰与奖励,但被告陈某及其法定代理人陈某某作为受益人,对原告之子之死造成的损失,应对原告给予适当补偿。补偿标准应参照原告之子的死亡赔偿金,并考虑被告家中的实际负担能力。其中,死亡赔偿金应参照原告之子死亡的上一年北京市在岗职工年平均工资计算。综上考虑,原告之请求显属过高,就其过高部分,法院不予支持。综上所述,依法判决如下:被告陈某于判决生效后30日内补偿原告经济损失5万元。驳回原告的其他诉讼请求。宣判后,双方当事人均未提出上诉,判决已发生法律效力。

152. 因自愿实施紧急救助行为造成受助人损害的,救助人是否承担民事责任?

《民法总则》第184条规定,因自愿实施紧急救助行为造成受助人损害的,救助人不承担民事责任。根据《民法总则》第184条规定,自愿实施紧急救助免责应当符合以下要求:

(1)救助人自愿实施救助行为。救助人实施救助行为是在不具有法定或者约定义务,出于单纯救助他人的主观意愿实施的。如果救助人是为了获得报酬或者受单位指派履行职务等实施救助,不属于自愿实施救助的行为。

(2)救助人的救助行为是在被救助人处于紧急状态下实施的。也就是说,被救助人面临着救助的急迫性,如果没有他人施以救助行为,就会面临生命安全危险。如溺水人、交通事故中受到严重事故伤害的人、因病晕厥之人等都需要紧急施救,否则就会丧失救助最佳时机并因此导致生命危险。

(3)救助人因自愿实施紧急救助行为造成受助人损害。救助人实施紧急救助行为时由于不专业、不具备相应的救助知识和救助经验,或者因救助紧迫导致紧张或者注意不够,或者缺乏必要的救助器材和救助条件等非故意行为,给受救助人造成了损害。如果有证据证明救助人在实施救助过程中对受救助人故意实施侵害行为造成损害的,不构成紧急救助的免责事由,在此情形下应当依法承担侵权责任。

◌ 示例说明

2017年10月1日晚上8时30分,胡某某在丈夫刘某等人的陪同下来到熊某某开的诊所分娩。10 点 30 分,由熊某某为胡某某接生胎儿,孩子顺产出生。当胎盘下来时,胡某某的子宫大出血,熊某某给胡某某注射"阿杜那"止血针,但情况没有好转。当晚 11 时 33 分,胡某某家人赶到某某医学院附属医院值班室叫值班人员派医生去抢救。11 时 38 分,当医生赶到熊某某的诊所对胡某某抢救时,发现胡某某意识丧失,面色苍白,心率、血压、脉搏均未测及。胡某某在被抢救过程中一直未测及生命体征,0 时 6 分宣布抢救无效死亡。熊某某因构成非法行医罪被依法提起公诉。被害人胡某某的丈夫和子女刘某梅、刘某浩提起附带民事诉讼,要求被告人熊某某赔偿死亡赔偿金、抚养费共计人民币 105600 元。被告人熊某某辩称:在胡某某临产的紧急时刻,其自愿对胡某某实施紧急救助,既不属于非法行医,也不构成民事侵权,因此不负赔偿责任。

本案中,熊某某违反国家对医务从业人员的管理规定,在没有单独从事个体行医资格,不具备妇产科医学知识、技术和能力以及设备的情况下,非法行医为产妇接生,在被害人胡某某生产后因子宫收缩乏力大出血时,救治不当致胡某某产后出血死亡,被害人胡某某的死亡与熊某某的不当救治行为之间具有因果关系,其行为已构成非法行医罪。根据《民法总则》第 184条规定,熊某某对胡某某的救治行为不属于自愿实施紧急救助行为。因为:熊某某对胡某某实施救治是熊某某根据其与胡某某及其丈夫之间的约定而采取的救治行为,且为了获得报酬,而不是出于无偿和自愿而采取的自愿紧急救助行为。只有在自愿紧急救助的情况下,由于不专业、不具备相应的救助知识和救助经验,或者因救助紧迫导致紧张或者注意不够,或者缺乏必要的救助器材和救助条件等非故意行为,给受救助人造成了损害的,救助人才依法免除民事赔偿责任。可见,熊某某的行为构成犯罪且依法承担民事赔偿责任。

----

153. 侵害英雄烈士人格利益的,是否承担民事责任?

《民法总则》第 185 条规定,侵害英雄烈士等的姓名、肖像、名誉、荣誉,损害社会公共利益的,应当承担民事责任。可见,英雄烈士的姓名、肖像、名誉、荣誉等人格利益依法受法律保护,侵害英雄烈士等的姓名、肖像、名誉、荣誉,应当依法承担侵权责任。

侵害英雄烈士人格利益,一般具有以下特点:

（1）采取了侵害英雄烈士的行为。一般表现为通过编造、篡改、歪曲或者诋毁等手段，侵害英雄烈士的姓名、肖像、名誉、荣誉等英雄烈士的人格利益，导致英雄烈士人格受损和被污名化。

（2）侵害英雄烈士的人格利益实际上是对社会公共利益的损害。英雄烈士主要是指在自近代以来为了实现民族独立、人民解放，抗击外来侵略、推翻反动统治以及中国社会主义革命和建设中为了国家和人民利益作出重大贡献以及牺牲自己生命的人们，他们是中华民族优秀楷模，他们的事迹是鼓励中华儿女自强不息、奋勇前进的永恒动力和精神源泉。英雄烈士等的姓名、肖像、名誉、荣誉理应得到社会的尊重和保护，侵害英雄烈士的人格利益实际上也剥夺了人们对英雄烈士所体现的社会价值的尊重和推崇，因此，侵害英雄烈士的人格利益实际上就损害了社会公共利益。

《民法总则》第185条的规定，凸显了保护英雄烈士人格利益的必要性和重要性。但是，判断英雄烈士的姓名、肖像、名誉、荣誉是否构成侵害，与判断一般自然人的标准相同。只要行为人侵害英雄烈士等的姓名、肖像、名誉、荣誉的行为，构成侵权的，应当依法承担侵权责任。

↪ 示例说明

2013年5月22日，被告孙某在新浪微博通过用户名为"作业本"的账号发文称："由于邱少云趴在火堆里一动不动，最终食客们拒绝为半面熟买单，他们纷纷表示还是赖宁的烤肉较好"。作为新浪微博知名博主，孙某当时已有603万余个"粉丝"。该文发布后不久就被转发即达662次，点赞78次，评论884次。2013年5月23日凌晨，该篇微博博文被删除。

烈士邱少云之弟邱少华以孙某的前述博文对邱少云烈士进行侮辱、丑化，在社会上造成了极其恶劣的影响为由，起诉至法院，请求判令孙某立即停止侵害、消除影响、赔礼道歉。

法院审理认为，邱少云烈士生前的人格利益仍受法律保护，邱少华作为邱少云的近亲属，有权提起本案诉讼。孙某发表的言论将"邱少云烈士在烈火中英勇献身"比作"半面熟的烤肉"，是对邱少云烈士的人格贬损和侮辱，属于故意的侵权行为，且该言论通过公众网络平台快速传播，已经造成了严重的社会影响，伤害了社会公众的民族和历史感情，同时损害了公共利益，也给邱少云烈士的亲属带来了精神伤害。虽然孙某发表的侵权言论的原始微博文章已经删除且孙某通过微博予以致歉,但侵权言论通过微博已经被大量转载,在网络上广泛流传,已经造成了严重的社会影响,因此,孙某应在全国性媒体刊物上予以正式公开道歉,消除侵权言论造成的不良社会影响。

154. 因当事人一方的违约行为,损害对方人身权益、财产权益的,受害方能否要求其同时承担违约责任和侵权责任?

《民法总则》第186条规定,因当事人一方的违约行为,损害对方人身权益、财产权益的,受损害方有权选择请求其承担违约责任或者侵权责任。本条主要解决的是当事人一方的违约行为,损害对方人身权益、财产权益,同时构成违约责任和侵权责任时的诉讼竞合问题,即受害方当事人是依法提起违约之诉还是依法提起侵权之诉的问题。本条赋予受害方当事人拥有此种情形下提起违约之诉或者侵权之诉的自由选择权。

当事人一方的违约行为,损害对方人身权益、财产权益,同时构成违约责任和侵权责任的情形主要是指一方当事人交付的货物或者交付的工作成果具有瑕疵或者缺陷,造成接受货物或者工作成果的一方当事人的人身损害、财产损失;以及服务合同、医疗合同、客运合同、航空旅客运输合同的一方当事人提供的服务包括医疗服务、客运服务有缺陷,造成服务接受方当事人的人身损害、财产损失。在上述情形下,当事人一方的行为构成违约的同时,也构成侵权。另一方当事人基于对方的违约行为可以提起违约之诉,请求其承担违约责任;或者基于对方的侵权行为可以提起侵权之诉,请求其承担侵权责任。由于受害方当事人基于同一行为同时提起违约之诉和侵权之诉,存在着损害方承担双重责任即受损害方获得双倍赔偿问题,因此构成违约责任请求权和侵权责任请求权冲突。根据《民法总则》第186条规定,在此情形下构成违约之诉与侵权之诉的竞合,受害人对行使何种请求权和提起何种之诉二者之中选择其一。因此,受害方当事人不能就同一违约行为既提起违约之诉行使违约责任请求权,又同时提起侵权之诉行使侵权责任请求权。

法律规定实行诉讼竞合,旨在最大限度地维护受害方的利益。这是因为:受害方当事人行使违约责任请求权还是侵权责任请求权,二者在责任构成中的归责原则、举证责任以及诉讼时效都可能会有所不同。

当事人提起违约之诉行使违约责任请求权,其归责原则属于严格责任,即不论违约方当事人是否具有主观过错,只要具有违约行为且该行为带来损害后果,就可以请求其承担违约责任。但是,当事人提起侵权之诉要求其承担侵权责任,除了产品责任属于严格责任外,其他侵权责任一般为过错责任,请求人需证明侵权人具有主观故意或者过失。同样,对于赔偿损失的确定,在违约责任下包括现有利益损失及可得利益损失,且可得利益损失是违约方当事人订立合同时预见到或者应当预见到的因违反合同可能造成的损失。而在侵权责任下的赔偿额以侵权行为造成的实际损失为准,一般包括为治疗和康复支出的合理费用;因误工减少的收入;造成残疾的,还应当赔偿残疾生活辅助器具费和残疾赔偿金;造成死亡的,还应当赔偿丧葬费和死亡赔偿金;侵害他人人身权益,造成他人严重精神损害的,被侵权人可以要求精神损害赔偿。

此外,《民法总则》对提起违约之诉还是侵权之诉的诉讼时效规定没有区别,普通诉讼时效期间为 3 年,诉讼时效期间自权利人知道或者应当知道权利受到损害以及义务人之日起计算,且最长时效为 20 年。受害方当事人无论行使侵权责任请求权还是违约责任请求权一般都适用上述规定,但对于当事人约定同一债务分期履行的债务来讲,诉讼时效期间自最后一期履行期限届满之日起计算。可见,在违约之诉与侵权之诉竞合的情形下,对于分期履行的债务来讲,受害方当事人因超过诉讼时效期间无权提起侵权之诉的,仍可提起违约之诉,因自最后一期履行期限届满之日起计算诉讼时效并未超过 3 年期限,因此,受害方仍有权提起违约之诉。

从上述分析可见,在因当事人一方的违约行为构成诉讼竞合的情况下,受害方当事人可以根据具体案情并结合以上有关方面进行利弊权衡选择提起违约之诉还是侵权之诉,以便最大程度维护和实现自己的合法权益。

示例说明

1998 年 5 月 12 日,原告陆某乘坐被告美联航的 UA801 班机,由美国夏威夷经日本飞往香港。该机在日本东京成田机场起飞时,飞机左翼引擎发生故障,机上乘客紧急撤离。陆某在紧急撤离过程中受伤,被送往成田红十字医院救治。审理中,法院应被告美联航的申请,依法委托某某市人身伤害司法鉴定专家委员会对原告陆某右下肢的损伤情况和伤残级别进行司法鉴定,结论为:(1)陆某因航空事故致右踝三踝骨折伴关节半脱位,现右踝关节活动受限,丧失功能 50% 以上,长距离行走受限,参照《道路交通事故受伤人员伤残评定》4.9.F 及附录 A8 之规定,综合评定为Ⅷ级伤残;(2)根据被鉴定人的伤情,可酌情给予营养 3 个月,护理 3 个月;(3)被鉴定人右膝关节麦氏征及过伸试验均阴性,送检的 MRI 片示未见半月板撕裂征象,仅为退行性病变,与本次航空事故无直接的因果关系。另查明,原告陆某所购被告美联航的机票,在"责任范围国际旅客须知"中载明:对于旅客死亡或人身伤害的责任,在大多数情况下对已探明的损失赔偿责任限度为每位乘客不超过 7.5 万美元。到达这种限度的责任,与公司方是否有过失无关。上述 7.5 万美元的责任限度,包括法律收费和费用。

法院认为:本案是涉外旅客运输合同纠纷与侵权纠纷的竞合。

1. 关于本案的法律适用。双方当事人对本案应适用的法律,一致的选择是"华沙公约"。《合同法》第 126 条第 1 款规定:"涉外合同的当事人可以选择处理合同争议所适用的法律,但法律另有规定的除外。涉外合同的当事人没有选择的,适用与合同有最密切联系的国家的法律。"这是我国法律在涉外案件法律适用方面对"当事人意思自治"原则的体现,已成为当今各国处理民商事法律关系的重要原则。我国与美国都是"华沙公约"和"海牙议定书"的成员国。作为公约缔约国,我国有义务遵守和履行公约,故本案应首先适用"华沙公约"和"海牙议定书"。根据"当事人意思自治"的原则,本案双方当事人也一致选择适用"华沙公约"。这一选择不违反我国在涉外民事案件法律适用方面的强行性规定,应当允许。

2. 关于违约责任与侵权责任的确定。原告陆某因乘坐被告美联航的班机受伤致残,而向美联航索赔,索赔请求中包括精神损害赔偿。乘坐班机发生纠纷,通常是旅客运输合同纠纷,解决的是违约责任。但因乘坐班机受伤致残,违约行为同时侵犯了人身权利,就可能使违约责任与侵权责任竞合。《合同法》第 122 条规定:"因当事人一方的违约行为,侵害对方人身、财产权益的,受损害方有权选择依照本法要求其承担违约责任或者依照其他法律要求其承担侵权责任。"由此可见,违约责任与侵权责任不能在同一民事案件中并存,二者必居其一,应由受损害方选择。

3. 关于赔偿责任限额问题。"海牙议定书"规定,承运人对每一旅客所负的责任,以 25 万法郎为限,但旅客可与承运人以特别合同约定一个较高的责任限度。本案中,双方当事人在机票上约定的承运人赔偿责任限额是 7.5 万美元。这个限额不仅体现了"当事人意思自治"的原则,也符合"海牙议定书"的规定。从主权国家应当遵守国际义务考虑,法院对双方当事人约定的这一最高赔偿责任限额应予认定。人身伤害的损害赔偿,应以实际造成的损失为依据。原告陆某请求被告美联航赔偿护理费、误工费、伤残补偿费,对其中的合理部分,应由美联航赔偿。由于美联航的行为给陆某造成了一定的身体与精神上的痛苦,陆某请求美联航赔偿精神抚慰金,亦应允许。按照双方当事人的约定,7.5 万美元的赔偿责任限额内包括法律收费和费用。因此,陆某请求赔偿的律师费用和律师差旅费,也应当根据实际情况酌情支持。由于以上各项的赔偿总额并未超过 7.5 万美元,故应予支持。

综上,一审法院于 2001 年 11 月 26 日判决:(1)被告美联航于本判决生效之日起 10 日内,赔偿原告陆某的护理费人民币 7000 元、误工费人民币 105877.50 元、伤残补偿费人民币 18.6 万元、精神抚慰金人民币 5 万元。(2)被告美联航于本判决生效之日起 10 日内,赔偿原告陆某聘请律师支出的代理费人民币 16595.10 元、律师差旅费人民币 11802.50 元。鉴定费人民币 11243 元、实际执行费人民币 6000 元,由被告美联航负担。第一审宣判后,双方当事人均未上诉,一审判决已经发生法律效力。

---

155. 什么是责任聚合?民事主体因同一行为应当承担民事责任、行政责任和刑事责任,如何确定责任承担顺序?

《民法总则》第 187 条规定,民事主体因同一行为应当承担民事责任、行政责任和刑事责任的,承担行政责任或者刑事责任不影响承担民事责任;民事主体的财产不足以支付的,优先用于承担民事责任。本条规定的是民事主体因同一行为同时违反民事法律、行政法律和刑法时的责任聚合以及民事主体财产不足时的民事责任优先承担问题。

《民法总则》第 187 条所规定的责任聚合,是指民事主体所实施的同一行为既触犯了民事法律,同时又触犯了行政法律、法规和刑事法律,且该行为与其所造成的危害后果之间具有因果关系,因此民事主体应当同时承担民事责任、行政责任和刑事责任的情形。在此情形下,民事主体承担行政责任或者刑事责任不影响承担民事责任。也就是说,民事主体不因承担行政责任或者刑事责任而减轻或者免除其应当承担的民事责任。在民事主体因同一行为而同时承担行政罚款、刑事罚金以及民事赔偿的情况下,民事主体的财产不足以支付上述款项时,根据《民法总则》第 187 条的规定,民事主体的财产应当优先用于支付民事赔偿。

◇ 示例说明

　　在熊某某非法行医一案中,法院判决熊某某犯非法行医罪,判处有期徒刑 10 年,并处罚金 1 万元;熊某某赔偿附带民事诉讼原告人刘某、刘某梅、刘某浩的经济损失共计 73 145 元,在本判决生效后 1 个月内付清。本案中,熊某某因其非法行医行为,人民法院既判决其承担赔偿附带民事诉讼原告人刘某、刘某梅、刘某浩的经济损失,又判处其有期徒刑和承担罚金的刑事责任,这就属于《民法总则》第 187 条规定的责任聚合。

　　在此责任聚合的情形下,刘某承担刑事责任并不影响其承担民事责任,也就是说,其并不因承担了刑事责任就免除或者减轻其民事责任。但是,假如本案中熊某某的财产不足 83 145 元,那么,其应当以其财产首先赔偿附带民事诉讼原告人刘某、刘某梅、刘某浩的经济损失 73 145 元。在其承担上述民事赔偿责任后,若还有剩余财产,那么,再以其剩余财产承担罚金责任。这就是《民法总则》第 187 条规定的民事主体的财产不足以支付的,优先用于承担民事责任。

第九章

诉 讼 时 效

156. 什么是诉讼时效？普通诉讼时效期间为几年？自何时开始计算？最长诉讼时效期间为多少年？

诉讼时效，是指其权利受到侵害的一方当事人应当在自知道或者应当知道其权利受到侵害以及义务人时开始的法定期间内，向人民法院提起诉讼和主张权利的有效期间。诉讼时效分为普通诉讼时效和特别诉讼时效。普通诉讼时效是适用于法律没有特别规定诉讼时效的一般诉讼时效；法律对诉讼时效有特别规定的，民事权利受到侵害的权利人应当在特别诉讼时效期间内提起诉讼。权利人超过诉讼时效期间提起诉讼的，义务人享有不履行义务的抗辩权，该抗辩权成立的，权利人将丧失通过诉讼获得救济的权利，即使其诉讼请求具有实体法上胜诉的根据，也将因超过诉讼时效而法院不再对其权利予以保护。

《民法总则》第188条第1款规定，向人民法院请求保护民事权利的诉讼时效期间为3年。法律另有规定的，依照其规定。上述规定是对《民法通则》第135条的修正，将普通诉讼时效期间由原来的2年提高到了3年。法律另有规定即不适用一般诉讼时效而规定特别诉讼时效的，适用特别诉讼时效。

根据《民法总则》第188条第2款的规定，诉讼时效期间自权利人知道或者应当知道权利受到损害以及义务人之日起计算。可见，诉讼时效开始起算应当同时满足以下两个条件：权利人知道或者应当知道权利受到损害；权利人知道或者应当知道义务人。只有同时满足上述两个条件之日，诉讼时效才开始起算。这里的"知道"是指权利人对于其权利受到损害的事实或者义务人是清楚、明了的，是确切知道的。"应当知道"是指根据相关事实判断，权利人对于其权利受到损害的事实或者义务人是应当清楚、明了的。根据《民法总则》第188条第2款的规定，对于诉讼时效的起算时间，法律另有规定的,依照其规定。

　　根据《民法总则》第 188 条第 2 款的规定,权利人对于其权利受到损害以及义务人不知道或者不应当知道的情况下,诉讼时效期间的起算之日无法确定。在此情形下法律规定了最长诉讼时效,即自权利受到损害之日起超过 20 年的,人民法院不予保护;有特殊情况的,人民法院可以根据权利人的申请决定延长。上述"特殊情况"下对最长诉讼时效的延长属于例外规定,只有那些对最长诉讼时效不予延长和拒绝对权利人的权利保护极不合理且有违公平正义的,才可以严格按照法定程序予以延长。

❏ 示例说明

　　卜某于 2003 年 1 月 16 日、2003 年 5 月 21 日、2003 年 12 月 26 日、2004 年 5 月 29 日、2004 年 9 月 21 日分别向冯某借款 5000 元、5000 元、8500 元、10000 元、2000 元,合计 30500 元。2004 年 3 月 22 日,冯某从新安信用社贷款 20000 元,与卜某各自使用 10000 元。卜某于 2005 年 3 月 28 日向冯某出具 11000 元借条一张,其中 10000 元为本金,1000 元为银行贷款的利息。上述六笔借款除 2003 年 1 月 16 日借款使用期限至 2003 年 12 月 1 日,其余五笔借款对使用期限均未作出书面约定。后经冯某催要,卜某未偿还借款。双方因而成讼。

　　法院审理后认为,双方之间形成的民间借贷关系合法有效,依法应予以保护。关于 2003 年 1 月 16 日的借款,双方约定使用期限至 2003 年 12 月 1 日,卜某辩称此笔借款已经超过诉讼时效,冯某予以否认,称自 2004 年起曾向卜某催要借款,并申请两位证人出庭作证,但两名出庭证人证言仅能证明自 2004 年至 2006 年间冯某曾向卜某催要借款,而冯某于 2013 年 8 月 13 日起诉法院,已经超过诉讼时效。关于其他五笔未约定还款期限的借款,冯某自认借款出借后一直向卜某索要借款,而卜某对于冯某要求其偿还其余五笔借款的宽限日期以及其明确表示不履行还款义务的具体日期,均未提供有效证据予以证明,故冯某的起诉并未超过诉讼时效。法院遂判决卜某偿还冯某借款本金 35500 元及相应利息。对于约定还款期限的债权,到期后债务人不偿还的,债权人须及时催讨。若超过诉讼时效后起诉至法院,且不存在诉讼时效中止、中断情形的,债务人以诉讼已超过诉讼时效为由抗辩,法院予以支持。对于未约定还款期限的债权,诉讼时效期间从债权人要求债务人履行义务的宽限期届满之日起计算,但债务人在债权人第一次向其主张权利之时明确表示不履行义务的,诉讼时效期间从债务人明确不履行义务之日起计算。

157. 当事人约定同一债务分期履行的,诉讼时效期间自何时起算?

对同一债务履行可分为一次性履行和分期履行。一次性履行是指在当事人约定的债务履行之日或者履行期间债务人对其所负债务一次性向债权人履行完毕,双方的债权债务关系消灭。分期履行是指在当事人约定债务履行期限内债务人对其所负债务分两次或者两次以上向债权人履行完毕,双方的债权债务关系消灭。对同一债务当事人约定一次性履行的,债务人在约定期限届满未履行或者未全部履行的,诉讼时效应当从约定期限届满之日起开始计算。对于分期履行债务来讲,债务人若每期都不按约定期限履行或者在约定期限进行部分履行,或者其中的一期或者数期不履行或者部分履行,此时,诉讼时效是自第一次违约之日开始计算还是最后一次违约之日计算,抑或从其中的某次违约之日计算,直接关系到权利人因对方违约而获得的时效利益。对此,《民法总则》第189条明确规定,当事人约定同一债务分期履行的,诉讼时效期间自最后一期履行期限届满之日起计算。

◈ **示例说明**

2017年10月1日,孙某某与袁某某签订借款合同一份,约定袁某某向孙某某借款24万元,借款期限自2017年10月1日至2018年4月30日,分别于2017年12月31日、2018年2月28日、2018年4月30日,分3次偿还,每次偿还8万元。假如袁某某第一次于2017年12月31日如期如数偿还8万元,第二次在约定还款日仅偿还5万元,直到履行期限届满之日即2018年4月30日再没有偿还剩余的欠款。袁某某第二次还款日未如数偿还、第三次没有偿还,这两次构成违约,因属于分期履行的同一债务,因此,诉讼时效期间应当自最后一期履行期限届满之日即2018年4月30日起计算,而不应当于后两次还款期限届满之日起分别计算诉讼时效期间。

158. 无民事行为能力人或者限制民事行为能力人对其法定代理人的请求权的诉讼时效期间,自何时起计算?

根据《民法总则》第 188 条第 2 款规定,诉讼时效起算的一般规则是自权利人知道或者应当知道权利受到损害以及义务人之日起计算。但是,法律另有规定的,依照其规定。无民事行为能力人或者限制民事行为能力人对其法定代理人的请求权的诉讼时效期间的起算就属于"法律另有规定"的情形。

《民法总则》第 190 条规定,无民事行为能力人或者限制民事行为能力人对其法定代理人的请求权的诉讼时效期间,自该法定代理终止之日起计算。根据《民法总则》第 175 条的规定,有下列情形之一的,法定代理终止:(1)被代理人取得或者恢复完全民事行为能力。(2)代理人丧失民事行为能力。(3)代理人或者被代理人死亡。(4)法律规定的其他情形,如监护人因被撤销监护人资格等。可见,因法定代理人侵害无民事行为能力人或者限制民事行为能力人的人身和财产权益,无民事行为能力人或者限制民事行为能力人对其法定代理人的请求权的诉讼时效期间,自以下时间开始计算:即无民事行为能力人或者限制民事行为能力人取得或者恢复完全民事行为能力之日,或者代理人或者被代理人丧失民事行为能力之日,或者法定代理人死亡之日,或者法定代理人的监护人资格依法被撤销之日。

⬦ **示例说明**

蔡某斌系蔡某某(1999 年 10 月 2 日出生)之父。蔡某某的母亲王某某于 2012 年 11 月 9 日因交通事故死亡。事故发生后,赔偿义务人某某市公共交通总公司第四分公司与王某某亲属就事故赔偿达成协议,由该公司赔偿王某某父母王某顺夫妇、蔡某斌、蔡某某各项费用共计 44.8 万元,后王某顺夫妇领取了赔偿款 18 万元,剩余款项由蔡某斌领取。蔡某某从小随外公外婆王某顺夫妇生活,蔡某斌夫妇给付一定的生活费用。王某某死亡后,蔡某斌未给付蔡某某生活费。蔡某某曾多次要求蔡某斌明确其应得的赔偿款份额,单独设立账户妥善保管,蔡某斌均未予理睬。直到 2017 年蔡某某考上大学并被某大学录取后,又向其父蔡某斌提出应得的赔偿款份额,再次遭到蔡某斌的拒绝,蔡某某告诉其父蔡某斌如不归还其应得的赔偿款 15 万元,他将诉诸司法途径解决。蔡某斌通过向有关法律人员咨询后,告诉蔡某某:

"事情过去这么多年了,早已超过诉讼时效,你告也打不赢。"

本案例中,蔡某斌的观点没有法律依据。蔡某某于 1999 年 10 月 2 日出生,其于 2017 年 10 月 2 日年满 18 周岁,即为完全民事行为能力人,自该日起蔡某某的父亲蔡某斌对蔡某某的法定代理终止。根据《民法总则》第 190 条的规定,限制民事行为能力人对其法定代理人的请求权的诉讼时效期间,自该法定代理终止之日起计算。因普通诉讼时效期间为 3 年,可见,自 2017 年 10 月 2 日蔡某斌的法定代理终止之日起的 3 年诉讼时效期间内,蔡某某都可以提起诉讼要求蔡某斌返还因其母亲王某某交通事故死亡其应得到的 15 万元赔偿款。

159. 未成年人遭受性侵害的损害赔偿请求权的诉讼时效期间,自何时起计算?

未成年人是指年龄不满 18 周岁的人,其遭受性侵害是指加害人以满足性欲为目的,通常通过采取欺骗、强迫或者暴力等手段对未成年人实施性侵害行为,并因此给未成年人带来身心伤害。如果按照诉讼时效起算的一般规则,自权利人知道或者应当知道权利受到损害以及义务人之日起计算,那么,权利人即遭受性侵害的未成年人很可能因加害人的恐吓、威胁或者害羞、胆怯等不向其法定代理人透露其遭受的性侵害,导致在诉讼时效届满前未向人民法院提起诉讼致使其权利丧失法律保护。因此,《民法总则》第 191 条对未成年人遭受性侵害的损害赔偿请求权的诉讼时效期间的起算作了特别规定,即未成年人遭受性侵害的损害赔偿请求权的诉讼时效期间,自受害人年满 18 周岁之日起计算。由此,3 年的一般诉讼时效期间将于受害人年满 21 周岁之日届满。

◈ 示例说明

贺某在无合法手续、不具备办学资质的情况下,在江苏省徐州市某县成立一所封闭式管理、以军事化训练为特殊教育内容的学校,通过媒体、网络向广大家长承诺教育纠正问题少年的不良行为,面向全国进行虚假宣传和招生。2013 年 2 月以来,贺某利用其校长的特殊身份及被害人孤立无援的境地,在学校内采取哄骗、威胁手段,先后多次对该校 13 岁女生陈某强行猥亵,陈某担心此事披露后,会给自己造成不好的影响,一直没有告发贺某。但贺某的强行猥亵行为给陈某造成了巨大的心理阴影,使她一直遭受巨大的精神痛苦。为此,陈某向当地法律服务机构咨询,其要求贺某进行精神损害赔偿是否已超过诉讼时效。

本案例中,陈某遭受贺某性侵时年仅只有13岁,属于未成年人。根据《民法总则》第191条规定,未成年人遭受性侵害的损害赔偿请求权的诉讼时效期间,自受害人年满18周岁之日起计算。因普通诉讼时效期间为3年,可见,自受害人陈某年满18周岁之日起开始计算的3年诉讼时效期间内,即陈某年满21周岁之前其都可以行使诉讼权,要求贺某承担精神损害赔偿责任。

160. 诉讼时效期间届满的,义务人能否拒绝履行义务? 诉讼时效期间届满后,义务人同意履行的,会导致什么后果?

诉讼时效,是指其权利受到侵害的一方当事人应当在自知道或者应当知道其权利受到侵害以及义务人时开始的法定期间内,向人民法院提起诉讼进行维权的有效期间。《民法总则》第192条第1款规定,诉讼时效期间届满的,义务人可以提出不履行义务的抗辩。可见,权利人超过诉讼时效期间提起诉讼的,义务人享有不履行义务的抗辩权,该抗辩权成立的,权利人将丧失通过诉讼获得救济的权利,即使其诉讼请求具有实体法上胜诉的根据,也将因超过诉讼时效而法院不再对其权利予以保护。

《民法总则》第192条第2款规定,诉讼时效期间届满后,义务人同意履行的,不得以诉讼时效期间届满为由抗辩;义务人已自愿履行的,不得请求返还。可见,诉讼时效期间届满后,义务人同意履行的,其将丧失以诉讼时效届满为由不履行义务的抗辩权。在司法实践中,诉讼时效期间届满,当事人一方向对方当事人作出同意履行义务的意思表示或者自愿履行义务后,又以诉讼时效期间届满为由进行抗辩的,人民法院不予支持。可见,诉讼时效期间届满后,当事人双方就履行义务达成协议的,该协议受法律保护。义务人不履行的,权利人有权向人民法院提起诉讼要求其履行义务。义务人已自愿履行的,其不得以超过诉讼时效为由请求返还。

❖ 示例说明

富凯公司于 1998 年为华戎总公司下属企业西沽储运公司修整院内路面及厂房,但西沽储运公司未付工程款。后西沽储运公司与富凯公司于 2002 年 8 月 21 日签订《转账协议》,主要内容为"华戎储运公司欠付西沽储运公司往来款 51404.89 元,欠付山西煤博(加油站借款、还款剩余款)20000 元,共计 71404.89 元,西沽储运公司欠付南郊建筑公司工程款 105000 元,西沽储运公司请求华戎储运公司将欠付西沽储运公司往来款 71404.89 元转付给南郊建筑公司"。该《转账协议》加盖西沽储运公司的财务章、原告富凯公司公章以及天津市津南建筑安装工程总公司财务专用章确认。后被告华戎总公司的法定代表人秦某某于 2004 年 8 月 7 日在《转账协议》上批示"请财务核实后按有关政策办理"。天津市津南建筑安装工程总公司于 2004 年 11 月 15 日变更企业名称为天津富凯建设集团有限公司。西沽储运公司的企业类型为集体分支机构(非法人),隶属企业为华戎总公司。

天津市滨海新区人民法院经审理于 2014 年 7 月 30 日作出民事判决书:被告天津华戎实业总公司于本判决生效之日起 10 日内一次性给付原告天津富凯建设集团有限公司工程款 105000 元。宣判后,华戎总公司不服,提起上诉。天津市第二中级人民法院于 2014 年 11 月 17 日作出民事判决:撤销天津市滨海新区人民法院的民事判决;驳回被上诉人天津富凯建设集团有限公司在原审的诉讼请求。二审宣判后,富凯公司以其权利未超过诉讼时效为由,向天津市高级人民法院申请再审,天津市高级人民法院于 2015 年 5 月 18 日作出民事裁定:驳回天津富凯建设集团有限公司的再审申请。

法院生效裁判认为:经查,《转账协议》中华戎总公司的下属企业西沽储运公司与富凯公司均盖章确认,华戎总公司的法定代表人秦某某也在协议中签批,且华戎总公司对《转账协议》的真实性亦予以认可,故此可以确认华戎总公司与富凯公司之间的债权关系成立。现华戎总公司主张该工程款已转化为股权,但其提供的证明债转股的《联营合同》系于 1997 年 11 月 10 日签订,而《转账协议》签订于 2002 年 8 月 21 日,在华戎总公司未提供其他证据证实《转账协议》中确认的债权已转为股权的情况下,华戎总公司主张涉诉债权已转股的上诉主张不予支持。富凯公司依《转账协议》主张的债权成立。

关于华戎总公司主张涉诉债权已超诉讼时效的问题,根据《最高人民法院关于审理民事案件适用诉讼时效制度若干问题的规定》,本案的诉讼时效应从富凯公司向华戎总公司主张债权时,即 2004 年 8 月 7 日华戎总公司的法定代表人秦某某在《转账协议》上签字确认时起算,至本案一审起诉已经近 10 年时间。庭审中,富凯公司称曾每年到华戎总公司处主张债权,但没有书面证据,亦未提出富凯公司曾经向华戎总公司有过致函邮寄送达收讫的相关证据,富凯公司未能就诉讼时效的中断等情形提供任何书面证据予以证实。在一审、二审诉讼期间,华戎总公司均提出超出诉讼时效的抗辩或作为上诉理由予以上诉的情况下,依在案证据及庭审事实调查情况,可以认定本案涉诉的债权确已过诉讼时效,华戎总公司就涉诉债权已超诉讼时效的主张应予支持。一审法院对华戎总公司一审时效抗辩未予合理审查,亦未准确适用法律,确属不当,应予以纠正。

---

161. 人民法院能否主动适用诉讼时效的规定?

《民法总则》第 193 条规定,人民法院不得主动适用诉讼时效的规定。这是为了满足我国民事诉讼审判方式由法官主导制向当事人对抗制转变的需要,在诉讼时效方面由法官职权主义转变为当事人主义的体现。在法官主导审判制度下,法官依其职权对诉讼时效进行审查,对权利人已经超过诉讼时效的诉讼请求,即使义务人未提出异议,也未以诉讼时效届满为由拒绝履行,法官也可以直接以适用诉讼时效驳回权利人的诉讼请求,对于其权利不予保护。这被称为胜诉权消灭主义。与法官职权主义下胜诉权消灭主义不同,在当事人主义下诉讼时效采取抗辩主义,未经义务人主张,法官不得主动适用诉讼时效的规定驳回权利人的诉讼请求。只有义务人以诉讼时效届满为由提出不履行义务的抗辩时,人民法院才有审查诉讼时效期间是否届满的义务,经审查确认诉讼时效已经届满的,人民法院才可以依法驳回权利人的诉讼请求。

✿ **示例说明**

1999 年 6 月 22 日,周某某向王某某借款 6 万元,约定按月利率 7.2‰计付月息。后王某某曾于 2000 年 6 月 22 日前要求周某某归还借款,2000 年 6 月 22 日,周某某通过杨某某向王某某归还了该日之前的借款利息,借款本金及此后利息仍未归还，王某某也未再次要求周某某归还借款及利息。2008年9月18日，王某某向法院提起诉讼，要求周某某归还借款6万元及利息。

一审法院审理认为：周某某向王某某借款6万元、按月利率7.2‰计付月息事实，因未约定还款期限，诉讼时效依法从王某某主张权利之日起计算。本案中，王某某的主张已经超过了法定2年的诉讼时效期间，王某某要求周某某归还借款6万元及利息，于法无据，不予支持。一审法院于2009年1月22日作出判决：驳回王某某的诉讼请求。对于该判决，王某某不服，提起上诉称：一审法院主动审查诉讼时效不符合法律规定。

二审法院认为：《最高人民法院关于审理民事案件适用诉讼时效制度若干问题的规定》第3条规定，当事人未提出诉讼时效抗辩，人民法院不应对诉讼时效问题进行释明及主动适用诉讼时效的规定进行裁判。因诉讼时效是债务人免于被强制履行债务的法定阻却事由，属于债务人享有的诉讼权利，故对诉讼时效问题人民法院不应主动审查。本案中，债务人周某某经人民法院公告传唤开庭未到庭参加诉讼，也未提出诉讼时效抗辩主张。在此情况下，原审法院主动援引诉讼时效的规定，以超过诉讼时效为由驳回王某某要求周某某偿还借款本息的诉讼请求，属于适用法律错误，法院应予纠正，周某某应承担偿还王某某借款6万元及相应利息的民事责任。二审法院依法判决撤销一审民事判决；被上诉人周某某于本判决送达之日起10日内归还上诉人王某某借款本金6万元并支付自2000年6月22日起至本判决确定的履行之日止的借款利息（以借款本金6万元为基数，按月利率7.2‰计算）。

162. 什么是诉讼时效中止？在哪些情形下，诉讼时效中止？

根据《民法总则》第194条规定，诉讼时效中止，是指在诉讼时效期间的最后6个月内，因发生阻碍请求权行使的法定事由，导致诉讼时效期间的计算中止，自中止时效的原因消除之日起满6个月，诉讼时效期间届满的制度。

诉讼时效中止制度的设立目的，是诉讼时效开始起算后，非因权利人的原因发生的请求权障碍，法律规定其阻碍权利人行使权利的一定期间不应被计算在诉讼时效期间之内。自中止时效的原因消除之日起满一定期间的，诉讼时效期间届满。根据《民法总则》第194条第1款规定，在诉讼时效期间的最后6个月内，因下列障碍，不能行使请求权的，诉讼时效中止。

(1)不可抗力。不可抗力是指不能预见、不能避免且不能克服的客观情况,一般包括地震、海啸、火山爆发等不可抗拒的自然现象和战争、罢工等社会事件。发生不可抗力时往往会导致权利人无法行使权利的情事发生,如行动受阻、人民法院停止受理案件或者义务人下落不明等,因此,法律规定不可抗力为诉讼时效中止的事由。但是,发生不可抗力在客观上未构成权利人行使请求权阻碍的,不得以不可抗力为诉讼时效中止的法定事由。

(2)无民事行为能力人或者限制民事行为能力人没有法定代理人,或者法定代理人死亡、丧失民事行为能力、丧失代理权。无民事行为能力人由其法定代理人代理实施民事法律行为。限制民事行为能力人实施民事法律行为一般由其法定代理人代理或者经其法定代理人同意、追认。无民事行为能力人或者限制民事行为能力人没有法定代理人,其向义务人行使请求权会受到相应限制,因此无民事行为能力人或者限制民事行为能力人没有法定代理人是诉讼时效中止的法定事由。基于相同的理由,法定代理人死亡、丧失民事行为能力、丧失代理权也会导致诉讼时效中止。

(3)继承开始后未确定继承人或者遗产管理人。根据法律规定,被继承人死亡继承开始。但是,继承开始后未确定继承人或者遗产管理人的,被继承人生前所享有的债权及其他请求权就无人继承和行使,被继承人所负担的债务也无法确定是否由人承担,因此,法律将此作为诉讼时效中止的事由。

(4)权利人被义务人或者其他人控制。权利人被义务人或者其他人控制,将导致权利人失去行动自由,此种情形下权利人当然无法行使请求权。因此,权利人被义务人或者其他人控制是诉讼时效中止的法定事由。

(5)其他导致权利人不能行使请求权的障碍。本项规定为兜底条款,是指除上述规定情形之外在诉讼时效期间的最后6个月内发生的导致权利人不能行使请求权的其他障碍。

《民法总则》第194条第2款规定,自中止时效的原因消除之日起满6个月,诉讼时效期间届满。根据本条第1款规定,权利人行使权利的障碍即中止时效的原因消除,包括:不可抗力造成的妨碍消失、无民事行为能力人或者限制民事行为能力人被指定了法定代理人且该代理人具有完全民事行为能力和代理能力、确定了继承人或者遗产管理人、被义务人或者其他人控制的权利人获得人身自由、其他导致权利人不能行使请求权的障碍消失。自中止时效的原因消除之日起满6个月,诉讼时效期间届满。

❖ **示例说明**

2014 年 2 月 13 日,万某某无证驾驶无号牌铃木牌两轮摩托车沿公路由北向南行驶,18 时许行至湖北省天门市渔薪镇郑滩村八组地段时,将同向在道路右边行走的张某某撞倒致伤。万某某驾驶的肇事车辆未依法投保机动车交通事故第三者责任强制保险。

张某某受伤后被送往天门市第三人民医院救治,张某某在天门市第三人民医院住院治疗 15 天后于 2014 年 2 月 28 日出院。为确定其本人的伤害程度及损失总额,张某某于同年 3 月 4 日申请法医鉴定,天门某某司法鉴定所于当日作出法医鉴定意见,确定张某某的伤害程度为轻伤二级,医疗费(含后期取内固定费)17020.82 元、护理费 2361.29 元、住院伙食补助费 750 元、交通费 100、鉴定费 700 元,合计 20932.11 元。2015 年 3 月 2 日,张某某以因本案交通事故受伤,请求万某某赔偿为由,向一审法院提起诉讼。一审法院立案庭工作人员收到张某某的起诉材料后,以张某某系孤儿且未办理户口为由,退回其起诉材料,并告知其进行户口登记后再行起诉。河南省方城县公安局为张某某核发的《居民身份证》载明的有效期限为 2015 年 12 月 1 日至 2025 年 12 月 1 日。万某某辩称,张某某提起的诉讼,已超过法定诉讼时效期间,丧失了本案的胜诉权。

本案系一起因机动车与行人之间发生交通事故致人损害而引起的损害赔偿责任纠纷,按照事故发生时的有效法律《民法通则》的规定,法定的诉讼时效期间为 1 年。本案的诉讼时效期间的起算日为 2014 年 3 月 5 日,截止日为 2015 年 3 月 4 日。2015 年 3 月 2 日,张某某向一审法院提起诉讼。因张某某当时年满 16 周岁,系限制民事行为能力人,且未办理户籍登记和居民身份证,故一审法院要求张某某办好户籍登记后再提起诉讼。此时本案诉讼时效因张某某主张权利而发生中断,中断后诉讼时效期间的重新计算日为 2015 年 3 月 3 日,截止日为 2016 年 3 月 2 日。此后,张某某从湖北省天门市回到户籍所在地河南省办理户籍登记和居民身份证,为再次提起诉讼准备相应材料。直至 2015 年 9 月 2 日,即在诉讼时效期间的最后 6 个月内,其户籍登记和居民身份证尚未办理完毕,依照法律规定,本案诉讼时效发生中止,直至 2015 年 12 月 1 日张某某的户籍登记和居民身份证办理完毕,诉讼时效中止的情形才消失,故此,本案的诉讼时效期间应从 2015 年 12 月 2 日开始继续计算 6 个月,即本案诉讼时效期间的截止日为 2016 年 6 月 1 日。

张某某于 2016 年 5 月 3 日再次提起诉讼,未超过法定诉讼时效期间。综上所述,万某某的诉讼请求不能成立,其因交通事故给张某某造成的医疗费(含后期取内固定费)、护理费、住院伙食补助费、交通费、鉴定费,合计20932.11 元的损害应负赔偿责任。

在此需要说明的是,本案发生于《民法总则》实施前,诉讼时效期间适用当时《民法通则》的规定。虽然《民法通则》规定的诉讼时效期间与《民法总则》不同,但两者对诉讼时效中止事由的规定是基本相同的,即使《民法总则》实施后的今天,本案对诉讼时效中止所作的判断仍然适用。

163. 什么是诉讼时效中断?在哪些情形下,诉讼时效中断?

《民法总则》第 195 条规定,诉讼时效中断,是指在诉讼时效期间因发生一定的法定事由导致诉讼时效期间的计算中断,即已经经过的诉讼时效期间归零,诉讼时效期间从中断、有关程序终结时起重新计算的制度。

在诉讼时效中断这一制度设计下,权利人受到侵害后,只要有证据证明其具有向义务人提出要求,或者向仲裁机构申请仲裁或者向法院提起诉讼或者向其他有权解决民事纠纷的社会组织提出保护其民事权利要求,或者义务人同意履行义务的实事存在以及符合法律规定的诉讼时效中断其他情形,那么,法律规定的诉讼时效期间应当从上述事实发生时重新开始计算。根据《民法总则》第 195 条规定,有下列情形之一的,诉讼时效中断,从中断、有关程序终结时起,诉讼时效期间重新计算。

(1)权利人向义务人提出履行请求。在下列情形下属于权利人向义务人提出履行请求,产生诉讼时效中断的效力:①当事人一方直接向对方当事人送交主张权利文书,对方当事人在文书上签字、盖章或者虽未签字、盖章,但能够以其他方式证明该文书到达对方当事人的。②当事人一方以发送信件或者数据电文方式主张权利,信件或者数据电文到达或者应当到达对方当事人的。③当事人一方为金融机构,依照法律规定或者当事人约定从对方当事人账户中扣收欠款本息的。④当事人一方下落不明,对方当事人在国家级或者下落不明的当事人一方住所地的省级有影响的媒体上刊登具有主张权利内容的公告的,但法律和司法解释另有特别规定的,适用其规定。

　　(2)义务人同意履行义务。义务人作出分期履行、部分履行、提供担保、请求延期履行、制定清偿债务计划等承诺或者行为的,应当认定义务人"同意履行义务"。

　　(3)权利人提起诉讼或者申请仲裁。权利人向人民法院提交起诉状或者口头起诉的,诉讼时效从提交起诉状或者口头起诉之日起中断。权利人依仲裁协议或者仲裁条款向仲裁机构申请仲裁的,诉讼时效从提交仲裁申请书之日起中断。

　　(4)与提起诉讼或者申请仲裁具有同等效力的其他情形。如权利人向人民调解委员会以及其他依法有权解决相关民事纠纷的国家机关、事业单位、社会团体等社会组织提出保护相应民事权利的请求,诉讼时效从提出请求之日起中断。

⋯⋯

⇧ 示例说明

　　原告鹭菡公司与被告绿姿公司之间从 1992 年起开始有业务往来。1993 年 7 月至 9 月间,被告共分 22 次向原告下单订制用于化妆品包装的铝盘。原告按被告订单要求的品质、规格、数量进行加工,并按双方约定的方式,分 18 次将产品通过铁路包裹托运方式交付给被告。1993 年 12 月 15 日,原告与被告的副总经理郭某某核对账目,确认被告尚欠原告价款 176217.09 元。后被告通过某某窑业有限公司分别于同年 12 月 19 日和 1994 年 1 月 8 日代向原告付款各 5 万元,尚欠 76217.09 元未付。1994 年,被告又向原告订购棉刷、铝盘,也有尾款 1167.91 元未付,合计共欠原告 77385 元。1996 年 1 月 16 日,原告通过厦门某某律师事务所以挂号信方式向被告发出律师函进行催讨,被告董事长某某于同月 22 日以传真方式复函,声明:被告已变更法定代表人为尤某某;旧公司之账款愿以货品抵账,并已于 1994 年由郭副总与鹭菡公司许某某达成协议;有关 1994 年新公司所欠货款将立即汇款结清。原告于同年 2 月 12 日再次以挂号信方式发出律师函给被告,否认以货抵账,并要求被告尽快还款。1997 年 5 月 22 日,原告第三次以同样方式向被告发出律师函催讨,但被告仍未还款。原告遂于 1999 年 5 月 13 日向法院起诉,请求判令被告支付加工货款 77385 元及逾期付款利息(从 1993 年 12 月 15 日计至清偿之日,以每日万分之四计算)。被告绿姿公司答辩称,被告并未收到原告于 1997 年 5 月 22 日发出的律师函,本案已超过诉讼时效。故请求驳回原告的诉讼请求。

　　法院经审理认为：原、被告之间形成的加工承揽业务关系，应确认为有效。原告已依约履行加工制作及供货义务，被告却拖欠部分款项 77385 元未付，依法应承担逾期付款的违约责任。被告是否收到原告的第三封律师函，是判断本案诉讼时效是否再次中断的事实根据。由于某某地区邮政局的业务档案因 1998 年水灾而毁失，致使原告向某某地区邮政局查询却无法取得被告是否签收第三封律师函的证据。此非原告怠于举证，纯系自然灾害所致，原告并无过错。本案已知的事实是原告已按同一地址及邮寄方式寄出三封律师函，被告已收到前两封，在正常情况下，被告也应该收到第三封。也即排除偶然性因素，可以推定被告收到原告的第三封律师函，由此导致本案诉讼时效于 1997 年 5 月 22 日再次中断，原告于 1999 年 5 月 13 日向法院起诉并未超过诉讼时效。当然，推定的事实具有或然性，为慎重起见，应允许被告提出偶然性因素存在的证据来推翻推定的事实，或者陈述特殊的抗辩理由使推定自相矛盾，从而否定推定事实的成立。然而在审理中，被告既未提出证据证明偶然性因素存在，也未提出其他特殊抗辩理由反驳上述事实推定。因而，可以推定被告已收到第三封律师函，其关于本案已超过诉讼时效的主张，不予采信。

---

164. 哪些请求权不适用诉讼时效的规定？

　　根据《民法总则》第 196 条规定，下列请求权不适用诉讼时效的规定：

　　（1）请求停止侵害、排除妨碍、消除危险。请求停止侵害、排除妨碍、消除危险等请求权，包括基于物权被侵害、基于人格权被侵害和基于著作权被侵害产生的请求停止侵害、排除妨碍、消除危险。因为上述权利所遭受的侵害、妨碍和危险具有持续性，权利人行使权利不受诉讼时效期间的限制，因此也就不适用诉讼时效的规定。

　　（2）不动产物权和登记的动产物权的权利人请求返还财产。不动产物权的权利人请求返还财产一般是基于对其物的所有权侵害而产生的，而所有权是一种绝对和持续性权利，因此，其权利行使不受诉讼时效期限的限制。经登记的动产具有公示效力，动产物权的权利人请求返还财产也同样不受诉讼时效期间的限制。

　　（3）请求支付抚养费、赡养费或者扶养费。请求支付抚养费、赡养费或者扶养费,是基于父母子女及夫妻等身份关系产生的,这种身份关系的存续是此类请求权存在的基础,因此,请求支付抚养费、赡养费或者扶养费不受诉讼时效的限制。

(4)依法不适用诉讼时效的其他请求权。本项是兜底条款,是指除上述规定之外的、依法不适用诉讼时效的其他请求权。根据现有司法解释规定,支付存款本金及利息请求权、兑付国债、金融债券以及向不特定对象发行的企业债券本息请求权以及基于投资关系产生的缴付出资请求权不适用诉讼时效的规定。

⇨ **示例说明**

2004 年 3 月,上海环亚公司取得上海市虹口区久乐大厦底层、二层房屋的产权,底层建筑面积 691.36 平方米、二层建筑面积 910.39 平方米。环亚公司未支付过上述房屋的专项维修资金。2010 年 9 月,久乐业主大会经征求业主意见,决定由久乐业主大会代表业主提起追讨维修资金的诉讼。久乐业主大会向法院起诉,要求环亚公司就其所有的久乐大厦底层、二层的房屋向原告缴纳专项维修资金 57566.9 元。环亚公司辩称,其于 2004 年获得房地产权证,至本案诉讼有 6 年之久,原告从未主张过维修资金,该请求已超过诉讼时效,不同意原告诉请。

本案中,基于专项维修资金的性质和业主缴纳专项维修资金义务的性质,被告环亚公司作为久乐大厦的业主,不依法自觉缴纳专项维修资金,并以业主大会起诉追讨专项维修资金已超过诉讼时效进行抗辩,该抗辩理由不能成立。原告根据被告所有的物业面积,按照同期其他业主缴纳专项维修资金的计算标准算出的被告应缴纳的数额合理,据此法院应判决被告应当按照原告诉请支付专项维修资金。

165. 当事人能否对诉讼时效的期间、计算方法以及中止、中断的事由作出约定? 当事人对诉讼时效利益的预先放弃是否有效?

《民法总则》第 197 条第 1 款规定,诉讼时效的期间、计算方法以及中止、中断的事由由法律规定,当事人约定无效。可见,法律对诉讼时效的期间、计算方法以及中止、中断的事由的规定属于强制性规定,当事人必须遵守,其无权通过协商加以改变或部分变更。如当事人不得约定延长或者缩短诉讼时效期间,对诉讼时效期间的计算方法、中止、中断事由也不得作出与法律规定不同的约定。当事人对诉讼时效的期间、计算方法以及中止、中断的事由的约定,因违反法律的强制性而无效。

《民法总则》第197条第2款规定,当事人对诉讼时效利益的预先放弃无效。可见,法律对诉讼时效利益的规定也属于强制性规定。所谓诉讼时效利益,是指诉讼时效期限届满后当事人所享有的利益。这主要表现为诉讼时效期间届满后义务人享有不履行义务的抗辩权。当事人在诉讼时效期间届满前对诉讼时效利益所作的放弃声明或者承诺,因违背法律的强制性规定而无效。但是,当事人在诉讼时效期间届满后对诉讼时效利益所作的放弃,属于当事人的合法处分行为,并不违反法律的强制性规定。

⇨ **示例说明**

1995年1月21日,渝庆公司与城乡公司鉴定了《凯旋大厦西主楼项目代办合同》,就该合同及补充协议的履行,双方于2002年12月9日签订对账单,确认渝庆公司尚欠城乡公司代办费300万元。2004年9月29日,双方再次签订了《债权债务对账确认书》,载明:渝庆公司(乙方)尚欠城乡公司(甲方)代办费300万元,"以上对账结果,双方予以确认,并一致同意本次对账自确认之日起,若债务未得履行,则每满2年自动延续诉讼时效;期间若甲方指定债权承接单位,乙方同意向该债权的承接单位履行债务。"此前,重庆市财政局于2002年12月31日作出书面批复,同意城乡公司的上级主管单位城投公司将城乡公司的整体资产转让给益嘉公司。2007年6月15日,城投公司与益嘉公司签署了《交接确认书》,将城乡公司的所有资产及债权债务整体转让给益嘉公司。此后,城乡公司将该债权转让情况告知了渝庆公司,要求渝庆公司直接向益嘉公司履行债务。渝庆拒绝履行,益嘉公司遂提起诉讼请求渝庆公司履行债务,渝庆公司以已超过诉讼时效为由进行抗辩。

法院生效判决认为:城乡公司与渝庆公司之间的债权转让协议依法有效,该债权是否受法律强制力保护,即债权本身是完全债权还是自然债权取决于债权是否超过诉讼时效。2004年9月29日,渝庆公司、益嘉公司双方签订《债权债务对账确认书》,载明渝庆公司尚欠城乡公司代办费300万元,双方同意如该债务未履行,则每满 2 年自动延续诉讼时效,该内容系双方当事人对本案债权不适用诉讼时效而作出的约定。该约定应为无效,因时效制度属强制性规定,不允许当事人依自由意志排除时效的适用或改变时效期间。一审法院认为该约定系双方当事人对时效利益的自有处分欠妥,因时效利益的产生有赖于诉讼时效的进行,只有诉讼时效期间届满,债务人才享有时效利益即债务人对债权人的诉讼时效抗辩权,在诉讼时效期间届满前债务人并不享有对债权人的诉讼时效抗辩权,故其无权处分时效利益。因债权人益嘉公司并未出示证据证明在本案诉讼时效届满的 2006 年 9 月 29 日前发生诉讼时效中止、中断的事由,故其提起本案诉讼已经超过法律规定的诉讼时效期间,二审法院对其诉讼请求不予支持。虽然渝庆公司提出时效抗辩有违诚信,但其时效利益的主张乃基于法律的强行性规定,抗辩与否是义务人的自由,故法理有良心上抗辩之称。法律既有规定,便不宜对法律强行予以道德化的适用,一审法院以渝庆公司违背诚信、公平原则保护益嘉公司对渝庆公司的债权,系法律适用错误,应予纠正。

法律关于时效的规定,属于强行性规定,不得由当事人依自由意思予以排除,时效期间不得由当事人协议予以加长或缩短,时效利益不得由当事人预先予以抛弃。当事人关于排除时效适用、变更时效期间或预先抛弃时效利益的约定,依法当然无效。本案二审适用法律正确。

---

166. 撤销权、解除权等权利的存续期间自何时起算?是否适用有关诉讼时效中止、中断和延长的规定?

撤销权、解除权等权利的存续期间是指撤销权人、解除权人行使撤销权、解除权等的有效期间,在该期间内权利人不行使权利,其撤销权、解除权等权利消灭。也就是说,撤销权、解除权等权利期间届满后,权利人将丧失行使撤销权、解除权等权利,即其撤销、解除等行为也不能产生撤销、解除等法律后果。

《民法总则》第 199 条规定,法律规定或者当事人约定的撤销权、解除权等权利的存续期间,除法律另有规定外,自权利人知道或者应当知道权利产生之日起计算,不适用有关诉讼时效中止、中断和延长的规定。存续期间届满,撤销权、解除权等权利消灭。可见,除法律另有规定外,法律规定或者当事人约定的撤销权、解除权等权利的存续期间,自权利人知道或者应当知道权利产生之日起计算;法律对撤销权、解除权等权利的存续期间的起算时间另有规定,依照法律规定的时间起算。撤销权、解除权等权利的存续期间属于不变期间,不存在因法定情形导致期间计算中止、中断或延长的事由,即不适用有关诉讼时效中止、中断和延长的规定,因此,存续期间届满,撤销权、解除权等权利消灭。

◇ **示例说明**

　　赵某与吴某订立房屋买卖合同,双方约定:赵某将其位于北京市朝阳区某某小区某某号楼 3 门 102 室的一套房屋以 396 万元的价款卖给吴某,合同签订之日吴某支付首付款 56 万元,其与房款在合同签订后的 2 个月内付清,并由双方到区不动产管理部门办理房屋产权过户登记手续。届时,吴某若不能付清房款,赵某有权在付款期间届满后的 10 日内通知吴某解除双方之间的房屋买卖合同。不料,付款期间届满前 4 日当地发生 7.2 级的地震,出于防震安排,当地各家银行关门,吴某因此无法从银行取款支付赵某房款,赵某因忙于抗震救灾,既没有催促吴某支付房款,在双方约定的合同解除期间也没有通知吴某解除双方之间的房屋买卖合同。地震过后 3 周,吴某提出支付房款和办理房屋产权过户登记,赵某遂以吴某未按约定期限支付房款,双方之间的房屋买卖合同已经解除为由,向吴某提出退还已经收取的 56 万元首付款。吴某认为赵某未在约定的期间通知解除合同,故其丧失房屋买卖合同解除权,双方之间的房屋买卖合同仍然有效。但赵某认为,之所以未能在约定的合同解除期间行使解除权,是因为发生了地震,这属于不可抗力阻止了其行使合同解除权,其解除权并未消灭。

　　本案例中,赵某认为因当地发生地震这种不可抗力其仍享有合同解除权的理由不能成立。根据《民法总则》第 199 条的规定,解除权的存续期间为不变期间,不像诉讼时效那样会发生因不可抗力而中止的情形。本案例中,只要双方约定的合同解除权期间届满,即吴某若不能按约定期限付清房款,赵某有权在该期间届满后的 10 日内通知吴某解除双方之间的房屋买卖合同,赵某若在该期间届满后的 10 日内未行使合同解除权,其解除权丧失,双方之间的房屋买卖合同仍然有效,赵某无权主张解除合同和退还已收取的吴某的首付款。

第十章

期 间 计 算

167. 按照年、月、日计算期间的，开始的当日是否计入？按照小时计算期间的，自何时开始计算？

《民法总则》第 201 条第 1 款规定，按照年、月、日计算期间的，开始的当日不计入，自下一日开始计算。可见，法律规定或者当事人约定期间为多少年、多少月或多少日的，开始的当日不计入期间，自下一日作为计算期间的第一日开始计算。《民法总则》第 201 条第 2 款规定，按照小时计算期间的，自法律规定或者当事人约定的时间开始计算。

《民法总则》第 200 条规定，民法所称的期间按照公历年、月、日、小时计算。可见，民法所称的期间纪年法为公历纪年法，又称为阳历纪年法，这是与我国传统的阴历即农历纪年法相区别的一种纪年法。民法所称的期间，是指衡量时间间隔的长度，即一个时间点到另一个时间点的时间间隔。期间的计算采取公历年、月、日、小时为单位，这也区别于我国传统的阴历年、月、日、时辰为时间的计算单位。

◇ **示例说明**

（1）当事人约定在合同签订 30 日内任何一方都可以解除合同，合同的签订时间为 2017 年 6 月 20 日，那么，合同的解除期间应当从 2017 年 6 月 21 日开始计算，直到 2017 年 7 月 20 日合同当事人可以行使解除权，在此期间不行使解除权的，即从 2017 年 7 月 21 日任何一方再无权行使合同解除权。

（2）当事人约定在合同签订 24 小时内任何一方都可以解除合同，合同的签订时间为 2017 年 6 月 20 日 8 时整，那么，合同的解除期间应当从 2017 年 6 月 20 日 8 时开始计算，直到 2017 年 6 月 21 日 8 时整合同当事人可以行使解除权。在此期间不行使解除权的,超过该时间点任何一方再无权行使合同解除权。

---

168. 按照年、月计算期间的,何日为期间的最后一日? 没有对应日的,何日为期间的最后一日?

《民法总则》第202条规定,按照年、月计算期间的,到期月的对应日为期间的最后一日;没有对应日的,月末日为期间的最后一日。可见,法律规定或者当事人约定期间为多少年或者多少月的,到期月的对应日为期间的最后一日;期间的到期日没有对应日的,则到期月的月末日为期间的最后一日。

示例说明

刘甲于2016年1月30日向张乙借款3万元,双方约定借款期间为1年零5个月,为无息借款。借款期间届满,若刘甲不能归还全部借款,逾期1个月刘甲应当按照本金10%的标准向张乙支付每月的违约金。借款合同签订当日,张乙将3万元现金汇入刘甲的银行卡。本案例中,双方约定的借款期间为1年零5个月,到期月为2017年6月,到期日则为到期月的对应日即2017年6月30日。该到期日即为1年零5个月借款期间的最后一日。在该约定期间的最后一日即2017年6月30日刘甲若还未归还张乙的3万元贷款,自下月开始,应当按照双方约定的利息标准即月利息10%的标准每月向张乙支付违约金。

上述案例中,若刘甲于2016年1月30日向张乙借款3万元,双方约定借款期间为1年零1个月,则借款到期月为2017年2月。因没有相应的对应日,则到期日为到期月的最后一日,即借款期间的最后一日为2017年2月28日。

---

169. 期间的最后一日是法定休假日的,何日为期间的最后一日? 期间的最后一日的截止时间为何时?

法定休假日主要包括法定休息日和法定节假日。根据《国务院关于职工工作时间的规定》的规定,国家机关、事业单位实行统一的工作时间,星期六和星期日为周休息日。根据《全国年节及纪念日放假办法》的规定,全体公民放假的节日包括:新年,放假1天(1月1日);春节,放假3天(农历正月初一、初二、初三);清明节,放假 1 天(农历清明当日);劳动节,放假 1 天(5 月 1 日);端午节,放假 1 天(农历端午当日);中秋节,放假 1 天(农历中秋当日);国庆节,放假 3 天(10 月 1 日、2 日、3 日)。在全民放假节日各地往往将放假节日与休息日安排调休,这样可以使节日与休息日连休。

《民法总则》第 203 条第 1 款规定,期间的最后一日是法定休假日的,以法定休假日结束的次日为期间的最后一日。可见,期间的最后一日为法定休假日或者法定节假日调休的连休日中的某一日的,期间的最后一日为法定休假日或者法定节假日调休的连休日结束的次日。

《民法总则》第 203 条第 2 款规定,期间的最后一日的截止时间为 24 时;有业务时间的,停止业务活动的时间为截止时间。可见,没有业务时间的,期间的最后一日的截止时间为 24 时;有业务时间的,应当以停止业务活动的时间(一般是指停止当天工作的下班时间)为截止时间。

✿ **示例说明**

　　李某采取欺诈手段将一部旧手机于 2016 年 10 月 1 日以原价卖给史某,史某发现被欺诈后,打算行使撤销权。因被欺诈人行使撤销权的法定期间为 1 年,且为不变期间,因此史某行使撤销权的期间于 2017 年的 10 月 1 日届满。但该日为法定休假日,且因调休国庆节假日于 2017 年 10 月 8 日结束,因此,史某行使撤销权的期间于该节假日结束的次日即 2017 年 10 月 9 日届满,即该日为 1 年撤销权期间的最后一日。

　　上述案例中,李某与史某约定通过诉讼解决双方纠纷的情况下,因史某行使撤销权应当向有管辖权的人民法院提出,人民法院一般是按照早 9 点到晚 5 点的上班时间,因此,史某向人民法院请求撤销其与李某之间的手机买卖合同,最迟应当在 2017 年 10 月 9 日提出,且应当在人民法院该日下班之前递交申请书。该日人民法院下班之后,史某行使撤销权的权利丧失,其再无权行使撤销权。

---

170. 期间的计算方法,法律另有规定或者当事人另有约定的,如何计算?

　　《民法总则》第 204 条规定,期间的计算方法依照本法的规定,但是法律另有规定或者当事人另有约定的除外。可见,期间的开始计算时间即始期、结束的时间等计算方法依照本法第 201 条至第 203 条的规定,但是,法律对期间的开始计算时间即始期、结束的时间等计算方法另有规定,或者当事人对期间的开始计算时间即始期、结束的时间等计算方法另有约定,应当按照法律的有关规定或者当事人的有关约定确定期间的计算方法。

🔷 示例说明

2004 年 3 月 27 日,某某公司向胡某某出具编号为 0172492 的发票一份,该发票载明:海尔冰箱 bcd-518ws 一台,单价 6400 元。胡某某提供编号为 0171939 的某某电器配送服务单一份,该配送服务单载明:海尔冰箱 bcd-518ws 一台,发票号为 172492;送货日期为听柜台通知;服务单上盖有"检查外观后签收"。上述 2 张发票及 2 张配送服务单均由胡某某收执。2013 年 5 月 12 日,胡某某委托律师向某某公司发送律师函,律师函的主要内容是:基于某某公司向胡某某开出的发票以及配送服务单,胡某某与某某公司之间买卖合同关系成立,胡某某已支付全部货款,某某公司应将所购货物交付胡某某;胡某某多次要求某某公司交付货物,但某某公司至今未送货;胡某某要求该公司在接到本函告之日起 3 日内交货,逾期不交货的,胡某某将单方解除合同,并要求某某公司退还已付货款,承担违约金。2014 年 12 月 29 日,胡某某诉至法院,请求判令:(1)解除其与被告之间的买卖合同关系;(2)被告立即返还货款 47600 元并支付利息损失。法院查明,胡某某在某某公司购买的松下等离子 th-42pa20c 一台、海尔冰箱 bcd-518ws 一台现仍在被告仓库,被告至今未交货。

一审法院认为:本案系买卖合同纠纷,根据相关法律规定,权利人向法院请求保护民事权利的诉讼时效为 2 年。双方对买卖合同的履行期限未作明确约定,胡某某作为买受人应当在合理的期限内要求某某公司履行合同义务。但从被告出具发票之日至 2013 年 5 月 11 日 10 多年的期间内,胡某某并无证据证明存在诉讼时效中止、中断或延长的情形,庭审中被告也明确以胡某某之请求已过诉讼时效为由提出抗辩。故胡某某要求解除买卖合同、返还货款 47600 元及利息的诉讼请求已超过诉讼时效,依法不应得到支持。据此,一审法院判决驳回胡某某的诉讼请求。胡某某不服一审法院判决,提起上诉。

二审法院审理认为,本案中上诉人胡某某与被上诉人某某公司订立的买卖合同合法有效,双方均应按约履行。胡某某支付货款后,被上诉人某某公司应按约将货物交付胡某某。双方约定的送货日期为"听柜台通知",属对履行期限未作明确约定,被上诉人某某公司应在合理的期限内履行,胡某某亦可以随时要求某某公司履行。胡某某于 2004 年 3 月在某某公司购买货物,2013 年 5 月催告被上诉人某某公司交货,某某公司仍未交货,某某公司亦未举证证明未交货的责任在于胡某某,故被上诉人某某公司构成履行迟延,胡某某依法享有合同解除权。《合同法》第 95 条规定,法律规定或者当事人约定解除权行使期限,期限届满当事人不行使的,该权利消灭。法律没有规定或者当事人没有约定解除权行使期限,经对方催告后在合理期限内不行使的,该权利消灭。通过以上规定可以看出,合同解除权在性质上属形成权,其行使期限有两种:一是在法定期限或当事人约定期间,二是在对方当事人催告后合理期限。期限届满不行使,解除权消灭。故上述期限实为除斥期间,而非诉讼时效。本案中,胡某某之合同解除权并不符合期限届满以致解除权消灭之要件。一审法院认为胡某某请求解除合同已过诉讼时效,属适用法律错误。二审法院依法改判。判决如下:(1)撤销一审民事判决;(2)胡某某与某某公司就松下等离子 th-42pa20c 一台、海尔冰箱 bcd-518ws 一台订立的买卖合同自本判决生效时解除;(3)某某公司于本判决生效后 10 日内返还胡某某货款 47600 元并承担利息损失(自 2013 年 5 月 16 日起实际给付之日止,按照中国人民银行同期同档贷款基准利率计算)。一审案件受理费 1120 元,减半收取 560 元,由某某公司负担;二审案件受理费 1120 元,由某某公司负担。本判决为终审判决。

| 第十一章 |

附　　则

171. 民法所称的"以上""以下""以内""届满"以及"不满""超过""以外"是否包括本数？

民法在涉及有关自然人的年龄、诉讼时效期间、撤销权、解除权行使期间以及其他有关期间等的数量规定时，除了以确定的本数表述外，还往往有本数"以上""以下""以内""届满"或者"不满""超过""以外"等表述。为了防止这些表述的不确定性，《民法总则》第205条明确规定，民法所称的"以上""以下""以内""届满"，包括本数；所称的"不满""超过""以外"，不包括本数。

⬡ **示例说明**

《民法总则》第17条规定，18周岁以上的自然人为成年人。不满18周岁的自然人为未成年人。上述"18周岁以上"的表述，就包括18周岁，"不满18周岁"的表述则不包含18周岁。《民法总则》第152条第2款规定，当事人自民事法律行为发生之日起5年内没有行使撤销权的，撤销权消灭。上述"5年内"的表述就包括5年。

172.《民法总则》自何时生效？其施行后，《民法通则》是否废止？

《民法总则》第206条规定，本法自2017年10月1日起施行。因法律自施行之日生效，故《民法总则》自2017年10月1日施行之日起生效。法律生效具有以下后果：首先，法律一旦生效，将适用该法调整由其规范的法律关系，任何违反该法调整和规范的行为都应当依法承担相应的法律后果。其次，同一机关制定的法律、行政法规、地方性法规、自治条例和单行条例、规章,特别规定与一般规定不一致的,适用特别规定;新的规定与旧的规定不一致的,适用新的规定。

《民法总则》制定、颁布施行之前,《民法通则》一直发挥着《民法总则》和小民法典的作用。《民法总则》吸收、补充、完善和发展了《民法通则》的民事基本制度和一般性规则,将民事法律制度中具有普遍适用性和引领性的内容,如民法基本原则、民事主体、民事权利、民事法律行为、民事责任和诉讼时效等基本民事法律制度作出系统安排,构建了我国民事法律制度的基本框架,为各分编的规定提供依据。但《民法通则》规定的合同、所有权及其他财产权、民事责任等具体内容还需要在编纂民法典各分编时作进一步统筹,系统整合。据此,全国人民代表大会常务委员会副委员长李建国于 2017 年 3 月 8 日在第十二届全国人民代表大会第五次会议上所作的《关于中华人民共和国民法总则(草案)的说明》中明确指出,《民法总则》(草案)通过后暂不废止《民法通则》。《民法总则》与《民法通则》的规定不一致的,根据新法优于旧法的原则,适用《民法总则》的规定。

✿ 示例说明

周某(2007 年 12 月 26 日出生)是某学校 3 年级的学生,学习成绩优异。2017 年 10 月 11 日,自家住小区快乐便民超市购买一支 8 元的钢笔,其母亲刘某某认为他是一个 3 年级学生,为无民事行为能力人,其购买钢笔的行为无效,遂到快乐便民超市向该店的经营者官某要求退货还钱。官某告诉刘某说,9 周岁未成年人为无民事行为能力人的说法是老黄历了,按照今年 10 月 1 日刚生效的《民法总则》的规定,9 周岁未成年人为限制民事行为能力人,其完全可以进行购买钢笔这种与其年龄和智力相适应的活动,再说周某某购买的这支钢笔也没有质量问题,遂拒绝退货。

本案例中,周某某为已满 9 周岁不满 10 周岁的未成年人。在《民法总则》实施前,按照《民法通则》第 12 条第 2 款规定,不满 10 周岁的未成年人是无民事行为能力人,由他的法定代理人代理民事活动,周某某购买钢笔的行为无效。但是,《民法总则》将无民事行为能力人的年龄上限已由原来《民法通则》规定的不满 10 周岁降低到了不满 8 周岁。尽管《民法总则》实施后,《民法通则》仍然有效,但根据"新的规定与旧的规定不一致的,适用新的规定"的法律适用原则,本案例中的周某某已满 9 周岁,属于限制民事行为能力人,其可以进行与其年龄、智力相适应的民事法律行为。购买钢笔的行为与周某某的学习密切相关,价额 9 元,数额小,且从其学习成绩优异的角度看其智力发育也极为正常,因此,其完全能够理解和预见其购买这支钢笔的后果。况且,其购买的这支钢笔没有任何质量问题,也不存在被欺诈等意思表示不真实的情形,可见,作为限制民事行为能力人的周某某购买钢笔的行为有效,其母亲刘某某主张无效和退货的理由不能成立。

| 附　录 |

中华人民共和国民法总则

（2017 年 3 月 15 日第十二届全国人民
代表大会第五次会议通过）

目　　录

第一章　基本规定

第一条　为了保护民事主体的合法权益,调整民事关系,维护社会和经济秩序,适应中国特色社会主义发展要求,弘扬社会主义核心价值观,根据宪法,制定本法。

第二条　民法调整平等主体的自然人、法人和非法人组织之间的人身关系和财产关系。

第三条　民事主体的人身权利、财产权利以及其他合法权益受法律保护,任何组织或者个人不得侵犯。

第四条　民事主体在民事活动中的法律地位一律平等。

第五条　民事主体从事民事活动,应当遵循自愿原则,按照自己的意思设立、变更、终止民事法律关系。

第六条　民事主体从事民事活动,应当遵循公平原则,合理确定各方的权利和义务。

第七条　民事主体从事民事活动,应当遵循诚信原则,秉持诚实,恪守承诺。

第八条　民事主体从事民事活动,不得违反法律,不得违背公序良俗。

第九条　民事主体从事民事活动,应当有利于节约资源、保护生态环境。

第十条　处理民事纠纷,应当依照法律;法律没有规定的,可以适用习惯,但是不得违背公序良俗。

第十一条　其他法律对民事关系有特别规定的,依照其规定。

第十二条　中华人民共和国领域内的民事活动,适用中华人民共和国法律。法律另有规定的,依照其规定。

第二章　自　然　人

第一节　民事权利能力和民事行为能力

第十三条　自然人从出生时起到死亡时止,具有民事权利能力,依法享有民事权利,承担民事义务。

第十四条　自然人的民事权利能力一律平等。

第十五条　自然人的出生时间和死亡时间，以出生证明、死亡证明记载的时间为准；没有出生证明、死亡证明的，以户籍登记或者其他有效身份登记记载的时间为准。有其他证据足以推翻以上记载时间的，以该证据证明的时间为准。

第十六条　涉及遗产继承、接受赠与等胎儿利益保护的，胎儿视为具有民事权利能力。但是胎儿娩出时为死体的，其民事权利能力自始不存在。

第十七条　十八周岁以上的自然人为成年人。不满十八周岁的自然人为未成年人。

第十八条　成年人为完全民事行为能力人，可以独立实施民事法律行为。

十六周岁以上的未成年人，以自己的劳动收入为主要生活来源的，视为完全民事行为能力人。

第十九条　八周岁以上的未成年人为限制民事行为能力人，实施民事法律行为由其法定代理人代理或者经其法定代理人同意、追认，但是可以独立实施纯获利益的民事法律行为或者与其年龄、智力相适应的民事法律行为。

第二十条　不满八周岁的未成年人为无民事行为能力人，由其法定代理人代理实施民事法律行为。

第二十一条　不能辨认自己行为的成年人为无民事行为能力人，由其法定代理人代理实施民事法律行为。

八周岁以上的未成年人不能辨认自己行为的，适用前款规定。

第二十二条　不能完全辨认自己行为的成年人为限制民事行为能力人，实施民事法律行为由其法定代理人代理或者经其法定代理人同意、追认，但是可以独立实施纯获利益的民事法律行为或者与其智力、精神健康状况相适应的民事法律行为。

第二十三条　无民事行为能力人、限制民事行为能力人的监护人是其法定代理人。

第二十四条　不能辨认或者不能完全辨认自己行为的成年人，其利害关系人或者有关组织，可以向人民法院申请认定该成年人为无民事行为能力人或者限制民事行为能力人。

被人民法院认定为无民事行为能力人或者限制民事行为能力人的，经本人、利害关系人或者有关组织申请，人民法院可以根据其智力、精神健康恢复的状况，认定该成年人恢复为限制民事行为能力人或者完全民事行为能力人。

本条规定的有关组织包括：居民委员会、村民委员会、学校、医疗机构、妇女联合会、残疾人联合会、依法设立的老年人组织、民政部门等。

第二十五条　自然人以户籍登记或者其他有效身份登记记载的居所为住所；经常居所与住所不一致的，经常居所视为住所。

第二节　监　　护

第二十六条　父母对未成年子女负有抚养、教育和保护的义务。

成年子女对父母负有赡养、扶助和保护的义务。

第二十七条　父母是未成年子女的监护人。

未成年人的父母已经死亡或者没有监护能力的,由下列有监护能力的人按顺序担任监护人:

(一)祖父母、外祖父母;

(二)兄、姐;

(三)其他愿意担任监护人的个人或者组织,但是须经未成年人住所地的居民委员会、村民委员会或者民政部门同意。

第二十八条　无民事行为能力或者限制民事行为能力的成年人,由下列有监护能力的人按顺序担任监护人:

(一)配偶;

(二)父母、子女;

(三)其他近亲属;

(四)其他愿意担任监护人的个人或者组织,但是须经被监护人住所地的居民委员会、村民委员会或者民政部门同意。

第二十九条　被监护人的父母担任监护人的,可以通过遗嘱指定监护人。

第三十条　依法具有监护资格的人之间可以协议确定监护人。协议确定监护人应当尊重被监护人的真实意愿。

第三十一条　对监护人的确定有争议的,由被监护人住所地的居民委员会、村民委员会或者民政部门指定监护人,有关当事人对指定不服的,可以向人民法院申请指定监护人;有关当事人也可以直接向人民法院申请指定监护人。

居民委员会、村民委员会、民政部门或者人民法院应当尊重被监护人的真实意愿,按照最有利于被监护人的原则在依法具有监护资格的人中指定监护人。

依照本条第一款规定指定监护人前,被监护人的人身权利、财产权利以及其他合法权益处于无人保护状态的,由被监护人住所地的居民委员会、村民委员会、法律规定的有关组织或者民政部门担任临时监护人。

监护人被指定后,不得擅自变更;擅自变更的,不免除被指定的监护人的责任。

第三十二条　没有依法具有监护资格的人的,监护人由民政部门担任,也可以由具备履行监护职责条件的被监护人住所地的居民委员会、村民委员会担任。

第三十三条　具有完全民事行为能力的成年人,可以与其近亲属、其他愿意担任监护人的个人或者组织事先协商,以书面形式确定自己的监护人。协商确定的监护人在该成年人丧失或者部分丧失民事行为能力时,履行监护职责。

第三十四条　监护人的职责是代理被监护人实施民事法律行为,保护被监护人的人身权利、财产权利以及其他合法权益等。

监护人依法履行监护职责产生的权利,受法律保护。

监护人不履行监护职责或者侵害被监护人合法权益的,应当承担法律责任。

第三十五条　监护人应当按照最有利于被监护人的原则履行监护职责。监护人除为维护被监护人利益外,不得处分被监护人的财产。

未成年人的监护人履行监护职责,在作出与被监护人利益有关的决定时,应当根据被监护人的年龄和智力状况,尊重被监护人的真实意愿。

成年人的监护人履行监护职责,应当最大程度地尊重被监护人的真实意愿,保障并协助被监护人实施与其智力、精神健康状况相适应的民事法律行为。对被监护人有能力独立处理的事务,监护人不得干涉。

第三十六条　监护人有下列情形之一的,人民法院根据有关个人或者组织的申请,撤销其监护人资格,安排必要的临时监护措施,并按照最有利于被监护人的原则依法指定监护人:

(一)实施严重损害被监护人身心健康行为的;

(二)怠于履行监护职责,或者无法履行监护职责并且拒绝将监护职责部分或者全部委托给他人,导致被监护人处于危困状态的;

(三)实施严重侵害被监护人合法权益的其他行为的。

本条规定的有关个人和组织包括:其他依法具有监护资格的人,居民委员会、村民委员会、学校、医疗机构、妇女联合会、残疾人联合会、未成年人保护组织、依法设立的老年人组织、民政部门等。

前款规定的个人和民政部门以外的组织未及时向人民法院申请撤销监护人资格的,民政部门应当向人民法院申请。

第三十七条　依法负担被监护人抚养费、赡养费、扶养费的父母、子女、配偶等,被人民法院撤销监护人资格后,应当继续履行负担的义务。

第三十八条　被监护人的父母或者子女被人民法院撤销监护人资格后,除对被监护人实施故意犯罪的外,确有悔改表现的,经其申请,人民法院可以在尊重被监护人真实意愿的前提下,视情况恢复其监护人资格,人民法院指定的监护人与被监护人的监护关系同时终止。

第三十九条　有下列情形之一的,监护关系终止:

(一)被监护人取得或者恢复完全民事行为能力;

(二)监护人丧失监护能力;

(三)被监护人或者监护人死亡;

(四)人民法院认定监护关系终止的其他情形。

监护关系终止后,被监护人仍然需要监护的,应当依法另行确定监护人。

第三节　宣告失踪和宣告死亡

第四十条　自然人下落不明满二年的,利害关系人可以向人民法院申请宣告该自然人为失踪人。

第四十一条　自然人下落不明的时间从其失去音讯之日起计算。战争期间下落不明的,下落不明的时间自战争结束之日或者有关机关确定的下落不明之日起计算。

第四十二条　失踪人的财产由其配偶、成年子女、父母或者其他愿意担任财产代管人的人代管。

代管有争议,没有前款规定的人,或者前款规定的人无代管能力的,由人民法院指定的人代管。

第四十三条　财产代管人应当妥善管理失踪人的财产,维护其财产权益。

失踪人所欠税款、债务和应付的其他费用,由财产代管人从失踪人的财产中支付。

财产代管人因故意或者重大过失造成失踪人财产损失的,应当承担赔偿责任。

第四十四条　财产代管人不履行代管职责、侵害失踪人财产权益或者丧失代管能力的,失踪人的利害关系人可以向人民法院申请变更财产代管人。

财产代管人有正当理由的,可以向人民法院申请变更财产代管人。

人民法院变更财产代管人的,变更后的财产代管人有权要求原财产代管人及时移交有关财产并报告财产代管情况。

第四十五条　失踪人重新出现,经本人或者利害关系人申请,人民法院应当撤销失踪宣告。

失踪人重新出现,有权要求财产代管人及时移交有关财产并报告财产代管情况。

第四十六条　自然人有下列情形之一的,利害关系人可以向人民法院申请宣告该自然人死亡:

(一)下落不明满四年;

(二)因意外事件,下落不明满二年。

因意外事件下落不明,经有关机关证明该自然人不可能生存的,申请宣告死亡不受二年时间的限制。

第四十七条　对同一自然人,有的利害关系人申请宣告死亡,有的利害关系人申请宣告失踪,符合本法规定的宣告死亡条件的,人民法院应当宣告死亡。

第四十八条　被宣告死亡的人,人民法院宣告死亡的判决作出之日视为其死亡的日期;因意外事件下落不明宣告死亡的,意外事件发生之日视为其死亡的日期。

第四十九条　自然人被宣告死亡但是并未死亡的,不影响该自然人在被宣告死亡期间实施的民事法律行为的效力。

第五十条　被宣告死亡的人重新出现,经本人或者利害关系人申请,人民法院应当撤销死亡宣告。

第五十一条　被宣告死亡的人的婚姻关系,自死亡宣告之日起消灭。死亡宣告被撤销的,婚姻关系自撤销死亡宣告之日起自行恢复,但是其配偶再婚或者向婚姻登记机关书面声明不愿意恢复的除外。

第五十二条 被宣告死亡的人在被宣告死亡期间,其子女被他人依法收养的,在死亡宣告被撤销后,不得以未经本人同意为由主张收养关系无效。

第五十三条 被撤销死亡宣告的人有权请求依照继承法取得其财产的民事主体返还财产。无法返还的,应当给予适当补偿。

利害关系人隐瞒真实情况,致使他人被宣告死亡取得其财产的,除应当返还财产外,还应当对由此造成的损失承担赔偿责任。

第四节　个体工商户和农村承包经营户

第五十四条 自然人从事工商业经营,经依法登记,为个体工商户。个体工商户可以起字号。

第五十五条 农村集体经济组织的成员,依法取得农村土地承包经营权,从事家庭承包经营的,为农村承包经营户。

第五十六条 个体工商户的债务,个人经营的,以个人财产承担;家庭经营的,以家庭财产承担;无法区分的,以家庭财产承担。

农村承包经营户的债务,以从事农村土地承包经营的农户财产承担;事实上由农户部分成员经营的,以该部分成员的财产承担。

第三章　法　　人

第一节　一　般　规　定

第五十七条 法人是具有民事权利能力和民事行为能力,依法独立享有民事权利和承担民事义务的组织。

第五十八条 法人应当依法成立。

法人应当有自己的名称、组织机构、住所、财产或者经费。法人成立的具体条件和程序,依照法律、行政法规的规定。

设立法人,法律、行政法规规定须经有关机关批准的,依照其规定。

第五十九条 法人的民事权利能力和民事行为能力,从法人成立时产生,到法人终止时消灭。

第六十条 法人以其全部财产独立承担民事责任。

第六十一条 依照法律或者法人章程的规定,代表法人从事民事活动的负责人,为法人的法定代表人。

法定代表人以法人名义从事的民事活动,其法律后果由法人承受。

法人章程或者法人权力机构对法定代表人代表权的限制,不得对抗善意相对人。

第六十二条 法定代表人因执行职务造成他人损害的,由法人承担民事责任。

法人承担民事责任后,依照法律或者法人章程的规定,可以向有过错的法定代表人追偿。

第六十三条　法人以其主要办事机构所在地为住所。依法需要办理法人登记的,应当将主要办事机构所在地登记为住所。

第六十四条　法人存续期间登记事项发生变化的,应当依法向登记机关申请变更登记。

第六十五条　法人的实际情况与登记的事项不一致的,不得对抗善意相对人。

第六十六条　登记机关应当依法及时公示法人登记的有关信息。

第六十七条　法人合并的,其权利和义务由合并后的法人享有和承担。

法人分立的,其权利和义务由分立后的法人享有连带债权,承担连带债务,但是债权人和债务人另有约定的除外。

第六十八条　有下列原因之一并依法完成清算、注销登记的,法人终止:

(一)法人解散;

(二)法人被宣告破产;

(三)法律规定的其他原因。

法人终止,法律、行政法规规定须经有关机关批准的,依照其规定。

第六十九条　有下列情形之一的,法人解散:

(一)法人章程规定的存续期间届满或者法人章程规定的其他解散事由出现;

(二)法人的权力机构决议解散;

(三)因法人合并或者分立需要解散;

(四)法人依法被吊销营业执照、登记证书,被责令关闭或者被撤销;

(五)法律规定的其他情形。

第七十条　法人解散的,除合并或者分立的情形外,清算义务人应当及时组成清算组进行清算。

法人的董事、理事等执行机构或者决策机构的成员为清算义务人。法律、行政法规另有规定的,依照其规定。

清算义务人未及时履行清算义务,造成损害的,应当承担民事责任;主管机关或者利害关系人可以申请人民法院指定有关人员组成清算组进行清算。

第七十一条　法人的清算程序和清算组职权,依照有关法律的规定;没有规定的,参照适用公司法的有关规定。

第七十二条　清算期间法人存续,但是不得从事与清算无关的活动。

法人清算后的剩余财产,根据法人章程的规定或者法人权力机构的决议处理。法律另有规定的,依照其规定。

清算结束并完成法人注销登记时,法人终止;依法不需要办理法人登记的,清算结束时,法人终止。

第七十三条　法人被宣告破产的,依法进行破产清算并完成法人注销登记时,法人终止。

第七十四条　法人可以依法设立分支机构。法律、行政法规规定分支机构应当登记的，依照其规定。

分支机构以自己的名义从事民事活动，产生的民事责任由法人承担；也可以先以该分支机构管理的财产承担，不足以承担的，由法人承担。

第七十五条　设立人为设立法人从事的民事活动，其法律后果由法人承受；法人未成立的，其法律后果由设立人承受，设立人为二人以上的，享有连带债权，承担连带债务。

设立人为设立法人以自己的名义从事民事活动产生的民事责任，第三人有权选择请求法人或者设立人承担。

第二节　营利法人

第七十六条　以取得利润并分配给股东等出资人为目的成立的法人，为营利法人。营利法人包括有限责任公司、股份有限公司和其他企业法人等。

第七十七条　营利法人经依法登记成立。

第七十八条　依法设立的营利法人，由登记机关发给营利法人营业执照。营业执照签发日期为营利法人的成立日期。

第七十九条　设立营利法人应当依法制定法人章程。

第八十条　营利法人应当设权力机构。

权力机构行使修改法人章程，选举或者更换执行机构、监督机构成员，以及法人章程规定的其他职权。

第八十一条　营利法人应当设执行机构。

执行机构行使召集权力机构会议，决定法人的经营计划和投资方案，决定法人内部管理机构的设置，以及法人章程规定的其他职权。

执行机构为董事会或者执行董事的，董事长、执行董事或者经理按照法人章程的规定担任法定代表人；未设董事会或者执行董事的，法人章程规定的主要负责人为其执行机构和法定代表人。

第八十二条　营利法人设监事会或者监事等监督机构的，监督机构依法行使检查法人财务，监督执行机构成员、高级管理人员执行法人职务的行为，以及法人章程规定的其他职权。

第八十三条　营利法人的出资人不得滥用出资人权利损害法人或者其他出资人的利益。滥用出资人权利给法人或者其他出资人造成损失的，应当依法承担民事责任。

营利法人的出资人不得滥用法人独立地位和出资人有限责任损害法人的债权人利益。滥用法人独立地位和出资人有限责任，逃避债务，严重损害法人的债权人利益的，应当对法人债务承担连带责任。

第八十四条　营利法人的控股出资人、实际控制人、董事、监事、高级管理人员不得利用其关联关系损害法人的利益。利用关联关系给法人造成损失的,应当承担赔偿责任。

第八十五条 营利法人的权力机构、执行机构作出决议的会议召集程序、表决方式违反法律、行政法规、法人章程,或者决议内容违反法人章程的,营利法人的出资人可以请求人民法院撤销该决议,但是营利法人依据该决议与善意相对人形成的民事法律关系不受影响。

第八十六条 营利法人从事经营活动,应当遵守商业道德,维护交易安全,接受政府和社会的监督,承担社会责任。

第三节　非营利法人

第八十七条 为公益目的或者其他非营利目的成立,不向出资人、设立人或者会员分配所取得利润的法人,为非营利法人。

非营利法人包括事业单位、社会团体、基金会、社会服务机构等。

第八十八条 具备法人条件,为适应经济社会发展需要,提供公益服务设立的事业单位,经依法登记成立,取得事业单位法人资格;依法不需要办理法人登记的,从成立之日起,具有事业单位法人资格。

第八十九条 事业单位法人设立理事会的,除法律另有规定外,理事会为其决策机构。事业单位法人的法定代表人依照法律、行政法规或者法人章程的规定产生。

第九十条 具备法人条件,基于会员共同意愿,为公益目的或者会员共同利益等非营利目的设立的社会团体,经依法登记成立,取得社会团体法人资格;依法不需要办理法人登记的,从成立之日起,具有社会团体法人资格。

第九十一条 设立社会团体法人应当依法制定法人章程。

社会团体法人应当设会员大会或者会员代表大会等权力机构。

社会团体法人应当设理事会等执行机构。理事长或者会长等负责人按照法人章程的规定担任法定代表人。

第九十二条 具备法人条件,为公益目的以捐助财产设立的基金会、社会服务机构等,经依法登记成立,取得捐助法人资格。

依法设立的宗教活动场所,具备法人条件的,可以申请法人登记,取得捐助法人资格。法律、行政法规对宗教活动场所有规定的,依照其规定。

第九十三条 设立捐助法人应当依法制定法人章程。

捐助法人应当设理事会、民主管理组织等决策机构,并设执行机构。理事长等负责人按照法人章程的规定担任法定代表人。

捐助法人应当设监事会等监督机构。

第九十四条 捐助人有权向捐助法人查询捐助财产的使用、管理情况,并提出意见和建议,捐助法人应当及时、如实答复。

捐助法人的决策机构、执行机构或者法定代表人作出决定的程序违反法律、行政法规、法人章程,或者决定内容违反法人章程的,捐助人等利害关系人或者主管机关可以请求人民法院撤销该决定,但是捐助法人依据该决定与善意相对人形成的民事法律关系不受影响。

第九十五条　为公益目的成立的非营利法人终止时,不得向出资人、设立人或者会员分配剩余财产。剩余财产应当按照法人章程的规定或者权力机构的决议用于公益目的;无法按照法人章程的规定或者权力机构的决议处理的,由主管机关主持转给宗旨相同或者相近的法人,并向社会公告。

第四节　特别法人

第九十六条　本节规定的机关法人、农村集体经济组织法人、城镇农村的合作经济组织法人、基层群众性自治组织法人,为特别法人。

第九十七条　有独立经费的机关和承担行政职能的法定机构从成立之日起,具有机关法人资格,可以从事为履行职能所需要的民事活动。

第九十八条　机关法人被撤销的,法人终止,其民事权利和义务由继任的机关法人享有和承担;没有继任的机关法人的,由作出撤销决定的机关法人享有和承担。

第九十九条　农村集体经济组织依法取得法人资格。

法律、行政法规对农村集体经济组织有规定的,依照其规定。

第一百条　城镇农村的合作经济组织依法取得法人资格。

法律、行政法规对城镇农村的合作经济组织有规定的,依照其规定。

第一百零一条　居民委员会、村民委员会具有基层群众性自治组织法人资格,可以从事为履行职能所需要的民事活动。

未设立村集体经济组织的,村民委员会可以依法代行村集体经济组织的职能。

第四章　非法人组织

第一百零二条　非法人组织是不具有法人资格,但是能够依法以自己的名义从事民事活动的组织。

非法人组织包括个人独资企业、合伙企业、不具有法人资格的专业服务机构等。

第一百零三条　非法人组织应当依照法律的规定登记。

设立非法人组织,法律、行政法规规定须经有关机关批准的,依照其规定。

第一百零四条　非法人组织的财产不足以清偿债务的,其出资人或者设立人承担无限责任。法律另有规定的,依照其规定。

第一百零五条　非法人组织可以确定一人或者数人代表该组织从事民事活动。

第一百零六条　有下列情形之一的,非法人组织解散:

（一）章程规定的存续期间届满或者章程规定的其他解散事由出现；

（二）出资人或者设立人决定解散；

（三）法律规定的其他情形。

第一百零七条　非法人组织解散的，应当依法进行清算。

第一百零八条　非法人组织除适用本章规定外，参照适用本法第三章第一节的有关规定。

第五章　民事权利

第一百零九条　自然人的人身自由、人格尊严受法律保护。

第一百一十条　自然人享有生命权、身体权、健康权、姓名权、肖像权、名誉权、荣誉权、隐私权、婚姻自主权等权利。

法人、非法人组织享有名称权、名誉权、荣誉权等权利。

第一百一十一条　自然人的个人信息受法律保护。任何组织和个人需要获取他人个人信息的，应当依法取得并确保信息安全，不得非法收集、使用、加工、传输他人个人信息，不得非法买卖、提供或者公开他人个人信息。

第一百一十二条　自然人因婚姻、家庭关系等产生的人身权利受法律保护。

第一百一十三条　民事主体的财产权利受法律平等保护。

第一百一十四条　民事主体依法享有物权。

物权是权利人依法对特定的物享有直接支配和排他的权利，包括所有权、用益物权和担保物权。

第一百一十五条　物包括不动产和动产。法律规定权利作为物权客体的，依照其规定。

第一百一十六条　物权的种类和内容，由法律规定。

第一百一十七条　为了公共利益的需要，依照法律规定的权限和程序征收、征用不动产或者动产的，应当给予公平、合理的补偿。

第一百一十八条　民事主体依法享有债权。

债权是因合同、侵权行为、无因管理、不当得利以及法律的其他规定，权利人请求特定义务人为或者不为一定行为的权利。

第一百一十九条　依法成立的合同，对当事人具有法律约束力。

第一百二十条　民事权益受到侵害的，被侵权人有权请求侵权人承担侵权责任。

第一百二十一条　没有法定的或者约定的义务，为避免他人利益受损失而进行管理的人，有权请求受益人偿还由此支出的必要费用。

第一百二十二条　因他人没有法律根据，取得不当利益，受损失的人有权请求其返还不当利益。

第一百二十三条　民事主体依法享有知识产权。

知识产权是权利人依法就下列客体享有的专有的权利：

（一）作品；

（二）发明、实用新型、外观设计；

（三）商标；

（四）地理标志；

（五）商业秘密；

（六）集成电路布图设计；

（七）植物新品种；

（八）法律规定的其他客体。

第一百二十四条　自然人依法享有继承权。

自然人合法的私有财产，可以依法继承。

第一百二十五条　民事主体依法享有股权和其他投资性权利。

第一百二十六条　民事主体享有法律规定的其他民事权利和利益。

第一百二十七条　法律对数据、网络虚拟财产的保护有规定的，依照其规定。

第一百二十八条　法律对未成年人、老年人、残疾人、妇女、消费者等的民事权利保护有特别规定的，依照其规定。

第一百二十九条　民事权利可以依据民事法律行为、事实行为、法律规定的事件或者法律规定的其他方式取得。

第一百三十条　民事主体按照自己的意愿依法行使民事权利，不受干涉。

第一百三十一条　民事主体行使权利时，应当履行法律规定的和当事人约定的义务。

第一百三十二条　民事主体不得滥用民事权利损害国家利益、社会公共利益或者他人合法权益。

第六章　民事法律行为

第一节　一般规定

第一百三十三条　民事法律行为是民事主体通过意思表示设立、变更、终止民事法律关系的行为。

第一百三十四条　民事法律行为可以基于双方或者多方的意思表示一致成立，也可以基于单方的意思表示成立。

法人、非法人组织依照法律或者章程规定的议事方式和表决程序作出决议的，该决议行为成立。

第一百三十五条　民事法律行为可以采用书面形式、口头形式或者其他形式；法律、行政法规规定或者当事人约定采用特定形式的,应当采用特定形式。

第一百三十六条　民事法律行为自成立时生效,但是法律另有规定或者当事人另有约定的除外。

行为人非依法律规定或者未经对方同意,不得擅自变更或者解除民事法律行为。

第二节　意思表示

第一百三十七条　以对话方式作出的意思表示,相对人知道其内容时生效。

以非对话方式作出的意思表示,到达相对人时生效。以非对话方式作出的采用数据电文形式的意思表示,相对人指定特定系统接收数据电文的,该数据电文进入该特定系统时生效;未指定特定系统的,相对人知道或者应当知道该数据电文进入其系统时生效。当事人对采用数据电文形式的意思表示的生效时间另有约定的,按照其约定。

第一百三十八条　无相对人的意思表示,表示完成时生效。法律另有规定的,依照其规定。

第一百三十九条　以公告方式作出的意思表示,公告发布时生效。

第一百四十条　行为人可以明示或者默示作出意思表示。

沉默只有在有法律规定、当事人约定或者符合当事人之间的交易习惯时,才可以视为意思表示。

第一百四十一条　行为人可以撤回意思表示。撤回意思表示的通知应当在意思表示到达相对人前或者与意思表示同时到达相对人。

第一百四十二条　有相对人的意思表示的解释,应当按照所使用的词句,结合相关条款、行为的性质和目的、习惯以及诚信原则,确定意思表示的含义。

无相对人的意思表示的解释,不能完全拘泥于所使用的词句,而应当结合相关条款、行为的性质和目的、习惯以及诚信原则,确定行为人的真实意思。

第三节　民事法律行为的效力

第一百四十三条　具备下列条件的民事法律行为有效:

(一)行为人具有相应的民事行为能力;

(二)意思表示真实;

(三)不违反法律、行政法规的强制性规定,不违背公序良俗。

第一百四十四条　无民事行为能力人实施的民事法律行为无效。

第一百四十五条　限制民事行为能力人实施的纯获利益的民事法律行为或者与其年龄、智力、精神健康状况相适应的民事法律行为有效;实施的其他民事法律行为经法定代理人同意或者追认后有效。

相对人可以催告法定代理人自收到通知之日起一个月内予以追认。法定代理人未作表示的,视为拒绝追认。民事法律行为被追认前,善意相对人有撤销的权利。撤销应当以通知的方式作出。

第一百四十六条　行为人与相对人以虚假的意思表示实施的民事法律行为无效。

以虚假的意思表示隐藏的民事法律行为的效力,依照有关法律规定处理。

第一百四十七条　基于重大误解实施的民事法律行为,行为人有权请求人民法院或者仲裁机构予以撤销。

第一百四十八条　一方以欺诈手段,使对方在违背真实意思的情况下实施的民事法律行为,受欺诈方有权请求人民法院或者仲裁机构予以撤销。

第一百四十九条　第三人实施欺诈行为,使一方在违背真实意思的情况下实施的民事法律行为,对方知道或者应当知道该欺诈行为的,受欺诈方有权请求人民法院或者仲裁机构予以撤销。

第一百五十条　一方或者第三人以胁迫手段,使对方在违背真实意思的情况下实施的民事法律行为,受胁迫方有权请求人民法院或者仲裁机构予以撤销。

第一百五十一条　一方利用对方处于危困状态、缺乏判断能力等情形,致使民事法律行为成立时显失公平的,受损害方有权请求人民法院或者仲裁机构予以撤销。

第一百五十二条　有下列情形之一的,撤销权消灭:

(一)当事人自知道或者应当知道撤销事由之日起一年内、重大误解的当事人自知道或者应当知道撤销事由之日起三个月内没有行使撤销权;

(二)当事人受胁迫,自胁迫行为终止之日起一年内没有行使撤销权;

(三)当事人知道撤销事由后明确表示或者以自己的行为表明放弃撤销权。

当事人自民事法律行为发生之日起五年内没有行使撤销权的,撤销权消灭。

第一百五十三条　违反法律、行政法规的强制性规定的民事法律行为无效,但是该强制性规定不导致该民事法律行为无效的除外。

违背公序良俗的民事法律行为无效。

第一百五十四条　行为人与相对人恶意串通,损害他人合法权益的民事法律行为无效。

第一百五十五条　无效的或者被撤销的民事法律行为自始没有法律约束力。

第一百五十六条　民事法律行为部分无效,不影响其他部分效力,其他部分仍然有效。

第一百五十七条　民事法律行为无效、被撤销或者确定不发生效力后,行为人因该行为取得的财产,应当予以返还;不能返还或者没有必要返还的,应当折价补偿。有过错的一方应当赔偿对方由此所受到的损失;各方都有过错的,应当各自承担相应的责任。法律另有规定的,依照其规定。

第四节　民事法律行为的附条件和附期限

第一百五十八条　民事法律行为可以附条件,但是按照其性质不得附条件的除外。

附生效条件的民事法律行为,自条件成就时生效。附解除条件的民事法律行为,自条件成就时失效。

第一百五十九条　附条件的民事法律行为,当事人为自己的利益不正当地阻止条件成就的,视为条件已成就;不正当地促成条件成就的,视为条件不成就。

第一百六十条　民事法律行为可以附期限,但是按照其性质不得附期限的除外。附生效期限的民事法律行为,自期限届至时生效。附终止期限的民事法律行为,自期限届满时失效。

第七章　代　　理

第一节　一般规定

第一百六十一条　民事主体可以通过代理人实施民事法律行为。

依照法律规定、当事人约定或者民事法律行为的性质,应当由本人亲自实施的民事法律行为,不得代理。

第一百六十二条　代理人在代理权限内,以被代理人名义实施的民事法律行为,对被代理人发生效力。

第一百六十三条　代理包括委托代理和法定代理。

委托代理人按照被代理人的委托行使代理权。法定代理人依照法律的规定行使代理权。

第一百六十四条　代理人不履行或者不完全履行职责,造成被代理人损害的,应当承担民事责任。

代理人和相对人恶意串通,损害被代理人合法权益的,代理人和相对人应当承担连带责任。

第二节　委托代理

第一百六十五条　委托代理授权采用书面形式的,授权委托书应当载明代理人的姓名或者名称、代理事项、权限和期间,并由被代理人签名或者盖章。

第一百六十六条　数人为同一代理事项的代理人的,应当共同行使代理权,但是当事人另有约定的除外。

第一百六十七条　代理人知道或者应当知道代理事项违法仍然实施代理行为,或者被代理人知道或者应当知道代理人的代理行为违法未作反对表示的,被代理人和代理人应当承担连带责任。

第一百六十八条　代理人不得以被代理人的名义与自己实施民事法律行为,但是被代理人同意或者追认的除外。

代理人不得以被代理人的名义与自己同时代理的其他人实施民事法律行为,但是被代理的双方同意或者追认的除外。

第一百六十九条　代理人需要转委托第三人代理的,应当取得被代理人的同意或者追认。

转委托代理经被代理人同意或者追认的,被代理人可以就代理事务直接指示转委托的第三人,代理人仅就第三人的选任以及对第三人的指示承担责任。

转委托代理未经被代理人同意或者追认的,代理人应当对转委托的第三人的行为承担责任,但是在紧急情况下代理人为了维护被代理人的利益需要转委托第三人代理的除外。

第一百七十条　执行法人或者非法人组织工作任务的人员,就其职权范围内的事项,以法人或者非法人组织的名义实施民事法律行为,对法人或者非法人组织发生效力。

法人或者非法人组织对执行其工作任务的人员职权范围的限制,不得对抗善意相对人。

第一百七十一条　行为人没有代理权、超越代理权或者代理权终止后,仍然实施代理行为,未经被代理人追认的,对被代理人不发生效力。

相对人可以催告被代理人自收到通知之日起一个月内予以追认。被代理人未作表示的,视为拒绝追认。行为人实施的行为被追认前,善意相对人有撤销的权利。撤销应当以通知的方式作出。

行为人实施的行为未被追认的,善意相对人有权请求行为人履行债务或者就其受到的损害请求行为人赔偿,但是赔偿的范围不得超过被代理人追认时相对人所能获得的利益。

相对人知道或者应当知道行为人无权代理的,相对人和行为人按照各自的过错承担责任。

第一百七十二条　行为人没有代理权、超越代理权或者代理权终止后,仍然实施代理行为,相对人有理由相信行为人有代理权的,代理行为有效。

第三节　代理终止

第一百七十三条　有下列情形之一的,委托代理终止:

(一)代理期间届满或者代理事务完成;

(二)被代理人取消委托或者代理人辞去委托;

(三)代理人丧失民事行为能力;

(四)代理人或者被代理人死亡;

(五)作为代理人或者被代理人的法人、非法人组织终止。

第一百七十四条　被代理人死亡后,有下列情形之一的,委托代理人实施的代理行为有效:

(一)代理人不知道并且不应当知道被代理人死亡;

（二）被代理人的继承人予以承认；

（三）授权中明确代理权在代理事务完成时终止；

（四）被代理人死亡前已经实施，为了被代理人的继承人的利益继续代理。

作为被代理人的法人、非法人组织终止的，参照适用前款规定。

第一百七十五条　有下列情形之一的，法定代理终止：

（一）被代理人取得或者恢复完全民事行为能力；

（二）代理人丧失民事行为能力；

（三）代理人或者被代理人死亡；

（四）法律规定的其他情形。

第八章　民事责任

第一百七十六条　民事主体依照法律规定和当事人约定，履行民事义务，承担民事责任。

第一百七十七条　二人以上依法承担按份责任，能够确定责任大小的，各自承担相应的责任；难以确定责任大小的，平均承担责任。

第一百七十八条　二人以上依法承担连带责任的，权利人有权请求部分或者全部连带责任人承担责任。

连带责任人的责任份额根据各自责任大小确定；难以确定责任大小的，平均承担责任。实际承担责任超过自己责任份额的连带责任人，有权向其他连带责任人追偿。

连带责任，由法律规定或者当事人约定。

第一百七十九条　承担民事责任的方式主要有：

（一）停止侵害；

（二）排除妨碍；

（三）消除危险；

（四）返还财产；

（五）恢复原状；

（六）修理、重作、更换；

（七）继续履行；

（八）赔偿损失；

（九）支付违约金；

（十）消除影响、恢复名誉；

（十一）赔礼道歉。

法律规定惩罚性赔偿的，依照其规定。

本条规定的承担民事责任的方式，可以单独适用，也可以合并适用。

第一百八十条 因不可抗力不能履行民事义务的,不承担民事责任。法律另有规定的,依照其规定。

不可抗力是指不能预见、不能避免且不能克服的客观情况。

第一百八十一条 因正当防卫造成损害的,不承担民事责任。

正当防卫超过必要的限度,造成不应有的损害的,正当防卫应当承担适当的民事责任。

第一百八十二条 因紧急避险造成损害的,由引起险情发生的人承担民事责任。

危险由自然原因引起的,紧急避险人不承担民事责任,可以给予适当补偿。

紧急避险采取措施不当或者超过必要的限度,造成不应有的损害的,紧急避险人应当承担适当的民事责任。

第一百八十三条 因保护他人民事权益使自己受到损害的,由侵权人承担民事责任,受益人可以给予适当补偿。没有侵权人、侵权人逃逸或者无力承担民事责任,受害人请求补偿的,受益人应当给予适当补偿。

第一百八十四条 因自愿实施紧急救助行为造成受助人损害的,救助人不承担民事责任。

第一百八十五条 侵害英雄烈士等的姓名、肖像、名誉、荣誉,损害社会公共利益的,应当承担民事责任。

第一百八十六条 因当事人一方的违约行为,损害对方人身权益、财产权益的,受损害方有权选择请求其承担违约责任或者侵权责任。

第一百八十七条 民事主体因同一行为应当承担民事责任、行政责任和刑事责任的,承担行政责任或者刑事责任不影响承担民事责任;民事主体的财产不足以支付的,优先用于承担民事责任。

第九章 诉讼时效

第一百八十八条 向人民法院请求保护民事权利的诉讼时效期间为三年。法律另有规定的,依照其规定。

诉讼时效期间自权利人知道或者应当知道权利受到损害以及义务人之日起计算。法律另有规定的,依照其规定。但是自权利受到损害之日起超过二十年的,人民法院不予保护;有特殊情况的,人民法院可以根据权利人的申请决定延长。

第一百八十九条 当事人约定同一债务分期履行的,诉讼时效期间自最后一期履行期限届满之日起计算。

第一百九十条 无民事行为能力人或者限制民事行为能力人对其法定代理人的请求权的诉讼时效期间,自该法定代理终止之日起计算。

第一百九十一条 未成年人遭受性侵害的损害赔偿请求权的诉讼时效期间,自受害人年满十八周岁之日起计算。

第一百九十二条　诉讼时效期间届满的,义务人可以提出不履行义务的抗辩。

诉讼时效期间届满后,义务人同意履行的,不得以诉讼时效期间届满为由抗辩;义务人已自愿履行的,不得请求返还。

第一百九十三条　人民法院不得主动适用诉讼时效的规定。

第一百九十四条　在诉讼时效期间的最后六个月内,因下列障碍,不能行使请求权的,诉讼时效中止:

(一)不可抗力;

(二)无民事行为能力人或者限制民事行为能力人没有法定代理人,或者法定代理人死亡、丧失民事行为能力、丧失代理权;

(三)继承开始后未确定继承人或者遗产管理人;

(四)权利人被义务人或者其他人控制;

(五)其他导致权利人不能行使请求权的障碍。

自中止时效的原因消除之日起满六个月,诉讼时效期间届满。

第一百九十五条　有下列情形之一的,诉讼时效中断,从中断、有关程序终结时起,诉讼时效期间重新计算:

(一)权利人向义务人提出履行请求;

(二)义务人同意履行义务;

(三)权利人提起诉讼或者申请仲裁;

(四)与提起诉讼或者申请仲裁具有同等效力的其他情形。

第一百九十六条　下列请求权不适用诉讼时效的规定:

(一)请求停止侵害、排除妨碍、消除危险;

(二)不动产物权和登记的动产物权的权利人请求返还财产;

(三)请求支付抚养费、赡养费或者扶养费;

(四)依法不适用诉讼时效的其他请求权。

第一百九十七条　诉讼时效的期间、计算方法以及中止、中断的事由由法律规定,当事人约定无效。

当事人对诉讼时效利益的预先放弃无效。

第一百九十八条　法律对仲裁时效有规定的,依照其规定;没有规定的,适用诉讼时效的规定。

第一百九十九条　法律规定或者当事人约定的撤销权、解除权等权利的存续期间,除法律另有规定外,自权利人知道或者应当知道权利产生之日起计算,不适用有关诉讼时效中止、中断和延长的规定。存续期间届满,撤销权、解除权等权利消灭。

第十章　期间计算

第二百条　民法所称的期间按照公历年、月、日、小时计算。

第二百零一条　按照年、月、日计算期间的,开始的当日不计入,自下一日开始计算。按照小时计算期间的,自法律规定或者当事人约定的时间开始计算。

第二百零二条　按照年、月计算期间的,到期月的对应日为期间的最后一日;没有对应日的,月末日为期间的最后一日。

第二百零三条　期间的最后一日是法定休假日的,以法定休假日结束的次日为期间的最后一日。

期间的最后一日的截止时间为二十四时;有业务时间的,停止业务活动的时间为截止时间。

第二百零四条　期间的计算方法依照本法的规定,但是法律另有规定或者当事人另有约定的除外。

第十一章　附　　则

第二百零五条　民法所称的“以上”“以下”“以内”“届满”,包括本数;所称的“不满”“超过”“以外”,不包括本数。

第二百零六条　本法自 2017 年 10 月 1 日起施行。